VERLAG ANTJE KUNSTMANN

Jürgen Roth

WIR MELDEN UNS VOM ABGRUND

GÜNTHER KOCH
Ein Leben als Fußballreporter

Verlag Antje Kunstmann

Redaktionsschluß: Ende März 2021
Covergestaltung: Heidi Sorg & Christof Leistl

Satz: Schuster & Junge, München
Druck und Bindung: Pustet, Regensburg
ISBN 978-3-95614-462-2

Wenn ich die Wahrheit über das, was ich alles erlebt habe, schreiben würde, müßte man etwa zehn Bände machen – und ich müßte nach der Veröffentlichung nach Australien auswandern.
Uli Hoeneß

Die Unabhängigkeit eines Menschen, die Freiheit zeigt sich in seiner überhaupt nicht vorhandenen Fremdbestimmung.
Günther Koch, 2017

Ich […] bin so gesehen auch unberechenbar und muß nicht Türklinken putzen. Und das ist sicher mein Vorteil und mein Nachteil zugleich.
Günther Koch, 2000

INHALT

VORBEMERKUNG

Ich bin befangen. Ich kenne Günther Koch persönlich seit 1996, und ich lehne mich vermutlich nicht zu weit aus dem Fenster, wenn ich behaupte, daß wir eng befreundet sind und daß unsere Freundschaft die Grenzen des Fußballerischen weit überschreitet.

Das voranzustellen halte ich nicht nur für eine Frage des Anstands und der Fairneß dem Leser gegenüber, sondern zumal dieser Tage für zwingend geboten, da in der »Fußballindustrie« (Robert Musil) und im Sportjournalismus die Kungelei zwischen Akteuren und Berichterstattern seit einiger Zeit – wenige hochlöbliche Ausnahmen bleiben hiervon freilich unberührt – systemische Ausmaße angenommen hat. Wechselseitige, nie benannte Dienstbarkeiten und Interessen sind die Regel, man darf ruhig von korrupten Verhältnissen sprechen.

Ich mache also, noch mal, keinen Hehl daraus, daß dieses Buch auf Grund großer Sympathie, meinethalben aus Zuneigung entstanden ist, die durchaus auf Gegenseitigkeit beruhen mag. Und daß ich Günther Koch als Sportradioreporter für einen Solitär halte, dürfte bekannt sein, denn als Herausgeber beziehungsweise Kompilator zweier CDs mit Livemitschnitten seiner Arbeiten bin ich nicht gänzlich unschuldig an seiner medialen Karriere – wobei Helmut Böttiger das unbestreitbare Verdienst gebührt, Günther Koch Ende der achtziger Jahre »entdeckt« und fortan publizistisch unermüdlich gefördert zu haben.

Von Walter Benjamin stammt die Formulierung, der Gebrauch des Wortes »ich« verderbe den Stil. Ich mache dennoch hie und da von ihm Gebrauch, aus den erwähnten Gründen – und nicht zuletzt, weil sich ein Teil meiner eigenen Biographie mit der Stimme Günther Kochs, die aus dem Radio drang, verbindet.

Wir haben uns vor allem im Frühling und im Sommer 2018 in

Franken zu langen Gesprächen getroffen und danach immer wieder ausführliche Telephonate geführt, in denen es auch um anderes als den Reporter Günther Koch ging, um den Familienmenschen, den Lehrer, den SPD-Politiker und den FCN-Aufsichtsrat Günther Koch.

Die an Hand dieses und anderweitigen Materials skizzierten Kapitel hätten insgesamt jeden Rahmen gesprengt (unter ihnen auch eines über die Geschichte Nürnbergs im Nationalsozialismus und die Geschichte des Max-Morlock-Stadions). Dieses Buch beschränkt sich daher bewußt auf jenen Teil seiner Biographie, der zuallererst von allgemeinem Interesse sein dürfte – auf den Mann am Mikrophon, den Homo rhetoricus, der eine Epoche des Radios und des Fußballs in den Medien geprägt hat.

27. APRIL 2018

Freitagnachmittag. Die Sonne über den Kiefernwäldern, die am ausfransenden Südrand Nürnbergs kleben und der Unersättlichkeit der indolenten Stadtplaner noch – noch – widerstehen, sticht auf alles Lebende und Wachsende ein, als sei sie gewillt, Nürnberg, das »Dürerhauptquartier« (Philipp Moll), in Málaga zu verwandeln.

Ich fahre mit Günther Koch vom grauslich anheimelnden Stadtteil Langwasser, von dieser einesteils human anmutenden, andernteils horribel verhauenen sozialdemokratischen Architekturwürfeleiassemblage, hinüber zum Vereinsgelände des 1. FC Nürnberg. Es sind nur ein paar Kilometer.

Die erste Mannschaft des Club trainiert heute. Vor vier Tagen hat sie bei Holstein Kiel, einem Konkurrenten um den Aufstieg in die erste Liga, voller Verve 3:1 gewonnen. Günther Koch ist hochgestimmt, vermutlich ist es auch die ganze Stadt Nürnberg – sofern Städte hochgestimmt oder, vice versa, niedergedrückt sein können. Ich hege da meine Zweifel, aber man lernt ja bekanntlich nie aus.

Günther Kochs Auto ist selbstverständlich weinrot-schwarz lackiert und mit dezenten Vereinsemblemen verziert.

Kurz vorm Spieltag ist dann also Geheimtraining.

Das haltet ihr wie die Bayern?

Ja. Aber nicht so oft.

Darfst du zum Geheimtraining gehen?

Ja, ja.

Als Aufsichtsrat darfst du schon …

Ja. Aber ich laß es nicht drauf ankommen. Als der [Hermann] Gerland bei uns

Trainer war, hab' ich mal ein Geheimtraining beobachtet. Am Tag danach haben sie die Bayern mit einem Freistoßtrick überlistet, der zu einem Elfmeter führte. Da war ich dabei.

Und der Trick war von dir?

Nein. Leider nicht. Leider nicht.

Auf der CD *Wir rufen Günther Koch! – Ausgewählte Radioreportagen* (Rough Trade/I Saw Hans Walitza Kick That Ball Records 1997) findet sich die etwa zwanzigminütige Montage »Fahren Sie rechts raus! – Kleine Club-Geschichte«, in der auch der zweite Bundesligasieg in der Historie des FCN gegen den FC Bayern mit vier Toren Differenz gewürdigt wird (4:0, eben unter Hermann Gerland – gut vier Monate später schmiß ihn der in übler Nachrede und in psychischen Zermürbungstechniken geübte Präsident Gerd Schmelzer raus; der erste Sieg mit vier Toren Unterschied, das 7:3, datiert, wie man weiß, vom 2. Dezember 1967).

Am 25. November 1989 ist das Spielfeld schneebedeckt, der Ball ist rotorange, und Günther Koch hat das (verdiente) Glück, bei drei Treffern live drauf zu sein. Und er liefert wahre Kabinettstücke ab – rasant, makellos, begeistert, sämtliche Aspekte einer Livereportage mühelos und fließend miteinander verbindend: die furiose Schilderung, die Erläuterung, die objektive Einordnung, die geschichtliche Kontextualisierung, und weil diese Glanzvorstellung, die das aufregende Geschehen auf dem Platz spiegelt, weil diese Meisterleistung noch nicht zu genügen scheint, schreit er sogar ein Tor erfolgreich herbei.

In der 34. Minute fällt das 1:0, und Koch beschreibt seine Entstehung:

Freistoß für die Nürnberger, Torentfernung zum Bayern-Tor fünfundzwanzig Meter, da steht der Kristl, in der Mauer steht der Wirsching! Vielleicht lupfen s' ihn über die Mauer, wer weiß, wer weiß, jetzt läuft einer an, jetzt wird er drübergelupft! Zum Wirsching! Da muß er Elfmeter geben!! Der ist gehalten worden!! Elfmeter für Nürnberg!! Vollkommen klar! Diese Variante des Freistoßes haben sie im Training geübt. In der Mauer der Bayern steht Wirsching. Am Ball, beim Freistoß, der ausgeführt wird, stehen drei Club-Spieler: Kristl und der, von dem man glaubte, daß er schießen würde, mit der Nummero 5 Thomas Brunner. Aber der, der schießt nicht, der hebt den Ball über die Mauer [das war Martin Schneider], Wirsching löst sich, das ham sie gestern am Neuen Zabo einige Male geübt, er löst sich aus der Mauer Richtung Bayern-Tor und wird umgerissen von Kohler. Strafstoß. Und jetzt aufpassen, liebe Leut'. Aufpassen, liebe Bayern-Fans, aufpassen, liebe Club-Fans, jetzt entscheidet sich's. Wahrscheinlich schon die vorentscheidende Situation im Städtischen Stadion! [Wie er's nur ahnt ...] Vierunddreißig Minuten sind gespielt! Thomas Brunner, der Spielführer, für die Nürnberger läuft an gegen Aumann, jetzt haut er drauf! Tooor!! Eiins zu nuulll für Nürnberg! Und ausgerechnet gegen die Bayern aus München! Also, das kann ein farbiges, ein interessantes, ein schönes Spiel werden. Das war's aus dem Städtischen Stadion, erste Direkteinblendung für Bayern 1, Rückruf ins Funkhaus.

Der Moderator im Studio, Siegfried Schuller, kommt nicht umhin, den Ball aufzunehmen: »Ja, das mag wohl 'n interessantes Spiel werden. Die Reportage, die war auf jeden Fall spannend und aufregend. Übrigens, wenn Sie es nicht ganz mitbekommen haben am Anfang: Da spiel'n zwei bayerische Mannschaften, aber das Herz des Reporters schlägt halt hörbar für die Cluberer, im Moment zumindest noch.«

Bayern 3 hatte am Tag vor dem »Lokalspiel« (Koch) in *Sport aktuell* einen gebauten Beitrag von Günther Koch übers Abschlußtraining des FCN gesendet. Kaum zu glauben, daß derlei mediale Mätzchen des sinnlosen Vorberichtens mit vor Banalität ächzenden O-Tönen ab und an schon Ende der Achtziger getrieben wurden. Koch servierte den Hörern denn auch zum Beispiel solchen Quark, der im kleinen vorwegnahm, mit welchen Nullitäten heute Gackerfiguren wie Uli Köhler und Torben Hoffmann (und wie sie alle heißen mögen) auf Sky Sport News HD vierundzwanzig Stunden am Tag die Welt verpesten: »Es ist kalt bei uns im schönen Nürnberg. Vereinzelt verirren sich sogar bereits Schneeflocken. Und der Boden im Städtischen Stadion ist drei Zentimeter tief gefroren.« Man denke: Der Boden ist exakt drei Zentimeter tief gefroren! »Ob das eventuell einen Vorteil für die Cluberer gegen die spieltechnisch sicher überlegenen Landeshauptstädter darstellen könnte?« Was für eine Frage. Es ließe sich gewißlich auch darüber sinnieren, ob die vereinzelt sich in Nürnberg verirrenden Schneeflocken einen Vorteil für die Landeshauptstädter darstellen könnten, weil die Landeshauptstädter entschieden öfter als die kümmerlichen Mittelfrankenhauptstädter zum Skifahren in die Alpen brummen und darob mit derartigen Wetterverhältnissen sehr viel besser klarkommen.

Ist Kochs Frage bereits gaga, so ist es die Überleitung zum nächsten Interviewschnipsel – die bedeutungsschwangere Rasenspökenkiekerei halb fortspinnend, halb sogleich in die Tonne tretend – erst recht: »Der kampfstarke Thomas Brunner, der Spielführer, hält allerdings nicht viel von harten Bodenspekulationen.« Den O-Ton sparen wir uns, genauso wie einen weiteren Vorbericht über den »lustigen Club-Kader« (Koch; Martin Schneider, erfahren wir da unter anderem, wolle seinem Sternzeichen Schütze alle Ehre machen). Jedenfalls sind Reflexionen über die Bodenbeschaffenheit während der Liveübertragung schließlich tatsächlich angebracht (»Der größte Gegner noch der harte Boden, ›noch‹ deshalb, weil er sich vielleicht bei entsprechender Behandlung durch die Fußballspieler im Laufe der Zeit aufweichen könnte. Die gefrorene Bodendecke ist etwa nur zwei, drei Zentimeter dick. Also, es könnte noch besser werden«), und Günther Koch beweist sehr früh, daß er ein unvergleichliches Gespür für die Latenz eines Spiels hat und daher in Jürgen Kohler den entscheidenden Schwachpunkt des FC Bayern ausmacht: »Wirsching wird gehalten [durch eine rüde Ringereinlage von Kohler]! An Wirsching merkt man ganz klar, daß die Bayern-Abwehr laufend Probleme hat« – nämlich vornehmlich, weil Kohler mit Wirsching nicht zu Rande kommt.

Es folgt die (obige) Schilderung des 1:0, kurz danach ein erstes Resümee: »So energisch und so kampfstark, wie der Club heute spielt, hat er wochenlang nicht mehr gespielt. Also, Bayern scheint die, das richtige Rezept zu sein, um die Cluberer wieder auf das zu besinnen, was sie können: kampfstarken, attraktiven Fußball zu bieten, auch wenn's dann vielleicht schiefgehen sollte.« Die »55.000 Zuschauer«, die höchstens 47.000 sein können, sehen die »FCN-Akteure, die, wie gesagt, lange, lange Wochen zu Hause kein Tor mehr gespielt [sic!] haben« (dergleichen Versprecher sind einerseits läßlich und andererseits eben auch auf anheimelnde Weise der Hingerissenheit des Reporters geschuldet), und weil sich etwas Schönes anbahnt, interviewt Günther Koch vor der zweiten Hälfte wie aufgedreht und in Reporterkampfeslaune eine Runde gewichtiger Gestalten: den Präsidenten des FC Bayern, Fritz Scherer, den Vizepräsidenten des FCN, Sven Oberhof, den Nürnberger Oberbürgermeister Peter Schönlein »mit dem feschen Stirnbandl«, Dieter Hoeneß und andere – und den unsterblichen Max Morlock:

> Das is' doch selbstverständlich. Wenn Sie sog'n, ich soll ans Mikrophon, komm' ich doch. Auf Grund des schweren Bodens is' es ein sehr gutes Spiel beiderseits. – Und der Freistoß war raffiniert gemacht, der Trick über die Mauer. – Des war a sehr guter Trick und war Elfmeter. – Danke. Max Morlock, wie geht's aus? – Ich glaub', daß die Club-Mannschaft mit dem schweren Schneeboden besser zurechtkommt. Ich hoffe immer noch an mein' Tip: 2:1.

Zehn Minuten nach der Pause – nachdem Günther Koch in der ersten Einblendung kaum Luft bekommen hat, ihm hat es regelrecht die Brust zugeschnürt, weil er nach den Gesprächen zur Reporterkabine unterm Dach hatte hochrennen müssen und sofort abgerufen worden war und dann trotz des wogenden Spielgeschehens voller Esprit en passant auf die erste Deutsche Meisterschaft des FC Bayern 1932, »hier auf diesem Rasen!«, und den ebenfalls im Städtischen Stadion gewonnenen Titel des Europapokals der Pokalsieger (1967, »da war'n mer alle dabei«, 1:0 gegen Glasgow Rangers) hinwies – erzielt Frank Türr, »der Superjoker der Bundesliga«, »mit der Cleverneß eines Max Morlock« das 2:0 »für die tapferen Cluberer«. Und eine Viertelstunde später schaltet Koch für die letzten fünfundzwanzig Minuten (Schuller: »Jetzt haben Sie Mikrophon frei bis zum Rest des Spiels«) wieder auf volle Fahrt um:

> Die Nürnberger nicht zu halten! Das paßt ihnen einfach nicht: auf Halten spiel'n! Sie sind einfach zu unbekümmert. [...] Der Stefan Reuter! Herrlich gemacht auf Wohlfarth! Wohlfarth oder Köpke?!! Der Wohlfarth ist da!! Und der Ball ist nicht über der Linie!! Der Wirsching!! Das gibt's nicht!! Nein, der Thomas Brunner! Der Thomas Brunner kratzt ihn von der Linie! So wie damals in

München. Er kratzt den Ball, den der Wohlfarth, nachdem er das Sprintsolo gewonnen hatte, ins Tor schubsen wollte, noch vor Überschreiten der Linie von der Linie, der war noch nicht mal auf der Linie, der hat sie noch nicht einmal geküßt, der war noch nicht einmal drauf, aber beinah' halt das 2:1, und wär' vielleicht ganz gut, nee? Schlagt's mi' net, aber es wär' vielleicht ganz gut, dann würde es vielleicht noch mehr Farbe hier geben, wenn jetzt die Bayern in der 69. Minute zum Anschlußtor kämen. [...] Aber zurück vom Konjunktiv zum Indikativ, denn die Nürnberger führen mit 2:0, können ein weiteres Tor schießen durch Türr! Türr auf Dusend!! Schußmöglichkeit!! Dusend im Strafraum!! Jetzt schießt er!! Toor!!! Tooooor!!! Durch die Haxen vom Aumann!!! Dreiii zu nuulll für Nürnberg!! Wenn das so weitergeht! Der Köpke kniet am Sechzehner, reißt die Arme hoch! Die Cluberer mi'm Klaus Majora und mi'm Kowarz, mi'm Ersatztorhüter, sie liegen sich in den Armen. Der Samy tanzt Samba, der Samy Sané! 3:0! Der Club führt mit 3:0! Auweh, auweh! Allmächd! Allmächd! Das kann was werden, liebe Leut'!

Hätte es das Radio nicht gegeben, man hätte es für diese wie auf eine Perlenkette gezogenen Augenblicke der Symbiose aus schierem Entzücken und dessen Schilderung durch den Sänger vom Valznerweiher erfinden müssen:

Sie bleiben also in jeder Hinsicht am laufenden und am Ball, und der Ball ist beim Kohler, und der Kohler muß zurücklaufen, der Aumann zehn Meter vorm Strafraum zum Kohler, der Kohler noch mal zu Steff [sic!] Reuter, was dem jetzt wohl durch den Kopf geht, daß er hier als ehemaliger Cluberer 3:0 mit seinen Bayern hinten liegt? Aber die Cluberer sollten vorsichtig sein mit ihren Gesängen. Erstens ham die Bayern keine Lederhosen an, dazu ist es viel zu kalt, zweitens ist das nicht sportlich fair. Das sollten zumindest die bayerischen Fußballnachbarn begreifen. Und sie sind auch schon wieder ruhig 'wor'n, als ob sie's gehört hätten. Möglichkeit, Dusend klärt. Bayern noch ohne Treffer. Dusend aus dem Mittelfeld zu Metschies, der eine Riesenpartie macht! Der kann links oder rechts spiel'n! Spielt links auf Türr! Türr gegen Kohler! Wackelt a bißl! Spielt jetzt in die Mitte! Kein Abseits! Der Wirsching kann's 4:0 machen!! Jetzt schießt der Wirsching!! Achtung – – –!! Und abgewehrt von Aumann!! Das gibt's ja gar net! Also, das gibt's nicht! Das hat der

Wirsching selber nicht geglaubt. Die lassen den glatt schießen! Er hat's mit rechts probiert, nicht voll getroffen, macht's mit links, die ham alle zug'schaut! Und der Aumann klärt. Und der Wirsching kann sogar nachlaufen. Drei – zu – null. Wie g'sagt, es wird kein 7:3, jedenfalls glaub' ich das nicht, wie am 12. [sic!] Dezember '67, vor zweiundzwanzig Jahren. Wie g'sagt, mit fünf Toren vom Goldköpfchen, von Franz Brungs. Der tippte vor dem Spiel in einer kleinen Zeitung 1:1! Aber wie g'sagt: 3:0! Wirsching auf Bayerschmidt, der Libero! Frech! Auf Kristl!! Auf geht's, Kristl!! Oh, zu steil!! Jetzt kann er schießen! Toor!! Tooor von Kristl!! Viiieer zuu nuulll!! Der is' überhaupt nemmer zum Halten, der Kristl!! Von Regensburg über Türkgücü – wo ist er hingegangen? Nach Franken, zum 1. Fußball-Club Nürnberg. Die Bayern schütteln die Köpfe! Nicht zu fassen! Viiieer zu nuulll!! Er, der Kristl Thomas, haut die Kugel rein, als wär's das leichteste. Ein tolles Solo, ein toller Konter. Wann sind die Bayern so auseinandergenommen worden in letzter Zeit? 4:0 für den Tabellenachten, für den 1. Fußball-Club Nürnberg! Und wenn dieses Stadion erst einmal vollendet sein wird, dann werden hier viele, viele tolle Spiele hoffentlich, in einem idealen Fußballstadion, über die Bühne geh'n, hoffentlich dann auch wieder mol gegen die Sechz'ger. Das wär's Allerschönste, wenn wir wieder drei Vereine hätten. [...] Viieer zu nuull. Man greift sich an den Kopf. Der Aumann greift sich ins Haar! Er kann's nicht greif-, nicht greifen, nicht fassen, Entschuldigung. Er würd' am liebsten rausgeh'n. Er steht auf halbem Weg zwischen Sechzehner und Mittellinie, hat immer noch die Hände vorm Kopf. Wann, wann ist ihm das passiert?! [...] Und die Nürnberger warten auf die nächste Konterchance! Wirsching! Dr. Wirsching! Souverän vorbei am ersten! Wird gefoult, bleibt am Ballbesitz [sic!], am zweiten vorbei, legt auf auf den rechten Flügel! Besser geht's nicht!! Besser kann man nicht spielen als der Wirsching! Das wird sich auch bis zu Herrn Beckenbauer herumsprechen. Besser kann man nicht spiel'n! [...] Er macht hier das ganze Spiel. Gegen immerhin die Bayern. Der Kohler schüttelt den Kopf. Er steht jetzt beim Wirsching. Der Ball im Strafraum. Und jetzt kann der McInally a Goal machen! He didn't. Mei o mei. Also, es läuft gar ... McInally! Nachschuß. O ja. Unlucky, wird er sich denken. [...] 4:0. Also, des muß ma' immer wieder sagen.

Siegfried Schuller geht dazwischen: »Günther Koch, Sie sagen's ja auch oft genug. 4:0 für den Nürnberger Club gegen den FC Bayern München und 3:0 inzwischen für Borussia Mönchengladbach gegen den 1. FC Kaiserslautern. [...] Und jetzt geh'n wir wieder ins Nürnberger Stadion.«

Günther Koch legt gerade den tragbaren Sender an und wechselt den Kopfhörer, fährt aber nebenbei wie selbstverständlich fort. Gleich wird er sich von »unserer warmen Kabine« nach unten begeben und dabei einen seiner einzigartig souveränen rhetorischen Anschlüsse aus dem Ärmel schütteln:

> *(Zu einem Kollegen:)* Ham mer alles? Wo ist der Schlüssel? Damit mer wieder rei'kommen. *(Und weiter ohne Unterbrechung:)* Der Schlüssel zum Erfolg, der lag heut' im Mittelfeld bei den Nürnbergern, ganz klare Sache. [...] *(Im Aufbruch:)* Jetzt geht's wieder los mi'm Club! Auf den Türr müßt' er [der Dusend] spiel'n! Da ist der Türr angespielt!! Kann gehen!! Unterwegs!! Auf Wirsching!! Wirsching im Strafraum, olalalala! A bißl zu weit nach rechts abgedreht, wird no' nix ausm 5:0. Jetzt is' er im Strafraum vorbei – und Handspiel von Wiggerl Kögl! Klare Sache, aber *(generös:)* muß nich' sein, muß nicht sein. Muß ma' kein' Elfer pfeifen. Und jetzt geh'n mer ganz schnell ... *(Fan schreit Unverständliches.) (Zum Kollegen:)* Haster's? Jetzt geh'n mer ganz schnell da raus. Jetzt seh'n mer im Moment goar nix. Und jetzt sin' mer hier vorbei. Und jetzt geh'n mer an die [sic!] Zuschauer vorbei. Was sag'n Sie zum Spiel? *(Fan:)* Subber! Subber! Subber! *(Koch:)* Sin' a Club-Fan, nä? Okay. Jetzt geh'n mer mal weiter runter und schau'n mal, wie's weidergeht. Er läßt mi' goar nemmer los! 4:0 für Nürnberg, das hat es lange nicht mehr gegeben. Und Sie können sich vorstell'n, was hier in etwa los ist. Was sog'n S' zum Spiel? *(Fan:)* Echt gut. Saugut. *(Koch:)* Der weiß goar net, was er sag'n soll, der arme Bursch'. Geh'n mer mal an den beiden Damen vorbei hier. Die Bayern nach wie vor in Richtung Nürnberger Strafraum, aber die Nürnberger machen ihr Spiel, und die Nürnberger lassen im Moment zumindest nichts anbrennen. Hier einer, der Radio hört! Rentiert sich das mi'm Radio im Stadion? *(Fan:)* Hervorragend, was Sie sprechen! *(Koch:)* Was sagen Sie zum Spiel, was sagen Sie zum ...? *(Fan:)* Spitze! Spitze! *(Koch:)* Okay. Was sagt der Max Morlock? Max Morlock, was sog'n mer zum Spiel? *(Max Morlock:)* Hochverdient! *(Koch:)* Hochverdient, sagt der Max Morlock. Jetzt sin' mer unten in der ersten Reihe, und der Club is' über die Middellinie! Mi'm Wirsching! Oooh!

Und etz könner s' beinah' wieder a Tor machen! Was sogt der Oberbürgermeister? 4:0? *(Oberbürgermeister Schönlein:)* Einfach phantastisch! Einmalig! *(Koch:)* Das war der Oberbürgermeister von Nürnberg, jetzt geh'n mer mal hier vorbei durchs Gitter, is' alles a bißl eng bei uns, nä? Aber schee is' bei uns in Nürnberg, jetzt geh'n mer durchs Gitter in den Innenraum, danke schön. Was sogt, was sogt der Uli Köhler vom Bayerischen Fernseh'n? Was sagt er zum 4 0? *(Uli Köhler:)* Da sag' i nix mehr. *(Koch:)* Der sogt nix mehr. Der weiß überhaupt nicht mehr, was er sagen soll, denn dieses 4:0, das konnte man einfach nicht erwarten. Jetzt steh'n wir hier in der Baugrube, und ich sehe auf die Bank der Bayern, ein konsternierter, natürlich, Jupp Heynckes, Cordes flüstert ihm einiges zu. Und Augenthaler. Augenthaler leidet. Und Augenthaler leidet mit seinen Mannschaftsgefährten, weil er weiß, daß das eine bittere Stunde is'. Aber die Zuschauer bleiben fair. Sie schwenken ihre Fahnen, die schwarz-roten Cluberer-Fahnen. Erfreulicherweise, wie vorhin schon der eine Fanklubkoordinator gesagt hat, keine ordinären und keine gehässigen, äh, Gesänge, sondern nur Freude auf den Rängen, und die La-ola-Welle, obwohl's ja kalt ist in Nürnberg, wird hier ausprobiert, und es gibt Freistoß für die Bayern. Dorfner macht die Geschichte. Dorfner von der rechten Strafraumseite hoooch! Kopfball. Nachschuß. Aber es kommt nicht einmal zum [sic!] Nachschußmöglichkeit! Und jetzt hat er geschoben, der Kohler, gegen den Wirsching! Sonst wär' der Wirsching unter Umständen schon wieder los-, auf- und davongewesen. Etz frag' mer mal aan andern, der hier rumhockt, aan ehemaligen Schiedsrichter. Und zwar den Bebbers aus Schweinau, des is' so ein Humorist. Was sagt er zum Spiel? *(Bebbers:)* Subber! Die Bayern war'n scho' lang amal fällig! *(Koch:)* Na ja. Sie war'n eben sofern, so meinen das die Nürnberger, scho' lang amal fällig, als die Bayern oft gewonnen hatten, als der Club besser spielte und als es, wie gesagt, dann meistens gegen die Bayern ausgegangen war. Fällig waren sie heute sicher nicht. Denn die Bayern, und das darf ma' als bayerischer Fußballfan nicht vergessen, haben Großes für die Bundes-

Hier bricht das Kassettenarchivband Nummer 119 ab.

Das indes tut nichts zur Sache. Denn: Was ist das für ein aus dem Stegreif geborenes Dokument fränkischer Kulturgeschichte! bin ich geneigt zu jauchzen, auch wenn ich dem zumal seit zehn, fünfzehn

Jahren allerorten voreilig gebrauchten Begriff der Fußballkultur profund skeptisch gegenüberstehe (allerdings kursiert garantiert längst ebensosehr eine »Kirmeskultur«, eine »Aggressionskultur«, eine »Kultur des Autofahrens«, eine »Konsumkultur«, eine »Waffenkultur« und so fort). Man muß das hören: wie sich da aus der Kontingenz eine Art Volkstheaterstück herausschält, angeregt und inspiriert von dem vorurteilslosen, keinerlei Ziel verfolgenden und auf keinerlei selbstbezügliche Wirkung erpichten, ganz und gar das Ereignis selbst zu Wort kommen lassenden Regisseur Günther Koch. Wie ein Magier, der gar nicht weiß, was er tut, schlängelt er sich durch das Gewirr der Stimmen und Stimmungen, und das Jetzt, die Worte, die Gefühle, die Geräusche fallen mit der eigenen Hingabe in eins, und man könnte all dies in der Terminologie der idealistischen oder der romantischen Philosophie als einen Moment der Versöhnung von Begriff und Sein bezeichnen.

Keinem Fußballreporter vor Günther Koch wäre dergleichen jemals in den Sinn gekommen, und kein jüngerer Kollege von ihm hat ihm diesbezüglich hernach nachgeeifert. Gott sei Dank. Es hätte wie eine matte Kopie, es hätte nach einer lieblos geborgten Idee geklungen. Vorstellbar ist gleichwohl, daß die Programmverantwortlichen des Bayerischen Rundfunks den sogenannten Kurvenreporter, der irgendwann in den neunziger Jahren, sofern meine Erinnerung nicht trügt, plötzlich in *Heute im Stadion* auftauchte, auf Grund dieses »Auftritts« von Günther Koch ersonnen haben. Wer weiß. Ist wurscht. Jedenfalls sagt Manni Breuckmann im Mai 2018 während eines Gesprächs anläßlich der Recherchen zu diesem Buch: »Ich glaube – und das halte ich für wichtig –, daß der Günther echt ist. Er spielt nichts vor. Wenn er die neben ihm sitzende Marktfrau interviewt, muß man vielleicht mal einschreiten, zu bestimmten Zeitpunkten, aber egal. Das ist halt das Wahnsinnige. Er hat immer verrückte Sachen gemacht. Aber er hat sich auch nicht die ganze Woche hingesetzt und überlegt: Was kann ich denn jetzt mal für verrückte Sachen machen? Sondern das brach aus ihm raus.«

Zwei Tage später titelte die *Abendzeitung*: »Aufgetrumpft! – 4:0 – Der Coup von Nürnberg« – und widmete Günther Koch, dem »rührigen BR-Reporter«, beinahe den halben Artikel, weil er zum erstenmal aus der angestammten Rolle des Reporters gefallen war und noch vor dem Schlußpfiff seinen Platz verlassen hatte, um auch Hermann Gerland und Uli Hoeneß zu interviewen. »Die ›Stimme Frankens‹ überschlug sich […]. Das sensationelle Nürnberger 4:0 über die Bayern, im 151. Derby der höchste Club-Sieg über die Münchner seit zweiundzwanzig Jahren – da hielt es den gelernten Realschullehrer nicht mehr auf seinem Kommentatorenstuhl. Den Kopfhörer auf der Fliegermütze, kämpfte er sich durch die jubelnde Masse an den Spielfeldrand, um mit Pathos in der Stimme festzustellen: ›Ganz Franken tanzt.‹«

Und wann *tanzen* die Franken schon mal?

Also, das hier ist meine Gegend. Ich fahr' natürlich auch oft – nicht oft genug – mit dem Fahrrad zum Club. Das Holz, das zu Hause in meinem Ofen brennt, hab' ich hier aus dem Wald. *(Günther hupt mit vollem Einsatz.)* Da sind doch drei Arschlöcher nebeneinander jetzt gesessen und haben telephoniert, oder?!

Wahrscheinlich.

Äääähm, was wollt' ich denn noch sagen? Ich kann dir ja so viel erzählen.

Deshalb bin ich ja da. Du redest den Leuten nicht nach dem Mund.

Nein, überhaupt nicht.

Und du schmierst ihnen keinen Honig um den Bart.

Nein, nein. Ich provozier' ja gern.

Und du hast doch auch eine Freude daran, wenn es rumpelt.

Ja! Ich brauch' den Streit. Ich komm' heim von der Aufsichtsratssitzung und sag': »Super, heut' ham mer uns wieder g'stritt'n.«

Bist schon ein Streithansel.

Ja, ja! Sagt der OB [Ulrich Maly] auch. Aber ich liebe die Menschen erst dann, wenn ich mit ihnen streiten kann. Ich kann sie da erst richtig kennenlernen. *(Günther hupt energisch.)*

Sag mal, die sind ja alle nur noch narrisch hier.

Ich bin kein Streithansel … Na, Idiot, du blöder! Alle müssen sie ihr Handy lesen, die Arschlöcher, die verfickten, du. Ja, es ist doch zum Kotzen! Jaaa! Also streite ich gerne um die Sache und will's wissen und bohr' nach und frag' nach und so weiter. Es gibt ja Ultras, die mir nicht die Hand geben. Und es gibt

Ultras, die ich in Kiel gesehen hab', die mich am liebsten erstochen hätten und die mir ins Gesicht gelacht haben am Bahnsteig in Frankfurt, auf der Rückfahrt. Ich kenn' die ja. Die wollen ja nicht erkannt werden, aber ich erkenn' die. Ich weiß, wer die sind.

Woher kommt denn diese Aversion zwischen dir und den Ultras?

Weil ich halt auch in den Versammlungen gegen die red' und weil die stocksauer sind, daß ich bei [Ex-Sportvorstand Martin] Bader recht hatte. Die haben ja mit Bader gemeinsame Politik gemacht, und ich hab' dagegen gekämpft; und weil ich natürlich gegen Gewalt bin und des immer wieder sage; und weil sie wissen, daß der Koch eben nicht zu manipulieren ist. Weißt, die vereinnahmen den Verein.

Wir sind auf dem Vereinsgelände angekommen und gehen hinüber zum Trainingsplatz. Gemurmel unter den zahlreichen Kiebitzen, auf dem Feld ein lockeres Spiel zwischen zwei Teams in verschiedenfarbigen Leibchen.

Die Ultras haben uns halt auch viel Geld gekostet. Und die Ultras haben den Bader kassiert und haben die Mannschaft die Trikots ausziehen lassen [am 21. September 2014 forderten sie nach dem 0:3 beim Karlsruher SC noch im Stadion die Trikots der Spieler und stellten sie hernach in einem Forum wie Trophäen aus] und haben verlangt, die Mannschaft nach der 3:6-Niederlage in Freiburg zu sprechen.

Ich sag' in Freiburg noch zum Bader: »Machen Sie's nicht.« Dann macht er's auf der Autobahn statt hier. [Ein einmaliger Vorfall in der Geschichte des deutschen Fußballs: Nach dem 3:6 am 27. Juli 2015 gegen den SC Freiburg hielt der Mannschaftsbus, verfolgt von etwa zweihundert Ultras, auf Anordnung von Martin Bader auf dem Rasthof Renchtal Ost an der A 5; daraufhin mußte sich das Team gewissermaßen einem etwa vierzigminütigen Verhör durch die Fans unterziehen.] Hier hat er Angst gehabt, daß es andere Leute mitkriegen. Ja, so 'ne Dummheit! Das ist der Margreitter. Das ist der Hanno Behrens, unser wichtigster Mann. Trainer haben wir zwei. Der da macht vor allem das Abwehrtraining.

Ist ja ordentlich was los hier.

Ja, ja. Ich zeig' dir mal die Fans, die immer da sind.

Günther Koch ist eine Prominenz. Mit ihm hier am Valznerweiher kommt man sofort mit jedermann ins Gespräch, und er widmet sich alsbald seiner Mission: Vereinsmitglieder zu werben.

Haben Sie '99 noch in Erinnerung, den 29. Mai?

Fan 1: Abstieg. Gegen Freiburg. Ja, do woar i heraßn. Mei Sohnemann hat gweint.

Da hat der Günther die beste Reportage aller Zeiten abgeliefert.

Fan 1: Alles scho aufgebaut fürs Fest, Klassenerholt, und dann war tote Hose.

Und im Stadion wußten das kaum Leute, weil damals wenige ein Radio dabeihatten, und die Zwischenstände von den anderen Plätzen durften nicht eingeblendet werden.

Fan 1: Der Baumann, no, der steht drei Meter vorm Tor und bringt nan net rein.

Danach ist er nach Bremen gegangen.

Fan 1: Mitm Vatter bin i scho da vorne in den Heim no ghockt, nachm Spuil halt immer d *Sportschau* angschaut. Da war ma a immer dringsessen. Des warn no Zeitn.

Tor in Nürnberg! Tor in Nürnberg! Ich pack' das nicht!

Fan 1: Tor in Frankfurt, nä?

Und geht's heuer schief? Nee, nä? Diesmal geht's nicht schief.

Fan 1: Jo, ich soch mol, von Club, von Club is alles möglich.

Das muß ich noch fragen: Sind Sie Mitglied?

Fan 1: Naa, i bin ...

G: Was, was, was, was? Kaa Mitglied?

Fan 1: Naa, ich bin zwoarafuffzich Joahr scho dabei.

G: Das Photo! Dann nehm ich das Photo zurück.

Fan 1: Sind immer fünf Stück [Mitgliedsanträge] dabei?

G: Dann nehm i des Photo zurück. Hey, das geht ja gar net!

Fan 1: Ich habs scho ins Auto eigschmissen. Ich hab die Simcard ...

G: Hasters dabei?

Fan 1: Jo, jo. Im Auto liegts drin.

G: Wollmers net gleich machn?

Fan 1: Naa, naa.

G: Feigling, du feiger Hund, du feiger! Hätt i di fragn müssn, ich Depp. Ich mach kaa Photo mit Leutn, die kei Club-Mitglied sind. Ich gehe jetzt. Sollst dich schammer, wenn du kaa Mitglied bist. Für sechzig Euro, das sind sechzehn Cent am Tag. Soll ichs dir geben [das Formular]?

Fan 1: Sechzig Euro. Des mach mer scho.

G: Im Jahr. Das sind fünf Euro im Monat, das sind, wenn du jetzt Mitglied wirst, ab 1. Mai, ja, dann sind das nur noch sechs Monate, dann sind das dreißig Euro. Eigschlogn? Bei »Geworben durch ...« hinschreiben: GüKo. Ich krieg nix dafür, aber ich will über dreihundert erreichen. Zweihundert hob i scho. GüKo, GüKo. Unten: GüKo.

Fan 2: Alles klar.

'94 war auch brutal – erst das Phantomtor, dann das Wiederholungsspiel. Verschießt der Schwabl noch den Elfmeter, und dann Wiederholungsspiel, 5:0 für Bayern, und dann letzter Spieltag, sie können noch die Klasse halten, verlieren in Dortmund 1:4. Das war auch eine seiner größten Reportagen.

Fan 2: Unvergessen natürlich.

Die bislang umfangreichste, von großem statistischen Recherchefleiß zeugende und opulent bebilderte vereinsgeschichtliche Darstellung *Der Club – Die Chronik* (Göttingen 2018) von Christoph Bausenwein, Harald Kaiser und Bernd Siegler wiegt 3,2 Kilogramm und stellt damit Jean-Paul Sartres theoretisches Hauptwerk *Das Sein und das Nichts* (ein Titel, unter dem die Historie des 1. FC Nürnberg recht treffend zusammengefaßt werden könnte) locker in den Schatten – diesen roten Ziegel, mit dem die Pariser Marktfrauen der Überlieferung nach die feilzubietenden Portionen taxiert haben sollen.

Schwerer als das physikalische Gewicht wiegt, was in der *Chronik*, zeitvernichtende Sucherei im Internet überflüssig machend, zur Saison 1993/94 nachzulesen ist, unter der Kapitelüberschrift »Schrecken ohne Ende«.

André Golke und Sergio Zárate waren zum Club zurückgekehrt, Alain Sutter, Manfred Schwabl und Michael Wiesinger (fest) verpflichtet worden. Trainer Willi Entenmann, »von Präsident [Gerhard] Voack trotz aller persönlichen Zwistigkeiten mit einem neuen Zweijahresvertrag ausgestattet«, sagte zu Beginn der Spielzeit: »Wir sind besser besetzt als im Vorjahr. Ein Mittelplatz wäre ein gutes Ergebnis für uns.« Voack, »›der JR von Lauf‹, alias Gerhard der Fürchterliche«

(Günther Koch), machte klar, »daß ich einen einstelligen Tabellenplatz erwarte«.

Nach einem mißratenen Auftakt verscherbelt Voack den Torjäger Dieter Eckstein gegen dessen Willen an Schalke 04. Kapitän Andreas Köpke soll danach verlautbart haben: »Die Sache mit dem Dieter war eine Riesensauerei und lief ab wie Menschenhandel.«

Daß Voack Menschen wie Verschiebemasse oder – damals noch ein unbekannter Begriff – Humankapital, und sei es negatives, behandelt, wird endgültig deutlich, als er Entenmann am 6. November 1993 nach dem gloriosen 2:0-Heimsieg gegen den FC Bayern vor die Tür setzt – eine (von ihm) längst beschlossene Sache.

Günther Koch schreibt daraufhin einen pikant gewürzten Kommentar, den der Nachrichtenkanal B5 aktuell sendet. Kochs Gespür für angemaßte Autorität und grundloses Geltungsgehabe läßt ihn eine wütende Glosse verfassen, die dazumal in dieser Form höchstens noch von den ZDF-Sportredakteuren Günter-Peter Ploog und Thomas Wark hätte formuliert werden können. Da heißt es also, atmosphärisch ins Gesellschaftspolitische ausgreifend, das, medial befeuert, nach dem Zusammenbruch der Systemalternative die Aufplusterei der Kapitalgockel allerorten hofiert (und seien ebendiese halt fränkische Provinzialherrscher): »Einen *Chef* kann man sich nicht aussuchen – mit ihm muß man auskommen; so oder so. Einen Vereinsvorsitzenden kann man sich zwar theoretisch aussuchen – offiziell sogar demokratisch wählen –, doch auch hier schlagen die Zeichen der Zeit erbarmungslos zu.«

Man lasse dahingestellt sein, ob Zeichen der Zeit zuschlagen können – Günther Koch bettet, aus der Perspektive eines engagierten Bürgers argumentierend, Entenmanns schmählichen Rausschmiß gleich zu Beginn in eine soziologische Kurzanalyse ein: »So, wie allgemein die Politikverdrossenheit und damit eine Gesellschaftsverdrossenheit immer mehr um sich greift, was nun wirklich nicht [die] alleinige Schuld der Politiker ist – auch nicht der Kommunalpolitiker –, genauso wird es in den Vereinen immer schwieriger, verantwortungsvolle, ehrenamtlich arbeitende Mitarbeiter zu finden, die es um der *Sache* willen tun. Also muß man nehmen, was kommt.«

Der 1. FC Nürnberg hatte seit Anfang der achtziger Jahre bereits prangendste Erfahrungen mit gewissen Teppichhändlern und Immobilienmogulen und geschickten Schatzmeistern machen dürfen, doch 1992 hatte man im Zuge der Inthronisation Voacks noch eine Schippe draufgelegt und, so Koch weiter, einen »nach Höherem, Größerem strebenden Kommunalpolitiker und Geschäftsmann aus der *Bau*branche auf den Markt der Eitelkeiten« geworfen, »wie es leider bei den beiden Traditionsvereinen ohne sportliche Erfolge in der kommerziellen Fußballneuzeit«, bei Schalke und dem FCN, Usus geworden sei.

Voack nun »ahnte bauernschlau, daß er bei diesem führungslosen Club leichtes Spiel für seine egozentrischen, kleinkarierten, persönlichen Ambitionen haben würde«, und rasch »schnappte er über und maßregelte den ihm charakterlich und offensichtlich auch intellektuell überlegenen Fußballehrer Willi Entenmann in der Öffentlichkeit und sprang auch mit anderen Menschen auf sehr unfeine Art um – so, als ob sie *Bau*steine wären«.

Koch gibt alsdann seiner Hoffnung Ausdruck, daß die Mitglieder des »ehedem ruhmreichen 1. FC Nürnberg« den Intriganten, den »profilierungssüchtigen Gernegroß« (*Die Zeit* 23/1995), der für seine Winkelzüge regelmäßig die Boulevardpresse einspannt, vom Hof jagen werden. Am 1. Februar 1994 tritt Voack schließlich zurück und hinterläßt einen zerrütteten Verein und einen imposanten Schuldenberg in einer Höhe zwischen fünfundzwanzig und dreißig Millionen Mark. Der Club hat einen neuen Gipfel des Dilettantismus und der Peinlichkeit erklommen.

»Mit dem Weggang des sachverständigen Schwaben [Entenmann] ging der spielerische Kollaps der Mannschaft einher«, schrieb die *Zeit* ein Jahr danach. Unter Trainer Rainer Zobel würgt sich das Team jetzt durchs Restprogramm und scheint drei Spieltage vor Saisonende wider Erwarten gerettet.

Dann reist der 1. FC Nürnberg am 32. Spieltag, am 23. April 1994, nach München, und was Günther Koch nachschildern muß und schildern wird, ist mit dem Wort »denkwürdig« bloß matt bezeichnet. Die lange Passage, die sich der Tatsache verdankt, daß der Bayerische Rundfunk mit *Heute im Stadion – Sportreporter berichten* – Inbegriff der »Radioherrlichkeit« *(tz)* – die beste Rundfunksportsendung im deutschen Sprachraum pflegt, ein journalistisches Format, in dem Reporter Raum und Luft zur bisweilen virtuosen Entfaltung ihrer Fähigkeiten haben und der Fußball und nicht irgendein Programmschema regiert, sei ungekürzt wiedergegeben. Ohne Punkt und Komma und in hypotaktischen Konstruktionen, gespickt mit Appositionen, referiert und rekonstruiert Koch, was sich gerade zugetragen hat und *parallel jetzt* zuträgt, und wären die nachmaligen Konsequenzen für den Club nicht derart verheerend gewesen, man gäbe Thomas Helmer und seinen Mannschaftskameraden noch heute die Hand, weil sie diese Rhapsodie ermöglicht beziehungsweise nötig gemacht haben:

> Es steht 1:0 in einem möglicherweise denkwürdigen Spiel, nicht, was die Klasse, was das Format dieser Begegnung anbetrifft, sondern ein Tor wurde gegeben, das kein Tor war. Sie werden sich wundern, wie ein Reporter das sagen kann, das sich zu sagen wagt, aber es war folgendes geschehen: In der etwa 25. Minute Ecke für den FC Bayern von der rechten Seite ... Sutter alleine an zwei Münchnern vorbei!! Im Sechzehner!! Wird gelegt!! Strafstoß!! Das ist Strafstoß! Aber Schiedsrichter Osmers gibt, als Matthäus Sutter legt, Sutter hatte, man stelle sich vor, zwischen Helmer und Matthäus, als er noch hinter ihnen war, beiden in die Augen guckte, den Ball durchgelegt, war zwischen beiden durchgelaufen, als die das Laufen anfingen, war der Sutter schon weg, der langmähnige Blonde, und als der Matthäus mit der letzten Kraft, der alternde Veteran, hinterherhechelte, bringt er ihn zu Fall, und zwar für meine Begriffe bereits auf der Sechzehnmeterlinie, wenn nicht gar drin, und das wäre und das war dann für meine Begriffe Strafstoß, aber die Bayern führen mit einem Tor, das auf Kosten des Linienrichters und des Schiedsrichters geht, denn der Ball war neben das Tor gegangen, aber wegen ungünstiger Sichtverhältnisse muß man dem Linienrichter das verzeihen. Aber sportlich darf man das nicht akzeptieren. Dazu später mehr. Das werde ich Ihnen ganz genau schildern. Jetzt der Freistoß für die Cluberer! Kubik mit links! Und–?! Knapp am Tor vorbei! Das kann er ja, da hat er ja drei Freistoßtore gemacht, wunderbare Tore in den letzten Wochen, in Leipzig hat er ein Tor geschossen, dann gegen Gladbach zwei Tore, aber in diesem Fall braucht Aumann, der tapfere und der vorbildliche Sportsmann, der ja ins Morgenland

weiterempfohlen wird, nicht mehr einzugreifen, denn der Ball ging am Dreieck vorbei. Vielleicht ham wir jetzt Zeit, Ihnen das zu schildern. Es war in der 25. Minute, ist auch egal, ob's die 25. oder welche war, es wird eine Minute sein, die in die Bundesligageschichte eingeht [offiziell die 26.]. Ecke für die Bayern, die drückend überlegen waren, das muß man ganz klar sagen, die die bessere Mannschaft waren, die einen Großteil von Torchancen hatte, aber Köpke war besser, oder die Nürnberger standen besser bei den achtzig-, neunzig-, hundertprozentigen Torchancen, die hundertprozentigen übrigens durch Mehmet Scholl. Und dann kam diese ominöse Minute, Ecke der Bayern von rechts, von Scholl getreten, Kopfballverlängerung von Kreuzer, Spielerknäuel vor der Torlinie des Nürnberger Tores, Helmer stupst an den Ball, Köpke kann klären vor der Linie, das war ganz klar, das konnte jeder sehen, Helmer entschuldigt sich, weil er mit Köpke etwas zusammengerumpelt war, der Ball war mittlerweile bereits drei Sekunden im Aus, und dann sagt der Schiedsrichter: »Tor.« Alle wundern sich. Wer's als erster begriffen, geglaubt und sich darüber gefreut hatte, das waren die Bayern-Fans, die jubelten, die Club-Fans dachten und die Club-Spieler: Das kann ja wohl nicht wahr sein! Denn der Ball war ja neben das Tor gegangen. Der Ball war tatsächlich neben das Außennetz, und zwar am linken Pfosten vorbeigegangen, und da die Ecke von rechts geschlagen wurde und der Linienrichter natürlich auf der Gegengerade steht, mußte er praktisch – durch zwei Pfosten kann er nicht durchschauen, aber durch zwei Außennetze sozusagen durchsehen, und er hat wohl gedacht, daß nach dem ersten Außennetz der Ball innen vom zweiten Außennetz drin war, aber da hat er sich getäuscht, der Ball, das hab' ich ganz klar danach noch mal aufm Monitor mir angeguckt, er ist neben das Tor gegangen. Ob jetzt der Helmer hätte hingehen sollen und sagen sollen: »Schiedsrichter, das war kein Tor« – das lasse ich einmal offen.

Andreas Köpke sagte übrigens, so erinnert er sich, zu Thomas Helmer sofort: »Wie hast du denn das geschafft, den vorbeizuschießen?« »Das sinnloseste Tor in der Geschichte« (Jürgen Klopp), »der größte Brüller und größte Lacher aller Zeiten« (Rudi Assauer), ein Lacher natürlich auf Kosten des FCN, »dieses Scheißtor, das keins war« (Udo Lattek), hat den Bayern schließlich den Titel beschert. Ohne das Wiederholungsspiel, das sie 5:0 gewannen, wäre Kaiserslautern Meister geworden, und der Club hätte im Abstiegskampf gegen den – wohlgemerkt – SC Freiburg, mit dem den FCN offenbar etwas Mysteriöses oder immerhin Dubioses verbindet, nicht den kürzeren gezogen.

Günther Koch läßt in seiner Reportage später sinngemäß fallen, der Abiturient Helmer – den Harald Kaiser in seinem dürren Buch *Ronaldo, Matthäus & ich – Mein Leben als* kicker-*Reporter* (Göttingen 2018) kurioserweise als »sehr fairen Sportler« bezeichnet – wäre mit einem bayerischen Abschluß womöglich ehrlicher gewesen und auf den Schiedsrichter zugegangen (auch gegenüber Zeitungen fragt er sich hinterher, »warum eigentlich der so kluge Helmer den Irrtum nicht gleich selber aufgedeckt hat« – »Ich dachte, ich werde nicht mehr auf meinem Reporterplatz«). In der darauffolgenden Champions-League-Saison verweigert Helmer Koch in Göteborg deshalb ein Interview, und bis in diese Tage blockt er als Moderator des *Doppelpasses* auf Sport1 Gäste ab, die Kochs Namen in den Mund nehmen.

Allerdings gehört ebenso zur Wahrheit: Gute zehn Minuten nach Helmers regulärem 2:0 erzielt Sutter in der 79. Minute den Anschlußtreffer, und kurz darauf pfeift Osmers auf Grund eines Fouls von Helmer (!) an Christian Wück Elfmeter. Wir schalten um zu Günther Koch:

> Tooor in München! Sutter! Der ungekrönte Märchenprinz auf dem saftigen grünen Rasen des Olympiastadions, mit den goldblonden langen Haaren, solo an drei Bayern vorbei, am Aumann vorbei, und dann schiiiebt er den Ball ins Tor! Es steht nur noch 2:1 für den FC Bayern München gegen die Cluberer, und davor hatte der Wück schon eine tolle Gelegenheit, ebenfalls durch den überragenden Alain Sutter ins Spiel gebracht. Vielleicht überlegen sich die Bayern: Warum kaufen wir nicht Alain Sutter statt Papin und so weiter? [Und das taten sie. Schon in der nächsten Saison stand Sutter beim FC Bayern unter Vertrag.] Aber Sie wollten sicher noch mehr sagen, Armin Hauffe. *(Ein paar Wort von Armin Hauffe von einem anderen Platz, dann geht wieder Günther Koch dazwischen:)* Strafstoß!! Strafstoß in München! Liebe Freunde, haltet die Luft an! Sutter, Wück! Ich werde von allen Seiten bedrängt, aber Freunde, warten wir's ab! Strafstoß für den 1. FC Nürnberg. Ganz klar. Wück! Und das war eben dann doch richtig, daß Zobel Wück brachte! Der ist so schnell,

den hält keiner! Und Helmer, der heute, nachdem er sechs Monate nicht mehr getroffen hatte, zwei Treffer erzielte, über den ersten reden wir jetzt mal lieber nicht, Helmer brachte hier Wück zu Fall, und Manni Schwabl legt sich den Ball hin!! Ouuu, das halt' ich nicht für goud! Der Manni und Elfmeterschütze, das ist zwei Jahre her, daß der den letzten Strafstoß schoß! Gegen Aumann!! Manni Schwabl gegen Aumann!! Nürnberg gegen Bayern!! Jetzt geht's um die Wurscht!! Manni Schuß – und – gehalten!!! Ich hab's gewußt!!! Ich hab's gewußt!!! Das habe ich gewußt!! Es bleibt beim 2:1 für den FC Bayern!

Andreas Köpke war als Schütze vorgesehen gewesen und aus seinem Strafraum herausgelaufen, und Schwabl hatte plötzlich keine Augen mehr im Kopf, oder keiner seiner Mitspieler hielt ihn zurück, und so verlor der FCN jenen Punkt, der zum Erhalt der Klasse gereicht hätte (die Club-Verantwortlichen hätten nach einem Unentschieden gewiß keinen Protest eingelegt). Zum Pech und zur Ungerechtigkeit (Koch: »um den gerechten Lohn betrogen«) gesellt sich beim Club nicht selten ein seltsames, wie mythisch verhängtes Unvermögen, das am 7. Mai, am letzten Spieltag in Dortmund, dann seine (tragisch-slapstickartige) Vollendung erfuhr.

Knapp dreieinhalb Jahre später, im September 1997, schrieb Günther Koch in der – notabene – Stadionzeitung der SpVgg Greuther Fürth, im *Kleeblattmagazin*, über ebenjenen Tag: »Es sollten die schlimmsten Minuten für mich als Reporter werden, weil ich instinktiv ahnte und auch laut sagte, was das womöglich für lange [Zeit], wenn nicht gar für immer für den Club bedeuten sollte.«

Er hat den grausamen Abstieg des Jahres 1994 bis heute nicht verwunden. Einen »Abstieg zum Weinen« nennt er ihn nach wie vor, und man glaubt ihm ohne Abstriche, daß ihm danach das Leben eine Zeitlang egal war, sofern man lediglich diese frühe Einblendung aus dem Westfalenstadion wiederhört – ein ins Herz fahrendes Lamento, ein grelles und zugleich an sich selbst erstickendes Klagelied, das jeden halbwegs empfindsamen Menschen zu Tränen rührt, mag ihm der 1. Fußball-Club Nürnberg auch durch und durch egal sein.

Es sind etwas mehr als zehn Minuten gespielt, und Günther Koch wird für *Heute im Stadion* zugeschaltet:

Edgar Endres, ganz schnell 'ne kurze Unterbrechung, wir gehen nach Dortmund gegen den Club! Günther Koch. – Über die linke Seite drohte Gefahr, ich deutete das vorhin an. Reinhardt hat sich wieder durchgesetzt, flankt nach innen, Golke soll mit der Hand und nicht mit der Stiefelspitze geklärt haben. Ach ja. Es gibt Strafstoß – und ausgerechnet das in diesem wichtigen Spiel in der 12. Minute, liebe Leute. Warten wir's ab. Der Köpke dreht sich um! Er schaut überhaupt nicht hin. Strafstoß gegen Nürnberg im Westfalenstadion in Dortmund! Und jetzt, jetzt fällt eine Vorentscheidung. Michael Zorc gegen Andreas Köpke. Der Ball liegt nicht auf dem Punkt! Der liegt vor dem Punkt! Das sieht man ganz klar. Aber der Schiedsrichter gibt ihn frei! Jetzt kommt der Anlauf – und der Köpke – hat – ihn – gehalten!!! Super, Köppi!!!! Nachschuß!!!! Achtung!!!! Auf der Linie!!!! Tor!!!! Die ham ein Pech, die Jungs!!! Die haben so viel Pech!! Auf der Linie haut er ihn statt raus unter die Latte, der Uwe Wolf!! Und jetzt sitzt er da wie ein begossener Pudel!! Und was soll man da noch sagen?!! Der Club liegt hinten!! Köppi hat pariert!! Hat geklärt!! Dann der Nachschuß abgewehrt!! Und dann fällt er praktisch ins Tor, weil der Uwe Wolf auf der Linie stehend den Ball nicht raus-, sondern unter die Querlatte, nein, sogar hinter die Querlatte ins Tor gehämmert hat! [In den Chroniken wird allerdings Gerhard Poschner als Torschütze angegeben.] 0:1 gegen den 1. Fußball-Club Nürnberg, und, liebe Club-Fans, dennoch: Noch ist nichts verloren!

Am folgenden Montag, am 9. Mai, versuchen die *Nürnberger Nachrichten*, die Ursachen für den abermaligen »Alptraum« und Absturz, den vierten Abstieg nach 1969, 1979 und 1984, zu ergründen. Die Ressentiments gegenüber Günther Koch schwelen in der Lokalpresse seit einiger Zeit. Rudolf Pilous, der Autor des Beitrags auf der Seite drei, dem traditionell renommiertesten Platz jeder Tageszeitung, eröffnet seine Nachlese zu den Ereignissen der jüngeren Zeit deshalb auch mit einer Hakelei: »›Mein Gott, das ist der Untergang des 1. FC Nürnberg!‹ Rundfunksprecher [Rundfunk*sprecher* …] Günther Koch, der sich gern als die ›Stimme Frankens‹ feiern läßt [als die ›Stimme Frankens‹ *feiern läßt* …], versuchte wie ein Trauerredner, den ›Weltschmerz‹, der eine ganze Region bewegte, in diesen einen Satz zu fassen. Der 1. FCN war wieder einmal gewogen und für die Erstliga als zu leicht empfunden worden.«

Ungeachtet dieser einigermaßen unverschämten Spitze konstatiert

Pilous dann zu Recht: »Bei jedem Wechsel in der Vereinsführung wurde der Schuldenberg noch ein bißchen höher«, und fährt fort: »Was ist eigentlich dieser 1. FCN, der so viel Gesprächsstoff liefert? Ein Sportverein wohl nur noch für die Schwimmer, Handballer, Leichtathleten. Ansonsten aber ist er zum Geldbeschaffer für rund zwanzig Kicker degeneriert, die ihr Handwerk nur schlecht verrichten«, was unzweifelhaft maßgeblich an den wechselnden dummdreisten Hampelmännern, Lautsprechern und Spesenrittern auf der sogenannten Führungsetage liegt: »Warum der Club wieder einmal abgestiegen ist, hat viel mit der Großspurigkeit jener vom Valznerweiher zu tun, die oft genug das Fell des Bären verteilten, ohne ihn zuvor erlegt zu haben.«

Vielleicht ist es kein Zufall, daß sich 1994 angesichts der andauernden strukturellen Misere die erste Nürnberger Ultragruppierung gründet. Im Stadtteilzirkular *Zabo-Nachrichten*, in dem Koch regelmäßig kolumniert, merkt er in der Ausgabe Juni/Juli 1994 zum »Geistertor« an: »Daß der Club protestierte und eine Spielneuansetzung durch den routinierten Rechtsanwalt und Ex-Präsidenten Sven Oberhof beim DFB anstrengte und auch erreichte [notabene trotz der Drohungen der FIFA], war um der Gerechtigkeit und der Glaubwürdigkeit des Fußballs willen – falls es die überhaupt noch gibt – nötig. Dennoch: Gerade durch das Wiederholungsspiel mit der hohen Niederlage, obwohl der toll aufspielende Club in der ersten Halbzeit längst 1:0 oder 2:0 führen mußte, steckte den Cluberern in Dortmund einfach ein Spiel mehr in den Knochen. […] So gesehen hat das Geistertor von München dem Club das Genick gebrochen.«

Zuletzt sei erwähnt, daß Günther Koch in seinem Anekdotenbuch *Der Ball spricht – Fußballgeschichten* (Frankfurt/Main 2005) erzählt, wie er während der Einblendungen immer wieder »krampfhaft« versuchte, »einen anderen Ausdruck als den des abgegriffenen des Phantomtors zu finden. Ich sprach von dem ›Daneben-Tor‹, vom ›Geistertor‹, von dem ›Siebenmetersechzigtor‹, von dem ›Kein-Tor-Tor‹, von dem ›Von-wegen-Tor‹. Aber ich war nicht glücklich mit diesen Begriffen. Bis heute ist mir kein besseres Wort eingefallen. Aber wahrscheinlich muß eine schlechte Situation auch durch ein schlechtes Wort bezeichnet werden.«

Abgesehen davon, daß Kochs Stegreif-Neologismen allesamt alles andere als schlecht, ja regelrecht apart sind – sprechen wir doch fürderhin vielleicht einfach vom »Helmer-Tor«. Das klingt so lumpig, wie der Vorgang war, auf den das Kompositum verweist.

Fan 1: Der schöi Helmer, und jetz redt der schön.

Ich bin heute mit 'nem Oberpfälzer hierhergefahren, und der is' kein Fußballfan, aber er interessiert sich schon für Fußball und sagt: Fußball is' für mich Günther Koch im Radio.

Fan 2: Günther Koch is a Traum. Den amol überhaupt lebend zu sehen. Wir ham ja früher die Reporter, göi, die ganzen Reportagen gehört, aber wenn ma dös so sieht: mit Leib und Seele bei der Arbeit! A Traum!

Ich saß mal ein ganzes Spiel neben ihm auf der Tribüne. Ich war fix und fertig.

Fan 2: Des glaub i.

Fan 1: Heint host bloß no Sky. Freiher sin mer halt in die Wirtschaft ganga um halb vier, Radio am Tisch, Bier getrunken und *Heute im Stadion* aghört, göi?

Tolle Sendung war das.

Fan 1: Du sigst a Spiel! So ham die dös rüberbracht.

Fan 2: Früher, dös woar halt a der Unterschied … Jetz sin ja die ganzen Spieltage zerrissen. Die spuin am Freitag scho und Samstag und Sonntag und Montag. Früher woar dös am Samstag um halbe viere.

G: Was wollt ihr wissen? Ach so …

Fan 2: Der Günther Koch woar Lehrer, oder, oder was war er?

G: Ja, ja.

Fan 2: Und dann?

G: Und dann hat er beides gemacht, aber er hat den Lehrer auf Teilzeit gemacht. War natürlich schwierig, weil du dann in beiden Berufen besser sein mußtest als die anderen, weil sonst hats gheißn: Der macht des ja nur nebenbei. Des is wirklich so.

Fan 2: Die Neider.

G: Die Neider.

Fan 2: Ja, genau.

G: Aber ich bin auf Teilzeit gangen. Hatte auch tolle Kolleginnen vor allem, aber auch Kollegen, die mich unterstützt haben, und hab wegen der Champions League Mittwoch freighabt, Montag sehr viel Stunden, weil da nie was

los war, und Seminar. Und dann war ich Beratungslehrer und Seminarlehrer und hatte ne Radiogruppe, und da konnt ich die verbliebenen acht Stunden mehr oder weniger aufn Freitag und aufn Montag legen. Und einmal hob i meine Buam, meine Schüler, do hob i s' verarscht. Die wußten, wenn Champions League is, kommt er erst am übernächsten Tag, is ja klar. Da hab i gsagt: »Leitl, i bin morgen in Neapel, aber am Donnerstag in der Früh bin i do«, aaahhh, aahh. Ich wußte, daß wir in Neapel nachm Spiel glei wegfliegen aus sicherheitstechnischen Gründen, weils Angst ghabt ham vor die Fans in Neapel und die Ultras und was waaß ich, und da hams a Sondergenehmigung ghabt vom Franz-Josef-Strauß-Flughafen, daß wir nachts um halb drei landen dürfen. Ey, und dann kumm ich am Donnerstag um halber achte in die Schul, und die ham kaa Englisch dabei. Da hab ich eine Schau abgezogen.
Fan 2: Hahaha. Ausgetrickst. Klasse. Der konn vuil erzähln, der goude Mann. Der konn vuil erzähln, der hot vuil erlebt. Der hot vuil erlebt.
Fan 1: Der weiß olles.

Günther stellt mir kurz Dave vor.

Dave *(sitzt nach einer Beinamputation infolge eines Motorradunfalls seit etlichen Jahren im Rollstuhl)*: Ich bin der Dave, hallo.
Ich wollt' einfach fragen: Günther Koch. Als Reporter. Als Aufsichtsrat. Was Ihnen dazu einfällt.
Dave: Ich persönlich bin a Fan von ihm. Ich hab ihn immer gemocht. Auch zu Baders Zeiten war er einer, der auf unserer Seite gestanden is, nämlich: Bader raus. Er läßt sich net verdreha. Er is für sei Alter immer noch a sehr agiler, lustiger Mensch und einer der letzten wenigen Club-Getreuen. Für mich einfach stets a sympathischer Mann, hat a immer a nettes Wort für jemanden, auch in seim Job als Aufsichtsrat. Mir gfällt er, ich moch nern, hab nern scho immer gmecht. Ich dät Ihnä auch sogn, wenns a Arschloch wär.
Es gibt Leute, die halten ihn für 'nen Deppen.
Dave: Ja. Eindeutig. Ja, ja. Da bin ich der erschde, der in die Bresche springt, weil der Günther für mich einfach a fürchterlich netter Mensch is. Ich komm wunderbar mit ihm klar, mach gern amol aan Blödsinn, und die Sachen, die er macht – er behält sei Linie bei. Er is kanner vo denne, die dann umfalln.
Er ist kein Anpasser.

Dave: Ganz genau – der dann, weil die anderen alle andersch reden: Etzala paß i mi besser do an. Der Günther behauptet sei Position, au wenns amol schwierig wird, und des is was, was mir imboniert hat, grad auch in der Zeit mit dem Bader. Mitm Club, also wirklich, da gehste durch sämtliche Höllen, die du in deim Leben erleben kannst. Und wenn ma erscht dou a jemand sieht wie n Günther, der so nah am Verein is und auch vor langen, seit langen Jahren so nah dran is, do hat mer scho einiges miterlebt.

In *Der Ball spricht* ist ein Kapitel mit dem Kofferwort »Nürnchenberger« überschrieben – einerseits eine Art Stigma, das sich Günther Koch selber verpaßt, andererseits ein Hinweis darauf, daß sich seine Lebensgeschichte – wie die Biographie vieler anderer – aus unterschiedlichen Erfahrungen, Umgebungen, Landschaften, politischen, sozialen und sprachlichen Prägungen speist und zusammensetzt. Wer nicht *nur* Flüchtlingskind, nicht *nur* Oberbayer, nicht *nur* Franke ist, ist vermutlich reicher an »Weltansichten« (Wilhelm von Humboldt) und geschmeidiger, freundlicher und nachsichtiger im Umgang mit dem anderen als jemand, der sich granitfest einzig und allein als Kölner, Saarländer oder Flensburger versteht. Zumal den Franken könnte das vor dem Hintergrund all der historischen, konfessionellen und machtstrategischen Wirrungen, die die Vielzahl dieser divergenten Gegenden geformt haben, unschwer einleuchten. Der Schriftsteller Hans Max von Aufseß brachte es auf eine griffige Formel: »Der Franke ist ein Gewürfelter.«

Unter dem Lemma »Verräter« ist in *Der Ball spricht* zu lesen: »Der Nürnberger und die Franken sind eigentlich liebe Menschen. Wenn man sie einmal für sich gewonnen hat. So legt man mir öfter mal im Stadion kleine Geschenke – Blumen, Kuchen, Zigarren, einen schwarzroten Taschenaschenbecher oder sogar mal ein Gedicht – auf meinen Arbeitsplatz. Aber sie können auch anders. Nachdem ich schon zwanzig Jahre Reporter war, so etwa nach dem vierten Abstieg der Cluberer, setzte mich der BR regelmäßiger als früher auch in München ein. Dort berichtete ich von den Löwen und durfte auch viele wichtige Spiele des FC Bayern übertragen. Eines Tages stand ich zum Brötchenholen beim Bäcker in Nürnberg-Altenfurt. Die Schlange war so lang wie immer.

[…] Ich stand in Gedanken versunken dort und dachte an meinen Einsatz am Nachmittag. Da ging ein gutgebauter Mann an mir vorbei aus dem Laden und zischte mir zu, so laut, daß es jeder in der Bäckerei hören konnte: ›Verräter! Bayern-Reporter!‹ Ganz anders, ja souveräner läuft das übrigens in München ab. Die Ordner und auch die Fans begrüßen mich dort immer mit liebevoller Ironie: ›Hi, Cluberer! Wia geht's? Mogst wieder amoi a gscheits Spui seng?‹« [In einem Fernsehinterview sagt Koch übrigens, der nämliche Mann habe noch hinzugefügt: »Bayern-Sau! Jetzt überträgt er schon Bayern-Spiele!«]

Geändert hat sich diesbezüglich auch mehr als zwanzig Jahre danach offenbar wenig. Schon am 10. April 2011 erklärt Günther Koch in Helmut Marktworts BR-Fernsehtalkshow *Der Sonntagsstammtisch*, angesprochen auf Formen des etwas robusteren Gebarens bestimmter Fangruppen: »Das ist ein pädagogisches Problem. Der Fußballfan spinnt sowieso, wenn es um seinen Verein geht, jeder.« Und 2016 gibt er der von Bayern-Anhängern sorgsam betriebenen Podcast-Plattform erfolgsfans.com ein ausführliches Interview (auf YouTube unter dem Stichwort »Kamingespräch« zu finden), in dem er, die nämliche Problematik schärfer umreißend, bekennt: »Ich bedauere sehr, daß es diesen Haß gibt zwischen vornehmlich Club-Radikalen«, von denen er mehrmals bedroht worden sei, »und Bayern-Fans. Die Bayern sind da nicht so radikal, aber beim 1. FC Nürnberg gibt es leider eine Minderheit, die wünschen dem FC Bayern nichts Gutes. Und dagegen kämpfe ich. Das ist etwas, was mir sehr stinkt.«

Auf der Rückfahrt frage ich Günther nach seinem berühmten Riecher:

Wo hast 'n den her?

Ja, den hob i. Ja, des is eigenartig – aber nur, weil ich selber Fußball spiel. Auch zu Hause jetz, wenn ich fernseh und dann mei Frau irgendwo is, und da schrei ich: »Jetzt gibts glei a Tor!« Und nach zehn Sekunden scheppert's. Des spürst du irgendwie, wenn die Abwehr untereinander streitet, wenn die jetzt zweimal aan Fehler gmacht ham und irgendwo Antipathien, kurzfristige, herrschen in der Abwehr. Des is der eine Punkt. Und wenn die andern grade wirklich geil sind, entschuldige, wenn ich das so sage. Und, äh, na, dann spürst du's, daß bei der nächsten Ecke oder jetzt bald irgendwas passieren kann. Und dann passierts. Es is Wahnsinn.

Eines seiner vielen Spürnasentore wurde 1997 von den Hörern des Bayerischen Rundfunks zum »Radiotor des Jahres« gewählt (nachzuhören auf der zweiten CD mit »Ausgewählten Radioreportagen«, *Wir hören Günther Koch!*, Rough Trade/I Saw Hans Walitza Kick That Ball Records 1998). Es fällt am 4. Mai des Jahres:

Jetzt kriegen die Bayern aan Freistoß, noch besser als a Ecke, von der rechten Seite, zwei Meter vor der Grundlinie, fünf Meter nebern Eckfahndl. Von rechts Matthäus. Wenn jetzt der Klinsmann köpft, dann kracht's aber. Kopfball von Klinsmann! Tor! Ja, ich hab's Ihnen ja gesagt: Wenn der Klinsmann köpft, dann kracht's. Der Ball kommt ... Das ist unser Klinsi! Und hier kann geschrieben und gesagt werden, was Sache ist oder nicht Sache ist! Oft wird ja geschrieben, was nicht Sache ist! Der Mann, der nicht nur mit den Gegnern und mit den Neidern, sondern auch mit den Medien zu kämpfen hat. Ich hab' Ihnen gesagt: Wenn der an den Kopf kommt und an den Ball kommt mitm Köpferl, dann klingelt's. Jetzt hat's geklingelt. Tor! Bravo, Jürgen Klinsmann! Bravo, Bayern! Sie haben den Anschlußtreffer erzielt. Und der Matthäus Lothar, nicht unbedingt das G'spusi vom Jürgen Klinsmann, macht diese Flanke, und das war schön angeschnitten, und es war mir klar, die geht auf den Klinsmann, und da sahen die Abwehrspieler der Sechz'ger gar nicht gut aus. Bedrängt, der Jürgen, von zwei Gegenspielern, springt er hoch. Kurze Drehung! Zack! Und der Ball war im Netz.

SPORTOBSESSION, AB OVO

Im im Juni 2019 eröffneten Museum des Hauses der Bayerischen Geschichte in Regensburg widmet sich einer von acht sogenannten Kulturräumen dem »Sport in seiner kulturellen Dimension«. Teil des »Kulturkabinetts 4« ist eine Reliefwand, auf der für Bayern typische Sportarten (Biathlon, Skifahren, »Eishockei« [man erinnere sich an Xaver Unsinn!], Rodeln und so weiter), die bedeutenden Fußballvereine von der SpVgg Fürth, dem ersten Deutschen Meister aus Bayern (das Endspiel 1926 gegen Hertha BSC war das erste, das landesweit im Radio übertragen wurde), über den Club bis zum FC Bayern, Sportereignisse und Austragungsorte sowie berühmte Personen angeordnet sind: etwa der Hackl Schorsch, Toni Mang, Dirk Nowitzki, Rosi Mittermaier, Walter Röhrl, Erich Kühnhackl, Magdalena Neuner, Gerd Müller, Franz Beckenbauer, »Radi« Radenkovic und – der einzige Cluberer – Max Morlock; sowie: Günther Koch – und zwar ausgerechnet in direkter Nachbarschaft zum Norisring, obwohl Günther Koch nie ein Autorundrennen übertragen hat. Doch Norisring hin, Norisring her (in dessen Nachbarschaft Günther Koch ja tatsächlich lebt), Günther Koch ist der einzige hier verewigte Sportreporter respektive -journalist. Kein Sammy Drechsel, kein Oskar Klose, kein Harry Valérien, kein Bruno Moravetz (und wer einem sonst einfallen mag). Nur: Günther Koch.

Am 22. November 2019 meldet *Bild Nürnberg*: »Günther Koch wird heute 78 Jahre alt! Die Radio-Legende wurde durch seine emotionalen und einzigartigen Hörfunk-Sportreportagen berühmt. Koch sitzt heute außerdem im FCN-Aufsichtsrat und führt durch viele Veranstaltungen des Vereins.«

Geborenen wird Herbert Ernst Günther Koch 1941 in Poznań (damals: Posen). Sein Vater Herbert Wilhelm, 1903 in Berlin geboren, war mit einem gewichtigen Auftrag nach Polen entsandt worden. »Mein Vater war nie Parteimitglied und dennoch als Diplom-Ingenieur und Regierungsbaurat und bald darauf Oberregierungsbaurat im Namen und Auftrag des Reichsverkehrsministeriums für das Erstellen und Erweitern des Fernmeldesystems in Polen oder einem Teil Polens verantwortlich«, erzählt Koch. »So hat er es mir jedenfalls immer erklärt. Eine Beförderungsurkunde aus dem Mai 1940 mit den Unterschriften des Reichsverkehrs- und -postministers und des Führers habe ich in Nürnberg im Tresor – und eine zweite aus dem Juli 1944, als er Oberregierungsbaurat wurde.«

Das Elternhaus ist ausgesprochen bürgerlich. Man blickt mütterlicher- wie väterlicherseits auf mehrere Generationen von Juristen und protestantischen Predigern zurück (eine Kaiser-Wilhelm-Urkunde hat sich erhalten). Die Mutter Katharina, stammend aus einer privilegierten Familie aus dem heutigen Berlin-Mitte und Absolventin des Lyceums, eines Elitegymnasiums, ist »eine überzeugte Preußin« und pflegt durchaus einen gewissen Standesdünkel. Bis ins hohe Alter wird sie sagen: »Hören Sie mir bloß auf! Der und sein Fußball!« Sie hat nie eine Reportage ihres Sohns gehört.

Im Nachwort zu Jürgen Bertrams lesenswerter Autobiographie *Torschrei – Bekenntnisse eines Fußballsüchtigen* (Hamburg 2011) erzählt Günther Koch: »Mein ebenfalls strenger Vater starb leider knapp ein Jahr nach meiner ersten Radioreportage. Meine Mutter aber, die Fußball total ablehnte, hörte sich, als ich neben meinem ›anständigen‹ Beruf eines beamteten bayerischen Lehrers mit Hilfe des BR und [von] Fritz Hausmann meinen Jugendtraum vom Fußballreporter erfüllen durfte, aus purem Protest nie auch nur einen einzigen meiner Torschreie für die Cluberer oder die Bayern oder die Sechz'ger an. Auch wenn andere sie dazu aufforderten. Nie. Dabei hätte sie noch fünfundzwanzig Jahre dazu Gelegenheit gehabt.«

Mir gegenüber bekräftigt er: »Fußball war – ich sag's auch immer bei den Führungen im Club-Museum – in der ersten Hälfte des vergangenen Jahrhunderts, vor allem auch unmittelbar nach dem Krieg, ein Proletensport – in diesen Kreisen inakzeptabel. ›Ah! Ah! Der geht zum

Fußball …‹« Der Sprachwissenschaftler Hubert Ivo hat den Club 1948 zum erstenmal im Zabo spielen sehen und schreibt in seiner in der Anthologie *Alle meine Endspiele – Herrliche Fußballgeschichten – von Bern bis Hamborn* (Berlin 1998) abgedruckten Liebeserklärung an den »fesselschlanken Maxl Morlock« und den 1. FC Nürnberg insgesamt, die er überschriftlich mit dem Vers 13,13 aus dem ersten Korintherbrief schmückt (»meízon dè toúton he agápe« – »… aber die Liebe ist die größte unter ihnen!«): »Die Behandlung eines Balls, die mich beim Club erwartete, galt in der gymnasialen Gesellschaft, die mich leibesübungslich bildete, als unfein. Mit den Händen: ja. Mit den Füßen: nein. Letzteres tun Proleten. Mit den Füßen!! Allenfalls war dieser Behandlung eines Balles Clowneskes abzugewinnen: Lehrer gegen Schüler am Ende eines Sport-›Festes‹ als Lachnummer.«

Im Januar 1945 flieht die Mutter mit den drei Kindern »über Berlin, wo wir bei Verwandten unterkamen, und weiter über Potsdam nach Traunstein. Wir waren mit dem Zug unterwegs. Näheres weiß ich nicht. Wie sie an das Ticket gekommen ist und woher sie das Geld hatte, das weiß ich alles nicht.«

Im 1974 ausgestellten »Ausweis für Vertriebene und Flüchtlinge A« mit der Nummer 9515/43323 ist als erster Tag des Aufenthalts »im Bundesgebiet (Berlin-West)« der 12. Februar 1945 eingetragen. In Traunstein finden die vier im Haus von Günther Kochs Großonkel Armin Bickert, einem Notar, Unterkunft, in der Wohnung der Großmutter mütterlicherseits – in einem eleganten Anwesen mit der Adresse Bahnhofstraße 25. Noch heute läßt sich angesichts der einzelnen erhalten gebliebenen historistischen und Jugendstilgebäude erahnen, was für ein nobler Straßenzug das einmal war.

In *Der Ball spricht* steht an unauffälliger Stelle ein dürrer Satz: »Als Flüchtlingskind habe ich in Traunstein, Oberbayern, zusammen mit den Geschwistern und der Mutter die Bombennächte miterlebt.« Günther Kochs ältere Schwester Ingrid sagt am Telephon: »Viele Erinnerungen an die Bombardierungen habe ich nicht. Ich weiß nur, daß er sich als Kind natürlich auch furchtbar geängstigt hat. Ringsherum um uns sind die Bomben reingefallen. Neben dem Bahnhof war ein großes Hotel, und der Bahnhof wurde restlos zerbombt.«

Günther Koch steht bis heute in engem Kontakt mit seinem besten Freund aus Traunstein, Helmut Köck, dem ehemaligen Stadionsprecher beim 1. FC Traunstein. Köck, ein großer Club-Fan, fährt regelmäßig nach Nürnberg und besucht seinen Kumpel auch schon mal im Trainingslager des FCN. Und er schickt Günther Koch immer wieder Artikel über die Bombardierungen, die sicherlich dazu beitragen, die überdeckten Erinnerungen eines damals knapp Dreieinhalbjährigen wenigstens in groben Umrissen wieder ans Licht zu bringen: »Ich erinnere mich, daß wir als Kinder immer wieder Fliegeralarm hatten mit den widerlich heulenden Sirenen und dann alle in den Keller stürzten und vorher die schwarzen Jalousien runterziehen mußten, an jedem Fenster. Und ich erinnere mich an einen bestimmten Tag, das war der schlimmste, aber ich habe damals nicht so richtig begriffen, worum es ging. Ich habe nur gemerkt, daß wir runtergerannt sind und daß sich plötzlich die Wände des Wasch- und Kohlekellers, krumme, braune Wände, bewegt haben und durch die Ritzen Sand drückte und daß alle geheult haben. Und daß es immer so einen dumpfen Schlag getan hat. Ich habe ja nicht begriffen, was das war. Und meine Mutter hat geheult, meine Schwestern haben geheult, alle haben geheult, ich wahrscheinlich auch. Und als dann der Bombenalarm vorbei war und das Signal der Entwarnung kam – das war der große Fliegeralarm am 18. April '45 –, bin ich rausgegangen, und das Nachbarhaus war weg. Da war nur eine große Grube. Da hatte ich eine Spielkameradin drin. Und auf der anderen Seite – wir waren in so einem großen Doppelhaus – dieses dreistöckigen Doppelhauses war das *Hotel zur Krone* weg. Da hatte ich auch einen Spielkameraden drin. Beide waren tot. Da brach für mich eine Welt zusammen.«

Traunstein wurde viermal bombardiert – im November 1944 und am 20. Januar, am 18. April und am 25. April 1945. Die zwei letzten Angriffe galten insbesondere dem Bahnhof. Jener vom 18. April »war der schlimmste«, blickt ein 1932 geborener Zeitzeuge zurück. »Da hat es Tote gegeben. Die lagen dann … Das war schon … Das geht eigentlich nicht mehr raus. Das haben wir gesehen, wie sie die da unten raus haben. Das ist immer noch in Erinnerung. Das bleibt immer. Und je älter man wird, desto mehr kommt diese Erinnerung wieder.«

In der Nacht gibt es den ersten Alarm, vormittags die nächsten beiden, den Hauptalarm um 13.45 Uhr. »In vier Wellen wurde der Bahnhof mit insgesamt 180 Tonnen Sprengbomben angegriffen«, heißt es in den *Chiemgau-Blättern* 17/2005, in denen auch ein Bericht des Traunsteiner Pfarrers Nicol zitiert wird: »Der Fliegerangriff dauerte insgesamt etwa eine halbe Stunde. Welch ein grauenvoller Anblick bot sich dem Auge dar, als man nach der Entwarnung ins Freie gehen und Umschau halten konnte. [...] Ein Gang zum Bahnhof und in seine Umgebung vermittelte einen ersten Eindruck von dem Ausmaß der zerstörenden Wirkung des Fliegerangriffes. Was das Auge erblickte, war ein Bild grauenhafter Verwüstung. Das Bahnhofsgebäude war nur noch ein Trümmerhaufen. Die Gleisanlagen hatten sich in einen wirren Knäuel von verbogenen Eisenbahnschienen und Trümmerstücken aller Art verwandelt.«

»124 Tote waren zu beklagen« (Karl Rosenegger), zahlreiche Häuser auf der anderen Seite der Gleisanlagen, zur Theresienstraße und zur Güterhallenstraße hin, waren zerstört und ausgebrannt oder »durch den Luftdruck die Böschung hinuntergeworfen. [...] Einen ganz vernichtenden Eindruck macht[e] der ansehnliche Bau des *Hotels zur Krone*. [...] Zwei Töchter der Besitzerin Maier [...] sowie verschiedene hier Zuflucht suchende Passanten und Gäste fanden unter den Trümmern den Tod.« *(Büttner-Chronik der Stadt Traunstein)*

Mittendrin, durch nichts als Zufall, blieb das Haus Bahnhofstraße 25 verschont. Gefragt, ob ihn die Ereignisse traumatisiert hätten, wehrt Günther Koch energisch ab: »Nein, nein. Nein. Das wäre gelogen. Ich kann das heute, als alter Mann, nicht mehr wahrheitsgetreu wiedergeben. Ich weiß nur, daß ich das registriert habe. Und ich bin mir sicher, daß es mich ziemlich stark beschäftigt hat. Hätte es das nicht, wäre das nicht ich gewesen. Es war furchtbar. Bloß gut, daß ich das damals alles gar nicht richtig kapiert habe.«

Die Angst weicht auch aus einem anderen Grund nicht: »Die haben alle geheult. Da könnte ich heute noch heulen – wie die alle in der Küche stehen und gucken, ob noch Nazis da sind oder Wehrmachtsangehörige.« Denn Hitlers »Nero-Befehl«, er muß befolgt werden. Wer kapituliert, wird wegen »Defätismus und Wehrkraftzersetzung« standrechtlich erschossen. In den *Chiemgau-Blättern* 18/2015 schreibt Gerd Evers: »Die Reaktion der nationalsozialistischen Presse ist zusammengefaßt in der Klage über den ›anglo-amerikanischen Terrorangriff‹, und der nationalsozialistische Kreisleiter beschwor beim Begräbnis der Opfer unbeirrt den Glauben an den Führer Adolf Hitler, ›dessen Leben in der Hand des allmächtigen Schöpfers gesichert ist und dessen gottbegnadete Persönlichkeit uns durch alle Stürme hindurchführen wird in den sicheren Port einer besseren und glücklicheren Zeit‹. [...] Gefährdung, Angst und Schrecken gingen in der Regel nicht von den vorrückenden Alliierten, sondern von den SS-Truppen aus, die zu sinnlosen Rückzugsgefechten entschlossen waren und die Bewohner daran hinderten, die weiße Flagge zu hissen.«

Am 3. Mai befreien die Amerikaner Traunstein. Der erwähnte Zeitzeuge, Jahrgang 1932, empfand die folgenden Wochen und Monate als »Gaudi. Wir haben ja Zigaretten und alles gehabt, weil die uns alles gegeben haben. Unser Haus ist besetzt worden von Amerikanern. Aber die waren recht nett.« Günther Koch schaut ähnlich zurück: »Meine Schwestern waren in der Pubertät, die eine war dreizehn, die andere war Jahrgang '34, also elf. Als dann die schwarzen GIs ins Haus kamen, war meine Mutter voller Aufregung. Die haben meine Mutter dann beruhigt, sie brauche keine Angst zu haben.«

Die Nachkriegszeit ist für einen heranwachsenden Burschen wie Günther Koch – dieser Lebensabschnitt beschenkt den Menschen mit der Fähigkeit der Verdrängung des Schreckens – eine Zeit der Freiheit, des Abenteuers, des Schabernacks, des Übermuts, der ungebändigten Welterschließung. Ex negativo hat Koch diese Erfahrung der persönlichen Entfaltung durch Mangel am 18. Juli 1999 in der Sendung *Zwischentöne* im Deutschlandfunk skizziert. Er bedauere die heutigen Schüler, »und ich möchte mit ihnen auch nicht tauschen. Wir, die wir in der Nachkriegszeit großgeworden sind, ich meine zum Beispiel jetzt mich, hatten es da viel leichter. Die werden [heute] überstülpt und überhäuft mit allen möglichen Einflüssen und leben unter einem derartigen Leistungsdruck, ich meine jetzt: im privaten Bereich [...] – viele, viele Abhängigkeiten, das ist schade. Das sind die Medien, das ist die Vielfalt der Dudelsender, Fernsehen und Dudelfunk ...«

In den vierziger Jahren: kein Fernsehen, ein bißchen Radio, und Zeitungen liest auch damals ein noch nicht Zehnjähriger ohnehin nicht. Da eröffnen sich Räume, Gelegenheiten, Möglichkeiten, die Wirklichkeit zeigt sich einem neugierigen Menschen unverstellt, unbehelligt von medialen Überformungen und Zurichtungen. Das wurde in der Literatur oft nachgezeichnet, hervorgehoben sei das schmale Buch *Hundskrüppel – Lehrjahre eines Übeltäters* (Zürich 2014) von Gerhard Polt, der ein paar Monate jünger als Günther Koch ist und ebenfalls im oberbayerischen Hinterland und in München aufwuchs und sich als Jugendbandenanführer einen gewissen Nimbus erarbeitete.

Im Oktober 1950 wird die wieder zusammengeführte Familie Koch nach München umziehen. Günther schildert die Tage jenseits der Schule als Zeit des gänzlichen Unbehelligtseins. Kinder konnten machen, was sie wollten. Die Trümmerlandschaften der Städte waren Kontinente der Erkundung, Territorien des Glücks, unbegrenzte Spielplätze, auf denen man die Kräfte maß und sich selbst (und das andere Geschlecht) entdeckte: »Das kann sich keiner vorstellen. Jeder hatte sein eigenes Eck. Wir haben vertrocknete Birnenstiele geraucht. Bei uns in der Nähe war ein Gymnasium – das gibt es immer noch, in der Bahnhofstraße –, und da rankte so herrlicher vertrockneter Wein hoch. Und den haben wir geraucht – das war dann allerdings schon in München. Das mit dem Rauchen fing bei mir erst in München an, da war ich zehn, elf, zwölf Jahre alt. Und wir hatten unsere Banden. Es gab die Georgen-Bande, ich war in der Georgen-Bande, die Görres-Bande, und es gab noch eine Englischer-Garten-Bande und eine weitere da oben, die Schleißheimer Bande. Und du weißt ja: Früher wurde die Wäsche im Freien aufgehängt, und es gab diese Leinenstützen aus Holz, zwei, drei Meter lang, und die haben wir vor uns hergetragen, als Lanzen und Prügel, und die Tapferen waren in der ersten Reihe. Du kannst dir vorstellen, daß ich mit vorne dabei war. Und es wurde voll draufgedroschen, aber auch mehr zur Schau. Es war meistens so, daß die weggelaufen sind – oder wir! Zum richtigen Dreschen kam es auch, aber nur ganz kurz. Sind die abg'haut! Und mit einem Geheul! Da war ich vorn dabei. Und man muß die Abmessungen in München kennen. Von der Neureutherstraße, Ecke Isabellastraße bis zum Englischen

Garten haben wir die hinuntergetrieben, das ist die ganze Adalbertstraße runter. Das sind zwei, drei Kilometer. Und die ham uns dann wieder bis hoch zum Oberwiesenfeld gejagt. Es war fabelhaft.«

Weniger froh stimmt, wie sich alsbald in Traunstein – wie überall im dahingegangenen gottbegnadeten Tausendjährigen Reich, das der Führer den Deutschen, ohne daß sie daran beteiligt gewesen wären, eingerichtet hatte – die erdrückende Mehrheit der sogenannten Erwachsenen geriert. Einen Todesmarsch von KZ-Häftlingen Ende April 1945 durch Traunstein begleiten nicht wenige mit hämischen Rufen, und bereits im Sommer macht sich eine Stimmung aus altbekanntem Chauvinismus, selbstherrlicher Weinerlichkeit, widerwärtigem Trotz und jener Amnesie breit, die dem Heinrich Mannschen Untertan ins höherwertige Fleisch und ins reinrassige Blut übergangen ist. Gerd Evers schreibt: »Das Gefühl der Befreiung verschwand immer mehr unter der alltäglichen Erfahrung von Hunger und Not, der Anschauung der zerstörten Städte, der Trauer um die Opfer und der Erinnerung an erlittenes Unrecht.« Erlittenes Unrecht. »Die Schrecken der Nazi-Zeit wurden verdrängt. Der Traunsteiner Bürgermeister Rupert Berger bekannte gegenüber einem amerikanischen Journalisten: ›Die Leute hier haben vergessen, daß sie den Krieg verloren haben. Sie verlangen nach schnellerem Wiederaufbau und wollen Kleidung und Wohnungen. Sie klagen, daß sie im III. Reich besser gelebt hätten.‹ Die wirtschaftliche Armut brachte sogar das erklärte politische Ziel der Amerikaner in Verruf: den Aufbau einer demokratischen Staats- und Gesellschaftsordnung. Das Wort ›Demokratie‹ wurde zeitweise zum Unwort und in Verbindung gebracht mit Not und Unfähigkeit.«

Günther Koch, der sich später auf vielerlei Betätigungsfeldern – im Schulwesen, in der Gewerkschaft, in der Parteipolitik, im Journalismus – gegen Heuchelei und Byzantinismus engagieren und für Demokratie, Mitbestimmung, Offenheit und Solidarität einsetzen wird, nimmt dergleichen landestypischen Revanchismus und Autoritarismus naturgemäß in diesem Alter nicht wahr. Er hat mit sich zu tun: »Wir hatten ja nichts, es war alles kaputt – allerdings nur da, wo *wir* wohnten. Ich habe Bretter geklaut von gegenüber, um mir dann mit fünf, sechs Jahren eine Hütte zu bauen. Und ich war der Preuß', ich war der Flüchtling. Ich wurde verprügelt und gejagt als Evangelischer in der katholischen Gegend. Meine Schwester, die mittlere, die Irene, hat mir immer geholfen und die Jungs dann verprügelt. Mit elf Jahren! Mein Vater war kurz in Gefangenschaft. Meine Mutter, die sehr hübsch war, hat ihn, indem sie da hingerannt ist, freibekommen. Sie brachte ihn eines Tages an. Wie sie das geschafft hat, ist mir heute noch nicht klar. Und mein Vater hat dann Tauschgeschäfte betrieben. Er hatte ein Motorrad, das hat er gegen Butter und Brot getauscht. Und meine Mutter ging mit mir betteln – damals sagte man hamstern –, auf die Dörfer, nach, weiß ich noch, Englschalking und nach Chieming am Chiemsee – den speziellen Geruch des Chiemsees habe ich immer noch in der Nase –, ob der Junge nicht 'ne Scheibe Brot kriegen kann. Das sind meine ersten frühkindlichen Erinnerungen an eine frische Scheibe Brot mit Bauernbutter. Da dreh' ich heute noch durch, wenn ich das bekomm', obwohl meine Mutter und ich wohl von verdorbener Butter mal die Gelbsucht bekamen und länger ins Krankenhaus mußten. Ich lasse keine Scheibe Brot verkommen. Wenn mir Brot alt wird – meine Frau schimpft immer –, stecke ich das in den heißen Tee. Ich lasse da nichts verkommen. Ich hab' als Kind ja auch geklaut, Birnen und so weiter, aber auch mal am Kiosk einen Kaugummi oder ein Eis. Wir hatten ja nichts. Ich wurde dann zu Hause natürlich verprügelt. Mein Gott, das war schon schlimm. Und ich war Linkshänder. Mein Vater hat mir für den Unterricht in der evangelischen Volksschule an der Trift – in Bayern gab es bis 1968 die Bekenntnis- oder Konfessionsschule – die Hand mit einer Manschette eingeschnürt und am Unterarm fixiert, und einmal hat mich die Lehrerin während des Unterrichts vor die Tür mitgenommen und mir ein Bussi gegeben, weil sie das Mitleid überkam.«

Die kleine Episode mit der Grundschullehrerin muß für Günther Koch eine nach wie vor herausragende Bedeutung haben. Er hat sie mir mehrmals erzählt. Daheim scheint von Empathie, gar Zartheit wenig zu spüren gewesen sein. Auch redet Günther Koch kaum einmal über seine Mutter, obwohl, wie er auf Nachfrage verrät, die Beziehung zu ihr »sehr eng« und er gewissermaßen ihr »Kronjuwel« war. (Als sie in München ins Caritas-Altenheim kam, benannte sie ihn als ihren Betreuer, und er hat sie fortan laufend besucht.) Wer ihn ein wenig besser kennt, meint zumindest zu ahnen, daß sich hinter seinem bisweilen forschen, auftrumpfenden, platzhirschartigen Auftreten etwas anderes verbirgt – das Wissen darum, verletzlich, angreifbar zu sein, vielleicht eine Sehnsucht nach Geborgenheit, nach einem Leben, in dem man, wie es Adorno sinngemäß formulierte, ohne Angst sein könnte, was man ist, in seiner irreduziblen Eigenheit und seiner Fehlbarkeit.

Ich habe Günther öfter gesagt, er sei der Inbegriff des Alpha-Tiers. »Ja«, hat er mal geantwortet, »ich bin ein Alpha-Tier durch meine Arbeit als CVJM-Jugendleiter geworden! Und dann war ich …« Er stockte. »Aber das muß ja auch erzieherische Gründe haben, Gründe, die im Elternhaus liegen.« – »Weiß nicht. Meinst du?« – »Haste mal drüber nachgedacht?« – »Nee.«

Warum sein Vater und wo er in (amerikanischer) Kriegsgefangenschaft war – Günther Koch spricht nicht darüber. Nach der Entlassung ist der Vater arbeitslos und verdient schließlich bei der STEG, der Staatlichen Erfassungsgesellschaft für öffentliches Gut, in München mit dem Verkauf von Armeeutensilien (Feldbetten, Kochgeschirr et cetera) bescheidenes Geld für die Familie. In Traunstein regieren »Peitsche und Lederriemen, wenn was war, mein Vater war ganz streng«. Ein Zettel aus dem Jahr 1947 vermittelt etwas von der förmlichen, steifen Atmosphäre, die in der Bahnhofstraße 25 herrschte: »Liebe Eltern! Ich wünsche Euch ein recht frohes Weihnachts-Fest. Euer Ernst-Günther Koch Klasse 1a«.

Das Lieblingskind des Vaters, das eben deshalb harsch angegangen und ab und an kujoniert wird (wer unbedingt will, kann da eine vielleicht nicht gar zu gewagte Parallele zu Günther Kochs beizeiten spitzen Verdikten über den FCN, seine erlernte große Fußballebensliebe, ziehen; jedenfalls kontert Manni Breuckmann meine Bemerkung, Günther Koch sei immer der schärfste Kritiker des Club gewesen: »Ja, ich kenne diese Leute, die ihr liebstes Kind dann auch besonders hart kritisieren. Natürlich. Aber wenn es drauf ankam, war er immer klar solidarisch mit diesem Verein«) – das Lieblingskind, über das der Vater sagt: »Er wird es euch allen zeigen!«, bekennt gleichwohl: »Ich hatte dennoch eine schöne Kindheit, so komisch das klingt. Weil wir ja dann

Alteisen gesammelt haben und Altpapier gesammelt haben und Flaschen gesammelt haben und Geld dafür bekommen haben. Ich hab' Geld gesucht und auf der Straße auch gefunden. Und ich bin den Ami-Jeeps hinterhergelaufen, wenn die in die Kurve gegangen sind. Ich bin mit sechs, sieben, acht Jahren hinten auf die draufgesprungen, wenn die Schrittempo fuhren, und hab' Kohlen runtergeschoben. Und die Amis haben mir nichts getan.«

Bis heute findet Günther Koch keine Ruhe. Er muß raus, tun, machen, als wolle er noch immer, und sei es unbewußt, eine Enge hinter sich lassen, als müsse er, wer weiß, sich selbst entfliehen, indem er sich entäußert und im Draußen etwas bewegt, und dadurch, daß er etwas anstößt, voranbringt, entwickelt, kommt er sich selber wieder näher. »Viel zuviel macht er«, sagt seine Schwester Ingrid, »aber so war er schon immer. Er hat schon als Kind bei uns im Hof, vor unserer Wohnung, immer Fußball gespielt, mit einer ganzen Horde anderer Kinder. Ruhig in einer Ecke sitzen konnte er nie.«

Der Vater steckt ihn, der bürgerlich-nationalistischen Wehrertüchtigungsideologie des Friedrich Ludwig Jahn gehorchend, in den Turnverein. Günther denkt nicht daran, da regelmäßig hinzugehen, und rennt meist zum Fußballplatz, was ihm die Eltern strikt verbieten. »Da ging's schon los mit der Renitenz«, sagt er und erzählt mit glühenden Augen, daß beim 1. FC Traunstein, dem Herzensverein seiner Kindheit, »der [Ludwig] Hinterstocker [später VfB Stuttgart] und der [Siegfried] Manthey [später FC Bayern] spielten«.

Der Fußball weitet den Brustkorb, er durchlüftet die Seele, weil er so simpel und so komplex zugleich ist und daher so schön wie eine von unsichtbarer Hand gefügte Theatervorstellung zu sein vermag, und das tut er noch heute auf den Bolzplätzen dieser Welt – bei kleinsten Bewegungen, bei gelungenen Körpertäuschungen und Tricks, bei überraschenden Paßfolgen, bei unmöglichen Flanken und Toren –, derweil ihn der profisportspezifische »Kanaillen-Kapitalismus« (César Rendueles), Abbild und Ausdruck des im letzten Winkel des Planeten wütenden Wertgesetzes, auf den großen Bühnen zu erdrosseln sich anschickt.

Seiner Klasse entkommt man nicht, man kann sie nur verraten. Günther verrät das Sittengesetz der höheren Schichten, steigt den Mädels nach und hetzt dem Ball hinterher. Dem Ball, den er: liebt. Er, der selbstkritisch von sich sagt, er könne »nicht schreiben, und was ich geschrieben habe, kann ich nicht vorlesen«, verfaßt für seine Miszellensammlung *Der Ball spricht*, die er auszugsweise item für ein semiempfehlenswertes Hörbuch eingelesen hat, sechzig Jahre danach einen – den titelgebenden – Text, der eine Mixtur aus Predigt, Ansprache vor der Untersekunda, halbkonkreter, an Ror Wolf gemahnender Begriffshäufungsfußballpoesie und innerem Monolog vorstellt, einer Rollenprosa, in der das Spielgerät das Subjekt, die unberechenbar handelnde Person ist, die man beschwört und der man sich zugleich, die Schranken des Ichs überschreitend, hingibt. Darin, nebenbei, verbirgt sich Libidinöses. »Wenn ich den Ball streichle, mit der Hand oder auch mit dem Fuß, beim Warmmachen«, gibt Günther Koch zu, »das ist was Erotisches.« Das ist Zuneigung, und Zuneigung ist das Sich-zu-jemandem-Hinneigen, und dieser Jemand kann nicht ich selbst sein, es sei denn, der Jemand wäre das Selbstbildnis auf der Wasseroberfläche.

Es spricht der Ball, und dieses Sprechen ist der Widerhall des Klangs eines *anderen*, die nie verstummende Stimme der Sehnsucht: »Nicht so viel denken, nicht so sehr verkrampfen, liebe Ballbehandler. Laßt euch einfach fallen, dann fall' ich euch vielleicht vor eure Füße. [...] Wenn ihr wüßtet, was ich alles weiß und höre – und trotzdem nie sagen durfte. [...] Die dümmsten Spieler sind die, die lieber mit dem Schiri oder dem Gegner oder der Wettmafia diskutieren. Denn ich bin und bleibe der einzige Unbestechliche. Glaubt ihr denn, ich hätte keine Gefühle, keine Seele? Mich wenigstens mal liebevoll in den Arm genommen, gestreichelt und gar geküßt? Ja, Andreas Köpke hat's mal gemacht, auch Oliver Kahn in seinen jungen Jahren. Und sonst? [...] Ich bin [...] der einzige ohne Vertrag und Vorvertrag. Und der einzige, der nicht lügen kann, selbst wenn ich wollte.«

Ich nehme mir heraus, diese Passage als Autopsychogramm zu lesen. Günther Koch spricht durch den Ball über sich. Das Wort »Ehrlichkeit« wird in diesem Buch des öfteren auftauchen, zumal in Verbindung mit dem Epitheton »christlich«. Bleibe, nicht zuletzt in Anbetracht der epochalen Arbeiten Karlheinz Deschners zur Kriminalgeschichte des Christentums, dahingestellt, ob der Ausdruck »christliche Ehrlichkeit« (Günther Koch) nicht ein Oxymoron ist, Günther Koch darf man glauben, daß er daran *glaubt*, daß Sinnlichkeit und Ungewißheit, daß Begehren und Kontingenz, daß das Bedürfnis nach Anerkennung und das Einbekenntnis der eigenen Inkonsistenz unter der Obhut des moralischen Gesetzes der unbedingten Ehrlichkeit, das nicht zufällig der Preuße Immanuel Kant in den Stand eines Imperativs erhoben hat, zusammenzufinden und miteinander in einem Höheren versöhnt zu werden vermögen.

Wäre es vermessen zu behaupten, daß Günther Koch in Gestalt des Balls zu seinem Vater spricht, der 1978 verstarb? »Mit mir gibt es keine Absprachen! Weder offizielle noch stillschweigende. Das einzige, was ich von euch erwarte, ist etwas Ansprache: Redet also bitte mit mir, ruft mich, und seid nett zu mir, und bedankt euch auch mal! Schließlich bin ich derjenige, der euch manchmal *scheinbar* [Kursivierung von J.R.] gehorcht und ins richtige Tor fliegt. Aber bildet euch bloß nicht ein, daß ihr mir etwas zu befehlen habt« – mir, Günther Koch, der sein Leben zu regieren trachtet. Und nicht nur seins (und man lese dies mit der gebotenen Ironie): »Ich bin euer Meister. Ihr habt alle nach meiner Pfeife zu tanzen« – man sieht ihn nach dem Schulhofklingeln in die Klasse tänzeln, wissend, daß er nun über jene personale Macht verfügt, die er seiner Lebensgeschichte abgetrotzt hat – einer Macht allerdings, die er nicht mißbraucht, sondern zur auf Einsicht beruhenden Anleitung anderer einzusetzen bemüht ist.

Der Ball – und hier ist Günther Koch ganz bei Ror Wolf und dessen bedeutungsüberschreitender und -aufhebender Reihungstechnik, bei Wolfs Wortakkumulationsmetaphysik, bei jenem Solitär der deutschen Fußballdichtung, den er nie genau gelesen hat, so, wie er, obschon Lehrer für Deutsch und Englisch, sich in der Literatur generell eher sparsam umgesehen hat: »Vor dem Spiel eingesperrt in Kisten oder Drahtschränke, verscherbelt, vergessen, angestoßen, abgestoßen, ersehnt, numeriert, abgepinselt, angepißt, getreten, geschlagen, geliebt, gehaßt, geschimpft, ausgewechselt, getroffen, gejagt, geworfen, weggeworfen, eingeklemmt und entmündigt.« Und dann: »Ihr habt ja alle keine Ahnung.«

Nicht »angeschmiert« zu werden, mit Werbelogos oder Insignien und Slogans von Fußballverbänden, »nicht für euch nur ein Objekt« zu sein – das meint, »daß auch ich ein Lebewesen bin«, ein Wesen mit unveräußerlicher Würde. »Euer Blick: oft herablassend, oft genug sogar gebieterisch. Wie ich das hasse, die mangelnde Achtung mir gegenüber. […] Keine Frage, ich merke mir alles. Wenn ich während des Spiels dann aus reinem Trotz bei jedem Preßschlag, bei jedem Abpraller, bei jedem Ausrutscher nichts mehr von euch wissen will und zum Gegner springe«, dann ist er dagegen, deviant, unkontrollierbar. »Heute lief ich euch weg, der Ball. Ich wehre mich mit Unwohlverhalten, *bewußtem* [Kursivierung von J. R.] Fehlflug […]. Ich merke sofort, wer es gut mit mir meint. Wer mich feinfühlig berührt, dabei aber sicher und liebevoll, so daß ich fast meine, ein Windhauch würde mich streicheln – dem gebe ich eine Chance: beim Freistoß, beim Eckstoß und beim Strafstoß.«

Ein solcher Akt des Schenkens aber ist ein zutiefst demokratischer: »Ich bin für jeden da, für die noch unbekannten Fußballtalente beim FC Alte Heide [einem Verein, den Günther Koch wie ein Leitmotiv über viele Jahre immer wieder in seine Reportagen eingebaut hat] oder beim TSV Weinzierlein. Oder sogar für die ganz Kleinen auf dem Kinderspielplatz oder dem Bolzplatz gleich nebenan.«

Bis heute enthüllt sich der Kern dieses Sports – »der Fußball fasziniert mich seit meiner Kindheit: die Einfachheit des Spiels, das Unvorhersehbare dieses Sports« – für Günther Koch in den unteren Klassen. Selbst im Urlaub in Norddeutschland kann er's nicht lassen und besucht Amateurpartien. Im Sommer 2019 schreibt er einem Redakteur von *11 Freunde* inflammiert: »Vor drei Tagen sah ich mir in Lütjenburg das wichtige Spiel der Kreisliga Ostholstein TSV Lütjenburg – FC Riepsdorf, 4:2 (1:1), an. Davor war ich in Nürnberg im Juli bei der Relegation zur Kreisliga für und mit Tuspo Nürnberg gegen ESV Flügelrad Zeitzeuge. Davor war ich beim VfL et cetera.«

»Was mich so richtig zum Leben erweckt?« fragt der Ball. »Sie oder er muß mich anlächeln, sich nach mir sehnen, sich auf mich freuen und an mich glauben. Das spüre ich. Dann entsteht etwas zwischen uns. Dann gelingt uns beiden etwas.«

Hauptbeschäftigung für den Zehnjährigen ist auch in München das Fußballspielen. Der Vater, der, beteuert Günther Koch, bei all seiner

Strenge »ein guter Vater« gewesen sei, findet eine stattliche Wohnung in der Neureutherstraße 31 in der Maxvorstadt, direkt neben dem Isabella-Kino und der Kirche St. Joseph, und 1951 oder '52 wird er nach der Entnazifizierung Leiter der Flugsicherung München-Riem und parallel auch Leiter der Flugsicherung Nürnberg (»Er wurde einmal in der Woche über die rumpelige Autobahn mit einem VW-Dienstwagen hingefahren«). Die Sparsamkeit hat Günther Koch von ihm geerbt: »Er hat jeden Pfennig umgedreht. Der ist von der Neureutherstraße jeden Morgen um halb sieben bis nach Steinhausen gelaufen – jeder Münchner weiß, wie weit das ist: fast eine Stunde, u. a. durch den Englischen Garten –, um das Geld für die Straßenbahn zu sparen. Von dort fuhr er mit dem Omnibus nach Riem. Ich mußte auch jeden Pfennig umdrehen und habe Buch geführt über meine 25 Pfennig Taschengeld und später die 50 Pfennig. Ich hab' früh den *kicker* gelesen, hab' mein ganzes Geld für den *kicker* ausgegeben.«

In dem Buch *münchenleben – das buch zur stadt* (München 2006) erzählt Koch: »Wenn ich durch die Fallmerayerstraße fahre, denke ich an das Highlight der kargen Nachkriegszeit, als ich mir für zehn Pfennig in der Stunde (oder war es eine Mark?) manchmal einen Tretroller leihen durfte.« Der Vater oder die Mutter hat also doch ab und zu etwas übers Taschengeld hinaus springen lassen. Der Tretroller war »das Unglaublichste, was man sich damals vorstellte«, aber das wirklich Wichtige war der *kicker*: »Und der war sprachlich immer sehr gut. Meine Überzeugung ist, daß ich deshalb so gut in Deutsch war. Ich hab' ja wenige Bücher gelesen, muß ich zugeben. Wirklich. Ich hatte ja keine Zeit, weil ich dauernd draußen war! Aber den *kicker* hab' ich auswendig gekannt. Und die Texte waren perfekt.

Ich war sehr sparsam. Wir haben auch unsere älteste Tochter zur Sparsamkeit erzogen. Die hat das führende deutsche Schulbuch für Englisch für Förderschüler in Deutschland geschrieben und im Ehrenwirth-Verlag veröffentlicht. Sie verdient 'ne Menge Geld und kann es nicht ausgeben. Zu sparsam. Meine Frau, ich nicht so sehr wie meine Frau, hat ein schlechtes Gewissen, wenn sie sich einen Käse kauft, der neununddreißig Euro pro Kilo kostet. Ein schlechtes Gewissen! Damit haben wir immer noch ein Problem.

Meinen Vater hatte Jahre später, im Februar 1958, nach dem Absturz der Maschine von Manchester United, die beim dritten Startversuch im Schneetreiben havariert war, natürlich die Staatsanwaltschaft im Visier, und der berühmte BR-Journalist Wolf Mittler, der im Nationalsozialismus als einer der drei ›Lords Haw-Haw‹ das Propagandaradioprogramm *Germany Calling* moderiert hatte, war bei uns zu Hause, um ihn zu interviewen. Auch nach dem Absturz eines Fliegers auf die Kirche St. Paul an der Theresienwiese [am 17. Dezember 1960] bekam mein Vater Schwierigkeiten. Er hat sich für den Sport und für den Fußball nicht so sehr interessiert, aber er hat mich machen lassen und fand das mit den Reportagen schließlich im Gegensatz zu meiner Mutter ganz cool, weil er gemerkt hat: Es macht mir Spaß, und ich verdiene viel Geld. Anfangs haben wir für jeden Drei-Minuten-Einsatz für irgendeinen Sender hundert Mark bekommen. Das war damals ein Haufen Schotter. Er war auch ein Sportler, aber mehr ein Ruderer oder Leichtathlet, halt ein Akademiker.«

Während der Vater noch arbeitslos ist, nimmt die Mutter eine Stelle als Chefsekretärin im Polizeipräsidium in der Winzererstraße in der Nähe des Oberwiesenfeldes, des nachmaligen Olympiageländes, an. Da – oder am Maßmannbergl – kickt der Viertkläßler, wenn er nicht in Schwabing kellerfensterlt, manchmal bis zu acht Stunden, zum Beispiel mit seinem Mitschüler Jürgen Weineck, der später Professor für Sportwissenschaft in Erlangen wurde und »zur Insa meinte – der hat Insa und ihre Eltern gekannt –: ›Was, du heiratest den Günther Koch?! Das ist ja Wahnsinn! Das hältst du doch gar nicht aus!‹ Denn Insa war immer ganz ruhig und still. Also, der hat bei uns am Oberwiesenfeld, als wir mal 6:0 geführt haben, so lange gespielt, bis er 7:6 gewonnen hatte. So einer ist das.« Einer wie Günther Koch.

»In München verbrachte ich wunderbare, wenngleich eher karge Jahre der Kindheit« *(Der Ball spricht)*. Kompensiert wurde die materielle Bescheidenheit in den Sommerferien: »Als ich fast zehn, fast elf, fast zwölf war, durfte ich immer nach Traunstein. Da habe ich gelebt wie Bolle: 12 Uhr und 18 Uhr Essen, feingedeckter Tisch, bei dem Onkel mit eigenem Kindermädchen, das auch verführerisch war. Und dann die erste kleine Liebe, Ingrid D., die ich später in München wiedergetroffen habe und die dann aber nichts mehr von mir wissen wollte. Das hat mich sehr erschüttert. Aber es war herrlich. Wir hatten die Wälder rundherum, wir haben Fußball gespielt«, und »unten in der Au«, schreibt Günther Koch in dem Beitrag »Meine drei Fußballlieben« im April 2002 in *11 Freunde*, war er »das erstemal auf einem richtigen Fußballplatz mit zwei Toren, zwei Mannschaften und rundherum vielen Zuschauern [...], gleich neben der Traun«.

Einer der ersten Briefe von Günther Koch stammt aus dem Jahr 1951: »Liebe Mutti! Lieber Vati! Als in Traunstein der Zug anhielt stieg ich aus. Da stand Onkel Armin und Großmutti. Mit dehnen ging ich zur Haustür, da trennte sich Onkel Armin von uns und ging ins Büro. Dann ging ich rauf mit Großmutti. Zum Abendbrot bekam ich: ein weiches Ei, ein Glas Apfelsaft, Kneckebrot mit Butter und Marmelade. Danach bekam ich noch ein Stück Anieskuchen. Nach dem Essen nahm ich noch eine Tablette. Dann ging ich ins Bett. Ich schlief gleich ein. So ging es immer. Früh, Mittags u. Abens aß ich bei Bickerts. Am Sonntag ging ich zum Fußball da. Da trennte sich FC Traunstein VfL Ingolstadt 3:3. Viele Grüße auch von Großmutti & Euer Günther«.

Das Essen – der Mangel und der Genuß der kleinsten Mahlzeiten und die beinahe heilige Pflicht, Nahrungsmittel unter keinen Umständen wegzuwerfen, haben diese Generation zutiefst geprägt. Wenn man mit Günther Koch unterwegs ist, wird einem rasch klar, welche zwei Dinge im Zentrum seines Interesses an der Welt stehen (über die zweite »Sache« reden wir jetzt mal nicht). Ein Stück Schokolade kann ihn alles andere vergessen lassen (wir werden davon noch einmal hören). Seine Schwestern brachten ihm in Traunstein ab und an eins mit, und das unterteilte er dann in sieben winzige Portionen: »Das mache ich heute noch manchmal. Die bekamen in der Schule kleine, etwa sechs, sieben Zentimeter lange Schokoladenriegel. [Seine Schwester Ingrid erinnert sich anders: ›Die Amerikaner hatten auf der Wartberghöhe in der Nähe der Stadt ihr Camp mit einem großen Lager, und da haben sie des öfteren an die Kinder Schokolade verteilt. Das wußten wir, und da sind wir natürlich auch hingegangen.‹] Die Schwestern – mal die, mal jene – haben mir ab und zu einen Riegel geschenkt. Und den hab' ich mir eingeteilt für den Tag. Das kann ich heute noch. Ich kann unglaublich diszipliniert sein. Das mache ich jetzt allerdings meistens nicht mehr, obwohl ich aufpassen müßte, weil ich Diabetes 2 habe. Aber, mein Gott, ich sag' mir: Die letzten Jahre werd' ich da noch verrückt spielen! Nee, nee, ich esse schon meine Schokolade. Ich passe halt auf, ich übertreibe es nicht so wie früher.

Ja, das waren glückliche Momente. Und als ich in die Schule kam und eine Schultüte bekam und dann laufend die Schulspeisung ... Das war herrlich. Das war natürlich das Größte. Es gab, so genau weiß ich das nicht mehr, Haferflocken oder Kandiszucker, fettes Zeug, aber es war gut. Es war gut. Und wir hatten halt nichts zu essen, wir hatten immer Hunger. Immer Hunger. Zum Essen hab' ich immer noch so 'ne komische Beziehung. Bei Lehrerausflügen konnte ich es gar net seh'n, wenn die Kollegen ihre Teller nicht aufgegessen haben. Das hab' alles ich aufgegessen. Des wollt' ich nicht: daß das weggeschmissen wird. Jetzt machen wir's manchmal, weil es nicht anders geht, aber wir haben ein schlechtes Gewissen. Selbst ein verfaulter Apfel oder eine Apfelsine – da schau' ich, was noch zu retten ist. Das hat einen geprägt, das ist völlig klar.«

Und: der Fußball, der ihn in Traunstein 1951, am 26. Mai, endgültig »sozusagen küßte«. In *11 Freunde* fährt Günther Koch fort: »Mir [...] bleibt immer noch in Erinnerung, wie mutig sich der Traunsteiner Tormann Hans Süß immer wieder vor die Füße der Ingolstädter Angreifer warf. Und ich sehe seine schwarze Mütze und im Hintergrund den Turm der Traunsteiner Stadtpfarrkirche. Zumindest bilde ich mir das ein« – womit an dieser Stelle en passant auch der allgemeine, jeder Biographie gut zu Gesicht stehende Hinweis darauf eingeflochten sei, wie unzuverlässig, selektiv und re-formierend und -formulierend das Gedächtnis jedes Menschen ist und arbeitet.

In München wird Günther Koch bald zum FC Bayern bekehrt, von einem Buben beim Spielen in der Augustenstraße. Und die Rothosen hatten »schöne Trikots«, sagt er – für ein Kind tatsächlich ein Beweggrund, zum Anhänger eines Vereins zu werden. Die Aura der Zeichnung und Farben der Stutzen und Hemden und die geheimnisvollen Embleme vermögen in einem einzigen Moment eine Anziehungskraft auszuüben, die die Frage nach der »Wahl« des Lieblingsklubs als lächerliches Ansinnen bloßstellt – genauso, als ließe sich rational begründen, in welche Frau man sich verliebt. Erfolgsfans hin, Erfolgsfans her – ois Quatsch, wenigstens dazumal.

Günther Kochs Zeichenlehrer Emil Scheibe, ein bekannter Maler und Graphiker, dessen Werk unter dem Rubrum »Existentieller Realismus« geführt wird, verkauft 1951 oder '52 bei einer Ausstellung Günthers Stoffklebearbeit »Marktfrauen am Elisabethplatz«. »Nach den Sommerferien überreichte er mir das Honorar: 5 (fünf!!) Deutsche Mark. Und was kaufte ich mir? Eine Turnhose im FC-Bayern-Rot! War ich stolz und glücklich.«

»Ich war der größte Bayern-Fan, den man sich vorstellen kann«, erzählt er im »Kamingespräch« auf erfolgsfans.com. Nach Derbys hagelte es in der Schule bisweilen Schläge und Watschen von 1860-Anhängern, deren Verein dazumal der deutlich populärere und auch erfolgreichere war. Und Günther Koch »war der erste Auswärtsfahrer. Ich bin schon mit Bayern München abgestiegen, als Kind, 1955, das hat fast keiner erlebt. Mein Vater hatte mir dann zwei Jahre später das Geld gegeben. Mit fünfzehn Jahren bin ich also nach Augsburg gefahren, das hat mindestens fünf Mark gekostet.« In *Der Ball spricht* schreibt Günther: »Einmal erlaubten mir meine Eltern sogar, in einem Sonderzug zu einem wichtigen Auswärtsspiel zum BC Augsburg zu fahren. Es war dann im Rosenaustadion ein mühsames und dennoch aufregendes 1:1-Unentschieden.« Die Partie fand am 28. April 1957 statt, Günther Koch regt sich noch heute über die schwachen Leistungen von Torhüter Hoffmann, dem »platterten« Verteidiger Brandmaier und dem »eckigen« Mittelstürmer Nunberger auf.

Günther Koch preist unvermindert die frühen Erlebnisse mit dem FCB – »der damals noch zu Recht Fußballverein genannt« werden durfte, wie er 1998 in der Stadionzeitung *Heimspiel* des SC Freiburg schreibt – und den Charme des alten Fußballs, und das schließt die klangphysiognomischen Erinnerungen an Reporter wie Wolfbauer, Drechsel, Maibohm, Klose ein: »Stimmen! Und jeder eine Marke!« Zuvörderst waren es aber selbstverständlich die Akteure (»Werner Olk – was für ein edler Spieler«), die ihn in den fünfziger (und sechziger) Jahren auf unprätentiöse Weise in Bann zogen. Mit zeitlicher und beruflicher, »teilweise kritischer Distanz zu dieser Winner-Society« wird das noch deutlicher. Im Sonderheft »Europacup 98-99« des Magazins *Fußballsport* notiert Koch, der damals kaum ein Heimspiel ausgelassen hatte: »Die Bayern-Spieler der fünfziger Jahre konnten es sich leisten, offener, unbefangener zu sein. Nach einem Punktspiel in der damaligen Oberliga Süd holte ich mir an der Trambahnhaltestelle neben dem Städtischen Stadion an der Grünwalder Straße vom Manthey oder vom [Peter] Velhorn ein Autogramm, und es blieb mit den Spielern immer genügend Zeit zum Ratschen.«

Einer überragte sie alle: Rainer Ohlhauser, der 1961 vom SV Sandhausen nach München gekommen war. Ohlhauser hat sich als erster Bundesligatorschütze des FC Bayern in die Annalen eingetragen, und für Günther Koch war er unzweifelhaft »der Beste. Das war der Mann – nicht der Müller, nicht der Brenninger, nicht der Beckenbauer, nicht der Schwarzenbeck. Ohlhauser hat in einer Saison mal 42 Tore geschossen [in der Regionalligaspielzeit 1964/65, nach der die Bayern in die Bundesliga aufgerückt waren]. Und er hat nicht darüber geredet. Aber er hat die Räume zugemacht, hat alles erlaufen. Der war genial. Der war ein Verbindungsspieler zwischen Abwehr und Sturm. Das war so unglaublich.«

Von Ohlhauser habe er »dem Marcel Neudeck dermaßen vorgeschwärmt, und dann hat er den angerufen und besucht und über den Ohlhauser 'ne große Geschichte geschrieben«, die zu lesen dringend empfohlen sei – ein plastisches, empathisches Porträt über den »Stahlbauschlosser und Fußballspieler« Rainer Ohlhauser (in: *FC Bayern München – Fußballfibel*, Berlin 2017), den die Fans zur Melodie von »O Tannenbaum« besungen haben: »O Ohlhauser, o Ohlhauser, wie schön sind deine Tore! Du schießt nicht nur zur Sommerszeit, nein, auch im Winter, wenn es schneit. O Ohlhauser, o Ohlhauser, wie schön sind deine Tore!« Und der Ohlhauser, der »wie eine Schlange an zwei Spielern vorbeigegangen ist und dann vorne in den Raum für Müller oder Brenninger oder wen auch immer aufgelegt hat«, der spielte eben in einer unfaßbar sympathischen Mannschaft, die fast ein wenig anarchistische Züge besaß. Koch gegenüber Marcel Neudeck: »Bayern war das Symbol, ich will jetzt nicht sagen: für die Benachteiligten, das hab' ich mir ein bißchen eingeredet, aber es war ein Kleinod der Lieblichkeit, der Freude am schönen Spiel, das ja oft, wenn du auf Ergebnis spielst, verlorengehen muß. Das war denen aber wurscht. Und die haben dir was gegeben, und du warst einfach glücklich. [...] Und die Löwen [die übrigens in den dreißiger Jahren den Slogan ›Mir san mir!‹ erfunden hatten!] waren schon ein bißchen arrogant. Da haben wir uns auch immer geprügelt. [...] Die Bayern waren die liebliche, kleine, romantische Alternative für die Verlierer. Aber schön.«

Günther Koch will viele Jahre zuvor unbedingt in die Schülermannschaft von Bayern München, seine Eltern, wir hörten es, untersagen es ihm. »Schülermannschaft hieß das früher, und ich habe an der Alten Pinakothek gekickt, ständig, unter anderem mit Fredy Heiß, der dann bei Sechzig war [und mit dem TSV 1966 Deutscher Meister wurde] und Nationalspieler wurde [er wurde von 1962 bis 1966 achtmal berufen] und der an der Türkenschule gleich um die Ecke zu Hause war. Ich war auf dem Gisela-Gymnasium in Schwabing, und die Alte Pinakothek mit ihrer grünen Wiese war fußläufig in zehn Minuten erreichbar. Da haben wir, wie am Oberwiesenfeld, stundenlang gespielt. Ich war wirklich gut. Vor allem hab' ich nicht aufgegeben. Ich war kämpferisch, läuferisch und von der Reaktion her sehr gut. Und die nötige Technik hatte ich, obwohl ich nie ein großer Dribbler war.«

Erst als er ausgezogen war und sein Studium beendet hatte, begann er, im Verein zu kicken – da lebte er, ab Herbst 1964, bereits in Nürnberg (und seine künftige Frau noch in München). Er wurde Rechtsaußen beim TSV Falkenheim. »Ich wurde sofort aufgestellt. Der Trainer kannte mich aus dem Stadion, von meinen Leichtathletikerfolgen, der Hans Widling. Ich war gesetzt. Der hat gesagt: ›Du spielst immer und kannst alle vierzehn Tage nach München zu deiner Freundin fahren und spielst am nächsten Sonntag trotzdem.‹ Die Mannschaft hat es auch akzeptiert. Und die haben mich alle Ohlhauser genannt, weil ich so vom Ohlhauser geschwärmt hab'. Der hat es über das Läuferische gemacht. Ich hab's auch, auf unterem Niveau, über das Läuferische gemacht. Rainer Ohlhauser. Ja, so haben sie mich bei Falkenheim genannt. Ich war sehr schnell, meistens zu schnell, bin immer ins Abseits gelaufen, aber es war klasse. Als wir später einmal gegen die Club-Alt-

Liga gespielt haben, als ich dann in der AH war [bei den Alten Herren], hat mich der [Alfred] Mirsberger [Mirsberger war von 1947 bis 1955 beim FCN gewesen] hier unten an meinen wertvollsten Teilen festgehalten. Da hab' ich gesagt: ›Spinnst du jetzt?!‹ Da hat er gesagt: ›Ja, moi i doch macha, anders konn ich dich doch net halten, du Depp!‹«

In den Unterlagen, die Günther Koch über die Jahrzehnte angehäuft und buchhalterisch verwaltet hat, steckt ein Spielbericht aus dem Lokalteil der *Nürnberger Zeitung*, vom 25. Oktober 1964, überschrieben mit »Falkenheim-Sturm in Schußlaune«. Am 7:3 gegen den SC Worzeldorf – nach einem 0:3-Rückstand – hatte der Angreifer Koch in seinem ersten Pflichtspiel für Falkenheim seinen Anteil: »Nachdem TW Ziegler einen von Schlicker verursachten Foulelfmeter gehalten hatte, bekam Falkenheim starken Auftrieb und erreichte durch Koch den Gleichstand. Nun war Falkenheim nicht mehr zu halten. Tore von Pruy (3) und Koch ergaben den hohen 7:3-Erfolg.«

In den Achtzigern will Günther Koch für die Alten Herren von Falkenheim, zu denen er bis heute freundschaftliche Beziehungen unterhält, gegen den TSV Feucht mal einen Treffer von der Mittellinie erzielt haben, weil der gegnerische Torhüter nach deren 1:0 und dem Wiederanstoß noch weit neben dem Kasten gejubelt habe (gut, er redet von »Zeitzeugen«, doch solche Geschichten hört man von Freizeitkickern öfter; der begnadete Zeichner Achim Greser zum Beispiel behauptet standhaft, als Jungkraft ebenfalls von der Mittellinie getroffen zu haben, und zwar per Kopf!); aber es existiert ein Photo, auf dem Koch – 2002 während eines Trainingslagers des FCN bei Ochsenfurt – über den eingrätschenden Thomas Brunner in vollem Lauf hinwegspringt und dabei den Ball mit dem rechten Innenrist mitnimmt. Die Echtheit dieses Dokuments bezweifeln wir keineswegs.

Wie immer sich die fußballerische Laufbahn ohne den elterlichen Ukas entwickelt hätte – vielleicht wäre Günther Koch für die zweite Liga tauglich gewesen –, in der Pubertät ist der Kompromiß zwischen Reck und Anstoßkreis die Leichtathletik, weil sie Teil der Erziehungspraxis im CVJM ist (in dessen Leitsätzen es heißt, es sei »Gottes Güte mit Leibesübungen zu verherrlichen«, »getragen vom Geist christlicher Sportkameradschaft«). »Mein Vater war eine Führungsperson«, betont Koch noch einmal, »aber ich war natürlich auch Kämpfer, ich war Leichtathlet, durch meine Waldläufe. Wenn ich mal wieder irgendwas vergessen hatte, mein Sakko oder meine Jacke – die brauchten wir als Pfosten, und das passierte mir schon als Junge in Traunstein oft –, und Angst vor Prügel hatte, bin ich fünf Kilometer am Stück gelaufen und hab' das geholt. Ich war dann in der Schule in München einer der besten 1000-Meter- und 800-Meter-Läufer und hab' vom MTV München 1879 irgendwann sogar einen eigenen Trainer gestellt bekommen. Die wollten aus mir einen richtigen Star machen, ich sollte jeden Tag ein Wintertrainingsprogramm absolvieren. Nach zwei Wochen Probelauf habe ich dankend abgesagt. Und meine erste Berührung mit Nürnberg war ja als Fünfzehnjähriger bei einem 1000-Meter-Lauf hier auf dem Eichenkreuz-Sportfest. Und danach bin ich bei allen bayerischen und süddeutschen Meisterschaften gelaufen.«

Die erste Berührung mit Nürnberg: am 15. und 16. Juni 1957, zählbares Ergebnis: »Dritter im Tausendmeter-Lauf, Jugend B, in 3 Minuten 7 Sekunden beim 11. Eichenkreuz- und Landessport-Tag«, meldet die Zeitung. »Wir haben auf Luftmatratzen im Scharrer-Schulhaus geschlafen. Wir kamen mit dem Bus aus München, und ich seh' das Städtische Stadion. Trainiert hab' ich vorher nix. ›Da woll'n mer doch mal schau'n.‹ Dann hab' ich Dreikampf gemacht, davon gibt's auch ein Photo, ein Pressephoto vom Kurt Schmidtpeter. Und bin dann losg'rennt und hab' mir denkt: Das is' super. Das gefällt mir. Ich hatte das vorher ja noch nie gemacht. Und dann überholst halt noch einen und noch einen, und dann waren's noch hundert Meter, den überholste auch noch – und dann bin ich Dritter. Das war mein erster Erfolg.«

In den beiden Folgejahren gewinnt er, von Jahr zu Jahr verbessert er seine Zeiten, und 1961 oder '62 tritt er in den MTV München 1879 ein: »Ich war dann Rekordhalter über 800 Meter und über 400 Meter. 800 Meter auf Asche: 1:57,0. Alles ohne großes Training. Ich war auch über 1.500 Meter ganz gut und war mit dem MTV beim Deutschen Mannschaftsmeisterschaftsfinale in Augsburg, hab' Punkte gesammelt über 400, 800 und 1500 Meter. Ich bin an zwei Tagen alle drei Disziplinen gelaufen, mit Vollgas.«

Noch in der Rückschau schwingt unüberhörbar Stolz mit. Bis heute treibt Günther Koch ein nicht zu bändigender, offenbar unerschöpflicher Ehrgeiz an. Bewegung, Bewegung, Bewegung, Wettkampf, Wettkampf, Wettkampf, den Gegner ausmachen, den Gegner stellen, den Gegner bezwingen, mal mit körperlichen, mal mit rhetorischen Mitteln: Das dürfte der harte personale Kern sein, um den herum sich aber Schalen legen – das Einfühlungsvermögen, das Gerechtigkeitsempfinden, der Einsatz für soziale Belange (den er nie an eine Glocke hängt), der kulinarische Genuß, die Muße in der Natur.

Dennoch, an erster Stelle: der durch und durch ambitionierte Mensch, der gerne und wiederholt von seinen Erfolgen berichtet, was man hie und da sehr wohl als Form der Geltungssucht bezeichnen kann (und das weiß er selber, und zur Wahrheit gehört ebenso, daß Günther Koch Leistungen anderer ohne Abstriche anerkennt und, wo es ihm angemessen scheint, mit Lob nicht spart, im Gegenteil).

Ich könne ja mal überlegen, ob ich folgendes noch einfügen wolle, schreibt er mir zum Beispiel, es sei ihm schon wichtig, und das tue ich natürlich: »Immer wenn ich durch den Lorenzer Reichswald zum FCN-Training radele, denke ich an die Deutsche Meisterschaft, die ich auf diesem Geläuf und in dieser herrlichen Umgebung beim 35. Sportfest des Verbandes Deutscher Sportjournalisten 1986 locker gewinnen konnte, übrigens auch den leichtathletischen Dreikampf, was mich wirklich wunderte.« Mich wundert das weniger. Zu jener Zeit war die vormittägliche halbe Flasche Schnaps unter Journalisten noch selbstverständlich. Doch weiter: »Die Siegerehrung im mondänen Hotel Maritim durch Martin Lauer [Leichtathlet, Olympiasieger 1960, Schlagersänger] war dann schon schön. Unweit schöner aber war es, als ich 1993 dreimal (!), und zwar von drei Himmelsrichtungen aus, den Mont Ventoux mit einem einfachen Hercules-Fahrrad erklomm, ohne abzusteigen, und oben jeweils eine Plakette und eine Tasse – aber leider miserablen – Kaffee bekam. Schön war's auch, mit dem Lehrerkollegen Joe Bayer eines Morgens – Insa hatte uns um 3 Uhr nachts hingefahren – mal geschwind den Großglockner raufzufahren – vergleichsweise kein Problem.« Kein Problem. Klar. Mal geschwind den Großglockner rauffahren. Wo kämen wir auch hin, wenn das ein Problem wäre? Und natürlich schleppt man im Juni 2004 als Mittsechziger die halbe Familie zum Tag des »Sportabzeichens für alle« und räumt die Auszeichnung »Die sportlichste Familie« ab.

So eng Günther Kochs Sportobsession oder Leistungsorientierung mit seinem familienbedingt tief verwurzelten Glauben und der Mitgliedschaft und dem Wirken im CVJM verbunden ist – wem da das Stichwort »protestantische Ethik« einfällt, liegt nicht falsch –, so lustlos hangelt er sich durch die Schule. Da sind ihm Befähigungsnachweise ziemlich wurscht: »Ich war ein miserabler Schüler. Der Klassenleiter Modschiedler hat mir ins Jahreszeugnis vor dem Abiturjahr geschrieben: ›Da er mit Ausnahme von Turnen kein Interesse für die Schule aufbringt, wird sein Abschlußjahr ein großes Risiko.‹ Ich habe das Abitur trotzdem geschafft, aber ich wußte, daß ich kein guter Akademiker wäre. Für den Volksschullehrer würde es aber sicher reichen, mit Fußballspielen, Gitarre spielen, beten.

Ich war immer ein schlechter Schüler, ich mußte fürs Gymnasium die Aufnahmeprüfung ablegen, ich mußte jedes Jahr zittern, weil ich in Biologie oder in Erdkunde oder in Geschichte automatisch immer 'ne Fünf hatte, und 'ne zweite Fünf durfte man nicht haben. Oder ein und derselbe Lehrer hat mir in Latein 'ne Fünf und in Deutsch 'ne Eins gegeben. Fand ich klasse. Ein Kriegsversehrter mit nur einem Arm und nur einem Bein. Ich habe Aufsätze geschrieben, bei denen er gesagt hat, sie seien ein Genuß. ›Aber in Latein laß ich Sie nicht durch mit Ihren Formulierungen. Da will ich's Wort für Wort richtig haben.‹ Davor hatte ich in Latein 'ne Drei – durch gute Formulierungen, die ungefähr den Sinn trafen. Aber der hat's mir gezeigt. Günter Florschütz hieß er. Den habe ich vor vielen Jahren mal angerufen, aber er konnte sich überhaupt nicht mehr erinnern. Ich habe mich noch mal bei ihm bedankt.

Ich bekam auf dem Gisela-Gymnasium, damals hieß es noch Gisela-Oberrealschule, auch mal einen Verweis, weil ich den Marktfrauen auf dem Elisabethplatz direkt gegenüber Feuerwerkkörper auf die Fensterbretter gelegt hatte. Das war so cool! Aber ich war der Cooky, sie haben mich gemocht.

Und plötzlich bekam ich in Deutsch mal 'ne Fünf. Da hab' ich meine Mutter hingeschickt, und dann gab's 'ne Zwei, beim selben Lehrer. Das hat mich schon hellhörig gemacht. Aber fand ich gut.«

Bereits als Schüler improvisiert Günther Koch während der Stundenwechsel Reportagen, später auch im CVJM, »aus Gaudi«, zumal während der Ferienheimfreizeiten, »die ich immer aus Dankbarkeit dem lieben Gott gegenüber geleitet hab', aus Dankbarkeit für die Gesundheit, weil bei mir schon früh der Verdacht auf Knochenkrebs bestand – ich hab' ja die ganze dritte Rippe rausoperiert bekommen.«

Vorrang hat allerdings von früh an das Bekenntnis zum Glauben: »Ich war als Schüler auch der große Vorbeter. Vor Beginn des Unterrichts um 8 Uhr wurde immer ein Gebet gesprochen. Wir hatten ein Heft mit Gebeten, und die hat ein Schüler vorgelesen, und das war ich. Es war auch ein sehr langes Gebet von eineinhalb Seiten drin. Das habe ich mal vorgetragen, und der Mathelehrer sagte danach: ›Wir suchen einen neuen Vorbeter!‹ Das war viel zu lang, und ich hab's noch zusätzlich in die Länge gezogen, das dauerte fast zehn Minuten. Das war der Mock, war ein Arschloch, ein schlechter Lehrer.«

Als er vierzehn ist, stellt sich bei ihm der CVJM in Person von Helmut Simon mit einem Hausbesuch vor: »Das fand ich auf Anhieb toll: Gitarre spielen und singen und Fußball spielen und Gebetskreis und Bibelkreis. Ich wollte später ja mal Pfarrer werden. Gott sei Dank hatte ich in einem meiner Ferienheime einen Leiter, der Theologie studierte, und der war für mich das überzeugendste Beispiel, Theologie nicht zu studieren, weil der mir erzählt hat, was die für einen theoretischen Scheiß machen müssen. Und durch meine spätere Arbeit in der Gemeinde hat sich bestätigt, daß meine Entscheidung richtig war. Ich wäre sicher ein guter Prediger und ein guter Gemeindepfarrer geworden, mit Jugendarbeit und Freizeitengestaltung. Aber ich wäre manchmal sündig geworden, und ich will schon konsequent sein. Deswegen habe ich das nicht gemacht. Ich kannte mich und wußte, daß ich eventuell bei der Weiblichkeit nicht nein sage. Und das geht als Pfarrer ja gar net – meine ich! Mittlerweile sieht man das deutlich lockerer. Aber ich habe das nicht gemacht.

Ja, sehr prägend war der CVJM. Ich war schon mit achtzehn Jahren zweiter Jugendleiter in dieser Ritterburg. Ich war nicht der Hauptjugendleiter – das war der ›Onkel‹ –, der war dreißig oder fünfunddreißig. Ich habe halt für die Show gesorgt und denen das Winken und das Morsen beigebracht, aber schon auch selber die Gruppenabende geleitet. Der andere hat aufgepaßt, daß ich alles richtig mache, der Tilgner-Papa.

Ich hatte das Glück, daß ich auch gleich der Hauptdarsteller in einem CVJM-Film war. Ich habe eine Art Tarzan gespielt, ich weiß es nicht mehr genau. Den haben wir im Schwarzwald gedreht.«

Auf einem Photo posiert Günther Koch mit einer Frisur, wie sie Helmut Schmidt sein Leben lang getragen hat. Bildunterschrift: »1958, Jugendleiter vor Abfahrt zum Zeltlager am Steinsee, der Ball muß mit.« Er sei sehr beliebt gewesen, zumal bei den Zwölf-, Dreizehnjährigen, sagt er, und er hatte das Glück, »daß sie mich als zweiten Jugendleiter in dieser Ritterburg genommen haben, mit aufgeweckten Jungs. Das waren die in den Gruppen der Zehn-, Elf-, Zwölfjährigen Hervorstechenden, die Besten, die man für die Ritterburg ausgesucht hatte, damit sie später Jugendleiter werden konnten. Das waren goldige Jungs. Die habe ich jeden Tag einzeln in mein Fürbittegebet eingeschlossen. Das war auch so vorgesehen – Pedro B., Christian E., Volker H., Uwe K. und die Brüder M.

Und ich habe, wenn die nicht regelmäßig teilnahmen – das waren nur elf ausgesuchte Jugendliche –, Hausbesuche gemacht. Die mußten am Montag zum Gruppenabend kommen, in den Bibelabend am Donnerstag und zum Spielenachmittag am Sonntag. Das war schon heftig. Ich war also fast immer unterwegs und hatte für die Schule wenig Zeit. Ich mußte mich ja vorbereiten, und dabei habe ich das Organisieren gelernt, das brauchte ich dann später auch als Ferienheimleiter. Ich war bis 1978 in den Sommerferien insgesamt zehnmal Leiter, ›Onkel‹ des Ferienheims der Inneren Mission München und der Inneren Mission Fürth, zum Beispiel in Burghausen überm Wörthsee und in Kreuth-Scharling unterhalb des Wallbergs, für vierzig teils ein bißchen schwierige Jungs, Zwölf- bis Vierzehnjährige, denen du sechzehn Stunden Programm pro Tag bieten mußtest, beginnend mit dem Frühsport und der Morgenwache und der Morgenandacht über Indianerfestival und Mittagsschlaf bis zu Abendessen und abends die Fortsetzungsgeschichte ›Quitzil‹ erzählen und Nachtfeuerwerk und leck mich am Arsch, was nicht alles – Baden in der Salzach und das ›Länderspiel‹ oben im Grenzort Ach gegen die österreichische Dorfjugend und so weiter. Alles kleine, unvergessene Highlights.«

Der CVJM war eine strikt hierarchisch organisierte, stramm autoritäre Vereinigung, und aus der Sicht von jemandem, der mit Glaubensvereinen jedweder Couleur nichts am Hut hat, wirken Günther Kochs Schilderungen abstoßend. Der missionarische, beinahe militante Eifer, der Wille, Jugendliche formen zu wollen, ihnen ein Weltbild und das Gefühl von Superiorität einzutrichtern – not my cup of tea. Aber Kochs diesbezügliche Überzeugung, die mit seinen sozialdemokratischen Grundsätzen schwerlich zusammenpaßt, ist ungebrochen: »Ich hab' schon mit achtzehn Hausbesuche gemacht. Und was ich nie vergessen werde, ist der Hausbesuch beim Christian Ude, der in meiner Ritterburg ein bißchen ein Einzelgänger und Einzelkämpfer war. Er hat die Prüfung aber bestanden. Die Absolventen, ausgesuchte Jungscharjugendliche, die später Jugendleiter und CVJM-Sekretär werden wollten, bekamen nach einer Prüfung einen Lederknoten und waren dann als die besseren Jugendlichen ausgezeichnet. Es war schon eine ein wenig elitäre Gruppe. Neben der Bibelkunde mußten die eben Winken, Morsen, Erste Hilfe, Fahrradflicken und so weiter bei mir lernen. Das Fahrradflicken mußten die natürlich in einem gewissen Tempo können, denn wenn wir auf Fahrt gegangen sind, hatte ich ein Flickkommando dabei. Das waren die beiden Besten hinter mir. Ja, hey, du! Die mußten, wenn der Pfiff wegen einer Panne ertönt war, in fünf, sechs Minuten ein Fahrrad flicken! Das haben die gelernt, das haben die gut gemacht. Hinter mir war der Pedro mit dem Wimpel, und dann ham sie gesagt: ›Cooky, wir sind wieder vollständig.‹ Und dann sin' mer weitergefahren. Das sind prägende Erinnerungen.

Ich habe also den Hausbesuch beim Vater vom Christian Ude gemacht [bei Karl Ude, einem heute hochumstrittenen Journalisten und Schriftsteller, der im Nationalsozialismus schärfste Systempropaganda betrieben hatte], und der hat gesagt: ›Cooky, mein Sohn ist von Ihnen so begeistert. Das gefällt mir gar net. Sie sind ja gar kein gutes Vorbild. Sie sind ja ein schlechter Schüler. Mein Sohn darf kein schlechter Schüler sein.‹ Der Christian Ude war auf dem Maximiliansgymnasium. Und: ›Sie fallen eventuell durchs Abitur.‹ Sag' ich: ›Ja. Aber vielleicht auch net.‹ Ich bin dann ja nicht durchgefallen, mit Deutsch Eins und Religion Eins als Ausgleich. Und dann sagt der Ude weiter: ›Das geht fei net. Mein Sohn soll auch Geige lernen.‹ Hat er ja auch. Später habe ich den Christian Ude ein paarmal wiedergetroffen, und er meinte: ›Cooky, bei dir hab' ich das Organisieren gelernt.‹ Klare Ordnung, wer was macht an den Gruppenabenden. Oberbürgermeister ist er geworden und länger als zwanzig Jahre geblieben.«

Nach dem Abitur 1961 verweigert Günther Koch als einer der ersten in der Bundesrepublik den Kriegsdienst und bekommt »deshalb große Schwierigkeiten im Freundeskreis«. Aus seiner Bewerbung an der Journalistenschule wird nichts (»Ich mußte eine Reportage über das schmutzige Eck im Tal in München schreiben. Ich wurde aber nicht genommen. Ich wußte gar nicht, was eine Reportage ist. Ich hab' halt einen Aufsatz geschrieben«), und seine Mutter sagt eh seit eh und je: »Du kannst höchstens Lehrer werden. Du bist so blöd und so schlecht.«

Es wirkt alsdann wie ein geradliniger Weg: »Vom CVJM her wußte ich halt, daß ich mit Jugendlichen kann. Das konnte ich wirklich. Die merken sofort, ob das einer kann. Ich kann auch heute noch mit Dreijährigen genauso wie mit Dreizehnjährigen. Das wollte ich machen, da war ich ganz begeistert. Es war klar: Ich werde Lehrer.«

Von 1961 bis Juli '64 studiert Günther Koch an der Pädagogischen Hochschule in München-Pasing, einer Uni »mit evangelischem Bekenntnischarakter« – in den Augen der »hochnäsigen Familie und der hochnäsigen Verwandtschaft ein Abstieg«. Parallel baut er in Fürstenried, in der Notkirche St. Andreas in der Fritz-Baer-Straße, eine evangelische Gemeindejugend, eine »Burschengruppe für Vierzehn- bis Sechzehnjährige« auf (mit der er bis heute verbunden ist und mit der er damals das ökumenische Theaterstück »Hans Jugend« inszeniert) – bei einem »modernen Pfarrer, Dieter Seiler, der hat großartige Jugendarbeit gemacht: echte Verkündigung, aber nicht übertrieben, keine Erpressung. Da wurde keiner zu irgendwelchen Bekenntnissen oder zu Beichten oder zu so einem Scheiß gezwungen.«

Erste journalistische Arbeiten entstehen in dieser Zeit für den

Fürstenrieder Gemeindeboten *Gemeinde im Gespräch* und vor allem für das *Evangelische Sonntagsblatt aus Bayern*, dem Koch bis heute als Leser treu geblieben ist und in dem er damals über Pädagogisches und Sportliches schreibt, auch große, zweiseitige Berichte über Ferienheimzeiten und verwandte Themen. Ein gutes Jahr nach Abschluß des (ersten) Studiums wird ebenda in der Nummer 42/1965 unter der Überschrift »Stellen Sie sich vor: Volksschullehrer!« eine raffinierte erzählerische, autobiographisch grundierte Phantasie erscheinen, in der Günther Koch den Hochmut seines Elternhauses auf die Schippe nimmt. Der Vater des pseudofiktiven Fritz (= Günther Koch), angesehen und gebildet, fühlt sich angesichts der Berufswahl des Sohnes wie »ein geschlagener Mann«, lernt aber peu à peu, »seinen privaten Bildungsnotstand« zu beheben und »überkommene Vorstellungen und unangebrachte Voreingenommenheiten« ad acta zu legen.

An die Schilderung des praxisnahen Ausbildungsganges und die Skizzierung der modernen didaktischen Methoden schließt sich eine Lobpreisung des Lehrerberufes an: »Ich habe einen echten Beruf, keinen Job. Ich lerne schon früh Menschen, junge Menschen beurteilen. Ich kann positiv auf Kinder, auf junge Menschen einwirken. [...] Ich bleibe mein Leben lang jung mit meinen Schülern. Ich habe in meinem Beruf ein Maximum an persönlichen Freiheiten. Mein Beruf bietet echte Aufstiegschancen.« Das soll sich fürderhin bewahrheiten.

Angesprochen auf die drei Jahre an der Hochschule, holt Günther aus: »Ich war überzeugt, daß das der richtige Beruf für mich ist. Ich erinnere mich daran, wie ein Professor auf mich zukam, der früher an unserer Schule Lehrer gewesen war. Der sagte: ›Herr Koch, daß Sie jetzt hier gut sind, wundert mich gar nicht. Wenn Sie was machen wollen, dann machen Sie's schon gut.‹

Ich hab' mich, mit Ausnahme von Heimat- und Volkskunde, was ein gewisser Franz Otto Schmaderer gegeben hat und unsäglich ätzend und langweilig war, überall sehr wohl gefühlt, vor allem bei Professor Heinz-Rolf Lückert in den Psychologievorlesungen. Er war der Star. Der proklamierte das frühkindliche Lesen. Deswegen haben wir dann auch unserer zwei-, dreijährigen Tochter das Lesen beigebracht, mit großen Bildern natürlich und auf der Rückseite jeweils mit dem Schriftzug für ›Mama‹, ›Papa‹, ›Ball‹, ›Hof‹, ›Hund‹, ›Vogel‹. Das hat mir alles sehr gut gefallen. Und wir hatten eine Fußballmannschaft, in der ich erfolgreich war und in der auch Spieler aus der Bayernliga und der Landesliga mitmachten. Und ich hab' an der Uni später meine Frau kennengelernt, das war das Wichtigste.

Ich habe ein sehr gutes Examen gemacht, mit 'ner Eins vornedran, das war damals ungewöhnlich. Ich hätte beinahe sogar ein Buch veröffentlicht. Meine Zulassungsarbeit über die Ferienheimpädagogik wollte der Professor Scheibe bei Luchterhand unterbringen – daß man jeden Tag etwas anderes macht und das trotzdem mit Haltung, Stil, Disziplin und Freiheit verbindet. Das geht.« – »Was verstehst du unter Stil? Umgangsformen?« – »Ja. Ja. Leistung, Haltung. Ich hab' im April 2017 in Düsseldorf gegen tolles Honorar bei der größten Werbeagentur der Stadt, Maxus, einen Vortrag gehalten, auf deren Anfrage hin. Die hatten mir das Thema vorgegeben: ›Erfolg durch Haltung und Stimme‹. Die kannten meine Biographie und sind Fans von mir. Die luden einmal im Monat einen Prominenten zu einem Kulturabend ein, diesmal war's ich. Und danach haben die gesagt: ›Ja, was war denn jetzt das? So was haben wir überhaupt noch nicht erlebt! Wir wissen jetzt gar nicht, wie wir das beschreiben sollen. Das war ja Unterhaltung und Show und Vortrag und Empathie und Hintergrundwissen und Kritik und politisch in einem!‹ Das liebe ich, und das habe ich schon immer geliebt – vielleicht auch, weil ich so streng erzogen wurde.«

Nachdem man das Reich der Erziehung verlassen hat – und selber im Begriff ist, Erzieher zu werden –, eröffnet sich das Reich der Freiheit. Fast jeder Student verrichtet Ferienjobs, Günther Koch schwärmt von den Aufenthalten in diesen zeitlich begrenzten Zonen der Selbstbestimmung regelrecht. Noch heute, wenn er den Briefträger, beschwert mit Packen von Werbesendungen und anderem Plunder, kommen sieht, erinnert er sich mit einem Gefühl erheblicher Zufriedenheit an seine Zeit als Zusteller in den Semesterferien. Eingeteilt war er für Fürstenried-Ost, den Kreuzhof und das Münchner Waldfriedhofviertel, für die täglich zweimalige Vereinigte Zustellung, die Geldauszahlungen einschloß. Morgens um 4 Uhr 30 wurde die erste Lieferung gesteckt, »dann raus mit 5.000 Mark und die erfahrenen Frauen im Bademantel überraschen und denen den Lottogewinn oder was weiß ich was auszahlen«, und war das erledigt, legte Günther bei einem Metzger unweit des Waldfriedhofs eine Pause auf eine Wurstsemmel und ein Glas Milch oder ein paar Wollwürste ein – ein profan religiöses Genußritual, eine Blaupause für die vielerlei unscheinbaren Alltagszeremonien, die bis heute dem Tag ein Gerüst einziehen.

Was ist Glück? Niemand weiß es zu sagen. Was es sein mag, läßt sich womöglich annäherungsweise in Bildern ausdrücken, etwa in jenem Bild, auf dem wir Günther Koch nach seiner Jause auf dem Posterradl weiterfahren sehen, in Vorfreude auf den Abend, an dem er mit seiner damaligen Freundin und alsbaldigen Frau das Trinkgeld auf den Kopf hauen wird, das er bei Steuerrückzahlungen oder beim Kassieren der Rundfunkgebühren eingesackt hat; das die beiden verprassen werden im *Hahnhof* in der Leopoldstraße, bei Bohnensuppe und sage und schreibe zwei Schoppen Wein.

Oder ein anderes, ein geringfügig eingetrübtes Bild, bereits aus Schülertagen: Günther ist fünfzehn Jahre alt und rackert in den Ferien auf dem Bau. In Schwabing wird ein katholisches Studienzentrum in der Mandlstraße am Englischen Garten errichtet. Er darf, wie es sich zu jener Zeit gehört, als weidlich ausnutzbare Hilfskraft die widerwärtigsten, kräftezehrendsten Aufgaben übernehmen, am Betonrüttler zum Beispiel oder am mit frischem Zement schwer beladenen »Japaner«. Da bevorzugt man dann allerdings doch das nächtliche Schneeschippen im Auftrag der Bundesbahn, für einige Stunden unterhalb der Donnersberger Brücke oder am Bahnhof Neuaubing. »Dort gab's in der Wartehalle sogar einen großen viereckigen Tisch, auf dem man kurz ein Nickerchen halten konnte, wenn grad kein Aufseher zugegen war und die anderen aufpaßten. Natürlich waren die ersten Stunden in der Schule danach eine Qual.« Beglückt das Gefühl körperlicher Verausgabung nicht trotzdem?

Weitere Bilder reihen sich aneinander. Als Straßenkehrer unter lauter klugen Kollegen sei er glücklich gewesen, erzählt er. Sein erstes selbstverdientes Geld – eine Mark pro Stunde vermutlich – verdient er im Münchner Kaufhof gegenüber vom Hauptbahnhof. Während des Winter- oder des Sommerschlußverkaufs steht der Vierzehnjährige als Ausrufer an der Rollbahn im Parterre und setzt jeden, der es wissen oder nicht wissen will, wie ein Stadionsprecher etwa hierüber in Kenntnis: »Bademäntel für Herren und Damen im 3. Stock! Haushaltswaren jeder Art, Töpfe, Pfannen, Tassen, schönes Besteck, im Keller!« Der Weg zum Animateur in Sachen Werbung von FCN-Mitgliedern war offenbar vorgezeichnet, im Sinne, wer weiß, sogar der Prädestinationslehre.

»Auch Fragen der werten Kundschaft nach speziellen Artikeln beantwortete ich – allerdings nicht immer richtig«, gesteht ein Mann, für den Aufrichtigkeit zu den Kardinaltugenden zählt. Es sei ihm nachgesehen, wir sind alle schwache Menschen. Und immerhin investierte Günther das »leichtverdiente, tolle Geld« in eine Höfner-Gitarre, die hernach in der Jugendarbeit und in der Schule ordentliche Dienste leisten sollte und die er bis heute wie seinen »eigenen Augapfel« bewacht, in seinem »Tonstudio« im Souterrain im Gartenhofhaus in Nürnberg-Langwasser.

Die bürgerliche »heilige Familie« (Marx/Engels) erheischt damals aber noch eine standesgemäße Eheschließung mit spätestens Mitte zwanzig. Günther Kochs Vater läßt daran keinen Zweifel: »›Du brauchst a Lehrerin als Frau. Das mit der Kindergärtnerin‹, ich hatte eine Kindergärtnerin als Freundin, ›das geht gar nicht. Das ist viel zuwenig. Du brauchst a Lehrerin. Du gehst jetzt rein in das neue Semester und suchst dir eine aus.‹ Und dann hab' ich mir drei, vier Frauen ausgesucht und mich dann auf eine festgelegt.«

Nach einem Fußballspiel fürs Team vom Postamt 55 gegen den Alpenverein oder die Naturfreunde, auf dem Platz vom FC Teutonia München am Oberwiesenfeld, am 9. November 1963 – er hatte vier Tore geschossen, Endstand 4:3 –, plaudert er auf der Heimfahrt im Auto mit seinem Kumpel Herbert Stummer: »Nachdem es mit der Gisi zu Ende gegangen war, meiner Kindergärtnerinfreundin, fragte der: ›Ja, was is' jetzt? Hast scho' a Neue?‹ Sag' ich: ›Ja, und die heirat' ich auch.‹ – ›Super, Cooky! Wie heißt die?‹ Sag' ich: ›Weiß ich noch net.‹ – ›Du Arsch, du blöder! Des is' wieder typisch!‹ – ›Ja, ja, weiß i noch net.‹– ›Ja, mußt doch wissen, wie die heißt!‹ – ›Ja, ich hab' doch noch gar net mit ihr g'red't!‹ – ›Ja, bist du ein Depp!‹

Es war wirklich so. Er hat fast einen Auffahrunfall gebaut. Am

Montag hab' ich sie also, als sie die Treppe runterkam, angeredet. Aaaahhhh! Hab' ich sie gleich zum Bahnhof gefahren. Ich hatte einen alten VW, und da war der Aussteigegriff an der Beifahrertür kaputt, des war ganz geil. Die konnte gar nicht aussteigen, ne? Aber die anderthalb Kilometer von der Pädagogischen Hochschule bis zum Bahnhof Pasing haben gereicht: wann wir uns treffen, wo wir hingehen, ob sie evangelisch oder katholisch ist ...« – »Das war wichtig?« – »War wichtig, weil meine Mutter darunter gelitten hat, daß meine ältere Schwester ...« – »... einen Katholen geheiratet hat?« – »Einen ganz tüchtigen Mann, der mir später auch ein paarmal geholfen hat über seine CSU-Connection. Ich wollte ihr das nicht antun, daß sie noch mal ... Na ja, am übernächsten Tag sin' mer los, am drittnächsten Tag haben uns die Eltern ihres Freundes am Hauptbahnhof gesehen. Dann hat der ihr alles vor die Haustür geschmissen. Kurz und gut, dann wurde sie meine Frau, die dann später ihr Elternhaus verlassen hat, nachdem ihr Vater mir ihre Hand verweigert hatte. Der ist auch nicht zur Hochzeit im April 1965 nach Nürnberg gekommen, weil er dachte: Für seine Tochter, ein Volksschullehrer, des is' aber lächerlich! Er war aber später mit mein größter Unterstützer und fast mein bester Freund und größter Fan in der Familie, weil er schon gemerkt hat: Der spinnt zwar, aber der kann was. Nicht nur als Sportreporter. Und seine Tochter ist mit ihm glücklich.«

Die künftige Frau Insa Koch, die sich für Fußball nicht die Bohne interessiert, geht am 20. Juni 1964 gar mit zum Aufstiegsspiel des FC Bayern München gegen Borussia Neunkirchen (0:2). Günther Kochs Reportage, die er an diesem Tag im Grünwalder Stadion nur für sie aus der Hüfte gefeuert haben dürfte, ist selbstverständlich nicht überliefert.

AUSSENSPRECHSTELLE

Fritz Hausmann: Reporter in Bayreuth ist
Günther Koch. Hallo, Günther Koch!
Günther Koch: Hallo, Fritz Hausmann!
Bayreuth grüßt Nürnberg-Langwasser. Bayreuth spielt
heute gegen Gießen, und Bayreuth führt in der
4. Minute mit 14:11.
Fritz Hausmann (in lässig-spöttischem Tonfall):
Ja, das is' ja erfreulich.
Basketballbundesliga, USC Bayreuth – MTV 1846 Gießen,
2. November 1980

Als ich vor mehr als zwanzig Jahren in Frankfurt vor einem Berg von Kassetten saß, die ich nach und nach abhörte, um dann an Hand von Schnittlisten Funde – manchmal waren es nur Fetzen und Schnipsel aus Reportagen, Moderationen und Interviews – auf DAT zu überspielen, damit man sie danach digital zu einem Hörbild über den Sportreporter Günther Koch montieren konnte, stieß ich auch auf Pretiosen wie die vorangestellte. Ich weiß noch genau, daß ich tatsächlich laut lachen mußte und mir das winzige Stück mehrmals hintereinander reinpfiff.

Was ist an dem minimalen Dialog so komisch? Zum einen der sowohl gravitätische als auch beiläufige Sound von Moderator Fritz Hausmann (den man beim Lesen selbstverständlich im Ohr haben muß); zum anderen Günther Kochs geradezu hanebüchen frecher Einfall, zu Beginn des Abrufs im Ton der allergrößten Selbstverständlichkeit erst mal einen Gruß an seine Frau zu entsenden, die er dazu verdonnert hatte, zu Hause in Nürnberg-Langwasser die Sportsendung, in der er live zu hören sein werde, mitzuschneiden; und schließlich Fritz

Hausmanns wunderbar ironische Riposte, die glanzvoll deshalb ist, weil sie sich scheinbar auf den Zwischenstand bezieht, mit der er aber Günther Koch den Vogel zeigt.

Für mich ist das ein (unscheinbares) Dokument einer – zumal verglichen mit der zwangsverspaßten, schnabelnden, schwätzenden, gackernden und dröhnenden Gegenwart – insgesamt ja doch entspannten Zeit, in der Medienleute nach außen oft human und würdevoll miteinander umgingen und Neckereien ihren Platz hatten. Kurt Brumme vom WDR, im Redaktionsalltag alles andere als ein angenehmer Kollege und Chef, neigte am Mikrophon zu ähnlichen Kleinkapriolen.

Leider stimmt die eben erzählte Geschichte so nicht; sie stimmt höchstens zu einem Drittel; oder überhaupt nicht. Denn aus Günther Kochs unbestechlichen Tagebüchern geht hervor, daß Fritz Hausmann am 2. November 1980 die Sendung aus einem provisorischen Studio auf der Consumenta im Messezentrum in Langwasser »fuhr«, wie die Fachleute zu sagen pflegen. Egal. Meine Version ist trotzdem wahr, weil sie schön ist.

Ein weiterer Edelstein des Sportjournalismus, den ich damals geschürft habe, ist ein bewegender Dialogbericht vom 17. Februar 1979 über die Deutsche Wasserballpokalmeisterschaft in Würzburg:

Hausmann: Die nächste Außensprechstelle ist in Würzburg im Frauenlandbad bei der Deutschen Wasserballpokalmeisterschaft. Günther Koch, Sie hören mich auch?
Koch: Ja.
Hausmann: Guter Besuch in Würzburg?
Koch: Jaaa. Also, etwa dreihundert Zuschauer, und der Deutsche Pokalmeister im Wasserball 1979 heißt Wasserfreunde von Spandau 04.
Hausmann: Die Entscheidung ist heute morgen gefallen?
Koch: Ja, die Spandauer gewannen mit 4:3 gegen den ASC Duisburg.
Hausmann: Und heute nachmittag das Spiel um den dritten und vierten Platz?
Koch: Jawohl, zwischen den Würzburgern und den Hammern. Dieses Spiel läuft im Moment.
Hausmann: Danke schön!

Günther Koch entpuppte sich bald als die geborene Außensprechstelle, als eine von der Bürokratie nicht vorgesehene und von ihr nicht abgeschliffene und disziplinierte Person, und er war alsdann die Stimme, die vom Rand des administrativ abgeschotteten »Universums der Rede« (Herbert Marcuse) der öffentlich-rechtlichen Anstalten aus immer öfter in ebendieses eindrang, es war das Timbre, die Anmutung, die Ungezügeltheit, die Narr- und Wildheit, das Pathos der sokratischen Wahrhaftigkeit, das die Erkennbarkeit der eigenen Fehlbarkeit einschließt, das Glück der Ungebundenheit, das aus der Kindheit herüberweht und auf etwas anderes verweist als auf das positivistische Protokollieren des Lebensvollzugs, die Weisheit des Toren, die dieser nur in Umrissen erahnt, er war der Mensch, der spielt und der im Spiel zugleich alles ernst meint, was er im Spiel als das Jetzt erfährt, der Augenblickspanegyriker und der elegische Geschichtsbetrachter, der Schmarrkopf und der Ahnungsartist, ein Äquilibrist und Chaotiker, ein Unruhestifter und ein Feierredner, ein Wirrschädel und ein Klarseher, ein Verbissener und ein Loslassender, ein Maulaufreißer und ein Flüsterer, ein Charmeur und ein Demagoge, der bisweilen die Angst vor sich selbst verspürte, einer, der fühlte, daß das Mikrophon und das Radio für *ihn* erfunden worden waren, zu Recht, sehr oft zu Recht, alle Kraft, die ihm geschenkt worden war, nach einer regelrechten Wortlawine in einen Torschrei hineinpressend, und dann verfiel er sogleich wieder in die Rolle des Epikers, nicht, weil er sich so sah, nicht, weil er einer Dramaturgie oder Strategie folgte, die er sich zurechtgelegt gehabt hätte, sondern weil er dem Impuls eines freien Menschen folgte und darob die Zügel schießenließ, weil er dem Impuls, daß *jeder* etwas zu sagen und nämlich zu erzählen hat, ließe man ihn bloß, weil jeder ein Erzähler ist, schnürte man ihm nicht das Gehirn ab –

Nun gut, der Satz kriegt die Kurve nicht mehr. Fahren wir folgendermaßen fort: Günther Koch war und ist ein Exterritorialer, und so jemanden weiß man zu schätzen, sofern man das endlos gleiche Getriebe einer formatierten Welt nicht als (die verordnete) Wirklichkeit hinnimmt, oder man versucht ihn auszuscheiden, rauszuschmeißen, weil dieser Mann den Fortgang des Immergleichen stört. Dafür. Oder dagegen.

Der große Essayist und Literaturwissenschaftler Walter Boehlich sagte zu mir mal auf einer Feier in der Redaktion der *Titanic*: »Man muß immer gegen alles sein.« Und Koch war immer dagegen, zunächst, er war vorab stets ein Oppositioneller, und das legte sich auch nicht, im Gegenteil: »Eines meiner Kernerlebnisse, das mich stutzig und noch kritischer gemacht hat, war, als ich anläßlich eines Geburtstages von Adolf Dassler ein Feature für Bayern 3 gemacht hab', in dem ich ein paar spitze Bemerkungen drin hatte, am Schluß vor allem in dem Sinne: ›Adidas – aaalle, die das glauben, denen kann ich auch nicht mehr helfen.‹ Da hat der Hausmann gesagt: ›Herr Koch, überfordern Sie unsere Hörer nicht!‹ Ich war schon damals ein Rebell, und das fand keine große Zustimmung.«

Die Anfänge gestalteten sich prosaisch. Vor den Lohn – und den Ruhm zumal – haben die Götter die Plackerei in der Ödnis der Ebene gesetzt. Und nicht selten klangen denn Einblendungen auch so wie jene vom 11. August 1979 (SpVgg Fürth – SC Freiburg, zweite Bundesliga Süd):

Hausmann: Günther Koch, ganz kurz, haben die Fürther ein Tor geschossen?
Koch: Nein, die Fürther haben kein Tor geschossen.

Obwohl: So kann man's selbstverständlich auch machen, und es wäre heute, im Zeichen der allgegenwärtigen Dampf- und Ramschfasler, Balsam fürs Gemüt. Interrogation, Erwiderung. Ein Tor gefallen? Kein Tor gefallen. Danke. Morgen mäßiger Wind aus Südwest.

Schon nach dem Abitur 1961 bewirbt sich Günther Koch, der als Kind der Nachkriegszeit ein passionierter Radiohörer ist – der Rundfunk besaß damals eine enorme Bedeutung –, beim Bayerischen Rundfunk, weil er seit längerem weiß, daß er beides sein möchte: Lehrer und Sportreporter. Er wäre jedoch – und diese Überzeugung hat er beibehalten – nicht als Vollzeitkraft eingestiegen, da er es für nötig hielt, »daß man einen ganz soliden Beruf mit Bodenhaftung hat, um nicht die Nöte der Menschen aus dem Blickfeld zu verlieren. Damals war mir schon klar: Wenn ich den Reporter mach', dann nur nebenbei, sozusagen nebenbei. Aber es war später dann natürlich doch Profession.«

Er schreibt an den Sportchef des BR, Josef Kirmaier. Kirmaier war ein Pionier des Rundfunks. 1924, im Gründungsjahr des Bayerischen Rundfunks, der dazumal Deutsche Stunde in Bayern hieß, führte er ein erstes längeres Interview, »im Februar 1925 sandte er dann unter großen technischen Schwierigkeiten die erste Direktübertragung eines Eishockeyspiels vom Rießersee« (Munzinger-Archiv).

Kirmaier, der wie nicht wenige seiner Generation dem Nationalsozialismus keineswegs ablehnend gegenüberstand und »der in Goebbels' Propagandaapparat eine wichtige Stellung innehatte« *(Neue Zürcher Zeitung)*, antwortet freundlich. Koch: »Er schrieb zurück: Ja, das sei sehr schön, aber sie hätten mit Oskar Klose und Günther Wolfbauer und Sammy Drechsel und Ludwig Maibohm genügend gute Reporter – was ja auch stimmte, das war eine exquisite Reportergeneration.«

Danach habe er »die Sache vergessen«, aber Kochs Brief, der genauso wie derjenige von Josef Kirmaier vom Winde verweht wurde, fiel Fritz Hausmann, der Kirmaier 1964 als Sportchef nachgefolgt war, 1966 in die Hände, und so bekam der Nürnberger Junglehrer Günther Koch überraschend Post aus München.

Fritz Hausmann ist sehr zugute zu halten, daß er, wie Waldemar Hartmann in seiner Autobiographie *Dritte Halbzeit – Eine Bilanz* (München 2013) offenbart, den Erfinder des maschinellen Duzens und des Weißbierjournalismus »nicht leiden« konnte. Daß sich Hartmann dafür revanchiert und Hausmann, der auf den Radiohörer zuverlässig den Eindruck machte, ein soignierter, auf Umgangsformen bedachter Herr zu sein, nachruft, seine »Spezialität« sei es gewesen, »die Fußballergebnisse in der Sendung *Heute im Stadion* mehrfach vorzulesen, gebündelt, geschnürt und nochmals im Paket«, das wundert niemanden, der Werdegang und televisionäres Wirken dieses Krawallkonformisten halbwegs kennt, eines Mirakels von Mann, der zweimal als sogenannter Telephonjoker in *Wer wird Millionär?* auf peinlichste, blamabelste Weise an simpelsten Fußballfragen scheiterte, die ich noch im Vollsuff hätte zu beantworten vermocht (2013: welche Nation als austragendes Land noch nie den WM-Titel habe erringen können, darauf Hartmann: Deutschland, denn 1974 in München muß Albanien das Finale für sich entschieden haben; 2018: nö, nö, Fürth sei nie Bundesligist gewesen). Genau so ein habituell und intellektuell verderblicher Impertinenzbolzen und schamloser Kratzfüßler ist befugt, den fairen, dezenten Fritz Hausmann als geistig limitierten Faktenhuber zu denunzieren.

1966 also flattert eine briefliche Einladung von der Isar an die Pegnitz. »Das war«, so Günther Koch, »in meinem zweiten Dienstjahr, in Nürnberg-Erlenstegen. Ich habe zu meinem Schulleiter Kurt Gemählich gesagt: ›Herr Gemählich, es ist mir ein bißchen peinlich. Aber ich wollte mal Sportreporter werden, und vor ein paar Jahren hatte ich den Bayerischen Rundfunk mal angeschrieben, und jetzt ist von denen ein Brief gekommen: Die machen einen Reporterwettbewerb. Ich würd' schon gern hinfahren. Würden Sie mir zwei Tage freigeben?‹ Sagt er: ›Sie fahren natürlich hin!‹ Sonst wäre das später nichts geworden.

Ich bin nach München zu dieser Nachwuchsreportersichtung gefahren. Und ich werde das Bild für mein Leben nicht vergessen. Ich habe da etwa dreißig Menschen gesehen, für die ging es um alles! Die konnten es aber nicht. Das hat mich so peinlich berührt: wie die Leute ganz verkrampft auftraten, als ob das ihr größtes, ihr entscheidendes Glück sei, wenn da so ein Sportreporter daherkommt – ältere Leute, ich war ja erst vierundzwanzig.

Allerdings waren zwei dabei, die waren blendend und haben alle in Sack und Asche geredet, egal, um welche Sportart es ging. Man hatte uns vor einen Fernseher gesetzt, und wir mußten reportieren, unvorbereitet, Schwimmen und Fußball und was weiß ich was.

Der eine war ein ganz Kleiner, der andere war ich. Aber am Ende hat der Fritz Hausmann jovial lächelnd und kaugummikauend gesagt – der hat immer Kaugummi gekaut, damit er nicht so viel rauchte –: ›Sie waren beide hervorragend. Aber auch Ihnen beiden muß ich sagen: Momentan brauchen wir im Sport keinen Reporter, doch vielleicht rührt sich ja mal der Zeitfunk.‹ Und so weiter. Da hab' ich gedacht: Na, du Arschloch, zu dir geh' ich nie wieder. Die brauchten gar keinen. Das hat mich geärgert. Dann sollen sie so was nicht veranstalten. Da war das für mich zum zweiten Mal abgehakt. Alles scheiße.

Dieser Reporterwettbewerb, der wohlgemerkt zwei Tage dauerte, war nur ein PR-Gag für die Presse. Als erstes hieß es: ›Erzählen Sie mal eine Geschichte aus Ihrem beruflichen Leben.‹ Da habe ich vom Oskar erzählt. Oskar war der schwierigste Schüler in meinem ersten Schuljahr. Vor dem hatten mich alle gewarnt, aber ich hatte mich auf den natürlich gefreut. Denn ich war ja durch die Ferienheimfreizeiten, die ich für die Innere Mission geleitet hatte, im Umgang mit schwierigen Jugendlichen erfahren.

Der sommersprossige, rotzfreche Oskar hat im Unterricht einfach so und absichtlich auf den Boden gepinkelt. Der wollte mich schon in der ersten Stunde herausfordern. Dann hab' ich sinngemäß gesagt: ›Na, Oskar, du kleiner Pisser! Du kommst mir recht. Was bildest du dir denn ein? Das kannst du jetzt aufwischen. Und ich kann das fei besser – auf den Boden pissen.‹

Die Klasse war mucksmäuschenstill. Und der hat's tatsächlich weggemacht. Und da hatte ich für immer gewonnen, und der Oskar hat mich seither sozusagen geliebt.

Und während ich hinter so einer spanischen Wand diese Geschichte von diesem, wie es damals hieß, Hilfsschüler erzählte, kam der Oskar Klose um die Ecke und hat geguckt, wer das denn ist, der da so redet. Ich hab' gar nicht daran gedacht, daß Oskar und Oskar Klose ja irgendwie zusammenhängen. Der hat sich gar nimmer g'fangen. Ich: ›Der Oskar, der hat scho' so a komisches G'sicht g'habt, mit so Flecken.‹ Und der Oskar Klose, des wußte ich gar nicht, hatte auch Sommersprossen, des is' ja wurscht. Na, der hat sich den Bauch gehalten vor Lachen und ist dann wieder verschwunden. Das ist meine Erinnerung an Oskar Klose.«

»Ein Nürnberger Lehrer erzählte von einem Abc-Schützen, der aus sportlichem Ehrgeiz nicht auf die Toilette gehen wollte und deshalb eine kleine Katastrophe auslöste«, schrieb die *Süddeutsche Zeitung* vom 24. März 1966 in einem Artikel über diesen »Reportertest«, den der BR zum erstenmal ausgerichtet hatte. Und danach vergehen mehr als zehn Jahre, bis es in den *Nürnberger Nachrichten* über den Nürnberger Lehrer heißen wird: »Irgendwie setzt er beim Bayerischen Rundfunk wohl die Tradition eines Sammy Drechsel oder eines Oskar Klose fort – und ist doch hinterm Mikrophon ein ganz anderer«, nämlich »unnachahmlich«.

1971/72 weilt das Lehrerehepaar Koch mit der fünfjährigen Tochter Martina in England, aus beruflichen Gründen. »Und während dieses Jahres habe ich Radio gehört, BBC. Da habe ich gemerkt: So muß es sein – und nicht anders. Das ist das Nonplusultra. Das war der letzte Kick, das hat mich noch mal aufgemuntert – wie das zu machen ist, obwohl mir schon klar gewesen war, daß das so zu machen ist. Das war ein Genuß! Bryan Butler zum Beispiel! Seine Stimme und sein Reportagestil – fabelhaft! Oder andere große Reporter: Brian Moore, Peter Jones. [Spezialisten im Internet zählen mindestens noch Mike Ingham und Barry Davies dazu.] Ich liebe die englischen Reporter noch immer. Die gehen mit der Sprache so behutsam um und scheuen sich zugleich nicht, Emotionen reinzubringen.

Und 1972 spielte ja Deutschland gegen England, im Wembley-Stadion, im Rahmen der EM, am 29. April, dieses phantastische 3:1 mit Hoeneß und Müller und Netzer, das beste Länderspiel, das es je gab. Davor habe ich, frech wie Oskar – das hab' ich noch nirgends erzählt –, einen Brief an den Bayerischen Rundfunk geschrieben: Ich sei derjenige, der '66 bei dem Reporterwettbewerb dabei war. Ich sei jetzt in London, ich könnte das Spiel fei übertragen. Keine Antwort von den Arschlöchern.«

Diese Chuzpe muß man freilich besitzen – sich als jemand, der noch keine einzige Sekunde auf Sendung gewesen ist, für die Übertragung eines Spiels von höchster internationaler Bedeutung anzubieten. »Du blöder Hund, du blöder«, habe ich zu Günther gesagt, als er mir das erzählte, und er hat laut gelacht, und nur wenn er so lacht, fährt seine Stimme nach oben, es ist dann plötzlich eine richtige Lausbubenstimme.

Vier Jahre später schreibt Günther Koch an den BR den nächsten Brief – jenen rotzfrechen, dreisten Brief, von dem fürderhin in beinahe jedem Zeitungsporträt über ihn die Rede sein wird. Ich neige mittlerweile von Zeit zu Zeit dazu, dieses für Kochs Laufbahn entscheidende Schriftstück für eine Mystifikation zu halten. In den drei Jahren, in denen dieses Buch nach und nach entstanden ist, hat er sich nicht finden lassen. Mal hörte ich aus Nürnberg: »Vielleicht finde ich den Brief noch«, mal: »Den Durchschlag des Briefes werd' ich noch mal suchen.

Ich kann ihn rekonstruieren, aber es muß ja das Original her. Ich hab' ihn irgendwann mal jemandem gegeben, und seitdem ist er weg. Aber ich bin sicher, er ist bei mir irgendwo«, mal: »Den Brief hast doch du verschlampt! Und den an Kirmaier auch!«

Okay. Ich gebe mich geschlagen. Jedenfalls findet am 30. Juli 1976 im Städtischen Stadion ein Vorbereitungsspiel zwischen dem Club und Manchester United statt (Endstand: 1:2).

Als wir das in der Zeitung gelesen hatten, war klar, daß wir da hinmußten, wir waren ja englandverrückt. Martina hat sofort auf Zeichenpapier eine Englandfahne gemalt.

Oskar Klose war ein Guter – allein schon die Stimme! –, er war herausragend, darüber brauchen wir gar nicht zu reden. Ich wußte, daß er krank war. Und dann kam vor Spielbeginn die Durchsage vom Franz Schäfer, der über die Jahre beim FCN alles war, Stadionsprecher – eine Bombenstimme! – und Präsident und alles, daß Oskar Klose gestorben ist. Und da hat meine zehnjährige Tochter gesagt: »Das kannst ja jetzt du machen.« – »Ja, freilich kann ich das.« – »Ja und? Schreib aan Brief!« Sag' ich: »Dann schreib' ich halt aan Brief.« – »Promised?« – »Ja, promised.«

Ich hab' keinen Brief geschrieben. Nach drei Wochen fragt sie: »Was ist eigentlich mit dem Brief? Hast du den geschrieben?« Sag' ich: »Nein.« Und sie: »Bis morgen machst du das.« Wir haben sie halt so erzogen: Was man verspricht, muß man halten. Dann hab' ich den geschrieben.

Ich habe geschrieben: Er, der Fritz Hausmann, werde sich wundern, daß ich mich noch mal melde. Aber er möge diesmal nicht wie vor zehn Jahren, als wir uns da im BR abgestrampelt haben, süffisant lächeln und Kaugummi kauen, wenn ich ihm das jetzt unterbreite, ich meinte es ernst. Doch ich wolle es nicht hauptberuflich machen, ich wolle Lehrer bleiben. Das war die Verabredung mit meiner älteren Tochter. »Und ich sag's Ihnen noch mal: Das, was ich jetzt von Ihren Reportern höre, kann ich besser. Auf Ihre Leute brauchen Sie sich nichts einzubilden. Und meiner Tochter zuliebe möchte ich Sie bitten: Geben Sie mir mal eine Chance.« Sollte er ernsthaft daran Interesse haben, dürfe er sich gerne melden. Aber nur dann! Und: Ich würde ihm dieses Angebot nicht zweimal unterbreiten. Das war's. Unverschämt, geb' ich zu.

So, und einen Tag später fahren wir in Urlaub. Wir haben uns die Post nachschicken lassen, in ein FKK-Feriendorf in Golsmaas bei Kappeln, wo wir früher auch mit der Gemeinde waren, in der ich Kurator und Lektor war und in der uns der Pfarrer das FKK-Baden beigebracht hat. Kommt zu meiner Überraschung ein Brief – ja, ich solle doch mal mit einer Probereportage beweisen, daß ich's besser könne, und ich solle mich in Bälde melden. Ich ruf' natürlich sofort an. Ist der Muxeneder dran und sagt: »Ja, das könn' mer scho' mal mach'n.« Ich: »Das mach' mer.« – »Da geh'n S' mal nach Ihrem Urlaub nach Fürth.«

Ende September 1976, am 26., saß ich im Fürther Ronhof auf einem Gartenstuhl am Rand des Spielfeldes, mit der Aufstellung, und hab' fünfzehn Minuten am Stück gemacht, ohne Punkt und Komma, SpVgg Fürth gegen den FC Bayern Hof. Ich hatte die Spieler noch nie gesehen. Ich hatte das Glück, daß es einen Freistoß für Fürth gab – jahrelang hab' ich immer gesagt, der Klaus Heinlein habe das Tor geschossen, es war aber der Siegfried Grimm, habe ich jetzt recherchiert –, und den hab' ich live fürs Funkhaus in München geschildert. Und der Torschrei, der war schon gescheit. Der Techniker klopfte mir mit weit aufgerissenen Augen unvermittelt heftig anerkennend auf die Schulter. Und der Klaus Stürzenberger war damals der offizielle Reporter, der sich später wegen Waldemar Hartmann mit dem BR überworfen hat. Und danach hat der, der mich anschließend gefördert hat, der Hans-Albert Kraeft, der Vertreter von Hausmann, gesagt: »Herr Koch ...« Sag' ich: »Was is'?« Kennst mich ja. »Herr Koch ...« – »Ja, was denn jetzt?« – »Ja«, hat er gesagt, »da machen wir weiter.« – »Was? Da machen wir weiter?« – »Ja, Sie müssen schon noch ein paar Probereportagen machen.« Und ich dachte: O Gott.

Also, das war der Anfang.

München schickt den Probanden daraufhin in fünf Monaten weitere sechs Mal los, zu folgenden Partien: FCN – SpVgg Fürth am 1. Oktober 1976, FCN – FC Augsburg am 6. November 1976, FCN – FC Homburg-Saar am 20. November 1976, FCN – KSV Baunatal am 15. Januar 1977, SpVgg Fürth – TSV 1860 München am 26. Februar 1977, SpVgg Fürth – FCN am 12. März 1977.

Nach Erbringung des siebten Arbeitsnachweises hat Günther Koch die Faxen dicke und schlägt Krach: »Mir ist der Geduldsfaden gerissen. Verarschen kann ich mich selber. Und jetzt kommt was ganz Wichtiges: Gegen Ende März war ich mit meiner Klasse und zwei Lehrern in München im Deutschen Museum. Ich hab' mich für eine gute Stunde abgesetzt und bin mit dem Taxi zum Bayerischen Rundfunk gefahren. Ich bin zur Sportredaktion hochgefahren, stürmte zum Hausmann rein und hab' gesagt: ›Ich bin der Günther Koch.‹ Der Heribert Lechner, bald einer meiner Förderer neben Kraeft und auch Hausmann, hat solche Augen gemacht! Hab' ich gesagt: ›Ich bin kurz in München und wollte mal mit Ihnen darüber reden, was das denn soll. Ich mach' nicht so viele Probereportagen. Wie lange soll ich bitte schön noch warten? Sie merken doch, daß ich das kann, ich hab' doch die Vorschußlorbeeren von Ihnen bekommen.‹ – ›Das überrascht uns jetzt aber. Wir denken mal drüber nach.‹ Einen Tag später haben sie angerufen: Sie haben nächstes Wochenende FC Bayern Hof gegen FC Augsburg. Bei Augsburg war Max Merkel Trainer.«

Es sei eine »märchenhafte Geschichte« gewesen, sagt Koch 2016 in einem Rückblick des BR-Fernsehens. In *Der Ball spricht* hat er notiert: »Ein derartiger Quereinstieg ohne Beziehungen jedweder Art (noch dazu in Bayern!) und nur auf Grund eines reichlich überheblichen Briefes ist heute undenkbar. Dazu gibt es inzwischen in den öffentlich-rechtlichen Funkhäusern zu viele, über Jahre gestrickte Seilschaften.«

Ich habe für dieses Buch auch mit dem Grandseigneur Fritz von Thurn und Taxis gesprochen:

Sie waren mit Günther Koch damals in Hof, bei seinem ersten Reportereinsatz.

Das war 1977, ich war selber ein ganz junger Mensch. Ich hatte 1971 begonnen, beim Fernsehen zu arbeiten. Damals haben viele bimedial gearbeitet. Fritz Hausmann war der Sportchef im BR-Hörfunk, und Stanjek, Klose, Drechsel – und wie sie alle hießen – haben am Abend die Fernsehberichterstattung übernommen. Die hatten die Hörfunkreportage gemacht und sind dann mit dem Filmmaterial nach München geflogen und haben auch noch den kurzen Fernsehbeitrag angefertigt. In diese Bresche bin ich damals auch reingesprungen und habe deshalb immer wieder Hörfunk gemacht.

Ich war in Hof, und dann kommt da ein bärtiger Mann auf mich zu und sagt: »Grüß Gott, mein Name ist Günther Koch, ich mache heute eine Reportage bei

Ihnen. Darf ich Sie zu einem guten Würstl einladen?« Da oben im Fränkischen gibt's sehr gute Würstl. Da haben wir uns kennengelernt. Er war dann in Bayern bald eine große Nummer.

Warum Günther Koch seine erste reguläre Reportage, die live über den Sender ging, »bei« Fritz von Thurn und Taxis machte, läßt sich nicht mehr sagen. Sollte ihm von Thurn und Taxis zur Seite stehen, Tips geben? Oder den Münchner Chefs hinterher seine Eindrücke von diesem selbstbewußten, ungestümen Mann schildern? Oder war er für den Fernsehbericht zuständig, sofern überhaupt einer geplant gewesen war?

Fritz von Thurn und Taxis merkte jedenfalls relativ schnell, daß da ein Solitär in den Bayerischen Rundfunk hineingeschneit war:

Wenn ich ihm zum Beispiel während einer Autofahrt zuhörte, mußte ich rechts ranfahren, um seine Reportage zu genießen, denn seine Handschrift war so eigentümlich und interessant. Mir hat das sehr gefallen. Er hat dann später die letzte Heroenzeit der Radiofußballreportage maßgeblich geprägt. Aber das war eben auch sein Problem: daß er ein richtiger Typ war. Wenn du ein Typ bist, polarisierst du meistens auch. Er hatte eine außergewöhnliche Art zu reportieren. Das kam bei vielen sehr gut an und bei anderen gar nicht. Und sein Problem war, daß er, weil er so speziell war, letztlich im Grunde nie in der ARD reüssieren konnte. Von den Sportchefs wurde er für Welt- und Europameisterschaften und die großen Spiele abgelehnt. In Bayern, wie gesagt, war er eine Nummer, aber er hat diesen letzten Schritt nicht machen können, weil er in kein Raster paßte. Darunter hat er gelitten. Nach Hausmann hatte der Franz Muxeneder die Redaktionshoheit beim BR, und der hat ihn ebenfalls nicht durchgebracht. Es war in der ARD ohnehin immer so, daß sich die Anstalten gegenseitig bekämpften. Du brauchtest fünf oder sechs Stimmen, um nominiert zu werden, und die bekam Günther Koch nicht.

Günther Kochs Einstand am 3. April 1977 in *Der Sportreport* auf Bayern 2 war allerdings alles andere als märchenhaft, er war ein wahrhafter Fehlschlag, es war richtiger Mist. Eine Einblendung habe ich auf *Wir rufen Günther Koch!* konserviert:

Hausmann *(spricht über der klassischen dahinplätschernden Sportsendungsmusik der siebziger Jahre)*: 1:2, sagt' ich Ihnen, Halbzeitergebnis aus Hof vom Spiel FC Bayern Hof – FC Augsburg. Wir rufen jetzt unsere erste Außensprechstelle in dieser Sendung auf, und diese Außensprechstelle ist in Hof beim Spiel FC Bayern Hof – FC Augsburg, Reporter ist Günther Koch. Bitte kommen.

Koch: Ja, wir sind hier in Hof im Stadion Grüner [sic!] Au, und etwa vor dreißig Sekunden ist das 2:2 gefallen. Die Hofer haben also ausgeglichen, und sie haben es weiß Gott verdient, daß sie diesen Ausglich, -gleich erzielt haben, und zwar war es Zapf mit einer herrlichen Bogenkopflampe, wenn ich einmal so sagen darf, aus etwa zwölf Meter [sic!]. Man darf vielleicht fragen: Stand Larsen, der Torhüter der Augsburger, nicht vielleicht einen Meter zu weit von der Linie weg …

Ich hab' das gnädigerweise ausgeblendet. Die Stimme: ziemlich matt, der Vortrag hat den Schwung eines austrudelnden Balls, das alles wirkt fahrig, vielleicht war Koch auch noch vom Verzehr der Würstl geschlaucht – oder des Kuchens, den der drahtige Gargantua zudem in sich hineintransportiert hatte. Oder was war los gewesen?

Wir hatten Besuch aus England, und ich konnte mich nicht richtig vorbereiten. [Dem *Tagesspiegel* hat er mal erzählt, »null vorbereitet« gewesen zu sein.] Ich bin einfach frohgemut und locker raufgefahren nach Hof und hab' zunächst das Stadion nicht gefunden. Ich kam also knapp an, hab' aber erst mal großzügig und gönnerhaft – wie auch stolz – Fritz von Thurn und Taxis eine fränkische Bratwurst spendiert. Und überheblich, wie ich bin, hab' ich danach noch geschaut, daß ich einen Kaffee und Kuchen krieg'. Rose Benedikt, eine ältere Frau, hat mir das in die Blechhütte da oben am Stadiondach in der Grünen Au gebracht. Das war für mich mindestens so wichtig wie die Reportage.

Ich saß also da oben in diesem Kammerl, hatte eine Aufstellung und hab' gedacht: Jetzt legen wir halt amal los. Und dann fielen da neun Tore. Is' ja auch eine Sauerei! Neun Tore bei meiner ersten Reportage! Und da bin ich a bißl durcheinandergekommen, einmal hab' ich ein falsches Zwischenergebnis genannt. Ich fand mich trotzdem toll, aber hab' wohl a a bißl aan Scheiß gered't. Meine Familie war gar net begeistert. Als ich heimkam, ham sie schon alle geschaut, und Martina hat leise Kritik geübt, und da hab' ich gleich losgetobt, und die Martina ließ vor Schreck das Tablett mit dem Kuchen fallen. Entweder habe ich's wegen der Vorschußlorbeeren zu leicht genommen, oder es ist halt doch ein Unterschied, ob du live drauf bist oder eine Probereportage machst. Probereportagen sind natürlich gut, da hast du kein zeitliches Limit, da sagt keiner: »Rückgabe ins Funkhaus« oder so einen Scheiß. Da machst du halt fünf oder zehn Minuten am Stück, und du weißt genau: Hier fang' ich an, und da hör' ich auf – und aus.

Dem BR hatte das Ganze wohl auch nicht sonderlich gefallen. Verdächtig schnell kamen die 65 D-Mark Sendehonorar und 65 Mark für noch was. Spätestens da merkte auch der arrogante Koch: Hoppla, die wollen nicht mehr. Das war's.

Mit dem Abstand vieler Jahre fällt es Günther Koch leicht zuzugeben, »zu eingebildet« gewesen und eine »unsägliche« Leistung geboten zu haben. »Da hab' i scho' bleed g'schaut dann.«

Allzulang behielt die Einsicht, gescheitert zu sein, jedoch nicht die Oberhand, das verbietet die unzerstörbare Selbstwahrnehmung dieses Mannes: »Es konnte ja nicht sein, daß das nicht geklappt hatte, weil ich ja in den Probereportagen losgelegt hatte wie ein Irrer und einen blendenden Eindruck hinterlassen hatte.«

Im Sommer, nachdem er sich erstaunlicherweise zwei, drei Monate in Geduld geübt hat, wendet sich Koch erneut an den BR. Ja, die Geschichte in Hof, die habe er verbaselt … Ja, ob er denn bereit wäre, noch mal einige der – von ihm gehaßten – Probereportagen abzuliefern? Natürlich sei er das, sagt er, er will ja Teil der Welt des gesendeten gesprochenen Wortes sein, seit seiner Jugend schwebt ihm vor, einmal in die Riege der Spoken-words-Matadore aufgenommen zu werden, da kriecht, tut es not, sogar der »Naturhengst mit Hirn« (Susanne Jahrreiss) zu Kreuze. Ein übriges trägt dazu bei, daß ihm Fritz Hausmann wohl in Aussicht stellt, im Zuge der geplanten Regionalisierung der Sportberichterstattung im nordbayerischen Raum eine Rolle zu spielen. »Ich meine«, erinnert sich Koch unscharf, »daß Hausmann mir eine kleine goldene Brücke gebaut hat, nach dem Motto: Bewähren Sie sich ein weiteres Mal, und wenn das klappt, sind Sie in Franken und der Oberpfalz einer unserer Mitarbeiter. Denn sie hatten hier oben ja niemanden. Die mußten immer aus München anreisen.«

Auf die nächsten drei Probereportagen zu Beginn der neuen Saison (und in rascher Folge) bereitet er sich gewissenhaft vor: FCN – Karlsruher SC am 6. August 1977, SpVgg Fürth – Freiburger FC am 13. August 1977, FCN – Kickers Offenbach am 17. August 1977. »Das war dann der Durchbruch. Danach ging es los« – und zwar nicht zuletzt auf Grund der Fürsprache von Ludwig Maibohm: »Der war von der Probereportage in Fürth sehr angetan und legte in der Redaktion in München ein gutes Wort für mich ein.« Das dokumentiert eine Postkarte von Maibohm von Ende September des Jahres: »Lieber Herr Koch, Dank für Ihren Brief und Ausschnitt. Natürlich dürfen Sie Kollege sagen. Ich schmeichle mir, bei Ihnen bzw. für Sie ›nachgeholfen‹ zu haben; Sie sind eine Bereicherung. Eilgruß für heute! Ihr Ludwig Maibohm.«

Der zweite Kontrakt für Günther Koch mit dem BR datiert vom 24. August 1977. Sein Auftrag führt den nachmaligen Bariton des FCN neuerlich nach Fürth: die SpVgg versus den SV Darmstadt 98, am 27. August. Vier Tage später darf er erstmals offiziell beim Club ran: FCN – FK Pirmasens. Wer weiß, der eine oder andere Cluberer mag sich das notieren: Der Tenor von der Noris ward am 31. August 1977 ins Amt eingeführt.

FCN – FC Bayern München, 19. Mai 1979:

Koch *(ein wenig schläfrig)*: Nachschuß für Rummenigge. Über den Kasten. Ja, ich muß mich wieder ausschalten, weil wir jetzt woanders dann beschäftigt sind. 2:1 für den 1. FC Nürnberg.

Hausmann *(nach einer kurzen Pause, einer Pause wohl des Erstaunens)*: Günther Koch, ich würde Sie weiter gerne bei mir beschäftigen.

Koch *(kurz vor dem Einnicken)*: Ja.

Hausmann: Und zwar mindestens noch für eine Minute, ungefähr eins dreißig, denn wir können die Stuttgarter noch nicht rufen.

Koch *(schlagartig wieder wach, wie vom Lehrer ertappt)*: Okay!

Nun, im Spätsommer 1977, beginnt aber auch das, was Günther Koch in den neunziger Jahren und danach gegenüber der Presse unzählige Male die never ending »Ochsentour« nennen wird.

Sichtungsrennen der bundesdeutschen Amateursteher am Reichelsdorfer Keller in Nürnberg, 6. Mai 1979:
(Die Stimme vibriert vor Bedeutung und Erregung, immer wieder überlagert von Motorradgeräuschen:) Ah, da oben ziehen sie ganz ruhig und gekonnt ihre Kreise, und der Schrittmacher, er hat das ganze Feld im Blick! Er weiß, es kann ja nix mehr passier'n! Sie können vielleicht noch etwas anziehen, und ganz dicht an der Rolleee ist Rainer Podlesch! Und der strampelt hier die letzten Kilometer runter! Teilweise gibt es hier Spitzenzeiten von etwa 75 km/h! Und wenn er jetzt hier durchkommt, dann wird er noch zwei Runden zu absolvieren haben! Jetzt ist er durch! Noch zwei Runden, und an zweiter Stelle immer noch Schütz aus Singen! Auch er wird jetzt noch einmal überrundet! Kurzer böser Blickkontakt vom Schrittmacher zum Schrittmacher! Und man muß eben anerkennen und auch eingestehen, daß der andere Steher noch schneller, noch besser is'. Noch eine Runde, wenn er jetzt hier durchkommt, Sie hören gleich die Glocke! *(Glocke.)* Jawoll, das ist der Beifall für den amtierenden Weltmeister, der hier gewinnen wird am Reichelsdorfer Keller in Nürnberg! An zweiter Stelle Gerald Schütz aus Singen, dann Klaus Burges, wo ist er? Da ist er! Klaus Burges hält die dritte Position! Und Jean Breuer an vierter Stelle.

»Außer In-der-Nase-Bohren und Formel 1 habe ich alles übertragen.« Die Liste der mehr als vierzig Sportarten, denen er seine Stimme schenkte, liest sich aus heutiger Sicht, da neben Fußball, Wintersport und Olympischen Spielen in den Medien, ob in öffentlich-rechtlichen oder privaten, nichts anderes mehr vorkommt, weil sich damit kein Geld verdienen läßt, wie die kaum entzifferbare Schicht eines Palimpsestes:

Frauenkraftdreikampf, Schach, Eishockey, Europameisterschaft der Motorsegler, Leichtathletik, Bogenschießen, Rhönradturnen, Rollkunstlauf, Dernyrennen, Turnen, Tanzen, Reiten, Radrennen, Radball, Volleyball, Basketball und Handball international, Eisstockweitschießen, Schwimmen, Ringen,

Rudern, Golf, Bowling, Parallelslalom am Olympiahang, unter Flutlicht, live, Eisschnellauf, Deutsche Meisterschaften im Boxen und und und. Ich durfte oder mußte das alles übertragen, oft Sportarten wie Deutsche Meisterschaften im Teakwondo, Karate, Fechten natürlich. Davon hatte ich oft keine Ahnung. Und im Sender sagten sie: »Sie wollen doch in zwei Wochen wieder den Club machen …« – »Ahh«, hab' ich g'sagt, »ihr seid's vielleicht Lumpen.« Rubenbauer und Hartmann haben nur darauf gelauert, daß ich mal was ablehne. Und dann hab' ich des halt g'macht und hab' mich vier Tage lang gewissenhaft vorbereiten und recherchieren müssen, und achtzig Prozent des Materials konnte ich natürlich gar nicht verwenden. Ich bin zu den Vereinen gegangen. Faustball – eine meiner besten Reportagen: Endspiel Deutsche Jugendmeisterschaft. Ich hab' mir das halt vorher angeguckt. Schau, allein Samstagnacht, wenn ich nach Großwallstadt gefahren bin, zu den Reportagen Großwallstadt gegen Milbertshofen oder Flensburg oder Gummersbach, wahnsinnige Bundesligaspiele – ich habe die letzten vier Minuten gemacht, und es wurden dann immer sechs Minuten. Gott sei Dank war der Günther Jauch, damals Praktikant in der Sportredaktion, so nett, die auf vier Minuten zusammenzuschneiden, ohne daß man was gemerkt hat. Unser Verhältnis war hervorragend. Günther Jauch war goldig und menschlich tadellos.
Da kam ich nachts um halb zwei heim, ich war den halben Tag unterwegs gewesen. Das ist doch kein Leben für meine Familie! Das habe ich leider erst so vor fünfzehn Jahren voll und ganz begriffen. Wenn ich in mein Tagebuch schau' und sehe, was ich alles als nicht angestellter Sportreporter gemacht hab', wird mir nachträglich noch schlecht. Es gab Tage, an denen ich hier Bundesliga gemacht habe und danach noch schnell nach Großwallstadt gefahren bin. Das geht ja gar net. Ich hab' am Freitag oder am Samstag den Skimarathon in Gefrees gemacht, hab' anschließend alles, was ich aufgenommen hatte, transkribiert und hab' das am Sonntagnachmittag im Studio geschnitten, und es wurde am Sonntagabend gesendet. Das waren die gebauten Beiträge. Aber des geht ja gar net. Is' a Wahnsinn. Da hab' i so ein schlechtes Gewissen.
Immer wenn ich gesagt habe – ich weiß ja, was ich nicht kann, es gibt tausend Sachen, die ich nicht kann –: »Des kann i net«, hieß es: »Ja, Herr Koch, wer hat hier studiert? Wer hat die große Goschen? Und wer will in vierzehn Tagen wieder Fußball machen?« Sag' ich: »Okay, gekauft, auf Wiedersehen.«

Man wollte mir immer, so sehe ich das im nachhinein, am Zeug flicken – damit sie sagen konnten: dann eben auch kein Fußball mehr. Einerseits, das stimmt, war ich jahrelang regelrecht süchtig, süchtig nach dem Auftritt im Radio – reden, reden, reden. Andererseits wurde mir das schon bald zuviel: Wasserball und Weiberkraulen und rückwärts- und hochwärtsspringen und jeden Scheiß und Schach und alles – immer wieder, wenn der Club nicht gespielt hat. Es war einerseits eine Art Leidenschaft, andererseits war es einfach Zwang.

Ich habe auf einigen der Hunderten Kassetten aberwitzige Handballreportagen gehört, in denen Koch ein derartiges Sprechtempo anschlägt, daß sie sich nicht transkribieren lassen. Daß da irgendwann, obendrein die Arbeits- und Lebensumstände in Rechnung gestellt, die Synapsen brutzeln – man spürt es bis in die letzte Windung des Zerebrums.

In ein stichwortartiges Extrakt seines Tagebuchs hat dieser zwischen Hingabe, die bis an die Grenze zur Selbstaufgabe und -destruktion reichte, und Widerwillen schwankende Bekloppte eingetragen: »August '90 – Kanu, never again.« Dem Fatum sei Dank, daß er zehn Jahre vorher, am 20. Juli 1980, von den Sklaventreibern an der Isar zum Internationalen Kanuslalom in Augsburg entsandt worden war:

Und Libuda Ernst ist jetzt wieder auf der Strecke zusammen mit Schnitzerling Jürgen für Deutschland im Mannschaftswettbewerb bei diesem international hervorragend besetzten Kanuslalom, es sind Australier, Japaner, Schweizer und Engländer hier mit von der Partie, und jetzt eine Rolle direkt unter uns! Und der Fahrer ...! Oooh, ist er wieder schön hochgekommen! Eine perfekte Eskimorolle, Kenterrolle, im Tor Nummer 26 bleibt er in der Walze hängen, hat ganz große Schwierigkeiten! Steile Paddelhaltung! Jetzt muß er mit der ganzen Körperkraft versuchen, das Boot am Kentern zu hindern! Und er schafft es, eng angesetzt, mit der Nummer 344, der dritte Fahrer des deutschen Kanuverbandes durchgekommen! Und hinter ihm, und das ist ja wichtig, daß die drei Fahrer hintereinander fahren und nicht zu dicht auffahren, kommt jetzt Libuda durchs Tor, bleibt auf der Welle, am Kamm der Welle nicht hängen, schön ausgesteuert und im Kehrwasser wieder zurück und eingefädelt und durch die letzten zwei Tore. Die deutsche Mannschaft, die in der ersten Phase oder im ersten Durchlauf gekentert ist und jetzt von ihrem Trainer noch angefeuert wird, ein Fahrer hat noch Schwierigkeiten, und zwar ist das der zuletzt gestartete Libuda, aber er ist jetzt auch durch die 28 durch, und jetzt wird wie zu Indianerzeiten ganz kräftig mit diesem kurzen Paddel gestochen und gekämpft, daß man auch das letzte Tor hinter sich bringt, um dann die letzten dreißig Meter zu überwinden und durchs Ziel zu gehen!

Er habe das Wort »Held« in einer Reportage nie verwendet, versichert Günther Koch. Auf es gestoßen bin ich tatsächlich nicht (und genausowenig auf die Pestvokabel »spannend«) – dafür jedoch u.a. auf zwei Livebeiträge, in denen sich alles um einen Ball dreht und die vollauf genügt hätten, um Günther Kochs Ruf zu begründen, ein unerreichbarer Ausnahmekönner zu sein.

Im ersten kauert er neben einer Tischtennisplatte, er hat die Stimme heruntergedimmt, flüstert fast, und man meint, er hocke höchstselbst im Pingpongball. Ich muß die Warnung aussprechen, daß jedem, der sich das anhört, die Hirnschmelze droht.

Internationaler Tischtennisvergleich anläßlich des zehnjährigen Vereinsjubiläums der Betriebssportgemeinschaft Steiner-Optik im Sportzentrum Bayreuth, 27. Juni 1980:
18:10 für den Tschechen. Aufschlag, fast vom Knie hochgerissen, mit Unterschnitt, aber schööön in die lange Vorhand, der muß sofort wieder ans Brett! Aber da springt ihm der Ball von der Kante, 19:10 für den Tschechen. Ja, Rainer Kirschner kam aus Neustadt bei Coburg, dort spielte er in der Oberliga, er spielt jetzt hier für die TTBG Steiner-Optik Bayreuth, und er freut sich jetzt, denn jetzt hat Orlowski ins Netz geknallt. 19:11. Hoooch, und dann der Aufschlag, schön zurückgegeben, fast im Netzschatten, und dann springt auch ihm einmal ein Ball von der Kante, ein Nasser sozusagen, und das ist ein Punkt für den Deutschen, 19:12, er wird wahrscheinlich diesen Satz verlier'n, obwohl jetzt wieder Milan Orlowski ins Netz schlägt. 19:13. Aufschlag für Orlowski. Siebenhundert Zuschauer etwa hier im Sportzentrum, unter ihnen auch Walter Demel, der Skifahrer und Stadtrat hier aus Bayreuth!, und ein schöner Schuß! Aber sofort wieder retourniert aus acht, aus neun Metern! Eine wunderbare Ballonabwehr, fast wie beim Franzosen Secrétin, seitens dieses jungen, aufstrebenden Rainer Kirschner, der vielleicht in wenigen Jah-

ren schon Bayerischer Meister zumindest werden wird, 20, 13. Vielleicht der letzte Ballwechsel, ein Return, zu weit! Auf die Vorhand gezogen, aber ins Aus! 21:13!

Im zweiten ist eine, ja, gezügelt lüsterne Wisperstimme zu vernehmen.

Dunlop Sommer Grand Prix, ausgerichtet vom TC Rot-Weiß Erlangen, 29. Juli 1984:
(Aufschlaggeräusch.) Aufschlag von der Fünfzehnjährigen mit den langen Zöpfen, von Wiltrud Probst. Beide werden übrigens vom selben Trainer trainiert, und zwar von André Zitzmann, der erste Aufschlag war im Netz, der zweite ist besser gekommen, sie muß etwas zurücklaufen, die Claudia Porwik, aber der Ball ist außerhalb. *(Kurzes tiefes Einatmen.)* 0:30. Es wird bald zu Ende sein, und dann ist die Siegerin ganz klar hier – Claudia Porwik, sie, die Jahrgangsbeste in ihrem Jahrgang, die bei der Bayerischen Meisterschaft namhafte Damen ausschalten konnte. *(Kurzes tiefes Einatmen.)* Erster Aufschlag fehlerhaft. *(Ausatmen, das wie ein leichtes Stöhnen anmutet.)* Zweiter Aufschlag für – Wiltrud Probst vom Turnerbund Erlangen. Etwas vorsichtig aufgeschlagen, sofort der Return, wird noch mal voll genommen!, da muß Claudia Porwik laufen, kann den Ball nur noch hoch übers Netz schlagen, Gelegenheit für Wiltrud Probst, sie geht nach vorne ans Netz, dieser Stopp! Wird schöööön returniert! *(Jetzt ganz gedehnt:)* Auch sie eine ganz Große, wenngleich noch sehr jung. Beides unbekümmerte Mädchen, die hier den Zuschauern wirklich ganz hervorragendes Tennis bieten – bei schöööönem Wetter hier in Nordbayern. Seit etwa zwölf Uhr scheint die Sonne. Der Ball wird außerhalb gegeben. Und sie scheint sogar vielleicht doch noch einen Punkt zu machen *(tiefes Einatmen)*, die junge Dame mit den Zöpfen, Wiltrud Probst. Denn sie hat Aufschlag, und sie führt mit 40:30. Der Return von Claudia Porwik wird schöööön angerissen, geht ins Aus, Einstand. *(Tiefes Einatmen.)* 5:1, und vielleicht der letzte Aufschlag. Ein Ball noch, und dann ist Claudia Porwik Siegerin dieses Dunlop Sommer Grand Prix' hier, und da is' er!

Bis Mitte, Ende der achtziger Jahre, bis zu jener Zeit, als sich die Öffentlich-Rechtlichen dem Einschaltquotendruck zu beugen und die privaten Anbieter, die ihrem Modell gemäß einzig auf Lärm, Spektakel und

Werbeeinnahmen geeicht sind, zu kopieren begannen, fanden sich im Radio (und sogar im Fernsehen) die charmantesten und obskursten, heute abfällig so genannten Randsportarten abgebildet. Den Günther Koch, der über die Felder in die hintersten Winkel der leichtfertig geschmähten Provinz stapft, um von den nordbayerischen Meisterschaften im Eierlaufen zu berichten, hätten wir zehn Jahre später nicht mehr zu Gehör bekommen.

»Wenn der Ü-Wagen gekommen ist, war oft die ganze Ortschaft auf den Beinen«, erinnert sich Koch in der *Zeitschrift des Bayerischen Jugendrings* 3/2004. Es waren idyllische, freundliche, weil noch nicht durchkapitalisierte Verhältnisse, die beiden Seiten guttaten: den Hörern, die über die Regionalprogramme die schöne, farbige, von gewandten, eigensinnigen Reportern abgepauste Vielfalt des Sportgeschehens genossen, und den ehrenamtlichen Organisatoren und den Aktiven, die sich gewürdigt und unterstützt sahen – ein gedeihliches Miteinander, das der heutigen Korruption und Verschwörung im Zeichen des Geldes so sehr ähnelte wie die Sowjetunion dem westlichen Block. In der unter Maßgabe des Profits deregulierten und daher brachial homogenisierten Medienlandschaft dieser Tage hätte sich das Talent eines Günther Koch nie und nimmer entfalten können. Daher war seine Ochsentour nicht bloß Schinderei, sondern ebensosehr ein unverzichtbares Kapitel seines Entwicklungsromans. Die Blüte ging hier und dort und da und dort auf den Äckern Nordbayerns auf.

Anfang Oktober 1986 – und es sei dies das letzte Beispiel aus dieser verlorenen Epoche – landet ein Päckchen aus Dittelbrunn bei Günther Koch. Herr Helmut M. bittet im Begleitbrief »höflichst« darum, ihm »die Kassette mit der gesamten Rundfunkreportage von den Deutschen Feldkorbballmeisterschaften, am Sonntag, den 14.09.86, zwischen 17 und 18 Uhr auf Bayern 2 übertragen, zu schicken. [...] Als kleines Präsent sind die 2 Bocksbeutel speziell aus Unterfranken gedacht, lassen Sie sich den Inhalt in einer stillen Stunde gut munden. Bedanken möchte ich mich auch noch einmal persönlich sowie auch im Namen der TG Schweinfurt 1848 für die wirklich hervorragende Rundfunkreportage. Leiten Sie auch bitte diesen Dank an den Sportchef des Bayerischen Rundfunks weiter. Sollte es Ihnen schwerfallen, die beste Reportage 1986 für den Journalistenwettbewerb auszuwählen, so glaube ich doch, daß die Entscheidung auf die Reportage der Deutschen Feldkorbballmeisterschaften bei der TG Schweinfurt 1848 fällt. Die Einreichung dieses hochinteressanten Beitrages würde dem Korbballsport ungemein dienen. Die Schiedsrichterin möchte übrigens Ihren Beitrag auch. Die Mädchen der TG Schweinfurt 1848 sind sehr auf die komplette Reportage gespannt, ich bitte Sie deshalb, mir die Kassette baldmöglichst zu schicken.«

TG Schweinfurt 1848 – SV Werder Bremen, 14. September 1986:
Moderator Siegfried Schuller: Bitten hören Sie zu, Günther Koch ist unser Fachmann in Schweinfurt. Hier sein erster Aufruf.
Koch: Achtung! Die TG Schweinfurt vor dem Korb an der Sechsmeterlinie, aber Zeitspiel, das gibt es auch im Korbball, hier Deutsche Meisterschaft, Endspiel der Jugend, und zwar im Moment, wie gesagt, die TG Schweinfurt gegen ... Ganz in Grün spielen die Damen, die hübschen Damen, da hat er recht, der Siggi Schuller, vom SV Werder Bremen an der Sechsmeterlinie, sind ja zwei Kreise! Ein schöner Wurf! Aber am Korb vorbei, und die Korbwächterin hat aufgepaßt, sofort der Konter über die rechte Seite, aber erst mal Ball sichern, sagt der Trainer, der hier neben mir kauert, Karl Witschka von der Turngemeinde 1848 Schweinfurt, die in diesem Monat ihr fünfzigjähriges, das heißt die Korbballabteilung, sie feiert ihr fünfzigjähriges Jubiläum. [...] Aber wie gesagt, im Moment wird es sich entscheiden, ob die Schweinfurterinnen oder die Bremerinnen Meister werden, und vielleicht ganz spät dann noch die Entscheidung bei den Damen im Endspiel der Damen. Also, schöne Korbballstimmung, das war der erste Eindruck, 2:2 nach wie vor im Endspiel der Jugend, vielleicht auch hier eine Chance für die Nordbayern, die jetzt abgewehrt haben und kontern können, aber ich rufe aus Schweinfurt von den Deutschen Korbballmeisterschaften wieder das Studio des *Nordbayernmagazins*.

In den ersten zehn Jahren wehte aus München bisweilen ein beißender Wind hinauf nach Nürnberg. Günther Kochs temperamentvoller Stil und sein ungebändigter Sound waren in dieser Zeit, in der der Habitus der technokratischen Unterkühlung regierte, verpönt. Kochs Mentoren Fritz Hausmann und Heribert Lechner ließen des öfteren fallen: »Herr Koch, nicht übertreiben! Vorsicht! Das ist was ganz Neues. Damit müssen wir dosiert umgehen.« Und Hausmann sagte schon sehr früh: »Sie können ein ganz Großer werden, aber es werden sich auch einige an Ihnen reiben, Sie haben so einen ganz neuen und noch dazu akademischen, literarischen Stil.«

Daß es ein Sportreporter niemals jedem recht machen kann – eine Binse (nicht mal Gott vermag das, ich zum Beispiel hätte einiges vorzubringen, die Erschaffung des Menschen etwa könnte keine gute Idee gewesen sein). Aber ein Brief einer Familie aus Nürnberg vom April 1993 sei doch wiedergegeben (er ist zudem orthographisch und grammatikalisch ohne Makel – ein Beleg dafür, daß das Sprachbewußtsein in einer Zeit ohne Internet noch weitgehend geschnurrt hat): »Lieber Günther Koch, wir sind einfache Leute, warum immer diese vielen Fremdwörter? Sollen wir erst einen Volkshochschulkurs belegen, damit wir Ihre Reportagen verstehen lernen? Was soll also jeden Samstag diese unverständliche Sprache? Was sind Marginalien??? Bitte, bitte – es geht doch auch ohne Abitur-Sprache, oder? Jeder weiß, daß Sie der Intelligenteste der gesamten Sportwelt sind. Freundliche Grüße [...].«

An der Extravaganz und Unwägbarkeit des Günther Koch reiben sich etliche Münchner Sesselsitzer jahrzehntelang, bis zu Kochs Abschied von *Heute im Stadion* 2006:

> Auf den Montagskonferenzen haben sie immer gegen mich gehetzt, denn du findest in jeder Reportage irgendeinen Schmarren. Ich hab' ja Sachen über den Sender gehen lassen ... Einmal habe ich zu einer Redakteurin, die falsch gesteckt hatte, gesagt: »Ach, gute Frau, das müssen S' noch lernen.« Und man macht ja auch selber Fehler, ist doch klar. Das ist mir dann telephonisch hingerieben worden.
>
> *Es gibt schon ein ausgeprägtes intrigantes Verhalten zwischen ...*
>
> Nur. Intrigantenstadl. Und der Jochen Breyer, der jetzt beim ZDF ist, saß immer da und hat mit den Augen gerollt, wenn ich mal aus Nürnberg ins Funkhaus kam. Daß ich das aushalt', gell. Die ham immer so g'schaut. Ah, ja, grüß Gott und so, weißt scho'.
>
> Sie ham mich mal reinlegen wollen. Sagt der Muxi eines Champions-League-

Mittwochs: »Jetzt brauchen wir noch einen Kommentar für den WDR zu dem Spiel, kannst den schnell machen?« Sag' ich: »Los, auf geht's!« Hab' ich den Kommentar aus dem Stand gesprochen. Hat er danach g'sagt: »Günther, du bist wirklich der größte – Depp!« Der war mit mir auf der Schule gewesen, Sohn des bekannten Heimatschauspielers Franz Muxeneder. Dem hab' ich mal in meiner rotzigen Art gesagt, daß seine Skireportagen alle nur abgelesen sind.

Da hattet ihr aber bereits ein gutes Verhältnis.

Ja. Das war mir damals jedoch nicht so bewußt. Aber wenn ich jetzt in meinen Tagebüchern sehe, welche Spiele ich in den letzten zehn Jahren bekommen habe, gerade am letzten Spieltag – die wichtigsten bekam meistens ich. Und ich habe ja als einziger alle Champions-League-Spiele in der Vollreportage gemacht. Das hat der Muxi durchgesetzt. Die anderen mußten durchwechseln.

Aber mein Auftreten, meine Selbstsicherheit, die gewisse Ichsucht, man kann sagen: meine Arroganz – das wirkt auf ganz viele auch verletzend, obwohl es so nicht gemeint ist. Aber Feigheit und gespielte Bescheidenheit kann ich überhaupt nicht ausstehen. Ich war schon immer direkt. Das ist meine Maxime schlechthin. Ich habe viele Leute verletzt, das weiß ich, aber die wußten wenigstens, woran sie sind. Na, viele nicht, zwei, drei vielleicht. Den Rubenbauer oder den Hartmann hab' ich gar nicht verletzt. Die war'n eben empfindlich. So empfindlich bin i net. Mir kann mer scho' was sag'n – daß ich ein Arschloch bin, und arrogant bin ich auch. Das stimmt. Damit kann ich leben. Es gibt schlimmere Sachen, oder?

Mir fielen auch schlimmere ein.

Viel schlimmere: verlogen, feige, faul. Des bin ich alles net.

Über Waldemar Hartmann müssen wir nicht weiter reden. Über den habe ich einiges geschrieben und mir deshalb den entsprechenden Zorn von diesem Mann zugezogen.

Der Zorn hat dann auch mich getroffen, ist ja klar, weil er weiß, daß wir befreundet sind. Nach einer Veranstaltung von Bayern3 ist er, nachdem ich mich im Hotel an den Frühstückstisch gesetzt hatte, ostentativ aufgestanden und grußlos gegangen, ganz offen, so, daß es jeder sieht. Der redet mit mir kein Wort.

Rubenbauer war in den letzten Jahren relativ verträglich. Und Rubenbauer, da kann man sagen, was man will, hatte seinen eigenen Kopf. Er war kein Abnicker. Da waren wir uns ähnlich. Aber er war gewissermaßen der Chef. Er hat gesagt: Das hat der Herr Koch jetzt amal verdient, daß wir ihn da und da hinschicken. Der war halt jeden Tag im Funkhaus.

Ich fand den Rubenbauer als Radioreporter aber ziemlich gut.

Natürlich war der gut! Der war gut! Das ist unbestritten. Der war saugut! Gibt's gar keine Frage. Einen Fehler hat er mal gemacht. Da hat er gesagt: »Ach, ich freu' mich immer, wenn der Günther Koch bei den Toren so jubelt. Ach, jetzt ist hier auch grad ein Tor gefallen.« Die Reportage habe ich leider nicht mehr.

Es gibt auch schöne Wechselspiele zwischen euch.

Ja, da war auch nichts Schlimmes. Wir waren auch in München oft zusammen, sind rumgefahren. Wir waren gute Konkurrenten und haben uns die Bälle gut zugespielt, das hat schon gepaßt. Das war offenes Visier. Der hat mir damals schon gesagt, daß er zum Fernsehen will. Ich hab' zum Fünfundsiebzigsten oder zum Siebzigsten von Fritz Hausmann eine Rede gehalten – das durfte dann immer ich machen –, und auf der Feier hat er gesagt: »So, jetzt bring' ich Sie zum Fernsehen.« Hab' ich gesagt: »Das will ich gar nicht.« Hat er gesagt: »Herr Koch, soll ich wirklich nicht?«

Die finanzielle Unabhängigkeit durch den Lehrerberuf war schon gut.

Ja klar.

Man ist nicht erpreßbar.

Ich finde, das gehört sich als Lehrer auch nicht. Das geht gar nicht. Selbst das Neiden beim Radioreportagenmachen ist schon grenzwertig. Ich habe ja Beckstein in Verdacht, daß er, als ich damals sein erbitterter Gegner als Gewerkschaftsvorsitzender in Nürnberg war und plötzlich mit dem Radio anfing, heilfroh war und auf die Frage, ob ich das darf – da mußt du ja jedes Jahr einen Antrag stellen –, gesagt hat: »Um Himmels willen, ja, laßt den mal machen!«

Damit der hier nicht weiter Ärger macht.

Ja, ja. Und dadurch habe ich erreicht, daß das nach mir einige machen durften, Torsten Kunde vom NDR zum Beispiel, dem ich anfangs dabei geholfen habe, wie er das juristisch angeht.

Ich habe den Beckstein stark im Verdacht, daß er zumindest mit verantwortlich dafür war, daß die das damals genehmigt haben. Ich hatte mich, ehrlich gesagt, gewundert. Später als Staatsekretär und dann als Innenminister war er sehr wahrscheinlich verantwortlich. Der hatte vermutlich befürchtet, daß ich in der SPD was werde. Deshalb haben sie mir später ja auch das Sportmikrophon neben dem Landtagsmandat versaut – weil sie wußten: Wenn ich im Landtag bin, geht's rund. Das haben aber leider auch die SPD-Leute gewußt: Da geht's rund, da sind wir auch nicht mehr sicher.

Die Duette mit Rubenbauer. Eines meiner Lieblingsstücke aus dem immensen Fundus der Kuriositäten von Koch stammt vom 27. August 1988, es ist ein aparter Dialog anläßlich der Partien FCN – VfL Bochum und FC Bayern München – 1. FC Kaiserslautern:

Rubenbauer: Von der Differenz her sind wir jetzt pari, Günther.
Koch: Ja, ein Kollege bietet mir hier Schokolade an, da hab' ich jetzt keine Zeit dazu, 3:0, also drei Tore different, aber viel besser, Gerd, der Club spielt zu null. Der Club führt, und er spielt zu null, ein Köpke-Zunull, denn er hatte einige Male parieren können, er will vielleicht jetzt noch einmal einen steilen Angriff probieren, bevor wir dann ins Funkhaus geben werden, da kommt der steile Paß auf die linke Seite! Erwischt er ihn noch, der Martin? Der Ball ist schneller, nein, der Martin Wagner hat ihn, aber jetzt geht der Ball über die Grundlinie, und jetzt ruf' ich das Funkhaus.
Fritz Hausmann: Ja, Günther Koch, Sie können jetzt ruhig Ihre Schokolade nehmen. [...] Und weiter mit München.
Rubenbauer: Ja, und weiter mit Bayern München, denn die führen den Ball mit Reuter und mit Nachtweih. Nachtweih an der Seitenlinie beim Spielstand von 4:1 ...
Koch *(redet ostentativ gelangweilt dazwischen)*: Elfmeter. [Gelangweilt offenbar, weil er für Bochum gegeben wurde. Oder ist die Schokolade interessanter als Fußball?]
Rubenbauer: ... und da jetzt ... In Nürnberg.
Koch *(ausgesprochen gelangweilt)*: In Nürnberg. Na ja, aber es ... Du kannst noch a bißl weitermachen. Des dauert einige Zeit.
Rubenbauer: Ja, auch das Vorspiel zum Elfmeter kann ganz interessant sein in diesem Falle, Günther. Bleib doch mal in Nürnberg!
Koch: Guat. Also, es gibt Elfmeter für den VfL Bochum, ich hab' nämlich 'n

> Stückl Schokolade im Mund, aber is' ja wurscht, und zwar im Strafraum der Nürnberger ganz klar zu Fall gebracht worden von Stefan Kuhn der Bochumer, und zwar Josef Nehl, und das Vorspiel ist beendet! Das Elfmetervorspiel. Anlaufen wird der Martin Kree, was macht Köpke!!? Oh, er hat ihn!! Er hat ihn!! Jetzt is' er drin. Schade, schade, schade. Also Köpke wie von der Feder schnellt nach oben, wehrt den Ball mit der Hand an die Querlatte ab, aber dann nachgesetzt der Martin Kree, und dann darf er ja vollenden, wenn der Ball an der Latte war. Und er hämmert ihn aus einem Meter in den Kasten. Also, jetzt auch hier nicht mehr zu null. Dreiii zu eiiins.

Aber Rubenbauer und Koch – »gute Konkurrenten«? Na ja, ein Anflug von Altersmilde. Um der Wahrheit auf den Grund zu gehen, müssen wir zurück ins Jahr 1982.

Nach gut vier Jahren hat Günther Koch die ständigen Belehrungen aus München satt und schmeißt am 16. Februar 1982 hin, weil ihm obendrein aus der Hörfunksportredaktion mitgeteilt wird, er solle mal pausieren. »Das habe ich nicht nötig!« bellt er ins Telephon. Hintergrund ist zumal der ewige Streit mit Gerd Rubenbauer, der sogar aus Fürth, von Kochs ureigenem Geläuf, berichtet. Das habe seine Richtigkeit, bescheidet man ihm, da Rubenbauer, anders als Koch, vom Reportieren lebe.

Heribert Lechner ist ob Kochs Rücktritt entsetzt, andere sind's keineswegs, der BR fordert umgehend den Parkschein und die Zugangsberechtigung fürs Nürnberger Stadion zurück. Am 2. März aber meldet sich Koch wieder. Der Wochenredakteur Rainer Dzösch (»Du bist Kaviar, aber wir können nicht immer Kaviar bringen«) entscheidet spontan: »Wir machen weiter.«

Koch kehrt am 6. März ans Mikrophon zurück, bei FCN – Borussia Mönchengladbach, es ist seine 333. Reportage, und von da an rauscht's – als hätten die Verantwortlichen gemerkt, es nicht zu weit treiben zu dürfen mit diesem Nürnberger Sturschädel. Erster internationaler Einsatz: in München (!), am 21. April 1982, Rückspiel im Europapokal der Landesmeister, FC Bayern – ZSKA Sofia, sechs Tage später FCN – Fortuna Düsseldorf (»Das war das Spiel, das Sie nicht sehen mußten – seien Sie froh!« resümiert Koch, die Fernsehzeitschrift *Gong* zitiert das), und weil sich Koch seiner Sache jetzt sicher ist, stellt er beim Kultusministerium den Antrag auf Teilzeitbeschäftigung als Lehrer.

Für das unvergeßliche DFB-Pokalfinale zwischen dem FCN und den Bayern am 1. Mai in Frankfurt (Dieter Hoeneß und der blutdurchtränkte Turban!) erhält Koch »den Vorzug vor einigen WM-Reportern« (*Abendzeitung*, 30. April 1982). Im Doppel mit Gerd Rubenbauer redet er diesen an die Wand: »Schußmöglichkeit für Reinhardt!! Und Müller läßt abtropfen! Aber dann im zweiten Nachgreifen ist er schneller. ›Bravo!‹ muß man sagen zur Leistung des 1. Fußball-Clubs Nürnberg, eine Mannschaft aus dem Niemandsland der Bundesligatabelle, eine Mannschaft aus dem unteren Tabellendrittel. Sie spielt gut, besser kann sie eigentlich nicht spielen. Wer freilich wesentlich besser spielen könnte und eigentlich auch spielen müßte, das sind die Bayern, über die rechte Seite von Dremmler, Dremmler müßte flanken, versucht zu täuschen gegen Heidenreich, mit links zu schießen, kommt nicht dran! Hintermaier nimmt den Ball! Steilpaß!! Kein Abseits!! Dreßel hat die Riesenmöglichkeit zum 2:0!! Allein vor Müller!! Ist vorbei!! Jetzt muß er schießen mit links!!! Toooaaar!!! Wuuunderbar!!! Ein klassischer Konter der Nürnberger! Ja, gibt's denn so was!! Junge, Junge! 2:0 für den FCN durch Dreßel!«

Danach habe »völlige Feindschaft geherrscht«, räumt Koch doch ein. Gerd Rubenbauer habe gegenüber Fritz Hausmann verlangt, nie wieder zusammen mit Koch ein Spiel übertragen zu müssen, und sein Wille geschah.

Über Jahre staut sich der Groll weiter auf. 1989 bekommt Koch schließlich das Halbfinalhinspiel im UEFA-Cup zwischen dem SSC Neapel und dem FC Bayern: »Rubenbauer hat aber zur Bedingung gemacht, daß das ein einmaliger Fall ist. Da habe ich dem Wolfgang Aigner, der angerufen hat, gesagt: ›Aber ich sag' Ihnen gleich, ich bin fei besser.‹ Hat er gesagt: ›Solche Leute brauchen wir. Fahren Sie hin, aber Sie kriegen danach keins mehr.‹ Hab' ich gesagt: ›Wer'n mer scho' seh'n.‹ Eine Scheiße – nix hab' ich mehr 'kriegt. Rubenbauer war mein Hauptgegner [der übrigens etwa in der gleichen Zeit wie Günther Koch, nämlich 1978, für den Bayerischen Rundfunk zu arbeiten begonnen hatte]. Der hat dann auch dafür gesorgt, daß der [Edgar] Endres und der [Hans-Peter] Pull vorankommen. Der hat gesagt: ›Nicht der Koch!‹ Der hatte so viel Macht – warum, weiß ich nicht. Das weiß ich bis heute nicht. Nun, er konnte gut mit dem Hartmann, und Hartmann war sechs Jahre lang Fernsehsportchef.«

Eine Woche später, am 12. April 1989, richtet er einen geharnischten Brief an Franz Muxeneder und die gesamte Hörfunksportredaktion, um »auf die geradezu unglaublichen Sonderrechte des Kollegen Rubenbauer einzugehen«, den er wohlgemerkt »fachlich hochschätze«: »Als Reporter aus Franken, der zudem z. B. länger für den BR tätig ist als jeder andere Fußballreporter des BR, will ich durch diesen Brief festgehalten wissen, daß die vielfältigen und in ihrer Intensität eher zunehmenden Sonderrechte des Kollegen Gerd Rubenbauer von mir in keiner Weise verstanden werden. Für eine derartige, in der ARD-Geschichte beispiellose Sonderbehandlung eines Kollegen gibt es aus meiner Sicht keine stichhaltige Begründung.« Rubenbauer dürfe »alles machen, und die anderen, gleichfalls qualifizierten Kollegen [dürfen] nur das machen [...], was übrig bleibt beziehungsweise was Herr Rubenbauer – aus welchen Gründen auch immer – nicht machen kann«. Daraufhin fährt Koch schwere Geschütze auf: »Diese Benachteiligung meinerseits, der BR-internen ›Nr. 2‹ nach Rubenbauer (in Sachen Fußball), stellt eine für jeden Hörer nachvollziehbare Diskriminierung meiner Person dar. Dies wird jetzt anläßlich des Rückspiels im UEFA-Cup wieder mal besonders deutlich. Ich durfte Lückenbüßer für Gerd Rubenbauer in Neapel spielen, da er zur gleichen Zeit vom gleichen Ereignis fürs Fernsehen berichtete. Nun, vierzehn Tage später, beim Rückspiel – einem ZDF-Tag ... –, überträgt Herr Rubenbauer für den Hörfunk, was ich vollkommen uneingeschränkt als sein vertretbares Sonderrecht sogar noch akzeptieren würde, *aber* nicht in der Weise, daß Gerd das ganze Spiel inklusive einer wahrscheinlichen Verlängerung mit möglichem 11m-Schießen *allein*, also sage und schreibe bis zu hundertzwanzig und mehr aufregenden Minuten solo spricht. Gerd Rubenbauer entzieht sich dadurch z. B. – wie seit Jahren (seit dem Pokalendspiel Nürnberg gegen München am 1.5.82 in Frankfurt) – einem Leistungsvergleich mit mir. [...] Als in Franken lebender Sportreporter des BR weiß ich bald nicht mehr, wie ich auf entsprechende

Fragen von Kollegen reagieren soll, wenn jene wissen wollen, warum ich z. B. in Neapel zusammen mit [dem] Kollegen H.-P. Pull das Hinspiel übertragen durfte, während vorher Gerd Rubenbauer die Bayern-Spiele in voller Länge alleine übertrug usw.«

Auf das Schreiben hat er nie eine Antwort erhalten. Nochmals verdeutlichen mag diese personale Konstellation Helmut Böttigers Reportage »Zwei Welten im Nürnberger Stadion« in der *Stuttgarter Zeitung* vom 18. März 1991. Böttiger sitzt auf dieser Baustelle, auf der ein Großteil der Vergangenheit des Club abgeräumt wird, und schildert, was auf einem Stahlgerüst vor der demolierten Haupttribüne geschieht: »Die zwei Zeiten, die in Nürnberg aufeinanderprallen, spiegelten sich an diesem Spieltag in diesem Stahlgerüst aufs sinnbildlichste wider: Da vibrierte die ›Stimme Frankens‹, der Rundfunkreporter Günther Koch, an einem abblätternden kleinen Sperrholztischchen, vermutlich aus der Zeit der letzten beiden deutschen Meisterschaften des Club in den sechziger Jahren, und zwei Meter daneben saß der Mann fürs Fernsehen, Gerd Rubenbauer, vor seinem Monitor. Der Gegensatz könnte nicht größer sein: Koch, nichts als ein kleines harmloses Mikrophon in der Hand, erging sich in geradezu orientalischen Klagegesängen – und immer, wenn Aufzählungen von Mannschaftsmitgliedern aus den zwanziger oder dreißiger Jahren in einem elegischen Rhythmus aus seinem Mund strömen, ist die Not am größten. Rubenbauer hingegen saß entspannt an seinem Monitor, schaute sich in aller Ruhe die Spielzüge an und übte seinen Kommentar für die *Sportschau* ein – mit intellektuell strapazierenden Sätzen wie dem, daß der Nürnberger Außen Dieter Eckstein wohl nicht Mitglied der ›Verwertungsgesellschaft Tor‹ werden könne.«

In den späteren Jahren, sagt Günther Koch, habe er mit niemandem mehr Schwierigkeiten gehabt. Die Atmosphäre unter den Kollegen sei »immer sehr nett, sehr kollegial« gewesen, »da war gar nix«, und ein quicklebendiges Denkmal pißt man ja auch nicht an. Wie ausgeprägt die Wertschätzung im gesamten BR seit längerem ist, illustriert ein Brief von Klaus Kastan, einem Mann aus dem Feuilleton des Senders, der ab Mai 2015 Sportchef war: »Lieber Günther, das ist mir natürlich nicht verborgen geblieben: herzlichen Glückwunsch zu Deinem runden Geburtstag [dem fünfundsiebzigsten]. Für viele bist Du ein Vorbild: weil Du zwar auch älter wirst, aber dabei immer jung bleibst. Kompliment! Die Sportreportage, vor allem den Livekommentar von Fußballspielen, hast Du in Deiner aktiven Zeit beim Bayerischen Rundfunk neu geprägt. Deine Art der Schilderung und Deine Sprachgewaltigkeit, Deine Lebhaftigkeit und Deine Begeisterung am Mikrophon sind zum Inbegriff der Liveberichterstattung geworden. Dafür danke ich Dir – als Hörer, leidenschaftlicher Fußballfan und jetziger Sportchef des Bayerischen Rundfunks. Laß Dich feiern – Du hast es verdient! Herzliche Grüße aus Freimann und vom Rundfunkplatz, auch im Namen der KollegInnen!!«

Aber früher war da neben dem Rubenbauer Gerd eben noch unser Spezl Waldemar Hartmann, der den Sportjournalismus auf eine Höhe gehievt hat, deren Tiefe sich nicht ermessen läßt. Man muß Günther Koch das Stichwort »Hartmann« bloß hinwerfen, und er kennt kein Halten mehr:

> Das war ein Machtkampf zwischen Rubenbauer und Koch und Hartmann, und Hartmann, der intrigiert hat, wo er konnte, hatte irgendwann keine Chance mehr. Er hatte ja um 1980 herum ein paarmal als Reporter für *Heute im Stadion* live aus Nürnberg und aus dem Olympiastadion berichtet, konnte sich aber gegen Rubenbauer und mich nicht durchsetzen. Er kam hinter uns nie richtig dran.
>
> Der Hartmann hat einiges unternommen, um mir zu schaden. Er hat zum Beispiel dafür gesorgt, daß ich beim DSF nicht weitermachen durfte. Ich hab' ja das DSF 1992 mit aufgebaut. Der Gründer, Guido Bolten, hat mich 1992 gefragt, ob ich mitmachen wolle. Sag' ich: »Ja.« Dann habe ich das Programm mit aufgebaut, die Filme mit ausgesucht, die Reporter mit ausgesucht, die Formate mit entwickelt, die Talkshow war meine Idee, dieser Stammtisch. Aber die Idee hätte jeder andere auch gehabt.
>
> Guido Bolten hatte ich in Rom kennengelernt, auf einem langen Fußmarsch nach dem UEFA-Cup-Sieg von Inter Mailand. Wir hatten keinen Bus mehr bekommen und sind fünf, sechs Kilometer zum Hotel zurückgegangen.
>
> Ich habe dem Hartmann mal einen Interviewgast weggenommen, den er für *Blickpunkt Sport* haben wollte – für unsere Abendsendung am Montag, den

Club-Spieler Marco Kurz nach einem 3:2 gegen den VfB Stuttgart, er hatte zwei Tore erzielt. Danach hat der Hartmann beim Intendanten interveniert, so daß der gesagt hat: »Herr Koch, es geht nicht, daß Sie zugleich fürs Privatfernsehen und für den öffentlich-rechtlichen Rundfunk arbeiten.«

Na, und dann wollte ich zu Hause auch nicht zuviel Terror machen – es gab daheim einige Probleme –, und dann hab' ich nachgegeben, schweren Herzens. Nein, nicht schweren Herzens. Es war ja auch viel Arbeit. Ich bin am Montag immer nach München gefahren und habe als erster englische Liga übertragen, aus der Box. Aber wie! So, als ob du dabeigewesen wärst.

Ja, Rubenbauer war mein Gegner, und Waldemar Hartmann hat dann erreicht, daß mir der BR schließlich die Pistole auf die Brust gesetzt hat: entweder oder. Na ja, dann hofften die, daß ich gehe. Das hab' ich durchschaut. Dann bin ich erst recht geblieben. Die beim Fernsehen hätten sehr gern weiter mit mir zusammengearbeitet. Aber ich wußte schon, daß ich ein Mann des Wortes und nicht so sehr der Bilder bin. Ich will selber Bilder malen und die Leute mitreißen und denen notfalls auch aan Bleedsinn erzählen können. Im Fernsehen braucht's das ja gar nicht, was soll der Scheiß? Aber es war auch eine tolle Erfahrung. Ich habe aus dieser Zeit immer noch große Freundschaften zu Leuten, die mich dort als Redakteur kennengelernt haben, weil sie gemerkt haben: Der hat halt Haltung. Immer geradraus.

Vor dem Hintergrund der Neuverhandlung der Sendelizenzen für die Bundesliga kommentierte Koch am 11. April 2002 für *quer* im Bayerischen Fernsehen das »Endspiel um die Fußballübertragungsrechte« zwischen der Fortuna ran-Sat.1, dem »Titelverteidiger« (»lange Jahre haben sie auf den Rechten gesessen«, im Team: Hoeneß, Rummenigge, Stoiber, »der Ehrgeizling«, die »zwei Rechtsaußen Berlusconi und Murdoch«) und dem FC Sportschau, den »Außenseitern«: »Jetzt wieder der FC Sportschau. Lustloses Gekicke. Mit Fritz Pleitgen. Ja, will denn der die Senderechte gar nicht haben, der Herr Pleiten mit ›g‹? Aber Hartmann möchte sie, Netzer möchte sie [...]. Der Hartmann weiß ganz genau: Mei' Burli, mei' Spezi, komm, kriegst a bißl Bier, kommst zu mir in die Pilsbar, vielleicht geht dann scho' wos. Komm! Die Duzmaschine.«

Daß Waldemar Hartmann dergleichen abspeichert, weiß ich aus eigener Erfahrung (er hat mir die Ehre erwiesen, eine Polemik von mir über ihn in seiner Autobiographie als »Schweinenummer« zu würdigen). 2005 stellt er Koch offenbar abermals ein Bein:

> Der Hartmann soll vor Weihnachten mit dicken Koffern durchs Funkhaus geschlichen sein und überall Geschenke verteilt haben. Der war Wirt gewesen, und der hat, wenn's Nacht wurde in München, die wichtigen Leute in die wichtigen Ecken geführt, verstehst du mich? Der wußte viel, und der war für die ARD-*Sportschau* am 30. April 2005 in Kaiserslautern. Ich übertrug Kaiserslautern gegen Bayern München, und Bayern gewinnt 4:0, und parallel spielt Schalke nur unentschieden. Für damalige Verhältnisse war der FC Bayern unglaublich früh, am 31. Spieltag, Deutscher Meister.
>
> Kaiserslautern hatte einen unfähigen Pressesprecher, Michael Novak. Der gab unten am Platz nach dem Spiel das Zeichen, daß wir rein dürfen, auf den Platz. Ich war schon unten, denn die ARD-Schlußkonferenz hat der SWR-Reporter bestritten, und da bin ich gleich mit, klar, ich durfte ja – Bezahlfernsehen, ARD-Fernsehen und ARD-Hörfunk. Da geht's dann natürlich los, Nahkampf, und Leichtathlet war ich ja. Und zu wem sind der Trainer Magath und der Manager Hoeneß und Mehmet Scholl zuerst gegangen – der Scholl übrigens zu mir: »Du bist eine Legende!« –? Zu mir! Und nicht zum Hartmann, der da auf dem Platz auch Interviewpartner angeln wollte. Der Hartmann hat mich angeguckt … Der war stocksauer! Wie heißt es? Wenn Blicke töten könnten. Und im Ü-Wagen saß der Hans-Reinhard Scheu, der hat das alles gleich über den ARD-Stern rausgehauen. Sprich, um 17.30, 17.32 Uhr konnten die Nachrichtensender der ARD – WDR oder hr oder BR – schon die ersten Interviews senden. Ich war stolz, nur der Ballack ist mir immer ausgewichen, der Hund, der verreckte. Ganz am Schluß hab' ich ihn gefangen, ich bin ja dann hart, am Ausgang. Da hab' ich ihn nicht vorbeigelassen. Und während des Interviews in meiner neuen Lederjacke schüttet mir der Schweinsteiger von hinten das große Weizenglas über meine Platte. Es gibt ein Photo, abends im ZDF haben sie das auch gezeigt [die Sequenz mit dem lässig-stoischen Koch lief eine Woche später, am 7. Mai, im *aktuellen sportstudio*], wie der Michael Ballack mir – wie ein Sohn bei seinem Vater – liebevoll den Schaum von der Glatze wischt, während des Interviews, ich hab' einfach weitergemacht, als sei nichts gewesen.
>
> Ich fahre nach Hause, ich hatte meinen lieben Nachbarn dabei, ein Fan von

Lautern, Wolfgang Breunig, den hatte ich auch ein paarmal in die Reportage eingebaut. Montag ist Konferenz, heißt es: »War super. Super. Tolle Interviews.« Dienstag kommt ein Anruf vom [Thomas] Kattenbeck: Die ARD sperrt mich für das übernächste Spiel, das wäre das letzte Spiel im Olympiastadion gewesen, FC Bayern gegen Nürnberg. Weil ich gegen die Regularien verstoßen habe und am Platz vor den Premiere-Leuten und vor den *Sportschau*-Leuten, Hartmann!, Interviews geführt hab'. Und die gleich versendet wurden, das war das Schlimmste.

»Du bist gesperrt!« Sag' ich: »Es tut mir leid, aber der komische Pressesprecher da« – den alle verabscheut haben – »hat mir gewinkt. Was sollte ich denn machen?« – »Nein, das geht nicht. Aber du kannst dich ja entschuldigen, vielleicht nützt es was.« Hab' ich mich bei der ARD entschuldigt, schriftlich, was ich sonst nie mache, bei irgendeinem Sportchef. Nein, das ist ein Verstoß, und den müssen sie ahnden. Und ich vermute, daß der Hartmann dahintersteckte.

Ich war am Boden zerstört, denn: das letzte Spiel aus dem Olympiastadion, aus meinem Heimatstadion, auf dem Boden, auf dem ich früher Fußball gespielt habe, bis die Sonne unterging, meine Heimat praktisch, und dann noch gegen den Club und so weiter und so fort.

Am Donnerstag klingelt das Telephon. Ich dachte, mich laust der Affe. In München hatte sich natürlich schon ein ganz bestimmter Kollege darauf gefreut, daß er übernehmen darf, ist jetzt wurscht, welcher. Sagt der Kattenbeck: »Du hast vielleicht ein Schwein. Der FC Bayern fordert dich an und hat der ARD mitgeteilt, daß sie dich notfalls zum Reporterplatz tragen. Und der FC Bayern hat Hausrecht.« Dann hat der FC Bayern durchgesetzt, daß der gesperrte Koch sozusagen begnadigt wird, und ich hab' eine meiner schönsten Reportagen gemacht. Der Club hat zwar 3:6 verloren, aber beim letzten Tor im Olympiastadion, beim 3:6 vom Samuel Slovák, habe ich 'ne halbe Minute danach geschummelt und nachgejubelt, weil ich wußte, daß das in die Fußballgeschichte eingeht, hast mi'?

Hinterher habe ich mich beim FC Bayern bedankt, bei Markus Hörwick und bei Uli Hoeneß, und die ham g'sagt: »Das war für uns selbstverständlich.«

Im BR-Hörfunk machte aber auch der Redakteur Siegfried Schuller Günther Koch das Leben nicht eben leicht:

Wenn ich angerufen hab', hat der zum Beispiel mal laut g'sagt, so daß es alle im Raum hören konnten: »Aber der Rubenbauer ist doch kein schlechter Reporter!« Dabei hab' i gar net übern Rubenbauer g'red't. Verstehst mich? Schuller war da in der Redaktion wirklich mein Hauptgegner, weil ich natürlich arrogant bin. Aber ich kann was. Schuller war arrogant und konnte wenig. Wer gerade Wochenredaktionsdienst hatte, war der Boß. Und der hat eines Tages zu mir gesagt: »Jetzt fliegen Sie nach Amsterdam.« Aber es hatte gerade das Terrorattentat vom 11. September stattgefunden. Es war mir klar, daß das Spiel abgesagt wird. Ich habe zum Schuller gesagt: »Ich fliege doch nicht nach Amsterdam, das Spiel findet eh nicht statt.« Da hat er gesagt: »Herr Koch, Sie fliegen! Haben wir uns verstanden?«

Ich lande in Amsterdam, und das Spiel ist abgesagt, wie der gesamte Champions-League-Spieltag. Jetzt einen Rückflieger zu kriegen war nicht einfach. Franz Beckenbauer sagte: »Komm her, Günther, flieg bei uns mit.« Da bin ich mit Franz Beckenbauer im nächsten Flieger gesessen, neben ihm, in der ersten Klasse, zum erstenmal in meinem Leben. Das mußte der BR zahlen, selber schuld. Der Schuller hatte mich gezwungen, da hinzufliegen! [Am ersten Bundesligaspieltag nach 9/11, am 15. September, sagt Koch während des Spiels FCN – Kaiserslautern, es sei »uns vor vier Tagen auf schaurigste Art und Weise wohl endgültig unser aller Machtlosigkeit gegen Haß und Terror bewußt gemacht« worden. Im Protokoll der Schaltkonferenz der ARD-Sportchefs am darauffolgenden Montag ist vermerkt: »Dr. Andreas Wagner (SWR) und Ulrich Reimann (ORB) erteilten vor allem Günther Koch (BR) in diesem Zusammenhang ein großes Kompliment.«]

Im Dezember 1978 tauchen in Kochs Reportage von der Begegnung FCN gegen Gladbach zwei Namen auf, die eine gewisse Bedeutung für des Sportreporters am Ende lange Karriere haben werden: der eine, Uli Hoeneß, im positiven Sinne, der andere im negativen – unfreiwillig:

Feuerwerkskörper wurden bereits hier abgeknallt, und der Stadionlautsprecher mußte die Zuschauer bitten, das seinzulassen. So groß ist hier die Begeisterung. Uli Hoeneß, einer der Besten! An der rechten Strafraumkante auf links gelegt, schön nach innen gespielt, aber er muß sich gegen Ewald Lienen durchsetzen, Ewald Lienen, offenbar auf Uli Hoeneß angesetzt. Jetzt kommt die Flanke! Kopfballmöglichkeit! Nein, der Ball ist zu weit! Er streicht, er dreht sich am Tor vorbei, noch ist der Ball nicht im Aus, er kam noch mal, es sah so aus, als ob er bereits ins Aus gehen wollte, dann dreht er noch mal nach innen, aber der Schiedsrichter hat's natürlich besser geseh'n, das ist Herr Horstmann aus Nordstemmen, er gibt keinen Eckstoß. Eckstoßverhältnis ist im Moment 8 zu 6 für die Gladbacher. Also, Gladbach dreht auf, wir drehen jetzt gleich ab.

Fünf Jahre später, am 18. Dezember 1983, kommt Günther Koch nach Hause, und das erste, was seine Frau zu ihm sagt, ist: »Hoste den Scheißjob endlich los.«

Eine Stunde vorher war ein für eine Sportsendung – und vor allem für eine Sportsendung im von der CSU gesteuerten BR – wenigstens ungewöhnliches Liveinterview gelaufen:

Moderator Siegfried Schuller: 15 Uhr und 48 Minuten, der *Sport-Expreß* auf Bayern 3. Aus Fürth haben wir erfahren, daß Borussia Mönchengladbach im Achtelfinale um den DFB-Pokal mit 6:0 gegen die Spielvereinigung aus Fürth gewonnen hat. Und mein Kollege Günther Koch nutzt natürlich die Gelegenheit, wenn so hoher Besuch im Ronhof ist, auch ein Interview zu verfertigen. Sein Gesprächspartner ist Ewald Lienen.

Koch: Ewald Lienen, schön, daß Sie hier zum Mikrophon kommen. Zunächst zu dem Fußballspiel. Ganz kurzes Statement zu diesem 6:0 hier bei der drittklassigen Mannschaft.

Lienen: Ja, wir sind natürlich froh, daß wir 'ne Runde weitergekommen sind. Das ist … Äh, solche Spiele haben immer die Gefahr, daß man nicht mit der richtigen Einstellung reingeht und daß dann so eine Amateurmannschaft über sich hinauswächst. Aber wir haben von Anfang an, äh, vorne angegriffen und haben das Spiel gut in den Griff bekommen. Da sind wir ganz froh drüber.

Koch: Wenn man mit Ewald Lienen spricht, dann spricht man ganz natürlich nicht nur über Fußball. Und das Leben, äh, spielt sich ja nicht nur auf dem Fußballfeld ab, und man weiß von Ihnen, daß Sie sich um viele, viele andere Dinge genauso kümmern. Erste Frage: Ihre Aktion und Ihre Aktivitäten in der Friedensbewegung, »Sportler für den Frieden« – warum machen Sie das? Und warum, glauben Sie, gibt es so wenig Resonanz bei den anderen Fußballbundesligaspielen?

Lienen: Äh, ja, ganz so wenig Resonanz gibt es nicht. Wir haben beispielsweise vor dem letzten Bundesligaspiel Bielefeld gegen Mönchengladbach ein eigenes Flugblatt gemacht, äh, auf dem sechzehn Bundesligaspieler, acht von Bielefeld und acht von Mönchengladbach, unseren Sportleraufruf unterstützt haben, von Lothar Matthäus über Hans-Günter Bruns zu Wolfgang Kneib und Horst Wohlers. Äh, es liegt, glaub' ich, daran, daß die Bundesligaspieler zuwenig angesprochen werden. Unsere Sportlerinitiative ist, ist meiner Ansicht nach 'ne sehr, sehr wichtige Sache. Ich denke, daß die Friedensbewegung im Moment die wichtigste politische Kraft ist, weil, äh, weil diese sinnlose Aufrüstung, glaub' ich, hier die Lebensgrundlage von uns allen bedroht. Ich mache das, weil ich denke, daß die, äh, daß eine weitere Aufrüstung, äh, nicht nur die Gefahr eines zufällig oder, äh, durch technisches oder menschliches Versagen ausgelösten Atomkrieges in sich birgt, sondern daß eben jede weitere Mark, die in die Rüstung gesteckt wird, tatsächlich fehlt, um die, um die wirklich großen Probleme der Menschheit bewältigen zu können. Ich empfinde es als ein Verbrechen an der Menschheit, noch eine weitere Mark in die Rüstung zu stecken, wenn täglich vierzigtausend Kinder in der Dritten Welt verhungern.

Koch: Jetzt, äh, sind Sie Fußballprofi, der viele Mark verdient, von dem man weiß, daß er auch in seinem persönlichen Leben, nicht nur, was Resolutionen anbetrifft, sondern auch, was seine eigenen Aktivitäten anbetrifft, sich um Behinderte und Benachteiligte kümmert. Wie sieht es mit den Fußballspielern aus, die anderer Meinung sind? Haben Sie mit Schwierigkeiten zu kämpfen bei Kollegen, die das vielleicht anders sehen?

Lienen: Äh, im Prinzip nicht. Es ist sicherlich so, daß, äh, daß die Fußballspieler wie viele andere in der Bevölkerung leider auch relativ bequem sind und denken, daß Politik 'ne Sache ist, die man entweder, äh, den Politikern oder aber den Militärs überlassen sollte. Dieser Ansicht bin ich eben nicht. Ich hab' sicherlich mit Schwierigkeiten zu kämpfen, wie viele andere Leute auch, die sich politisch betätigen, äh, in meinem persönlichen Fall natürlich immer dann, wenn die sportlichen Leistungen mal nachlassen. Dann wird immer sehr schnell gesagt, das liegt daran, weil er sich politisch engagiert. Das ist natürlich, äh, lächerlich aus meiner Sicht und sehr, sehr einseitig. Mit diesem

Druck haben viele Leute hierzulande zu leben. Es heißt immer, wir haben hier die, äh, diese freie Meinungsäußerung, äh, aber ich glaube nicht, daß, äh, jemand, der von dieser Möglichkeit selten Gebrauch macht, das ermessen kann, wieviel, äh, Druck man ausgesetzt ist, wenn man diese, dieses Recht zur freien Meinungsäußerung tatsächlich ausübt. Das werden Sie in den Medien sicherlich selbst am besten wissen.
Koch: Wenn Sie jetzt hier dieses Spiel gesehen haben, und wenn Sie wissen, daß bald Weihnachten ist und ein neues Jahr kommt – ohne jetzt pathetisch zu werden: Aus Ihren klaren und deutlichen Worten wird klar, was Sie sich wünschen. Können Sie das vielleicht noch in einem Satz sagen, was Sie sich bezüglich des Sportes, denn das muß man ja natürlich auch im Sport merken, wenn sich einer für den Frieden engagiert, bezüglich des Sportes und aber auch bezüglich unseres Lebens und Überlebens für das nächste Jahr für uns alle wahrscheinlich wünschen.
Lienen: Ich wünsch' mir für den Sport speziell, daß, äh, daß mehr Leute im Sport nicht nur 'ne Möglichkeit sehen, Geld zu verdienen, sondern den Sport insgesamt eben, äh, als 'ne Sache auffassen, die zu Frieden und Völkerverständigung beitragen soll. Gerade die olympische Idee, wenn sie auch der Wirklichkeit nicht immer entspricht, sollte da Beispiele setzen. Und für uns alle wünsche ich uns doch, äh, daß noch mehr Menschen als bisher erkennen, daß wir, äh, unser Schicksal selbst in die Hand nehmen können, daß wir nicht mehr den Politikern oder den Militärs das überlassen können, über unsere Zukunft zu entscheiden, die, äh, wo nur noch Profite oder die Möglichkeit, Profite zu machen, darüber entscheiden, ob wir überleben können oder nicht.
Koch: Ewald Lienen, ich wünsche Ihnen und uns in diesem Sinne alles Gute. Schönen Dank.
Lienen: Ich bedanke mich.
Moderator Schuller: Ja, da darf vielleicht der Moderator aus dem Studio noch etwas dazu sagen. Ich hätte mir gewünscht, daß der Ewald Lienen mehr Größe zeigt und nicht ganz so einseitig seine Meinung vertritt. Daß gerade ein Fußballer – zwei Sachen muß ich dazu anmerken –, gerade ein Fußballer, der sehr viel Geld verdient, meint dann, Geld ist nicht alles. Er lebt ja schließlich davon – und nicht schlecht. Und das zweite: Das mit der Friedensbewegung, daß das eine gute Sache ist, das weiß jeder, das wissen auch die Politiker, das wissen auch die Militärs – so isses ja nicht. Aber so einseitig, wie Ewald

Lienen das angesprochen hat, ich weiß nicht, ob das richtig ist. Aber lassen Sie ihm halt seine Meinung. Sie wissen, das ist die Meinung eines einzelnen, nein, nicht eines einzelnen, es kann auch die Meinung von mehreren sein, aber das ist halt der Ewald Lienen, wie er leibt und lebt, und zum Protestieren, glaub' ich, verehrte Hörer, gibt es keinen Anlaß. Lassen wir ihn halt einfach so stehen, wie er gesprochen hat.

Ewald Lienen war in der Tat eine Ausnahmefigur in der intellektuell trostlosen Welt der Fußballer. Er hatte sich mit seiner »Berufsverbote-Initiative« gegen den Radikalenerlaß engagiert (ganze vierzehn Profis schlossen sich ihm an, unter ihnen Benno Möhlmann, Karl Allgöwer und Horst Weyerich, der Pseudolinke Paul Breitner lehnte feige ab) und war Anfang der achtziger Jahre ein mediales Aushängeschild der Friedensbewegung, die gegen den wahnsinnigen NATO-Doppelbeschluß mobilisierte. »Ich kannte viele hochinteressante und wesentlich kompetentere Leute, die viel mehr zu sagen hatten als ich«, schreibt er in seiner Autobiographie *Ich war schon immer ein Rebell – Mein Leben mit dem Fußball* (München 2019). »Der Unterschied bei mir war nur, daß es ein Fußballspieler war, der sich äußerte und im Gegensatz zu vielen anderen Leuten gehört wurde.«

Und so einen Kryptokommunisten läßt der Koch nach einer läppischen Pro-forma-Frage zu einem Fußballspiel minutenlang und unwidersprochen, nein: ihm sogar beipflichtend seine ideologische Notdurft verrichten! Im Bayerischen Rundfunk! In einem Haus, in das Franz Josef Strauß, dieser Linkenfresser, dieses Gspusi der Rüstungsindustrie, über eine Standleitung verfügt! Wenn das kein Kündigungsgrund ist! Raus mit dem Vaterlandsfeind Koch! Aber bitte sofort!

»Ja, da dachte ich auch: Jetzt isses aus. Aber da war ich bereits so bekannt und so populär, oder es war der Hausmann, wer auch immer, weiß ich nicht – jedenfalls haben sie mich weiterbeschäftigt. Rätselhaft. Aber Schuller hat sich in dem Moment sicher gefreut: Jetzt is' er erledigt.«

Die Bekanntheit könnte ein Grund gewesen sein. Schon im November 1978 schafft es Koch mit dem Satz »Der Ball überlegte es sich noch mal und knallte an den Pfosten« in die *Bild* (später spricht er mal bonmotträchtig vom »Schlafraum« und von der »Tabellenreligion«), am 11. August 1979 erscheint im *Schwabacher Tagblatt* eine ganze Seite über ihn (mit einem Photo von ihm und Günter Netzer in der Sprecherkabine), anläßlich seiner erst neunten Übertragung eines Bundesligaspiels. Eine solche Aufmerksamkeit dürfte kaum einem anderen Kollegen nach so kurzer Zeit widerfahren sein.

Das bemißt sich auch an Kritik, die, je heftiger, je deftiger sie ausfällt, desto deutlicher zeigt, daß eine Person von erheblichem öffentlichen Interesse, vulgo: ausnehmend bekannt ist. Gleich dreimal innerhalb eines knappen Jahres drischt der Anonymus AGGRESSOR in seiner Glosse im vielgelesenen *Sport-Kurier*, der dem *kicker* ernstzunehmende Konkurrenz machte, auf Günther Koch ein. Am 28. November 1979 inkriminiert er »die schlechte Tonqualität, die immer dann aus dem Radio dringt, sobald in der Noris der Reporter Günther Koch sich zu Worte meldet. Unfähig zu sachgerechter Analyse des Spiels, langweilig dahinplappernd, armselig in der Bilderwahl, manieriert im Tonfall, keine Paraphrase, weder Witz noch Humor – und das alles ohne Schwung und Leidenschaft: Ein Allerweltssprecher wiegt uns in den Schlaf. [...] Das Gerede des Herrn Koch [hat] mit Reporterkunst nichts zu tun. Doch möglicherweise ist AGGRESSOR an dieser negativen Erkenntnis selber schuld. Warum vergleicht er ein Kerzenlicht mit dem funkelnden Schein der Sterne?«

Am 17. September 1980 langt er zum zweiten Mal hin: »Nürnberg erlebt den Rückfall ins Provinzielle. Zwei Heimspiele des Club übertrugen für den [im Bayerischen benutzt man fürs Radio häufig das Maskulinum] Dampfradio die Herren Rugenbauer [sic!] und Stürzenberger, wir vernahmen Ordentliches, alles hatte Sinn und Farbe, nun aber – am vergangenen Samstag – wurde es wieder banal, ein Herr Koch, seit Jahrhunderten berüchtigt wegen seiner armseligen, biederen, bleiernen, hilflosen Reporterart, schlug wieder zu. [...] Einfallslosigkeit, sie hat Stimme in Nürnberg. Wer nimmt diesem Manne endlich das Mikrophon ab und drückt ihm ein anderes Spielzeug in die Hand, eins, womit er nicht öffentlich Unfug treiben kann?«

Vierzehn Tage danach brechen zwei Leserbriefe eine Lanze für Koch (»böser Tritt gegen das Schienbein eines der wenigen Reporter, die es verstehen, durch Witz, Einfallsreichtum und großes Einfühlungsvermögen in die jeweilige Spielsituation den Zuhörer zu unterhalten und zu fesseln«, »offenbar persönlichkeitsbedingte Aggressionen«, »daß hier offensichtlich versucht werden soll, den einzigen Nürnberger Rundfunkreporter zugunsten eines Reporters aus München zu demontieren«), woraufhin der Kolumnist aus dem Hinterhalt der Namenlosigkeit zum dritten Mal losballert und »über den munteren und gewitzten Rundfunkreporter Günther Koch« herzieht: »Er [AGGRESSOR] kann an den Reportagen ebendieses Herrn Koch weder Witz noch Einfallsreichtum und Einfühlungsvermögen wahrnehmen, schon gar nicht Spritzigkeit und unterhaltsame Originalität. Aber um zu einem Schluß zu kommen: Ab heute räumt AGGRESSOR dem Reporter des Bayerischen Rundfunks Narrenfreiheit ein; wir werden nur hin und wieder ein paar elitäre Stilblüten uns herauspicken und alles übrige mit dem Riesenmantel des Vergessens zudecken. Als AGGRESSOR vor Monaten mit einem geschätzten Rundfunkmann im Südwesten unseres Landes über Koch-Reportagen plauderte, urteilte dieser sachlich: ›Wenn das geht, geht alles!‹ Dies war die Meinung der gesamten Redaktion. Na bitte.«

Für Günther Koch ist es denkbar, daß sich

hinter diesem »Aggressor« womöglich ein fränkischer Kollege versteckte. Der war neidisch. Von *NN* und *NZ* wurde ich lange eher verschwiegen. Ich hatte keinen Stallgeruch, war weder ein Franke noch ein gelernter Journalist oder Reporter. Dabei kann man das nicht lernen. Meine einzigen Sympathisanten waren Leute von der *Abendzeitung Nürnberg*, die Gunther Oschmann gehörte, der auch fast alle Privatradiosender in Franken besaß, ein vielfacher Millionär. Er war schon immer ein großer Fan von mir.

Das mit diesem »Aggressor« hat mich natürlich unglaublich aufgeregt, aber erst recht meine kämpferische Leidenschaft geweckt, weil ich sofort wußte: Das sind Leute, die mich abschießen wollen. Aber solche Sachen – ich will nicht sagen, daß die mich beflügeln – motivieren mich unglaublich. Wenn mich jemand ungerechtfertigt und so offenkundig und so plump und so primitiv und ständig fertigmachen will, bin ich da, da bin ich voll da, denn ich liebe den Kampf.

Es gab von Anfang an diese Gegnerschaft der Neider. Meine Frau sagt immer: »Den Neid hast du dir hart erarbeitet.« Es war natürlich auch völlig neu, daß da einer quer einsteigt, noch dazu ein Lehrer. Ich hab' früher überhaupt nicht wahrhaben wollen, daß es so viele Animositäten gegenüber Lehrern gibt. Lehrer sind für die meisten von vornherein Arschlöcher. Unter Lehrern gibt's ja auch tatsächlich viele Arschlöcher, aber deswegen bin ich ja Lehrer geworden, um ein anderer Lehrer zu sein, und deswegen ist auch die Insa Lehrerin geworden. Wir wollten anders sein.
Aber der »Aggressor« hat's irgendwann aufgegeben.

Spätestens seit dem aus der Sicht der Club-Anhänger tragischen Pokalfinale 1982 ist Koch in Nürnberg und Franken als Topreporter anerkannt. Publizistisch richtig rappeln aber wird es ab 1987.

Der *kicker* schreibt Anfang November des Jahres: »Günther Koch ist eben anders. Auch was seinen Stil angeht. Ungewohnt und daher einzigartig.« Bezug nimmt das Fachmagazin auf einen großen Text, der am 10. Juli 1987 im Feuilleton der *Zeit* erschienen war. Dieser mächtige Gesang von Helmut Böttiger bedeutete für Günther Koch nicht nur den publizistischen Durchbruch, sondern er erwies sich mit einer gewissen Verzögerung auch als Auslöser eines Paradigmenwechsels – so also konnte man über Fußball handeln: aus einer gewissermaßen existentialistisch-hermeneutischen und zugleich gesellschaftsgeschichtlichen Perspektive.

Zwar hatten schon im März 1987 auf einmal die *Nürnberger Nachrichten* freundlich konzediert, Günther Koch sei »ein allseits bekannter und beliebter Sportreporter«, und die *Nürnberger Zeitung* war im April nachgezogen (»der sich durch seine engagierten Reportagen von den Club-Heimspielen inzwischen auch über den bayerischen Raum hinaus einen Namen gemacht hat«), aber Böttigers Hymnus warf selbst den sturmerprobten Haudegen aus Langwasser um:

Ich hatte hier in der Nachbarschaft einen engen Freund, der leider nicht mehr lebt, Pfarrer Volker Sauermann. Er hatte die *Zeit* abonniert und rief an einem Donnerstagmittag ganz aufgeregt an, er müsse rüberkommen, ich würde vom Stuhl fallen, er habe da einen Riesenartikel. Sag' ich: »Bleib, wo du bist, ich habe schon einen Anruf vom BR bekommen.«

Das war der Heribert Lechner gewesen. Der rief an diesem Donnerstag an und sagte: »Herr Koch«, wir waren immer per Sie, »Herr Koch, lesen Sie die *Zeit*?« Hab' ich gesagt: »Nein, ich hab' dazu nicht die Zeit. Die *Zeit* ist zu gut, nicht für meinen Anspruch, aber ich kann es als Kriegskind nicht verwinden, wenn ich dann so viel wertvolle Lektüre weglege, weil ich keine Zeit habe, sie zu lesen.« – »Ich lese Ihnen jetzt was vor.«

Dann fing der an vorzulesen. Ich hab' gedacht: Um Himmels willen! Ich wurde ja immer kritisiert, die fanden immer irgendwas zu meckern, montags, in der Redaktionssitzung, bei der ich fast nie dabei war. Wenn ich ab und zu dabei war, haben sie nie gemeckert. Dann liest der den ersten Satz vor, und ich denke: Jetzt verarscht dich auch noch dein Förderer! Beim zweiten Satz habe ich gemerkt: Aber so spricht der nicht. Das ist nicht sein Duktus. Und beim dritten Satz hab' ich gedacht: Das kann doch nicht wahr sein! Und da habe ich gesagt: »Ist das Ihr Ernst?« Sagt er: »Seien Sie ruhig, hören Sie endlich mal zu.« Und er las weiter vor.

Ich hab' mir die Insa geschnappt, bin mit ihr zur Tankstelle gefahren und hab' mir die *Zeit* geholt. Ich hatte an dem Vormittag keinen Unterricht, und nachmittags war Lehrerkonferenz. Ich las das und dachte: Jetzt können sie mich alle mal. Jetzt kann ich machen, was ich will.

Am Nachmittag gehe ich in die Lehrerkonferenz und sehe gleich, wie in den vorderen Reihen gewisse Lehrerinnen, die es nicht gut mit mir meinten, den *Zeit*-Artikel weiterreichten und gelesen haben.

Ja, das war der Durchbruch. Dabei war ich nach 1982 wieder kurz vorm Aufgeben. Es hat mich angekotzt. Dieser »Aggressor«, das war ja lächerlich, aber beim BR fanden sie ständig irgendwas: fünf Sekunden zu lang, irgendeine Formulierung … Diese versteckten Anfeindungen. Ich war im BR ein krasser Außenseiter. Ich kam mir wie ein Bettler vor und hab' mir immer Scheiße anhören müssen – des hätte ich falsch gemacht und des und das. An den Haaren herbeigezogen manchmal. Und dieses ewige Abwarten! Am Montag um fünf Uhr nachmittags rufen sie an. Kriegst du was? Kann ich weitermachen? Was ist nächste Woche? Ich hatte ja keinen Vertrag und nix. Das alles hat mich angekotzt, manchmal war ich verzweifelt. Und der Streß. Das war ja Streß.

Die wollten immer, daß ich am Montag zur Sitzung komme! Die spinnen doch! Ich hab' am Montag bis um eins Schule.

Auf einen Schlag war Günther Koch, zumindest in der Wahrnehmung eines Teils des sogenannten gebildeten Publikums, eine Koryphäe, *die* Koryphäe seines Berufsstandes. Und Helmut Böttigers Eloge »Das Nürnberger Gefühl« ist, wie gesagt, ein mediengeschichtlicher Markstein. Nie zuvor war in dieser Form, in dieser Intensität, in dieser Ernsthaftigkeit und in dieser Ausführlichkeit über einen Sportreporter geschrieben worden, und jeder umfängliche Artikel, der hernach über Koch verfaßt werden wird, findet an Böttigers Partitur seinen Maßstab, lehnt sich implizit an sie an.

Böttiger hebt mit einem wuchtigen, bildkräftigen, durch und durch wahren Lamento an: über den Verlust der »Zeiten, in denen der Samstagnachmittag noch einen Sinn hatte«, in denen »die klassische Katharsis der griechischen Tragödie noch unvermittelt durch den Äther ging« – nebenbei, beim Gartenwässern, beim Autowaschen, und die Radios waren »voll aufgedreht«; mit einer Klage über die schmerzhafte »Erfahrung der Vergänglichkeit«, über den Verlust der in Spiralen sich windenden Stimme Oskar Kloses oder der »malmenden Stimme Ludwig Maibohms, bei dem man immer den Geschmack der Butterbrote mithörte, die ihm seine Frau zu Hause noch in aller Eile geschmiert hatte« (Jochen Malmsheimer hat dieses Lebensgefühl viele Jahre später in seiner phantastischen Cervelatbrotnummer – »Gute Butter! Ich sag', is' ein Wort: Gutebutter!« – verewigt; siehe YouTube); über das Verschwinden der, technisch bedingt, rohen akustischen Kulissen, in denen die Reporter und die Zuschauer interferierten und »schwankend« und »zitternd« ineinander verschwammen, über die Tilgung von Stadiennamen wie Rote Erde und Glückauf-Kampfbahn und regionalkultureller Eigentümlichkeiten und – dies alles komprimierend – über den »Niedergang der Rundfunkreportage« – »ein klägliches Kapitel unserer Kultur«.

Werner Hansch, damals als WDR-Reporter ein mit Günther Koch vergleichbarer Exot (er flüchtete dann 1992 zu Sat.1, keine weise Entscheidung), beschrieb die Malaise zwei Jahre später, 1989, in einem Beitrag für das Branchenblatt *1 – ARD-Magazin* aus eigener Perspektive: »Wer traut sich schon, so abzufahren, wie ihm der Schnabel gewachsen ist? Ein falscher Ausdruck, ein abgebrochener Satz, eine Wiederholung, eine Syntax, die von der Regel abweicht? Mein Gott, wie peinlich! Natürlich ist Radio kein Souffleurkasten, aber was da rauskommt, klingt oft danach. […] Das Klischee ist offenbar unverzichtbar. Aber bitte keinen Versprecher, nur keine Pause, auch wenn da einer im tobenden Hexenkessel hart nach Worten ringt. Mit flinker Sprache alles schön glattbügeln – Auftrag erledigt. Nur nicht anecken, nur nicht […] anstoßen bei denen, die über den nächsten Einsatz zu entscheiden haben. Ist es das? Die Wirklichkeit, die wir so reportieren, ist nur selten wirklich so. Zuviel bleibt da auf der Strecke, was als emotionale Information ebenso notwendig zur vollen Realität gehört. Eine Dimension wird förmlich verschenkt, wenn wir Sprache sprechen, als würden wir sie lesen. […] Es bleibt mir eben als Problem erhalten, endlich aus dem verflixten Souffleurkasten herauszuspringen und im Radio so zu sprechen wie im Leben. Einfach so.«

Böttiger, gewiß ein Kenner von Siegfried Kracauers Buch *Die Angestellten* und der Kritischen Theorie insgesamt, hat 1987 all das – mit angemessener Empörung und Wut – registriert und zugleich antizipiert, was uns heute, in der restlos »verwalteten Welt« (Max Horkheimer), rund um die Uhr molestiert und kujoniert: die »Ausbreitung der Beamtenmentalität« im Zeichen des Geldes und der Sozialtechnokratie, die kriecherische »karrieristische Angst, bloß nicht aufzufallen«, die austauschbaren, »gelangweilten Angestelltenstimmen«, die schändliche und herrische Kommodifizierung des Seelenlebens, den Triumph der körperlosen, jämmerlichen, mühsam-bemühten, abgeschnürten, einheitsbreiigen Sprache einer auf angebliche und »nackte« Fakten bedachten Berichterstattung, den Konformismus im alles zerhackstückenden, formatierenden, gleichschaltenden Kapitalismus – »uniformes Gesumse«, standardisiertes, angepaßtes Geplapper, das heute aber, das ist die Innovation dieser glanzvollen Gegenwart gegenüber den Achtzigern, mit einer gekünstelten, plastinierten Aufgeregtheit und mit viel Geschrei einhergeht.

»Ich vermisse Persönlichkeiten am Mikrophon, mit Widerhaken«, sagt Günther Koch. Manni Breuckmann antwortet 2007 im Interview mit *11 Freunde* auf die Bemerkung, »einprägsame jüngere Stimmen« seien heute »Mangelware«: »Woher sollen sie auch kommen? Junge

Reporter haben heute keine Gelegenheit mehr, ein eigenes Profil zu entwickeln. Viel zu kurze Einblendungen, fünfundvierzig Sekunden Redezeit, schon geht es weiter zum nächsten Kollegen. […] Wir haben keine Möglichkeit mehr, mal einen Gedanken in Ruhe auszuformulieren. Wir sind Roboter geworden. Honorare rein, Einblendungen raus.«

Als ich an einem schönen Tag im Mai 2018 mit Breuckmann zwei Stunden lang vor einem Café in der Düsseldorfer Innenstadt sitze, kommt auch das zur Sprache:

Warum klingen für mich die Radioreporter heute alle gleich? Auch die Kommentatoren im Fernsehen, bei Sky? Es ist alles nivelliert, es ist eine Soße. Warum gibt es keine physiognomisch erkennbaren Stimmen mehr? Daß man sagt: Das ist der Breuckmann, das ist der Koch, das ist der Hageleit? Oder sogar – wie hieß der von Radio Bremen, dieser wunderbare Schnarchsack? Poppen. Helmuth Poppen.

Damals sagte die Regie immer auf den Kopfhörer: »Gleich wieder zwei Minuten poppen!« *(Lachen.)* Na hör mal, die Sabine [Töpperwien] höre ich aber hundertprozentig raus! *(Lachen.)* Unterschätz aber nicht, daß der Mensch dazu neigt, vergangene Zeiten zu verklären. Es ist zum Beispiel einfach Fakt, daß die Schlachtrösser aus den Fünfzigern und den Sechzigern oft sehr banal und gelegentlich auch sprachlich limitiert reportiert haben. Hör dir das mal auf alten Aufnahmen an. Aber gucken wir doch mal – jenseits der sprachlichen Qualitäten – auf die Inhalte. Und da fällt heute die künstliche Erzeugung von Spannung auf – und eine weitverbreitete Angst davor, auch mal ein drastisches Urteil zu fällen. Vielleicht erwächst daraus ja auch der Eindruck, daß wir es mit einem Einheitsbrei zu tun haben. Wir leben ja auch in Zeiten, schon seit längerem, in denen man immerzu »Achtung, Satire!« sagen muß.

Ironie! Ironie kommt überhaupt nicht mehr an! Benutz doch mal Ironie! Ich war neulich in Hattingen an der Ruhr. Kaufte da Sonntag morgens Brötchen. 50-Euro-Schein. Da überprüft die Kassiererin den mit ihrem Gerät und steckt ihn dann in die Kasse. Und ich sag': »Haha! Sie glauben also auch, daß der echt ist?« Da kriegte die richtig Panik, anläßlich eines solch harmlosen Scherzes. Die dachte sofort: Verdammt! Jetzt hast du dir einen falschen Fünfziger andrehen lassen. Wenn das rauskommt, wirst du entlassen, dann hast du hier keine Zukunft mehr. Etwas in der Art, annähernd, spielt heute oft eine Rolle, auch in den Medien. Man traut sich nicht mehr. Es muß ja auch alles positiv formuliert werden. Es ist alles so amerikanisiert, positiv, nett. Alles muß nett sein. Die Radioprogramme haben sich ja auch der Ästhetik des Werbespots sehr angenähert. Es ist einfach besser für den Werbespot, wenn der aus dem fließenden Programm nicht hervorsticht oder rausfällt. Werbespot und Moderation müssen gleich klingen. Und so nett und freundlich verhalten sie sich auf dem Sender: immer fröhlich, keinem weh tun, lieber keine Ecken und Kanten. Der »Kunde« könnte sich erschrecken.

Der irritierende, störende (und rettungverheißende) Tupfer, den Helmut Böttiger 1987 in sein rechtens finsteres, bleiernes Panorama hineinstupst, in dem jede menschliche, individuelle, das heißt, Pier Paolo Pasolini zufolge, lyrische Regung erstickt und ausgelöscht ist (fürwahr eine Allegorie neustalinistischen oder anderweitig totalitaristischen, etwa konsumistischen Horrors, der dieser Tage, in zeitgemäß erregungs- und anerkennungspolitisch abgewandelter Weise, als state of the art abgesegnet ist), ist Günther Koch. Günther Koch ist Sinnlichkeit, Kunst, Schwerelosigkeit und Schwere zugleich, in jede Faser seines Körpers eingedrungene Vergeblichkeit, und im Moment des Scheiterns glimmt gleichwohl die Hoffnung, die ferne Geliebte fliege einem doch noch in die Arme.

Böttiger: Die Stimme, »sie heißt Günther Koch. Günther Koch spricht die Schlagworte nicht aus; er verkörpert das, was sie meinen: das Aufkeimen der Hoffnung […]. Im Klang seiner Stimme steckt die Erregung, mit der der Stehplatzbesucher den Flügelstürmer verfolgt, der Wechsel der Spielszenen schlägt sich abrupt in ihrer Intonation nieder: ungeheure Oktavsprünge nach dahinplätscherndem Parlando, schrille Diskante nach harmonisch verlaufenen Akkorden.« Eine Symbiose aus Mensch und Welt. »Wieder und wieder ein neuer Anlauf, ein ungestümes Anrennen, auch gegen die Uhr; das Auflodern der Stimme bei Ballverlusten und Distanzschüssen; ein Jauchzen, volley aus der Luft genommen.« Da artikuliert sich, erfüllt von opaker Sehnsucht, ein Rest magischen Denkens.

Helmut Böttiger war Günther Koch auf die Schliche gekommen. Läse das heute ein Jochen Breyer oder ein Opdenhövel oder ein Bommes, er verstünde bloß Ostbahnhof. Koch, fährt Böttiger fort, bleibe »immer auf Ballhöhe: Das ist konkrete Poesie, deren Aussage auf einen tieferen Nerv als die oberflächliche Verständlichkeit« ziele: »Dem Zuhörer wird hier nicht das Ergebnis trocken mitgeteilt, sondern es wird eingebettet in den konkreten Spielverlauf; Koch begleitet das Kombinationsspiel mit Sätzen, die es hautnah decken. [...] Diesen Effekt hat Koch bis zur Meisterschaft entwickelt. [...] Das schnellt immer weiter voran – und in dem Moment, wo sich die gesamte Spannung stoßweise verdichtet, ist nur noch das reine Gefühl da, die wortlose Vorstellung.«

Und die wortlose Vorstellung ist: Musik – Schopenhauer zufolge die reinste, die höchste Form aller Künste.

In seinem Buch *Schlußball – Die Deutschen und ihr Lieblingssport* (Frankfurt/Main 2006), in dem Helmut Böttiger eindringlich dafür plädiert, sich den poetischen Schichten des Fußballs, weil er als volkstümliche, geschichtsgesättigte Ausdrucksform des Homo ludens zugleich ein ontologisch aufschlußreiches Gebilde, ein »Modell des menschlichen Daseins« sei, mit den Mitteln der Philosophie, der Literaturwissenschaft und der Theaterkritik zu widmen, sind für Günther Koch zwei Kapitel reserviert – ein kurzes und ein dreißigseitiges, sehr bewegendes, »Meine Jahre mit Günther Koch«, in dem Böttiger Teile aus Artikeln und Reportagen, die er seit 1987 immer wieder publiziert hatte (in der *Stuttgarter Zeitung*, der *Frankfurter Rundschau* und anderswo), und autobiographische Erinnerungen zu einem kleinen Lebens- und Mentalitätsbild verschmilzt.

Und so wandert man mit Günther Koch durch die Täler und über die wenigen Höhen, in und auf denen der 1. FC Nürnberg sich seit Ende der siebziger Jahre voranschleppte oder, selten, selten, dahineilte. Ich muß mich mit ein paar Zitaten begnügen: »Dieser Reporter scherte sich nicht um die üblichen Normen der Berichterstattung, den geforderten sachlichen Ton, die Bandbreite des Nachrichtlichen. Wenn er sprach, sah der Lautsprecher des Radiogeräts nicht mehr sachlich und zurückhaltend und versteckt aus wie neuerdings, sondern wie ein großer Trichter, ein Trichter von früher. Wenn nach Nürnberg geschaltet wurde, schien ein Ruck durch den Äther zu gehen: Da war auf einmal ein Turbo eingelegt, da bewegte man sich plötzlich in einer ganz anderen Dimension.« – »Sein in sich vibrierender, warmer Baß ist der Grundton dieser Landschaft, die sich in sanften Hügeln und menschenleeren Wäldern nach Norden und Osten hin ausläuft. [...] Günther Koch bildet mit seinen Stimmungsschwankungen die Höhen und Tiefen der fränkischen Seele ab.« – »Günther Koch ist nicht bloß ein Journalist, er ist ein Künstler: Er hat die Fußballradioreportage zu einer neuen künstlerischen Gattung gemacht, in der auf bisher ungeahnte Weise Existentielles verhandelt wird.« – »Vielleicht war die schönste Zeit, als sich Mitte der achtziger Jahre eine junge Club-Mannschaft völlig unerwartet vom Tabellenende der zweiten Liga auf den ersten Platz vorarbeitete und in die Bundesliga aufstieg: mit Eckstein, mit Dorfner, mit Grahammer und Reuter. Da versetzte die Stimme Günther Kochs den blutjungen Himmelsstürmern des Club Flügel, da schossen die Kaskaden durcheinander: Wortspiele, Dialekteinschübe, Aufschreie; die Stimme atemlos und unwiderlegbar präsent.«

Helmut Böttigers Ritterschlag im Feuilleton der *Zeit*, das damals nahezu alle Kulturjournalisten des Landes und viele Redakteure anderer Ressorts als Maßstab verstanden, hatte zur Folge, daß dem »unsterblichen Sportreporter des Bayerischen Rundfunks, der dem unaufhaltsamen Niedergang des Fußballs wunderbar wohltönend entgegenstürmt« (*Tagesspiegel*, 16. März 1993), ab Anfang der Neunziger zehn Jahre lang immer wieder ausladende, duftende Kränze geflochten wurden: am 19. Februar 1994 eine ganze Seite über den »Radiohelden aus Nürnberg« in der *Süddeutschen Zeitung* (»Es heißt, er juble zu sehr bei Toren des Club«); am 21. April 1994 in der *Woche* eine riesige Würdigung von Jürgen Schreiber unter der Überschrift »Poet am Ball« (»lautmalerische Rhetorik heftiger Erregung«, »Artist des schnellen Sehens«, »nie war Erkenntnis blitzartiger, bündiger, gewisser als bei dieser Stimme des Fußballs. Sie skizziert die Akteure in ungeahnter Bilderfülle«, »unverkennbar sein peitschender, selbstsicherer, die Gemüter erhitzender Duktus«, »Kochs Berichte kommen Einladungen zu Stunden der wahren Empfindung gleich«, »vielleicht erklärt das ständige Auf und Ab [des Club] seine eigenen Klasse; der ferne Klang einer sanften Schwermut färbt selbst die größte Euphorie«); am 18. Mai 1996 erneut in der *Süddeutschen Zeitung* ein gewaltiger Riemen von Markus Götting (»Koch ist ein Könner in der Vermittlung jener dem Hörfunk eigenen Authentizität: Allein über die Klangfarbe seiner Wörter vermag er die Härte eines Schusses zu vermitteln«, »jedesmal, wenn er einen Akzent setzen will und seine Stimme wie ein Beil niedergeht, einen Satz zerstückelnd, dann zucken auch seine Gesichtsmuskeln«); im Mai 2001 im *stern* (»an Kochs urwüchsige Lautbehandlung reicht keiner heran«, »... mit seiner narbigen, wehmütig knarzenden Stimme, bei der man nicht anders kann als zuhören. Weil sie so süffisant klingt oder liebevoll, so begeistert oder enttäuscht. Koch verändert Rhythmus, Klangfarbe, Tempo. Kostet die Vokale aus wie andere einen Humpen Bier [...]. Er wispert und zetert. Schimpft, lobt, bettelt, beschwört. Jammert, jauchzt. Schweigt. Schreit, stöhnt: ›Toarr!‹ Kann zornig klingen wie ein Racheengel und glücklich wie ein Kind. Aber immer wird seine Sprache durchflutet von einer weisen Ironie, die das Pathos fernhält«, »natürlich ist Koch ein Künstler. Weil er das Gekicke auf dem Rasen, seinen Stoff, souverän bearbeitet. Aus dem Improvisationstheater Fußball ein Drama macht. Oder eine Komödie. Und in der Hektik des Steilpasses zum Kisch des gesprochenen Worts wird«); oder am 19. Mai 2001 im *Tagesspiegel*: »Der Meistersinger von Nürnberg« (»Virtuosität ohnegleichen«, »jede Einblendung zeigt ihn agiler als Jüngere«, »Sprechperle«, »im Ton unverkennbar eigen, gefühlvoll, stark, beschwörend, mit kühnen Abweichungen von den übrigen Quatschkommoden«, »daß die bedrohte Art des Hörfunkfußballs wieder fasziniert, verdankt sich Günther Kochs Extraklasse. Ein Phänomen, dieser Triumph einer Stimme«, »dem glänzenden Chronisten des Augenblicks gerinnen Wortmeldungen zu Miniaturen«, »Kochs beinahe brüderliche Monologe sprechen voller Achtung und Zärtlichkeit von den Gestürzten, die den Fußballmythos begründen«).

So schwindlig es einem beim Lesen dieser sagenhaft variantenreichen Ehrerbietungen werden kann, so leicht würde manch einer, dem dergleichen zuteil würde, überschnappen und den Blick für alles außerhalb seiner selbst völlig verlieren. Diese Gefahr bestand bei Günther Koch nie.

Zum einen war für ihn, der Anregungen und Korrekturen von Freunden gegenüber ausgesprochen aufgeschlossen war (»Jürgen, wenn dir was auffällt, wenn dir was nicht gefällt, sag's mir!«), die Selbstkontrolle, die Selbstkritik ein hohes Gut: »Ich war ja selbst nie zufrieden. Mein Motto war: Eigene Leistung anhören und Fehler suchen und finden! Fehler sind wie Fehlpässe unvermeidbar!«

Die perfekte Reportage, beteuert er, habe er nicht hinbekommen (wahrscheinlich gebe es die ohnehin nicht). Spätabends oder nachts hörte er die »aufgezeichnete Reportage [ab], um festzustellen, was gut und was schlecht war. Man findet immer Fehler, und die gilt es, das nächste Mal zu vermeiden.« *(Der Ball spricht)* Für dieses Prozedere war nicht zuletzt ein Vorkommnis in der Frühzeit verantwortlich: »Mit ein Grund dafür, daß ich dann alles aufgezeichnet und danach immer abgehört habe, war, daß nach einer der ersten Reportagen in der *Bild*-Zeitung gestanden hatte, ich solle gesagt haben: ›Er rettete mit den ausgestreckten Fingern der rechten Faust.‹ Ich war fest davon überzeugt, daß ich das nicht gesagt hatte, aber wem willst du's beweisen, wenn du's nicht mitgeschnitten hast? Also habe ich danach alles mitschneiden lassen, entweder von meiner Frau oder vor allem von meinem lieben Freund Günter Steinhäußer aus dem Zabo, und alles abgehört.«

Zum zweiten hat er wiederholt jungen Aspiranten geduldig geholfen, Nachwuchskommentatoren beraten, Arbeitsproben akribisch begutachtet, Gelungenes fördernd hervorgehoben und Mißlungenes einfühlsam zur Sprache gebracht (es gibt dazu etliche Bögen mit Notizen). Ohnehin sei er der festen Überzeugung, »daß ich jederzeit Sportreporter finde, die genauso gut wären wie Manni Breuckmann oder ich. Wenn man mir zwei, drei Stunden Zeit gibt in einer Schule unter Lehrern oder vor einem Supermarkt, ich finde drei Reporter. Leute, die halbwegs gebildet und Fußballfans und sicher in der Sprache sind und Stimme haben, können das.«

Und zum dritten spart er bei allem entschiedenen Unbehagen, das ihm die Entwicklung der Sportmedienlandschaft seit zwanzig, fünfundzwanzig Jahren bereitet, nicht mit teilweise inflammiertem Lob für Kollegen, die sich durch je eigene Qualitäten ab- und hervorheben:

> Hansi Küpper. Jaaaa! Du weißt es doch! Besser geht's net! Hansi Küpper. Dann Sven Haist, Torsten Kunde, mit Abstrichen Jörg Dahlmann.

Von mir entdeckt und gefördert, wenngleich er's manchmal übertreibt: Kai Dittmann. Wir waren auf einem ARD-Lehrgang für Sprache und Ausdruck. Ich hatte mich gemeldet, und der Herr Schuller hatte gesagt: »Herr Koch, erzählen S' mir doch kein' Scheiß. Sie gehen doch nicht auf den Lehrgang wegen der Sprache, das haben Sie doch gar nicht nötig. Weshalb gehen Sie denn da hin? Was haben Sie denn da oben für eine Freundin? Oder wollen Sie denen was beibringen? Oder wollen Sie die kontrollieren?«

Und auf diesem Lehrgang mußten die Leute am ersten Tag vier Minuten lang über einen Lampenschirm was erzählen. Einige haben nach einer Minute entnervt das Mikrophon hingeschmissen. Danach ging's um Boxen, Schwimmen, eine Straßenumfrage. Es war aber einer dabei – Kai Dittmann. Ich habe schließlich zum Lehrgangsleiter, dem Hans-Reinhard Scheu, gesagt: »Eins ist mal klar: Was der Mann hier vom NDR macht, der Dittmann, das ist ja das Allergrößte.« Sagte er, das falle ihm auch auf. »Aber wenn du das sagst ...« – »Ja, dann ist das so! Mach mal was für den!« – »Ja, mach' ich.« Den haben sie dann gefördert.

Dittmann war nicht in der Aussprache und der Rhetorik so herausragend – er nuschelt a bißl [was, Pardon, Günther Koch auch manchmal tat] –, sondern in der Semantik und von der Gedankenführung her. Der ist sprachlich und inhaltlich absolut top! Der ist so gut, daß ihm zuviel einfällt.

An Weihnachten hat er sich dann handschriftlich und ganz rührend bei mir bedankt, mit einem gemalten Tannenzweig, an dem ein rotes BR- und ein blaues NDR-Mikrophon hängen. Und daß er das erleben durfte, daß er a) jetzt mit mir zusammen in der Konferenz ist und überhaupt sein Traum in Erfüllung gegangen sei, zusammen mit Reportern im Radio zu sein, die er schon lange bewundere, und b) daß sie ihn jetzt alle so fördern. [Es ist wirklich ein ergreifender Brief. Preisgegeben sei nur weniges: »Ich möchte Dir danken – für die Kritik, für die Hilfe und für die Unterstützung. Für Dich und Deine Familie alles Gute und noch ein bißchen mehr.«]

Kai Dittmann sollte später NDR-Sportchef werden, hat aber nicht die Genehmigung bekommen, daß er entscheidet, wer zu Weltmeisterschaften oder zu Europameisterschaften fährt. Deshalb hat er's nicht gemacht. Also: Kai Dittmann, er ist bei Sky die Nummer eins, seit Marcel Reif aufgehört hat, vollkommen zu Recht. Und Martin Groß. Der war bei arena auch ein Kollege von mir. Und ich sag' jetzt mal: Jürgen! So trocken! Und so brillant! Besser geht's

nicht, was auch für Lehrer gilt – meine Frau: still und ruhig, aber das hat auch geklappt. Der, das ist mir damals gar nicht aufgefallen, ist so was von gut!
Es gibt auch noch viele andere. Von den Aktuellen, wen ich da nicht leiden kann, das ist der mit diesen gekünstelten, blöden, am Mittwochnachmittag ausgedachten und dann scheinbar spontan gebrachten, gequirlten Drecksgirlanden, dieser mit dem Doppelvornamen und dem Nachnamen, der an Bewegungsmittel erinnert. Der gefällt mir gar net.
Ich fand Thurn und Taxis immer prima.
Auch der, weil man dem geglaubt hat. Auch der Marcel Reif war unterhaltsam und sehr, sehr gut. Und der ist ja hochintelligent.
Sachlichkeit kann ebenso begeistern. Das trifft auf zwei, drei Reporterkollegen zu, etwa auf einen von Radio Bremen, Heiko Neugebauer, der ist ein ganz großartiger Reporter, den verstecken sie aber auch andauernd.
Den Jochen Stutzky, der Länderspielreporter und Moderator bei Sport1 ist, habe ich entdeckt und gefördert. Der ist auch ein Vertreter der Sachlichkeit. Das ist etwas, was ich nicht kann und was mir nicht entspricht. Aber es ist das ideale Gegengewicht. Man kann nicht lauter Günther Kochs haben. Das verträgt auch keiner. Das wäre nervtötend. Man braucht emotionale, aber auch ganz trockene, sachliche Reporter. Das Sachliche kann begeistern, wie ein trockener Rinderbraten mit Schamel-Meerrettich eben auch sehr gut schmecken kann. Es muß nicht immer Schäufele mit Klos sein. Das ist aber meins. Ich will damit sagen: Auch andere Stile haben ihre Berechtigung.

In die ARD-Bundesligaschlußkonferenz hat der barocke Expressionist Günther Koch zumindest in den ersten Jahren aus Sicht der Verwalter des Wortes im Grunde nicht hineingepaßt, weil er in seiner Willens- und Vorstellungswelt manchmal eine Konferenz für sich war. Er sei einer der raren Reporter gewesen, die »zu ihren eigenen Regisseuren werden«, merkte die *Norddeutsche Rundschau* einmal klug an. Später, als Mitte, Ende der neunziger Jahre die Fußballradioreportage auch wegen Günther Koch noch einmal einen unerwarteten Aufschwung nahm – eine nicht unerhebliche Rolle spielte zudem, daß der Fußball ins private und ins Bezahlfernsehen abgewandert war –, gab jedoch sogar der langjährige WDR-Sportchef Dietmar Schott (seine ruhige, feste Stimme werde ich nie vergessen, sie weitete die Welt, ohne sie zu verlassen, und das eröffnete einen Raum, den man Heimat heißen darf) ohne falschen Unterton des westdeutschen Taktgebers zu, Koch sei »die zweite Vaterfigur der Konferenz und der beste Hörfunkreporter«.

Vorgaben einzuhalten, das hat sich Günther Koch über die Jahre mühsam antrainieren müssen. »Zwanzig Sekunden zu lang ist da schon ein Verbrechen«, motzte er mal, dabei außer acht lassend, daß er die Mitstreiter mit einer solchen Haltung zurücksetzte.

Daran erinnert sich auch Manni Breuckmann:

> Na klar war der Günther ein Sonderfall! Ein mitreißender Reporter, eine Emotionsbombe, ein Verrückter. Er war einfach unverwechselbar. Nach drei Sekunden wußtest du: Da isser wieder, dieser Irre. Er ist wirklich ein hochemotionaler Reporter gewesen, auch ein Pathetiker. Deutlich erkennbare Marken wie Günther Koch und auch Werner Hansch, die braucht das Radio, keine Opportunisten mit der Angst im Nacken, mal richtig Klartext zu sprechen. Bei mir steht bei der Einschätzung von Günther Koch ganz klar im Vordergrund: Der ist eine positive Erscheinung in der Fußballradiolandschaft gewesen. Nur gibt es ein, zwei Einschränkungen. Die erste ist: die starke Parteilichkeit, die er phasenweise hatte. Die zweite ist: daß er während der Konferenzschaltung manchmal undiszipliniert war und einfach immer weiterredete. Und das geht nicht! Die Leute sagten immer: »Ah, der kann gar nicht anders. Der ist ein Naturereignis wie Sonne, Regen oder Hagel.« Ja, dann muß er sich einen Regenschirm kaufen. Wenn es 3:0 für den Club gegen, was weiß ich, Mainz steht, und es steht aber 1:1 zwischen Gladbach und Frankfurt, dann hat Gladbach gegen Frankfurt Vorrang. Da habe ich dann notfalls gebrüllt: »Freistoß in Gladbach!«, um ihn da runterzuholen und um ihm das Mikrophon zu klauen. Wenn ein Spiel entschieden ist, hat der Reporter sich zurückzuhalten. Das konnte er des öfteren leider nicht. Unverzichtbar im Reporterjob sind eben Präzision und Disziplin. Es kann sein, daß das mit eine Ursache dafür war, weswegen er nie zu Weltmeisterschaften mitgenommen wurde.

Ein bißchen widerwillig räumt Koch den letzteren Punkt im Juli 2000 im Gespräch mit SWR 1 ein: »Es ist überhaupt eine meiner Schwächen, daß ich mich nicht an Schneidekommandos und solche beamtenrechtlichen Vorgaben wie sekundengenaues Beginnen und Aufhören halte.«

Moderator Wolfgang Heim wirft ein: »Das ist aber wichtig, mit Verlaub.« Koch: »Weiß ich. Weiß ich. Hab' ich mittlerweile gelernt. […] Und ich kann jetzt mittlerweile auch auf die Sekunde aufhören, auch in der Konferenz.«

Die einzige inhaltliche Richtlinie für den Fußballsamstagnachmittag im Radio sei, so Koch: Die erste Einblendung dauert nur dreißig Sekunden und diene ausschließlich der Mitteilung von Wesentlichem, des Spielstandes et cetera. Formal sind hernach vor allem in der Konferenz ab 16.55 Uhr, im »wohl aufregendsten und absurdesten Hörspiel« *(Die Rheinpfalz)*, lediglich die Sprechabfolge und die Länge der Abrufe festgelegt, sofern nicht etwas Gewichtiges passiert oder zu erwarten ist – und das ist oft oder praktisch permanent der Fall: »Da brausen die Stimmungen daher: zwischen Alptraum und Lust, tragischem Geschick und jauchzender Verzückung. […] Das geschieht alles innerhalb weniger Sekunden, von einem Augenblick zum andern, wie es die Collagetechnik, das Rasterprinzip der Avantgarde am Anfang des 20. Jahrhunderts gefordert hat. In den Konferenzreportagen ist es eingelöst.« (Helmut Böttiger, *1 – ARD-Magazin* 3/1989) »Die Kommentatoren sprechen schneller, als sie denken, sie plaudern ins Ungewisse, sie versenden sich. Sie reden in einer Zeit der inszenierten Gefühle voller Emotionalität, sie sind im Wortsinn betroffen, wirklich beglückt, authentisch bestürzt. Sie reden ohne Punkt und Komma, ohne Anfang und Ende und oft auch ohne Sinn und Verstand (›Bisher ziehen sich die Bayern toll aus der Atmosphäre‹), kurzum: Sie reden, wie man im Stadion sieht, denkt, fühlt.« (*Hamburger Abendblatt*, 23. Mai 2015)

Kurt Emmerich, ein sogenanntes Urgestein des NDR (ihn hat Koch Ende der Siebziger ein-, zweimal in der Zusammenschalte regelrecht plattgeredet), meinte zu Recht, die ARD-Schlußkonferenz sei »das Maximum dessen, was Sie einem Radiohörer bieten können«, und die Hörer danken's dem Medium und »kriechen beinahe ins Radio hinein« (*11 Freunde* 2/2004), seit dem 24. August 1963, seit dem Start der Bundesliga, als Kurt Brumme in Köln die Feder zu führen begann (es beteiligten sich in den Anfangsjahren allerdings nicht sämtliche ARD-Anstalten; Vorläufer war 1958 – andere Quellen: 1952 – übrigens eine

Schaltkonferenz von den Partien der Oberliga Nord gewesen, bei der Herbert Zimmermann das Zepter in der Hand gehalten hatte).

1979 startete Radio Bremen die glänzende TV-Dokumentationsreihe *Unter deutschen Dächern* (man hat fast vergessen, wie gut, wie ruhig und multiperspektivisch erzählend Fernsehen mal sein konnte), in der 1999 Arne Birkenstocks und André Schäfers zu Tränen rührend liebevoller Film *Man sieht ja mit den Ohren – Über den Fußballwahnsinn samstags im Radio* lief (Sendetermin: 4. März, ARD).

Da kommt zum Beispiel der Doyen Kurt Brumme zu Wort und doziert: »Ein Hörfunkreporter muß erst mal 'ne Stimme haben. Damit fängt's an. Und er muß einen Wortschatz haben. Ich hab' in meinen Lehrgängen immer bitter darauf hingewiesen: Leute, lest! Lest! Lest! Und nicht nur die Sportzeitungen. Auch andere Zeitungen. Oder nehmt euch mal 'nen Klassiker vor, 'n Buch, und lest, damit ihr mal andere Vokabeln in die Ohren bekommt.«

Zufälligerweise hätte ich an dieser Stelle folgenden Happen Günther Koch parat: »1:0 für die Münchner Bayern. Es hat sich nicht mehr viel getan, der Nebel schaut immer noch zu. Er geht immer, wie bei Hermann Hesse beschrieben, immer weiter nach unten, aber man sieht schon, nicht kein Baum, kein Strauch, aber den einen oder anderen Spieler kann man erkennen, und ich würd' auch sagen, wer jetzt kein Tor geschossen hat, schießt überhaupt keins mehr.«

Von Hermann Hesse und Rainer Maria Rilke zurück zu Kurt Brumme: »Und man muß Talent zum Schildern haben. Man muß also eine sehr schnelle Auffassungsgabe haben und das sehr schnell und präzis' und bunt und verständlich und korrekt, fast emotionslos, ich möchte besser sagen: unparteiisch und objektiv wiedergeben können.«

Das mit der Unparteilichkeit ist freilich ein brauchbarer Jokus, denkt man an Brummes Jahrhundertradioreportage vom Jahrhundertspiel 1970 in Mexiko, in der er wieder und wieder formvollendet sauer ob ihrer endlosen Schauspieleinlagen auf die Italiener einknüppelt (in Ausschnitten zu hören auf Martin Maria Schwarz' CD-Box *5 Jahrzehnte Fußball im Originalton*, Hamburg 2000, die jedem an Mediengeschichte Interessierten schwerstens empfohlen sei).

Werner Hansch, zum Zeitpunkt der Dreharbeiten im siebten Jahr bei Sat.1, geht in *Man sieht ja mit den Ohren* entschieden mit sich ins Gericht. Viel zu lang habe er »Radio im Fernsehen« gemacht: »Das ist das Schlimmste, was man eigentlich verbrechen kann. Und das bezeichnet ja den Unterschied zwischen diesen beiden Medien. Beim Hörfunk ist es ja so: Der Reporter, der im Grunde einsam irgendwo steht, mit dem Mikrophon in der Hand, der muß nun, er kann nicht nur, er *muß* alles, was er hat an Möglichkeiten [...], seine ganze Persönlichkeit muß er reinlegen. Und je mehr das gelingt, um so bunter werden die Bilder, die dann im Kopf des Hörers wieder entstehen. Beim Fernsehen is' es genau umgekehrt. Da steht das Bild, das is' ja da, das Bild steht im Vordergrund, und wir müssen eigentlich nur Hilfen geben, Interpretationshilfen, Striche setzen, Ausrufezeichen setzen. Und wir quasseln alle zuviel, das stimmt. [...] Hörfunk ist so schön, weil es so einfach ist und man sich voll einbringen kann. Und wenn das dann mal gelingt, und man fährt dann nach Hause nach so einem Spiel, dann hat man ein schönes warmes Gefühl im Bauch.«

Der produktionsästhetischen Seite stellt der Film die rezeptionsästhetische gegenüber. In einer ganz und gar gelungenen Parallelmontage sieht man Leute beim Autowaschen, im Knast, auf dem Bolzplatz, um einen großen Kneipentisch versammelt, am Kiosk, im Wohnzimmer, beim Tapezieren, arbeitend im Containerhafen oder – ein isländischer Passagierschiffahrtsbeamter – mit Weltempfänger auf einem Motorboot. Und der Schauspieler Willi Thomczyk steht in seiner Küche und schüttelt eine Medientheorie aus dem Ärmel: »Das Radio schafft 'ne eigene Atmosphäre im Raum, überall, wo's is'. Man hat trotzdem *seinen* Raum hier, und man holt sich das Spiel in seinen Raum. Also, wenn ich hier jetzt Zwiebeln schneide, dann bin ich eigentlich aufm Platz. [...] Aber ich bin eigentlich ja in der Küche. Aber das weiß man dann nicht so genau. Und das ist vielleicht das Spannende. Das Radio *läßt* noch die Raumatmosphäre *zu*, in der du dich befindest, wo du auch immer bist, ob am Kanal oder hier in der Küche. Fernsehen? Glotzt du in die Röhre.«

Das Fernsehen zwingt zu einer einheitlichen Wahrnehmung, es *fesselt*, das Radio gebietet nicht und schafft einen Zustand der Schwebe, in dem das Besondere, Individuelle gewahrt bleibt. Und für dieses eigentümliche, zwischen Phantasie und Wirklichkeit flirrende innere Erleben findet Toni Schumacher die filmtitelgebende synästhetische Formel »Man sieht ja mit den Ohren«.

Die Protagonisten der Dokumentation sind Hans-Reinhard Scheu (SWR), Sabine Töpperwien (WDR), Manni Breuckmann (WDR), Walter Jasper (Radio Bremen) und Günther Koch. Sie werden bei ihren Vorbereitungen gezeigt und an ihren Arbeitsplätzen, und der einzige, der nicht in einer Kabine, sondern mitten unter den Zuschauern sitzt, ist Koch, »der letzte Entflammbare unter den Radioreportern«, wie die *FAZ* in ihrer Programmvorschau schrieb.

Günther Koch war in der zweiten großen Zeit von Mitte der neunziger bis Mitte der nuller Jahre »das Herz der Konferenz« *(stern)*, aber dieser polyphone Klangkörper, der am Samstagnachmittag im günstigen Fall aleatorisch eine Symphonie zur Aufführung bringt, benötigt idealiter, nämlich an den beiden letzten Spieltagen der Saison neun Kraft-, neun Lebenszentren, den Paukisten wie den Oboisten, die Violinistin wie den Bratschisten und die anderen ebenso. Die ARD-Schlußkonferenz ist das letzte demokratische Format des Radios (gewesen), in dem sich ein chaotisches, überbordendes Schauspiel für die Ohren selbst inszeniert(e), in dem die Hegelsche Dialektik sinnfällig wird oder wurde: Alle widerstreitenden Stimmen, alle divergenten Haltungen zur Welt sind gleichberechtigt, aufgehoben im doppelten Wortsinn – bewahrt als je Unvergleichliches und dienend das Ganze tragend.

Ich vermag Oliver Thomas Domzalski nicht zu widersprechen, wenn er in seinem Essay »Ballett im Radio – Ein Lob der Konferenzschaltung« (*Neue Rundschau* 4/2001) im Zentrum dieser »Messe«, dieses jeden Anflugs von Inszenierung abholden, minimal formalisierten Ritus von »Gleichzeitigkeit und Interdependenz« den Hohepriester Günther Koch verortet. Denn kein anderer könne auch »die gähnende Langeweile des berüchtigten ›Sommerfußballs‹ so meisterhaft vermitteln wie Günther Koch im August 2000: ›Die Zuschauer schauen zur Uhr – noch eine Viertelstunde. Sie schauen zur Flasche – die ist schon lange leer. Und sie bewundern die tadellose Laufleistung des Schiedsrichters. Die Spieler sind alle im Schatten.‹« Doch Domzalski anerkennt die Einsicht in die Bedingung der Notwendigkeit von auf verschiedene Tonarten gestimmten Instrumenten ebenso: »Am allsamstäglichen Gesamtkunstwerk dürfen große Meister wie Günther Koch (Bayerischer Rundfunk) ebenso mitwirken wie charismatische Beamte vom Schlage eines Dirk Schmitt (Hessischer Rundfunk), lokale Sumpfblüten wie Wolfgang Mönch (Sender Freies Berlin) […] oder auch Sabine Töpperwien (Westdeutscher Rundfunk), die Königin der sinnentstellenden Betonung und des unmotivierten Schreis. Erst das Zusammenwirken aller Korrespondenten und ihrer regionalen wie persönlichen Eigenheiten ergibt den typischen, für sprachkundige Zuhörer immer auch ein bißchen wohlig-quälenden Soundmix dieses Balletts im Radio.«

Hinter den Kulissen aber krachte es zwischen festvertraglich abgesicherten Erbsenzählern und Freien immer wieder, zwei Protestmails von Günther Koch aus dem Jahr 2002 mögen das illustrieren: »Frau Töpperwien (WDR) hat wegen eines Tores in Leverkusen für Hannover 96 (1:3!), als Herr Koch (BR) in Nürnberg vom Spiel gegen den Tabellenführer die ersten beiden Sätze noch nicht zu Ende gebracht hatte (etwa zehn Sekunden), das Tor der Hannoveraner in epischer Breite (vierzig Sekunden!!!) nachgeschildert und dann NICHT wieder nach Nürnberg zurückgegeben, sondern mit den Worten ›Wir waren in Nürnberg, weiter zu Gladbach‹ das Spiel des Tabellenführers übersprungen. So etwas KANN in der Aufregung mal vorkommen. ABER: Warum sorgt dann nicht wenigstens die REGIE (WDR) dafür, daß der Kollege in Gladbach nach seinem Abruf Nürnberg ruft, damit von dort dann nach Bielefeld weitergegeben werden kann?? Durch dieses oben genau nachgeschilderte ›Mißgeschick‹ war für den HÖRER von der immer noch spannenden Begegnung des Tabellenführers FC Bayern München in Nürnberg mit Ausnahme der oben erwähnten zehn Sekunden (›Wir waren in Nürnberg‹) etwa ZEHN MINUTEN nichts zu hören!!! Das dürfte ein einmaliger ›Rekord‹ sein und war durch die dann bei der nächsten Einblendung aus Nürnberg zu hörenden achtzig Sekunden nicht mehr gutzumachen.« Und: »Darf ich noch mal daran erinnern beziehungsweise darum bitten, daß, wie bereits am 16.4. vormittags von uns beiden telephonisch besprochen, *die unrichtige*

Tatsachenbehauptung eines Kollegen vom SR, ich hätte am 13.4. einen ›falschen‹ Elfmeterschützen in Nürnberg beim Spiel gegen Bayern genannt und das ›später auch nicht korrigiert‹, im nächsten Protokoll *deutlich richtiggestellt* und zurückgenommen wird.«

In einem Vortrag auf dem Symposium »Odyssee ins dritte Jahrtausend – Ästhetische Bildung: Perspektiven der Vermittlung« im Juli 2000 im Gasteig in München (gedruckt in: Günter Ebert/Stefan Graupner [Hg.]: *Odyssee – Orte ästhetischer Bildung,* Neuried 2002) und in einem Aufsatz für den Katalog zur Ausstellung »Faszination Fußball – Ein Spiel bewegt die Region« in der Universitätsbibliothek Erlangen von Mai bis Juni 2006 hat Günther Koch – seit jeher Praktiker, theoriebegabt ist er nicht – episodenhaft so etwas wie ein ästhetisches Programm seiner Arbeit hinter der Mikrophonmembran umrissen. Natürlich rückt er, das ist sein Spleen, den mit übersinnlichen Kräften aufgeladenen Ball in den Vordergrund (»Der Ball ist unser Held, unser Animator, unser, wenn Sie so wollen: Medium«), aber ins Auge fällt die Inkohärenz seiner Darstellungen, die in großen Teilen deckungsgleich sind, bei einem entscheidenden Aspekt. (Einen Naturredner wie Günther Koch sollte man notabene nicht an der Konsistenz der Argumentation messen. Aus ihm spricht ja in wilden Narrativen immer das sich Ereignende, das er durch Verdichtung, Überhöhung, Auslassung im selben Augenblick zugleich erschafft, ja geradezu triebhaft konstruiert.)

Er sagt also einerseits mit einem gehörigen Schuß Understatement: »Der Livereporter ist [...] gegenüber dem Künstler, der etwas bildet, von dem Geschehen abhängiger Vermittler [...]. Das ist keine ›Kunst‹, zumindest keine große Kunst, und vor allem ist es keine große Kunst, solche Spiele gekonnt, flüssig, mitreißend mitzuspielen.« – »Der Künstler im Studio gestaltet frei. Er kann das sogar noch skizzieren, planen, ändern, verändern, neu anfangen – ich nicht. Ich bin auf den Moment angewiesen.« – »Es ist beileibe keine große Kunst, wenn man frei und richtig unter höchstem Streß sprechen kann und wenn man darf und wenn man sich keine Vorschriften machen läßt.« Und andererseits: »Es ist und bleibt eine große Herausforderung und Gunst und Kunst, dies immer selbst und sofort ohne Mann im Ohr richtig entscheiden zu können.«

Das griechische Wort »Poiesis« bedeutet ja Bilden, Schaffen, Herstellen – von etwas. In diesem ursprünglichen Sinne wäre alles, was ist, Kunst, weil alles, was ist, erzeugt wurde (man kann der Biosphäre und dem Kosmos schwerlich allen Ernstes absprechen, Schöpfer, Künstler zu sein). Die Absonderung der Sparte der Kunstproduktion als eines engumgrenzten Tätigkeitsbereiches wurde ohnehin erst in nachantiken arbeitsteiligen Gesellschaften geläufig.

Die Frage, ob man Günther Koch das Verkaufsschild »Künstler« anpappen dürfe oder nicht, ist so gesehen sophistisch und müßig (daher braucht er sich diesbezüglich auch gar nicht kleinzumachen). Bazon Brock, Professor für Ästhetik, Aktionskünstler und Kunstkritiker (und zwar einer der wenigen ernstzunehmenden hierzulande), hat es sowieso vor Jahren bündig entschieden: »der sagenhafte Günther Koch«. Punkt. (Und daß in dem Adjektiv »sagenhaft« die »Sage« drinsteckt, die mythische Erzählung, paßt mir da bestens in den Kram.)

Gut, ersetzen wir meinethalben das Substantiv »Kunst« durch das »Geschick«. Allein, klingt im Geschick nicht mit, daß einem etwas geschickt, zugestellt, geschenkt wurde, daß es einem zugefallen ist? Und bestünde dann die Kunst des Reportierens nicht darin, den Kairos beim Schopfe zu packen und ihn, den günstigen Augenblick, im selben Moment auch mit sinnenpraller Hingabe und mit Gefühlsfülle zu modellieren, umzubilden, künstlerisch zu gestalten? Unterm Leitstern des Eros?

Herrje, man gerät ja bald ins Heideggern, aber Günther Koch beschreibt seine Arbeitsweise ziemlich genau so: »Ich liebe sie, die Fußballreportage. Ich liebe den Augenblick und versuche die Hörer, die Hörerinnen an meinen subjektiven Beobachtungen, Bildern und auch Gefühlen – ja, Gefühlen – teilhaben zu lassen.« So entstehe Bild um Bild, und jedes einzelne Bild vermittele »man auf Grund jahrzehntelanger Erfahrungen und Vorahnungen […], aus der Situation, aus dem Moment […]. Dazu gehört natürlich auch Liebe«, Liebe zum Leben, Liebe zur Unwägbarkeit. Er müsse »jede Sekunde darauf gefaßt sein, daß […] doch wieder etwas anderes passiert. […] Nach weiteren vier Sekunden habe ich mich per Hirnabfrage längst auf den Torschützen festgelegt. Stoilov heißt er. Und sein Nachname: der Boden. Das ›Titschi-tatschi-Tor‹, und so jage ich's über den Äther.«

FCN – Borussia Mönchengladbach, 16. Oktober 2000:
Es läuft von rechts an Stoilas [der eigentlich Stoilov heißt, er hatte seinen Ausweis gefälscht]. Mi'm linken Fuß geschlenzt auf den Elfmeterpunkt! Und –?! Tor!! Tor!! Tooor!! Und wissen Sie, wer den Ball reingemacht hat? Der Rasen! Des war a Aufsetzer! Titschi, tatschi, bums – war er drin!

Also schön, »nicht unbedingt Kunst, aber immer Genuß, Kampf, Anstrengung«, und Bilder zu kreieren heiße: »sprechen, plaudern, sammeln, steigern, jagen, versammeln, zusammenfassen, kurzfristig nachtrauern, dann wieder hoffen, Mut machen, antizipieren, jubeln, schimpfen, verfolgen, modulieren, warnen, animieren, kritisieren, feiern, schreien, flüstern, die Tonlage bewußt wechseln und auch mal schalten, umschalten, innehalten. Da quatscht einem ja einer in den Kopfhörer und sagt: ›Mach nach einer Zäsur von zwei Sekunden um Punkt 28 noch dreißig Sekunden länger für Radio Bremen, der WDR schaltet sich um 28 aus.‹ Apropos Innehalten: Da werden eine Sekunde oder zwei – Flanke, Schuß und –, diese zwei Sekunden, die Sie jetzt hörten, ohne Worte eventuell –, wenn der dann trifft, zum dramaturgischen Höhepunkt, wenn er nicht trifft, aber auch.«

»Die Freiheiten des Radioreporters sind schier grenzenlos, die Schwierigkeiten aber auch.« Und letztere bereitet dem Radioreporter Günther Koch – und allen seinen Kollegen – im Frühjahr 2001 auf ungeahnte Weise das gar zu geniale Medienunternehmen des Leo Kirch – eine, cum grano salis, Institution zwecks Darreichung von Schmiergeldern, die vorzugsweise in der Säbener Straße abgekippt werden.

Dieser im Helmut Kohlschen Klüngel- und Mauschelsystem gemästete Laden, der sich die Fernsehübertragungsrechte in Sachen Fußball unter den Nagel gerissen hatte, blies im Verbund mit dem hehren DFB zum Angriff auf das Recht der freien Berichterstattung über das »Kulturgut« Fußball. Macht, das wurde endlich jedermann vor Augen geführt, üben die Moneten aus.

Du hast damals gesagt: Jetzt drehen alle durch, also auf seiten des Fernsehens und des Geldfußballs, und hast gefordert, daß sich die ARD von Hörfunkreportagen, den Fußball betreffend, komplett zurückzieht. Du hast, weil es ans

Eingemachte gehe, »um die Pressefreiheit«, einen Boykott gefordert, mit den Worten: »Ich bin immer für die radikale Lösung.« Es entwickelte sich eine gewaltige Diskussion. In Foren, das Internet wurde langsam wichtiger, ging es hoch her. Du hast das dortige Engagement als letzte Bürgerbewegung bezeichnet. Und die Einschaltquoten der Schlußkonferenz stiegen massiv, obwohl ihr ja, glaube ich, über die neunzig Minuten verteilt nur noch vierzig Prozent dessen, was euch vorher zugesichert war, senden durftet. Was war da hinter den Kulissen los?

Ich habe, um das ad absurdum zu führen, bei meiner ersten gezügelten und beschnittenen Reportage folgendermaßen übertragen: »Vierunddreißig Minuten gespielt, Spielstand 0:0, Wetter ist schön, zwei Freistöße, ein Abseits, ich gebe zurück ins Funkhaus.« Da erhielt ich einen Anpfiff über Kopfhörer: »Herr Koch, das geht so nicht! Das können Sie so nicht machen, da kriegen wir Ärger! Machen Sie eine richtige Reportage!« Hab i g'sagt: »Was soll ich denn in zwanzig Sekunden sagen?« Aber ich habe gehorcht. Ich wollte mal zeigen, was da … Ich war ja total … Das Schlimme war: Bei Kirch war der maßgebliche Mann der Dieter Hahn. Der war früher bei uns beim DSF Geschäftsführer gewesen, ab Anfang 1993. Mit dem hatte ich mich damals schon überworfen, weil ich schnell gemerkt hatte, daß der kein ehrenwerter Mann ist – um das richtig vornehm auszudrücken. Der Hahn war auch mit ein Grund, warum ich beim DSF gerne aufgehört hab'. Ich hab' im Sender noch eine Rede gehalten, warum ich mit diesen Leuten nicht mehr weiter zusammenarbeite und mir auch nicht vorschreiben lasse, wann ich in der Talkshow was zu sagen oder zu fragen hätte. Wer bin ich denn?! Einer der leitenden Redakteure, ein sehr guter, Thomas Kroh, ist dann zum Sender Freies Berlin gegangen. Der hat mir für diesen Auftritt großen Respekt gezollt. »Des brauch' ich nicht, jetzt könnt ihr mich vergessen, auf Wiederseh'n.«

Dieter Hahn, selbstverständlich ein Jurist, war ein Zögling des Springer-Verlags. 1997 berief ihn Leo Kirch in die Geschäftsführung, bald darauf wurde er stellvertretender Vorsitzender des Konzerns. Im Frühjahr 2002 brach das Medienimperium schließlich unter zirka zehn Milliarden Euro Schulden zusammen – wahrscheinlich too much Bimbestransfers.

Hahn, der 2005 wegen Urkundenfälschung zu 54.000 Euro Geldstrafe verurteilt wurde, hatte zuvor eingestandenermaßen märchenhafte zweihundert Millionen Euro von den Kirch-Erben eingestrichen. Das *Handelsblatt* nannte den Zwielichtler 2006 einen Mann »von kaltem Blute« und den »Kettenhund Kirchs«.

In der renommierten Talkshow *3 nach 9* (radiobremen) erklärte Koch am 27. Juli 2001, zuviel Fußball im Hörfunk würde dem neuen Monopolisten aus dessen Perspektive das Geschäft mit Decodern vermiesen, und hielt fest: »Den Hörfunk jetzt zu beschneiden, meine ich, geht an ein Grundrecht der Informationsfreiheit.« In *Heute im Stadion* »waren wir immer direkt abrufbar. Und wenn einer irgendwo 'n bißchen lauter wurde und sagte: ›Hey, kommt mal rüber, da ist was los!‹, dann wurde sofort rübergeschaltet. Und dann wurde das Tor geschildert. [...] Das geht nicht mehr. Wir machen morgen dreißig Sekunden der Edi, dreißig Sekunden der Pulli, dreißig Sekunden ich [...], und wir müssen, genau wie Buchhalter müssen wir, wo sind wir eigentlich gelandet?, wie Buchhalter müssen wir rechnen, daß wir [insgesamt] ja nicht mehr als vierzig Minuten haben.«

Günther Koch unterbreitet der Hörfunksportredaktion des BR einige Vorschläge, wie der Strangulierung zu begegnen sein könnte: »Kurvenreporter verstärkt einsetzen und rufen, wenn sichergestellt ist – das muß erkämpft werden –, daß deren Interviews et cetera *nicht* als Reportagen zählen. [...] Wir gehen zehn Minuten vor Ende der (WDR!!!-)Schlußkonferenz raus und machen *mindestens* während der letzten zehn Minuten (ab 17.05 Uhr) eine eigene BR-Konferenz, wenn alle unsere drei [Vereine] am Samstag spielen. Die Ergebnisveränderungen, falls wichtig, aus den anderen (nicht BR-)Spielen werden vom jeweiligen BR-Reporter aus dem Stadion (so macht es die BBC!) eingeflochten [...] oder vom BR-Moderator knackig drübergesprochen, wenn der Ball gerade im Aus ist. [...] Jetzt kommt der Clou: Die BR-Reporter reportieren während des Spiels auf [der] Übertragungsleitung [...] fürs Studio alle anderen wichtigen Szenen [die nicht während der vierzig Minuten übertragen werden konnten], und das wird sofort nach Spielende beziehungsweise ab 17.30 Uhr als Knüller im Zusammenschnitt [...] nachgeliefert. Motto: Das war das, was wir live verpaßt haben, unsere Reporter und Techniker aber für Sie, liebe Hörer, mit eingefangen haben. Das könnte *der* neue Knüller werden!!! Wir müssen uns nur trauen!!! Im Prinzip so wie in den fünfziger Jahren, als es überhaupt nur Aufzeichnungen gab.«

Ja, das war ein politischer Skandal. Es gab ja auch diese große Verkaufsschürze von der *tz*, mit einem Photo von mir: »*Heute im Stadion* darf nicht sterben!« Und ich hätte mir den Boykott gewünscht, um den Leuten mal zu zeigen, was läuft.

Du hast gesagt: »Heute kauft man Fußball, morgen Nachrichten – und was übermorgen?«

Ja, ja! Und der Meinung bin ich immer noch. Ich habe meinen Schülern im Sozialkundeunterricht schon in den neunziger Jahren gesagt, daß sie den Nachrichten nicht blind glauben dürfen. Die sind gefiltert, sowohl der Reihung als auch der Länge und der Auswahl nach. Und sie sollen, das war dann ihre Aufgabe, auf Kassette zur selben Zeit, und zwar auf zehn Schüler verteilt, um 15 Uhr die Nachrichten aufnehmen: von Bayern 1, Bayern 2, Bayern 3, Bayern 5, Radio Gong, Radio F, DLF und SDR. Das haben wir anschließend transkribiert und analysiert und festgestellt: Der Papst kam da und da und da sehr ausführlich vor, und bei anderen wurde das überhaupt nicht erwähnt und so fort. Da wurde den Schülern klar – und das war das schönste Erlebnis im Unterricht –, daß alles manipulierbar ist: die Auswahl der Nachrichten, die Länge, die Reihung. Ham s' g'sagt: »Herr Koch, des hätte ich nicht gedacht.« Die ham sich bedankt und ham g'sagt: »Des schlaucht mi' jetzt scho', Alter.« Die durften zu mir scho' auch a bißl bleed daherreden. Die durften auch, wenn ich mal Blödsinn g'macht hab', sagen: »Heut' war'n S' aber net gut.« – »Ja«, sag' ich, »des is' okay, heut' war i schlecht.« – »Hat der Club verloren?« Immer wenn der Club verloren hat, warfen die mir vor, hätte ich am Montag Vokabeltests schreiben lassen. Kann schon sein. Weil mich das geärgert hat. Thema war?

Daß es Spitz auf Knopf stand – Boykott und so weiter.

Ja, ich wollte den Boykott.

Da herrschte bestimmt große Einigkeit unter euch Hörfunkkollegen.

Ja, ja. Die gab's immer.

Da war wahrscheinlich sogar Sabine Töpperwien auf deiner Seite.

Weiß ich nicht. Glaub' ich eher nicht.

Es gab die ernsthafte Überlegung, statt dessen eine Radiokonferenz in der

Sportschau *zu machen. Das war eine kuriose Idee. Wer hatte die, und wie stehst du dazu?*

Die Idee kam von einem Kollegen, ich nenne ihn jetzt mal Uwe Neumann, der heißt anders, den Namen weiß ich nicht mehr. Wir haben eine Probesendung gemacht. Die Idee war, daß ich im Olympiastadion stehe, das Spiel kommentiere, und die Leute sehen aber nur mich und nicht das Spiel. Und das hat mir großen Spaß gemacht, aber die ARD hat sich nicht getraut. Das wäre schon gutgegangen. Das wäre auch ein Gag gewesen.

Man hätte es zwei-, dreimal machen können. Ich hätte es gern gesehen.

Ja. Des sind alle so feige Hund'. Ich habe als Lehrer ja auch Schwierigkeiten bekommen und gemacht. Dann bin ich zum BR gegangen und dachte: Da geht's nur nach Leistung. Ich habe bald gemerkt: Auch da geht's nicht nur nach Leistung, da geht's auch um Beziehungen.

Bei der ARD und beim BR habe ich bald gemerkt: Das sind ja Plattarschindianer – das habe ich sogar, glaube ich, in einer Reportage gesagt –, das sind ja Beamte. Die machen das, was ihnen vorgeschrieben wird. Da habe ich mich wieder maßlos aufgeregt – daß keiner den Mut hat, das zu machen, und daß sie nicht geklagt haben und daß sie nicht boykottiert haben und daß sie mich nicht mal 'ne perverse Reportage haben abliefern lassen: »Vierunddreißig Minuten gespielt, es steht immer noch so wie gestern, es gab drei interessante Angriffe, schildern kann ich Ihnen die jetzt aber nicht, denn das dauert ja zu lange, ich gebe zurück ins Funkhaus.«

Das wär's gewesen. Sie haben es sich nicht getraut. In der ARD, des sind alles Feiglinge.

Das hat aber nichts damit zu tun, daß die Beamte sind. Wenn ich Beamter bin, bin ich unkündbar, sofern ich nicht irgendeinen Riesenscheiß baue. Das heißt, ich kann sagen: »Ich mache dies und das, weil das vom Rundfunkstaatsvertrag gedeckt ist« – neue Formen, neue Formate et cetera. Dein Argument leuchtet mir nicht ein.

In der ARD sind neun Anstalten zusammengeschlossen, und da hilft es nicht, wenn drei, vier Sender sagen: Wir machen das, und zwei oder fünf machen nicht mit. Dann ist es aus. Wenn drei nicht mitmachen, ist es aus. Das ist die Struktur.

Das ist ein Argument.

Das ist das entscheidende Argument.

Keinen feigen Eindruck macht der damalige ARD-Vorsitzende Fritz Pleitgen in der ARD-Talkshow *Sabine Christiansen* am 25. Februar 2001. Er sitzt Dieter Hahn gegenüber, einem Killer, wie ihn nur die sogenannte freie Marktwirtschaft zu gebären vermag, sowie den gleichermaßen marktradikalen Geldgeiern Wilfried Straub (DFB-Ligadirektor) und Reiner Calmund (der pausenlos fürs »kommerzionelle [sic!] Fernsehen« trommelt), ergänzt um den windelweichen Johannes B. Kerner.

Thema der Sendung sind die Verhandlungen über die Übertragungsrechte für die Weltmeisterschaften 2002 und 2006 (Kirch hatte sie erworben und wollte Teile davon höchstbietend ans freiempfangbare TV weiterverscherbeln), und Pleitgen gibt die exzellente Figur eines redlichen, gegenüber der demokratischen Öffentlichkeit verantwortlichen Intellektuellen ab, der diesen Paladinen des Kapitals die Uhr aufzieht: »Wir können das nicht so ohne weiteres machen, daß wir sagen: Das sind hier Gebührengelder, weg damit, rüber zu Kirch!«

Richtig in Rage geredet, verteilt er ein paar saubere Hiebe: »Hier soll Pay-TV durchgedrückt werden. Das ist es. Und da ist Fußball das Hauptinstrument.« Und an die Adresse des eiskalten Vollstreckers der Profitinteressen, Herrn Straub: »Nun frage ich Sie: Wo bleibt dabei der Fan? Wir sind mit unseren Verhandlungen sehr, sehr weit gegangen, das möchte ich dem [im Publikum sitzenden] Vorsitzenden des Fanklubs von Schalke sagen. Die Summen sind enorm, und die müssen vom Gebührenzahler aufgebracht werden. Wir konnten dort einfach nicht weiter gehen. Und was mich so besorgt: daß diese Ihre Rechte in die Hände von einzelnen kommen. Da wird beispielsweise gesagt: Die Verhandlungen sind jetzt vorbei, und Radio, Radio, das kriegen nicht mehr die Leute von der ARD. *(An den Fanklubvorsitzenden gewandt:)* Nun frage ich Sie: Halten Sie viel von Manni Breuckmann, als Radioreporter? Oder Günther Koch? *(Ziemlich erregt:)* Und diese Leute sollen ratzfatz ausgeschlossen werden, weil auf einmal da so ein Wechsel ist. Da wird gesagt: Nein, ihr kriegt andere vorgesetzt. Also, das ist etwas, wie man dort mit den Fans umgeht, das ist ein Eingriff auch in die freie Berichterstattung. Und dagegen, Herr Hahn [...], bei der Hörfunkübertragung, da sage ich Ihnen: Das werden wir mit Hilfe der Öffentlichkeit noch einmal diskutieren!«

Herr Hahn will auch Rundfunkreporter vor Ort zur Kasse bitten. Pleitgen: »Wenn Sie ein Fußballspiel im Fernsehen sehen, da könnten Sie notfalls auch den Ton abschalten, und Sie sehen immer noch, wie's ausgeht. Ohne einen Radioreporter – manchmal wünscht man sich das auch [daß im Fernsehen kein Kommentar zu hören ist] – [...], aber beim Radio, beim Radio is' das 'ne andere, das is' 'ne originäre Leistung des Reporters! Die ist gleichzusetzen mit der Leistung eines schreibenden Journalisten. Und ich wette, Herr Straub, so nett Sie da sitzen, Sie werden demnächst als nächsten Schritt sagen: Nun haben wir das mit dem Radio geschafft, jetzt werden auch mal die schreibenden Journalisten auch zur Kasse gebeten. Das ist die Konsequenz. Es wird immer viel vorher gesagt und immer nett geredet, und ich werde, ich denke, daß wir diese Geschichte, Herr Ministerpräsident Beck [der in der Runde ebenfalls herumlümmelt], die werden wir durchgehen müssen bis hin zum Bundesverfassungsgericht. Denn das ist eine Frage der freien Berichterstattung. Und die muß in Deutschland gesichert sein!«

Der Bankrott der Kirch-Kasper beendete diese Diskussion ein Jahr später, die Kastrierung und die Monetarisierung der Fußballberichterstattung im Radio waren vom Tisch, aber an der kommerziellen und medienästhetischen Verwüstung des Sports, die in den neunziger Jahren mit dem Auftritt der privaten »Verwerter« in Gang gesetzt worden war, änderte das nichts. Das Geld »ist die Katastrophe schlechthin«, wird Günther Koch im BR-Fernsehmagazin *la Vita* am 21. April 2005 sagen – um 2006 selber zum Fernsehen zu wechseln.

Warum machst du das? Warum riskierst du deinen Ruf und würdigst dich in diesem »Nullmedium« (Hans Magnus Enzensberger) schlimmstenfalls zur Karikatur deiner selbst herab? Das habe ich gedacht, während ich in der Kneipe die ersten zwei oder drei Spiele mit ihm auf arena guckte.

Mich schmerzte es. Plötzlich klaffte eine Leere. Für mich war der Fußballreporter Günther Koch, der mich viele Jahre begleitet hatte, verschwunden. (Wie es weiterging, darüber kann ich nicht urteilen, ich habe kein weiteres Spiel mit ihm gesehen. Ich habe mir auch nie eine Aufzeichnung angeschaut.)

Fritz von Thurn und Taxis, bitte!

Und dann ging er 2006 zum Fernsehen. Das hat er am Anfang nicht richtig hinbekommen. Selbst der große Rubenbauer brauchte einen Moment, um sich umzustellen. Ich habe viele junge Leute gecoacht, die vom Hörfunk kamen. Fernsehen ist ein ganz anderes Feld. Im Hörfunk mußt du beschreiben und schöne Bilder entwerfen, und das darfst du im Fernsehen eben nicht machen, weil die Zuschauer natürlich mit Recht sagen: »Was erzählt der mir denn? Ich seh' das ja! Der soll mir lieber erklären, warum zum Beispiel der rechte Verteidiger ständig am Ball ist!« Aus taktischen Gründen oder was weiß ich. Und das muß man schon schulen. Kai Dittmann zum Beispiel war auch ein Hörfunkmann, der zu Premiere kam und sich neu orientieren mußte. Wir haben zusammen ein bißchen gearbeitet, und er hat es dann sehr schnell hinbekommen. Aber viele schaffen das nicht.

Sich zurückzunehmen?

Sich zurückzunehmen und nicht zuviel zu sprechen. In der Regel beschreiben Hörfunkleute, die zum Fernsehen gewechselt sind, am Anfang nur. Er macht das, er tut, er köpft, er schießt, er macht …! Ja, das sehe doch! Aber warum ist das so? Wie ist es möglich, daß der Mittelstürmer die ganze Zeit zum Kopfball kommt? Das ist das zentrale Thema.

Darauf habe ich den Günther mal angesprochen: »Wenn dir bei deinem Sender niemand unter die Arme greift, würde ich mich, wenn du das willst, zur Verfügung stellen, sozusagen, in Anführungszeichen, als Freund.«

Hat er das angenommen?

Nein, hat er nicht. Ich würde fast sagen: Natürlich hat er das nicht angenommen! Er hat gedacht, er schafft das schon. Wie es weitergegangen wäre, weiß man selbstverständlich nicht. Nach einem Jahr war bei arena Schluß.

War Günther Koch im Fernsehen deplaziert?

(Zögernd:) Deplaziert? Er war, sagen wir mal, zumindest anfänglich überfordert, weil er die Fernsehtechnik nicht kannte. Es hat sie ihm auch keiner richtig vermittelt. Er hat sich hingesetzt und hat, wie er es im Hörfunk gelernt hatte, zu reden begonnen. Es ist eine riesige Qualität, im Fernsehen die richtige Balance zu finden: Wann kann ich etwas sagen, wann kann ich etwas setzen? Du hast eine Großaufnahme, und dann fängt einer an, eine Geschichte zu erzählen, aber der Ball ist bereits weit weg. Da werden Sie unruhig. Das ist es halt: Wenn du ständig am Bild vorbeisprichst, wird der Zuschauer wahnsinnig. Er hört nicht mehr zu oder meckert herum. So eine Geschichte bei einer

Großaufnahme muß nach spätestens zwei Sätzen zu Ende sein. Nah am Bild! Nah am Bild! Wenn ich schule, sage ich das immer. Aber das ist wahnsinnig schwer.

Das Bild ist der Dirigent, während man im Hörfunk selber der Dirigent ist.

Richtig. So ist es. Es gab schon früher Leute, die zum Fernsehbild die Radioreportage gehört haben. Und da konntest du die Qualität eines Hörfunkreporters überprüfen. Ich habe mir oft, nachdem ich vom Sechziger-Stadion mit meinen Kassetten ins Studio in Freimann gefahren war, die Hörfunkreportage angehört und gemerkt: Das klingt alles wunderbar, aber mit der Realität hat das wenig zu tun. Wenn du im Hörfunk mit all diesen Möglichkeiten, Bilder zu entwerfen und Geschichten zu erzählen, zugleich nah am Ball bleibst, dann bist du tatsächlich klasse. Gerd Rubenbauer, Manni Breuckmann und Günther Koch waren wirklich gut.

Man kann im Hörfunk ordentlich schwindeln.

Natürlich. Da kannst du sehr viel schwindeln. Und wenn im Hörfunk ein Tor fällt, kannst du schon noch die Kurve kriegen. Wenn du im Fernsehen ein Tor zerredest, ist das fatal.

Susanne Jahrreiss war in dem einen Jahr, in dem arena die Übertragungsrechte besaß, Kommunikationschefin des Senders:

Ich komme aus der Wirtschafts- und Finanzkommunikation und habe dem Investor damals gesagt: »Leute, ich bin Leichtathletin, ich habe in meinem ganzen Leben mit Fußball noch nichts zu tun gehabt. Ich verstehe nichts davon.« Und die sagten: »Aber du verstehst was von Kommunikation. Such dir ein Team, das den Fußball-Part abdeckt, und mach du deine Arbeit.«

Und dann kommt man in so ein Team, in dem Menschen wie Günther Koch sind, die den Fußball seit Jahrzehnten gelebt haben. Für mich war die Frage: Wie reagieren die auf eine wie mich? Inzwischen arbeite ich unter anderem für die DFL, ich bin im Fußball also deutlich mehr zu Hause, als ich es damals war. Und jetzt merke ich manchmal an mir, daß ich, wenn Leute daherkommen, die keine Ahnung von dem Geschäft haben, innerlich mit den Augen rolle.

Für Günther wäre es ein leichtes gewesen, mir so entgegenzutreten. Einige wenige sind damals durchaus mit innerlich rollenden Augen auf mich zugegangen. Günther hat mich angeschaut, hat abgecheckt, ob ich begriffsstutzig oder was auch immer sei, und hat dann offenbar gedacht: Na ja, die ist ja nicht auf den Kopf gefallen, die kann das lernen. Und das ist etwas, was Günther Koch absolut auszeichnet: diese Zugewandtheit, die Neugier auf Menschen. Man muß allerdings mit seiner ausgesprochen offenen Art umgehen können. Ich konnte es. Ich habe ihn von Anfang an gemocht. Klar, ich habe mir von ihm auch mal Kritisches anhören müssen. Aber das hat er immer in seinem sehr kollegialen, witzigen Ton gemacht. Ich war ihm dafür wahnsinnig dankbar.

Wir hatten gleich am ersten Spieltag, als Günther als Konferenzreporter in Stuttgart war, diese Krisensituation [der Club gewann 3:0 und stand danach zum erstenmal seit achtunddreißig Jahren auf Tabellenplatz eins], hinterher mit fetter, für Günther sehr heftiger Berichterstattung in der *Bild*. In solchen Situationen trennt sich die Spreu vom Weizen: Kann einer nur austeilen, oder kann er auch einstecken? Wie geht er mit einer solchen Krise um?

Ich habe zu Günther gesagt: Wir erklären den Kollegen der *Bild*, wie es durch einen technischen (!) Fehler dazu kam. Unterm Strich bedeutete eine kritische Seite über den neuen Sender arena und Günther auch eine Seite Aufmerksamkeit in der *Bild*. So muß man es auch sehen. Andere wären gekränkt gewesen – mein Ego, mein Image und mein sonstwas! Günther sagte: »Hast ja eigentlich recht.« Und gut war's, wir haben weitergemacht. Die Fähigkeit, in so einer Situation zurückzustehen und zu sagen: Das ist für mich jetzt zwar wahrlich nicht optimal, aber wenn's der Sache nützt und arena dadurch bekannter wird, hat es sein Gutes – das können nur ganz wenige Menschen. Das zeichnet einen absoluten Profi aus.

Hatten Sie den Eindruck, daß es Kritiker gab, die regelrecht darauf lauerten, daß sich der Radiomann im Fernsehen blamiert, daß er dem Medium inadäquate Dinge von sich gibt?

Wir hatten bei null angefangen und mußten den kompletten Sender innerhalb eines Dreivierteljahres aufbauen. Und weil Günther sehr beliebt war und es viele, inklusive meiner, nicht gemocht haben, daß der BR ihn entsorgt hatte, bekamen wir viel Zustimmung, als wir verkündeten, daß er zu uns ins Team kommt. So einen wie ihn gibt es ja nicht so oft. Natürlich gibt es auch in seinem Fall Leute, die seinen Stil nicht mögen. Das ist aber bei allen Reportern so, insbesondere bei denen, die herausragen.

Wir bekamen überwiegend sehr gute Resonanz. Arena hatte viele erfahrene

Kommentatoren, etwa Werner Hansch, der grundverschieden von Günther ist: auf seine Art auch top, aber eben die Stimme des Ruhrgebiets. Bei Günther hatte ich nicht den Eindruck, daß man ihn angefeindet hat, weil er Günther Koch ist. Wenn es Kritik gab, dann meist bezogen auf einen bestimmten Kommentar. Und für den erwähnten Fauxpas beim Spiel in Stuttgart konnte er nichts, der Bildschirm war ausgefallen. Trotzdem hörte man hie und da ein bißchen Altersdiskriminierung durch: Sieht der noch gut genug? Das war allerdings eine Minderheit. Günther hat dem Sender definitiv gutgetan, und auch Kontroversen tun gut.
Günther gehört bis heute zu den Menschen, mit denen ich am liebsten gearbeitet habe. Er ist wahnsinnig offen, und er macht keinen Unterschied zwischen Männlein und Weiblein, das ist in seiner Generation nicht selbstverständlich. Günther ist total liebenswert. Ich weiß, daß es einige gibt, die ernsthaft mit ihm aneinandergeraten sind. Aber ich konnte mich mit ihm wunderbar in der Sache streiten und auch einfach mal sagen: »Günther, jetzt halt einfach mal die Klappe!« *(Lacht.)* Und dann hat er natürlich doch noch irgendwie nachhaken müssen. *(Lacht.)*
Er war im Team sehr beliebt. Und manchmal war er ein bißchen crazy. Crazy zu sein kann gut sein und kann schlecht sein. Und bei Günther ist es meistens großartig. Seinen legendärsten Auftritt hatte er bei einem Teamwochenende in der bayerischen Provinz. Wir hatten einen sehr netten, feucht-fröhlichen Abend. Irgendwann ging er aufs Männerklo und hat dann seinen Wasserstrahl kommentiert. *(Lacht.)* Er stand am Urinal und hat dazu einen grandiosen Kommentar hingelegt! So laut, daß man es auch von draußen gehört hat. Es war unfaßbar. Das ist Günther – sein Witz, seine Spontaneität.
Manchmal kommt er mir wie so ein arabisches Vollblut vor: ein Toppferd, dem ab und zu das Temperament durchgeht, das manchmal ein bißchen zuviel tänzelt. Das hängt allerdings auch immer von seinem Gegenüber ab.
Da rennt er mitunter zu schnell und zu heftig schnaubend los, und dann sitzt er in der Scheiße, um es deutlich auszudrücken.
So ist es. Ich provoziere auch gerne, aber: Choose your battle! Und dafür bringt Günther alles mit. Er ist klug, er ist eloquent, er hat den Mut. Mut ist eine seiner herausragenden Eigenschaften.
Was ich zudem an ihm schätze: Wenn man ihm auf die Schnauze haut, haut er halt zurück. Das hat er in seinem Leben vielleicht nicht immer auf die klüg-

ste Art und Weise getan, jedenfalls nicht auf die politisch geschickteste, was seine Karriere und ähnliches anging. Aber gerade das zeichnet ihn, finde ich, aus. Er ist nicht einer dieser Jasager. Kurzum, für mich bleibt Günther derjenige, der diese arena-Zeit, die eine tolle Zeit war, maßgeblich geprägt hat. Ich würde auch heute gerne wieder mit ihm zusammenarbeiten.

Warum war Günther Koch im Sommer 2006 zum Fernsehen übergelaufen? »Aus schierer Not«, grantelt er rückblickend. Die Not war jedoch aus einer Mischung aus Zorn, schlußendlicher Desillusionierung und Trotz erwachsen. »Als Reporter stand ich auf einmal auf der Straße« – nicht, weil man ihn entfernt, sondern weil er, tief gekränkt, beim Bayerischen Rundfunk und damit bei der ARD gekündigt hatte. »Das gebot die Selbstachtung.«

Die ständigen Nichtberücksichtigungen für die großen Fußballturniere hatten an ihm spätestens seit 1998 genagt und genagt und genagt. Nicht zuletzt auf Grund der Veröffentlichungen der zwei von mir zusammengestellten CDs (1997 und 1998) und des bundesweiten Medienechos auf sie mußte er, bei klarem Verstand betrachtet, seither in der ARD für Welt- und Europameisterschaften als gesetzt gelten. Allein – nichts da. Goar nix. Und: Schweigen im Dickicht der euphemistisch so benamsten Arbeitsgemeinschaft der Rundfunkanstalten Deutschlands.

Du hast schon damals gesagt – und du wirst das bis 2006 wiederholen, es sind fast immer die gleichen Sätze –, daß dir nie jemand mitgeteilt habe, warum. Das hat sich bis heute nicht geklärt?

Nein!

Hat dir niemand jemals einen Hinweis gegeben?

Nein. Ich kann dazu nur sagen: Entweder war ich zu gut, oder ich war zu schlecht. Daß ich mich natürlich nicht als zu schlecht einstufe, muß man verstehen.

Böttiger schrieb mal: Dein Problem oder dein Pech ist, daß du zu gut bist. Aber was bedeutet das denn im Umkehrschluß? Daß die ARD-Hörfunkanstalten als Anpassungsleistung eine gewisse Mittelmäßigkeit verlangen? Als Ausdruck der Dankbarkeit dem Apparat gegenüber? Kann man das so interpretieren? Ist der Konformitätsdruck in solchen Läden dermaßen hoch?

Das Verblüffende und für mich völlig Unerklärliche ist, daß sogar der Fritz Pleitgen im Fernsehen live und deutlich gesagt hat: »Was wäre denn eine WM ohne Günther Koch und Manni Breuckmann?« Danach habe ich ihm geschrieben: »Wissen Sie eigentlich, daß ich noch nie bei einer WM war?« Schreibt er zurück: Nein, das wisse er nicht. Und er hat sich für mich eingesetzt – vergeblich.

Du hattest dann allerspätestens seit 2001 die gesamte Presse auf deiner Seite. Aus deinen veröffentlichten Äußerungen kann ich allerdings nicht mehr extrahieren als das, was ich dich gerade gefragt habe, und wenn du sagst, mir fallen dazu bis heute nicht mehr als diese drei, vier kargen Sätze ein, muß man's so stehenlassen.

Das sagt aber doch auch genug. Warum wollen wir da jetzt groß rumnudeln? Ich muß dir auch ehrlich sagen: Als Sportler und Protestant und auch nicht ohne Grund als Religionslehrer will ich nicht gegen meine Arbeitgeber nachtreten, denen ich ja letztlich meine ganze Popularität zu verdanken habe. Denn die haben mich ja in Deutschland dann immer mehr oder weniger machen lassen. Allerdings konnten sie mich nach sieben, zehn, zwölf Jahren, nachdem ich Anfang der Neunziger schon bekannt war, nicht so ohne weiteres aus dem Geschäft nehmen. Das wäre sehr schwergefallen, weil ich da fast unkündbar war. Es gibt so einen Paragraphen 12. Aber ich will jetzt nicht nachtreten.

Wenn das so ist, dann ist das so. Aber ich darf dich so verstehen, daß du eventuell nachtreten könntest?

Natürlich. Natürlich. Ich könnte schon reinhauen. Aber das widerstrebt mir. Das wäre eine Art Abrechnung. Das kannst du so reinschreiben. Ich will nicht abrechnen. Ich bin der ARD und vor allem dem Bayerischen Rundfunk, der auch jetzt noch immer mal wieder anruft und mich um meine Meinung bittet, mehrheitlich sehr, sehr dankbar, daß ich ein so glückliches Leben führen konnte.

Ich muß zugeben: Es gab mal ein Jahr, da hab' ich dem Muxeneder g'sagt: »Mei, ich hör' auf. Weißt was? Mir is' des wurscht. I weiß, daß i besser bin als die andern, und mir reicht des. Wenn ihr meint, mich als freien Mitarbeiter so behandeln zu können – bitte.« Es fielen auch so blöde Andeutungen, weil ich halt manchmal nicht konnte, weil die Termine mit meinen schulischen Verpflichtungen kollidierten.

Protokoll eines halbstündigen Gesprächs mit Franz Muxeneder am 2. August 2002: »Herr Koch weist abermals darauf hin, daß er trotz eines offensichtlichen kommunikativen Mißverständnisses zwischen ihm und Herrn Muxeneder von vor zwei Jahren nach wie vor *sehr* an seinem Einsatz bei Länderspielen und der Europa- wie Weltmeisterschaft 2004 beziehungsweise 2006 interessiert ist. Herr Muxeneder sagt Herrn Koch zu, ihn, Günther Koch, auf der nächsten Sportleitersitzung der ARD, vermutlich am 4.9.02 in Saarbrücken, für die Liste der Länderspielkandidaten vorzuschlagen. Alles andere sei dann eine Frage der demokratischen Abstimmung, bei der jeder Vertreter jeder Sendeanstalt abstimmen kann, wie er will. Herr Koch weist nochmals darauf hin, daß sich mehr als zwei Dutzend unterschiedlicher Autoren und Redakteure unterschiedlichster deutscher und ausländischer Medien aus den Fachbereichen Sport, Medien, Kultur sowie Feuilleton in Presse, Rundfunk und Fernsehen wohl schwerlich täuschen können, wenn sie in den letzten zirka fünfzehn Jahren alle unisono Herrn Kochs besondere Leistung als Fußballreporter für den Hörfunk auf zum Teil nachgerade außergewöhnliche Weise würdigen, zum Teil sogar ›besingen‹. Dazu gehöre u.a. auch die Kulturabteilung des Bayerischen Rundfunks. […] Des weiteren bemerkt Herr Koch, daß er allmählich nachgerade ›schizophren‹ werden müßte, wenn ihm u.a. vor diesem Hintergrund die ARD-Verantwortlichen der Sportredaktionen bei der Auswahl der Länderspielreporter immer die kalte Schulter zeigen. Man solle ihm doch zumindest einen Grund nennen, warum er nicht mehr berücksichtigt wird. Günther Koch betont, daß er sich nichts zuschulden habe kommen lassen und in der permanenten Nichtberücksichtigung eine deutliche Mißachtung seiner nachgewiesenen Leistungen sieht, er mit diesem Wunsch auf Ebenfalls-Berücksichtigung in der ›Länderspielreportermannschaft‹ natürlich aber in keiner Weise die Leistungen anderer Kollegen schmälern wolle. […] Herr Franz Muxeneder betont nochmals, daß er Reporter Günther Koch auf der nächsten Sitzung neben vermutlich ein oder zwei weiteren Reportern des BR vorschlagen werde, er aber nicht mehr tun könne und es noch nie so war, daß eine Begründung abgegeben werden mußte oder wurde, wenn irgendein Reportervorschlag bei der anschließenden Abstimmung ›durchfällt‹. Das werde auch in diesem Falle wohl so bleiben. Im übrigen finde er manche Zeitungsinterviewanfrage bei Herrn Koch nur ›lustig‹.«

Im Vorwort des Buches *Tooor … in Deutschland! – Die dramatischsten Schlußkonferenzen aus 50 Jahren Bundesliga* (Berlin 2013) schreibt Sabine Töpperwien: »Nicht jeder hat das Glück, eine so unverwechselbare Art und Stimme wie der große Gerd Rubenbauer, die NDR-Legende Kurt Emmerich oder ›The Voice‹ des Ruhrgebiets, Manni Breuckmann, in die Wiege gelegt bekommen zu haben.« Wo bleibt da Günther Koch? frage ich mich.

Es ist ein Rätselraten, ein Geeiere, ein Herumgenudel. Je nach Laune sieht Günther Koch die Sache so oder so: »Je länger ich darüber nachdenke, um so mehr halte ich es für möglich, daß es nicht die Töpperwien war. Aber der Manni könnte es wissen. Er hat auf meine Pistolenfrage mal geantwortet: ›Och, Günther, die Sabine, die is' a Feigling.‹ Und mir geht das nie aus dem Kopf. Frag ihn, was er damit gemeint hat.«

Hab' ich getan:

Ich kenne die Gründe wirklich nicht, warum der Günther Koch nie zu Weltmeisterschaften mitgenommen wurde. Es fällt nur auf. Das war ja bei Jochen Hageleit genauso. Der war nie bei einem großen internationalen Turnier. Was bei Günther Koch die Gründe waren? Ich kann es dir nicht sagen. Was für eine Vermutung hat er denn?

Daß es die Töpperwien war.

Ach, das ist doch Quatsch! Der war doch lange vor der Töpperwien dabei.

Ja. Aber als Sportchefin des WDR-Hörfunks war sie seit 2001 maßgeblich an der Nominierung beteiligt.

Der hätte doch schon zu der Zeit von Dietmar Schott mitgekonnt. Dietmar Schott war seit 1988 WDR-Sportchef. Und er war es bis Ende 2001. In der Zeit war nicht Frau Töpperwien verantwortlich. Aber das bringt doch jetzt wirklich nix mehr.

Es wirkt bei Günther aber immer noch nach. Sie war beispielsweise bei den Nominierungen für die WM 2006 federführend. Und nachdem Günther wieder nicht berücksichtigt worden war, ist ihm endgültig die Hutschnur geplatzt, nachvollziehbarerweise. Da wohnt er 350 Meter Luftlinie vom Frankenstadion entfernt und kriegt nicht mal ein oder zwei Spiele. Ich konnte das gut verstehen.

Da hat er ja auch medialen Wirbel gemacht. Und er hat sich an den WDR-Intendanten Fritz Pleitgen gewandt. Wenn es einen sicheren Weg gibt, mit einem Anliegen nicht durchzukommen, dann ist das öffentliche Randale. Erfolg kann ich in solchen Angelegenheiten nur haben, wenn ich Netzwerke nutze und vertrauliche Gespräche führe. Ansonsten hast du den Sandro-Wagner-Effekt.

Bereits 1996, vor der EM in England, sagt Günther Koch in der Sendung *Swutsch* im NDR-Fernsehen: »Da komm' ich halt nicht dran. […] Sagen wir mal: Damit hab' ich abgeschlossen. Das weiß ich, daß ich da keine Chancen hab'. Ich weiß nur nicht, warum nicht.«

Nein, abgeschlossen hat er damit, wenn überhaupt, erst zehn Jahre später. Ab 1998 wandert das Thema Koch/WM/EM regelmäßig durch die Presse. »Kompetenz spielt im Ersten eine untergeordnete Rolle. Ein drastisches Beispiel gibt es beim Hörfunk: Auch hier nominieren die Sportchefs (bevorzugt sich selbst), auch hier wurde ein freier Mitarbeiter geopfert: Günther Koch, auf dessen Künste schon Feuilletonisten von *Zeit* und *SZ* Hymnen verfaßten.« (*Gong* 22/1998) Koch in der *Süddeutschen Zeitung*: »Ich rege mich nicht mehr auf. Blöd ist nur, daß mir noch keiner gesagt hat, warum ich nicht bei der WM bin.« Zur gleichen Zeit in der *Abendzeitung*: »Wenn ich irgendwann ganz schlecht bin, kann ich auch noch zum Fernsehen gehen.« Und so fort.

Einen Tag nach der oben erwähnten Folge von *Sabine Christiansen*, am 26. Februar 2001, schreibt er an Fritz Pleitgen, drückt seine Freude über dessen Wertschätzung seiner Arbeit aus und betont sogleich, sich allerdings »wundern, ja sogar fast ärgern« zu müssen, denn »jedermann weiß, daß ich seit Jahrzehnten von jeder Fußballeuropameisterschaft und auch -weltmeisterschaft von dieser ARD *ausgeschlossen blieb*«.

Pleitgen antwortet umgehend: »Ihre Reportagen gefallen mir sehr. Daß Sie bei der WM und EM nicht dabei waren, weiß ich natürlich nicht. Ich setze mich gerne dafür ein, daß Sie bei künftigen Welt- oder

Europameisterschaften mit von der Partie sind, wenn wir je an solche Rechte wieder herankommen sollten.«

Daraufhin rührt Koch die Trommel weiter, man kann's verstehen. Geradezu verzweifelt richtet er sich am 19. März in einem zweiseitigen Schreiben wieder an Pleitgen: »Nun weiß ich […], daß unser Sportchef, Franz Muxeneder, von anderer Seite von unserem Briefwechsel Wind bekommen hat. Dies sagte er mir jedenfalls am vergangenen Donnerstag, als ich ihn darauf ansprach, was er zu Ihrem Auftritt bei Frau Christiansen und Ihrem Interview in der *SZ* sagt. Gerade glücklich ist Herr Muxeneder darüber offenbar und sichtlich nicht! Er versprach mir aber zumindest, kein ›Veto‹ einzulegen, wenn Sie sich für mich starkmachen ›sollten‹. Diese Zusage mußte ich aber ihm schon fast abringen. Andererseits fallen sicher hinter den Kulissen jetzt schon die Vorentscheidungen für die Besetzungsliste für die WM 2002 in Japan [und Südkorea]. Wer keine Qualifikationsländerspiele überträgt – beziehungsweise übertragen bekommt –, kann auch nicht zur WM fahren. So jedenfalls wird und wurde immer ›argumentiert‹. Ich hätte größtes Interesse am Länderspiel Deutschland – England am 1.9. in München oder auch an jedem anderen WM-Qualifikationsspiel. Sicher wäre es sinnvoll, mich da jetzt schon auf die Liste zu setzen. Aber wie? Bitte entschuldigen Sie, wenn ich so direkt bin, aber was soll ich lang um den heißen Brei herumreden?«

So nachvollziehbar Kochs Anliegen und sein dringlicher Ton sind, vielleicht liegt Manni Breuckmann richtig – das könnte, da es irgendwie die Runde machte, im Gockelzoo ARD zuviel des Guten gewesen sein. Breuckmann: »Daß das Neid gegenüber Günther war, ist ja ganz klar. Das ist dem öffentlich-rechtlichen System immanent. Das öffentlich-rechtliche System ist vom Ansatz her eher egalitär geprägt. Vor allem im Radio sind ›Stars‹ absolut unerwünscht. Wenn du den Kopf etwas zu weit rausstreckst, kriegst du einen drauf, weil die anderen nicht wollen, daß es irgendwelche Radiohelden gibt. Wenn über einen andauernd geschrieben und der als der Größte unter dem Sternenzelt bejubelt wird, ist das ganz schlecht. Da bringst du die Leute gegen dich auf.«

Trotzdem zeigt sich Fritz Pleitgen in einem neuerlichen Brief neun

Tage später sehr hilfsbereit, im Rahmen seiner begrenzten Möglichkeiten: »Wegen Ihres Wunsches nach Teilnahme an Fußballgroßveranstaltungen habe ich in der Zwischenzeit Herrn Scharf [den Intendanten des BR] angesprochen. Er bestätigt mir, daß ich mit meiner Wertschätzung für Ihre Reportagen nicht alleine stehe. Ich werde auch die Vorsitzende der Hörfunkkommission der ARD noch auf diese Angelegenheit hinweisen und hoffe auf eine entsprechende Reaktion. Wie Sie sich allerdings sicher denken können, kann ich selbst als ARD-Vorsitzender nicht anordnen, wie die Reportermannschaft aufgestellt wird. Dies muß Sache der zuständigen ARD-Entscheidungsgremien bleiben.«

Appelle anderer prominenter Fürsprecher (etwa des SPD-Bundestagsabgeordneten Günter Gloser) an den 2002 neugewählten BR-Intendanten Thomas Gruber, Leserbriefe (»Darf Koch nicht mitfahren, weil er nicht stromlinienförmig genug ist, weil er dafür bekannt ist, auch mit Kritik nicht hinter dem Berg zu halten? Ist er zu sehr Individualist?« – »Ich habe den Eindruck, daß die Nichtnominierung Günther Kochs weder auf eine Verkettung unglücklicher Zufälle zurückzuführen ist noch eine sachlich begründete Ursache hat. Es riecht nach Vetterleswirtschaft, so daß nicht die besten Leute fahren, sondern die mit irgendwelchen Beziehungen. Oder es sind tatsächlich irgendwelche persönliche Animositäten«) und haufenweise Interventionen in der Presse (*Bild*: »Der Franke Günther Koch hat ein Problem: Er ist zu gut«; *Augsburger Allgemeine*: »Zu kritisch?«; *Bunte*: »Okay, er hat seine Feinde, weil er daheim in Nürnberg als Selbstdarsteller gilt«, dennoch: »Bitte, bitte nachnominieren«; *stern*: »Das ist, als verzichte Teamchef Rudi Völler auf Oliver Kahn: unfaßbar«) – es führt alles zu nichts, wahrscheinlich ist es sogar kontraproduktiv.

In der *Süddeutschen Zeitung* leuchtet Klaus Ott unter der Überschrift »Falsches Spiel mit Günther Koch – Wie es die ARD immer wieder schafft, sich selbst zu schwächen« am 28. Dezember 2001 ein paar Hintergründe aus: »Es ist einfach wie verhext. Alle wollen, daß Günther Koch für die ARD zur Fußballweltmeisterschaft 2002 nach Asien fährt, aber niemand mag ihm das Ticket besorgen. ARD-Chef Fritz Pleitgen würde den Radioreporter ja so gerne nach Japan und Südkorea beordern. Ebenso Thomas Gruber, der neue Intendant des Bayerischen Rundfunks. […] Auch sonst beteuert jedermann in der ARD, auf Koch angesprochen, daß der sechzigjährige Lehrer und Teilzeitreporter nach langem Warten endlich eine WM-Teilnahme verdient habe. Denn: ›Er ist einer unserer Besten‹, sagt BR-Intendant Gruber. Wie die ARD mit ihrer Spitzenkraft allerdings umspringt, ist nicht mehr nachvollziehbar. Kochs Wunsch nach einer WM-Qualifikation wird von den Radiosportchefs offenbar erst gar nicht behandelt. Sein Name fehlt auf der Liste der Reisegruppe« – und auf die hätte ihn der BR setzen müssen. Ob von anderen, von den maßgeblichen Anstalten vorab intern signalisiert worden war, Franz Muxeneder werde ihn, Koch, ohnehin wieder nicht durchbringen, er könne es sich also sparen, ihn zu nominieren – wie alles: Spekulation.

Aus dem NDR ist zu hören: »Der BR hat Koch für die Länderspielliste niemals vorgeschlagen, deshalb war es nicht möglich, ihn auszuwählen.« Dem widerspricht der für den Sport zuständige Hauptabteilungsleiter Karl-Jörg Wohlhüter: »Wir haben Koch in den vergangenen zehn Jahren immer wieder für Länderspieleinsätze nominiert. Doch die ARD-Sportchefs haben unserem Reporter immer wieder die rote Karte gezeigt.« Welche ARD-Sportchefs? Alle? Einige? Viele? Wohlhüter: »Viele ARD-Leute hätten lieber eine Stimme, die nicht so markant und nicht so stark persönlich geprägt ist.« Ott weiter: Franz Muxeneder treffe daher »keine Schuld. Muxeneder habe sich in der ARD oft für Koch eingesetzt, aber wegen der ständigen Absagen irgendwann resigniert.«

Kurzum: Einer zeigt mit dem Finger auf den anderen (und irgendwer muß lügen), und am Ende war's niemand.

»Lob und Ehre sind mein Schicksal« (Koch), und es ist alles gar zu bescheuert. 2006 wiederholt sich die Dummbeutelei ein letztes Mal. Abermals quellen die Zeitungsspalten über (Wolfgang Hettfleisch von der *Frankfurter Rundschau* zum Beispiel vermutet, Kochs Ausbootung liege daran, »daß der Wahlfranke ein schon sagenhaft loses Mundwerk sein eigen nennt und, sagen wir mal, alles andere als ein klassischer Karrierist ist«), die Internetpetition »Günther Koch muß zur WM!« (www.gueko-zur-wm.de; »nur die ARD kann es sich leisten, ihren besten ›Spieler‹ zu Hause zu lassen«) sammelt innerhalb eines guten Monats fast tausendzweihundert Stimmen und empörte, gewitzte und elaborierte Statements aus allen möglichen Fanfraktionen (auffallend: nicht nur FCN-, Bayern- und Sechzig-Anhänger sind zahlreich darunter, sondern auch viele Eintrachtler), der 1. FC Nürnberg und der FC Bayern München bieten Koch Unterstützung an, und Koch versucht wiederholt, den BR-Hörfunkdirektor Johannes Grotzky zu sprechen, um endlich mal eine faire Begründung zu erhalten, wird am Telephon aber permanent abgewimmelt.

Der Werner Rabe, Leiter des Programmbereichs Sport, hatte zur mir gesagt: »Ich verspreche Ihnen, daß Sie für die WM 2006 gesetzt sind.« Ich weiß noch heute, wie er mich bei der Weihnachtsfeier 2005 vor die Tür geholt hat. Dann hab' ich gesagt: »Sagen Sie das doch mal dem Kattenbeck.« Dann hat er den Kattenbeck, der war ja Nachfolger von Muxeneder, geholt, und der hat gesagt: »Halt, halt, halt, halt!« Das würde er jetzt so noch nicht unterschreiben. Da müsse man erst mit der Frau Töpperwien reden.

Und das ist bis heute nicht ganz klar: ob der BR, sprich die Hörfunksportabteilung, sprich Kattenbeck, schuld war – ich glaube: der! – oder ob's die Töpperwien war. Nach Auskunft vom Hörfunksportchef von Radio Bremen, ein sehr integrer Mann, trocken und nüchtern berichtet der immer, aber sehr, sehr gut, Henry Vogt … Den hab' ich mal gefragt – weil ich für die mal eingesprungen war, da war ein Champions-League-Spiel Anfang März 2006, Henry Vogt war heiser, und wir sind in Mailand gelandet, und dann bin ich schnell nach Turin gefahren und hab' für die Werder Bremen gegen Juventus Turin gemacht – und wie! – und am nächsten Tag Bayern, hey! Hier! Ha! –, und der hat zu mir gesagt: »Günther, wenn der Heimatsender jemanden vorschlägt, dann wird der gewählt.« Schwarzer Peter BR. Aber aus dem BR hat man mich immer glauben lassen, die Frau Töpperwien sei schuld. Mehr weiß ich nicht.

Aber ich hab' mir mit ein bißchen Abstand gesagt: Günther, deine Frau, deine Kinder, deine Enkel, alles andere, deine Gesundheit – du mußt so dankbar sein, du darfst da jetzt kein Theater veranstalten. Und ich finde, rückblickend war das auch richtig. Es wäre vielleicht, das klingt jetzt ein bißchen komisch, zuviel des Guten gewesen. Glück ist ja auch, wenn man auf gewisse Dinge verzichten muß. Das ist heute meine Definition von Glück – wenn man verzichten kann und trotzdem oder deshalb glücklich ist. Ja, wer kann denn von sich sagen, daß er mit den Schülern und den Kollegen und der Jugendarbeit *und* den Reportagen ein so erfülltes Leben hatte? Also, im Rückblick muß ich sagen: Es wäre vielleicht zuviel des Guten gewesen.

Na ja, ich war immer unangenehm und unbequem, und ich hab's mit der Ehrlichkeit ab und zu sicher übertrieben. Das hat mir bestimmt nicht genützt. Ich hätte aus taktischen Gründen vielleicht das eine oder andere Mal besser die Klappe gehalten, ich hätte mir, gerade bei der ARD, manchmal Zurückhaltung auferlegen sollen. Aber ich spinn' halt, und ich spinne um der Sache willen.

Johannes Grotzky beschrieb, auf daß die Konfusion schließlich ihren Höhepunkt erreichte, in einem Brief an den SPD-Landtagsabgeordneten Wolfgang Hoderlein ein endgültig undurchschaubares Entscheidungsverfahren. Bei Kafka geht es nicht anders zu: »Die Federführung für die Berichterstattung liegt beim WDR, der die personelle und organisatorische Ausstattung verantwortet. In diesem Zusammenhang stellt der Federführer die ARD-Reporterliste zusammen, die von den Sportchefs abgestimmt wird. Danach befinden die Hörfunkchefredakteure aller Sender über diese Liste und reichen sie an die Hörfunkkommission zur Genehmigung weiter. Die Reporter aus dieser Liste müssen von allen Sendern gleichermaßen akzeptiert werden. Nur in diesem Konsens kann der WDR als Federführer seiner Aufgabe gerecht werden.«

Kapiert? (Ich schnalle es auch nach neunmaligem Lesen nicht.)

Als Lehrstück über eine Behörde vermochte das Günther Koch im Februar/März 2006 noch nicht zu verstehen. »Ich sehe das als eine große Mißachtung meiner neunundzwanzigjährigen Tätigkeit für den Sender«, sagte er gegenüber der dpa, an anderen Stellen, er sei »kaltlächelnd« übergangen worden, er sei »aus allen Wolken gefallen« (»Die geben mir Hausarrest«), er sei »bitter enttäuscht«, das sei »eine Watsch'n«, »ich dachte, man würde meine Arbeit mit einem Einsatz bei dieser WM würdigen. Aber jetzt weiß ich, woran ich bin« – und schmiß hin. Ein Satz von Werner Hansch aus dem Dezember 1996 hat sich seither bewahrheitet: »Es gibt einfach keine neuen Günther Kochs mehr«, im öffentlich-rechtlichen Rundfunk jedenfalls nicht.

Es war »der letzte Tritt in den Hintern« (Koch, 2021) gewesen, und bei arena bekommt »der Radio-Vertriebene« *(tz)* nach dem ersten Spieltag am 12. August 2006 gleich massiv auf die Mütze, Susanne Jahrreiss hat davon erzählt, Details des medialen Wirbels sparen wir uns.

Am 19. Mai 2007 zog Koch im Gespräch mit dem *Tagesspiegel* ein erstes Resümee. Er sei am Anfang von der »verwirrenden Technik« und der »Vielzahl von Monitoren« überfordert gewesen: »Ich mußte mir erst mal sagen lassen, auf welchen ich gucken soll und welche Taste ich wann zu drücken habe. Der Paul Breitner hat mir dann später gesagt: Andere brauchen da zehn Jahre für!« Er habe auch versucht, seinen Stil zu verändern, aber »so etwas geht nicht von heute auf morgen«. Mittlerweile habe er »manchmal bei der Vollkommentierung Phasen drin, bei denen ich eher zu lange still bin. Mein Ablaufredakteur sagt mir dann aufs Ohr: ›Jetzt kannst' aber wirklich wieder mal was sagen.‹«

Jahrelang hatte Günther Koch in vielerlei Interviews klargestellt, was er vom Fernsehen hält: »Fernsehen ist lauwarmes Badewasser.« (Quelle verlegt.) »Ich bin froh, daß ich beim Radio geblieben bin und den Verlockungen des Fernsehens weitgehend standgehalten habe. [...] Fernsehen ist vielleicht auch schwieriger. [...] Es gibt ganz wenige, die das beherrschen – wie zum Beispiel der Marcel Reif –, die ganz ruhig sind, und wenn sie was sagen, in der Regel etwas sehr Gutes sagen – und das kurz, dezidiert, mit dem nötigen Abstand. Das wär' nicht meins. [...] Ich würde wahrscheinlich dabei verlieren.« (Deutschlandfunk, 1999) »Was die im Fernsehen machen, ist ein pseudoakademisches Gequarke. Da wird es einem so übel, so übel!« (*Kirche und Neue Medien* 4/1997) Und ein paar Monate bevor er den Vertrag bei arena unterschreibt: »Der beste Fernsehkommentator ist jener, der schweigen kann, der dem Bild seine Würde läßt und der das nicht totquatscht. Und vom Typus her bin ich keiner, der das könnte.« (NDR: *Zapp – Das Medienmagazin*, 9. November 2005)

Gegenüber dem *Tagesspiegel* konzediert Koch 2007: »Ich kann keine Bilder mehr malen, habe nicht mehr die totale Freiheit. Radikal ausgedrückt, wäre ich entbehrlich. [...] Die Sprache, meine Möglichkeit, den Hörer an die Hand zu nehmen, ging weitgehend verloren. Aber es reizte mich, noch mal was Neues auszuprobieren und zu lernen.«

Siebenundzwanzig Spiele hat Günther Koch bei arena kommentiert. Zehn Jahre später sagt er: »Du bist danach, anders als beim Radio, gar nicht glücklich. [...] Du kannst ja gar nichts leisten. Am besten, du hältst die Klappe.«

Im März 2021 schreibt er mir auf einer seiner mich regelmäßig erreichenden Postkarten mit Vogelmotiven (diesmal: der Fichtenkreuzschnabel), meine Kritik an seinem Engagement bei arena fechte ihn nicht an, die Zeit beim Fernsehen sei »eine wichtige Erfahrung«, aber leider zu kurz gewesen, um seine verwegenen Ideen, wie man Fußball mit bewegten Bildern präsentieren könne, umzusetzen. Und: »Spätestens mein TV-Kommentar vom 2. Februar 2007 (Club – Bayern: 3:0) wurde von allen Seiten gelobt – auch von den Gegnern. Herzlich, Deine Hilfskraft Günther«. Da hatte er u. a. sinngemäß gesagt, der FCN könne sich über den Sieg gar nicht richtig freuen, weil die Bayern so lasch gewesen seien.

Er reagiert mit einem gewissen Ärger, wenn ich mein tiefes Mißbehagen gegenüber seinen Episoden beim Fernsehen äußere – so auch im Frühjahr 2018:

Über die Zeit bei arena müssen wir noch ein paar Worte verlieren. Ich halte es nach wie vor für einen großen Fehler, daß du zum Fernsehen gegangen bist. Siehst du das heute womöglich ähnlich, zumindest in Teilen?

Nee, das sehe ich anders. Meine erste Reportage, Stuttgart gegen Nürnberg, war sogar eine Meisterleistung, denn ich hatte zunächst kein Bild. Das wissen die wenigsten. Wir wurden sabotiert von denen, die danach gesagt haben: Unsere Gebete wurden erhört. Blasphemie pur. Nach einem Jahr hat der Anbieter Unitymedia die Rechte verkauft, und Premiere bekam das Ding wieder.

Plötzlich hatte ich wieder Bild- und Tonleitung. Und es war ja auch völlig neu und technisch anspruchsvoll, daß man eine Konferenz aus den Stadien macht. Die Sky-Fernsehkonferenz kommt immer noch aus der Turnhalle in Unterföhring, und den Leuten wird gesagt: »Wir rufen Bremen«, dabei hockt der neben dir. Betrug.

Ich habe bei dem Tor, weil ich was anderes machen wollte und deutlich sichtbar war, wer das ist, gesagt: »Bitte – danke – Tor!« Es war klar, daß das Ivica

Banović und Markus Schroth waren. Das hat jeder gesehen. Und zeitgleich fiel in Leverkusen ein Treffer, und ich habe sofort weitergeben müssen nach Leverkusen und den Torschützen später nachgereicht. Aber das hat jeder gesehen. Denn das Tor fiel nicht aus einem Getümmel heraus, sondern nach einem Flankenwechsel, der hat nach innen geköpft, und da flog nur einer zum Ball: Markus Schroth.

Natürlich habe ich anfangs handwerkliche Fehler gemacht, ein bißerl zuviel gered't, aber nach, ich sage mal, fünf, sechs Einsätzen hatte ich das drauf. Was entscheidend war oder was stimmt, ist: Das macht eigentlich keinen Spaß, denn du kannst da nix leisten. Du merkst, daß du im Grunde überflüssig bist. Und du kannst mit der Sprache schon gleich gar nix machen, es sei denn, du schweigst, so wie ich bei dem Tor.

Unmittelbar nach dem Spiel hat mich ein Kollege angerufen – er wisse jetzt nicht, ob es als Highlight der Fernsehgeschichte gesehen oder ob es ein Verriß wird. Und da hab' ich mir gedacht: Kann ich mir schon vorstellen, was das wird. Aber sie waren sich uneinig. Ich habe viele andere Leute gefragt, die fanden das großes Kino. Es war tatsächlich erst mal eins: was ganz anderes. Ich hätte es auch gerne weitergemacht, vor allem, als ich das beherrschte – nicht beherrschte, denn man beherrscht gar nichts, auch nicht die Rundfunkreportage. Man beherrscht nix. Aber nachdem ich so ungefähr wußte, wie das läuft, etwa nach einem halben Jahr und erst recht gegen Ende, habe ich mich auf die nächste Saison sehr gefreut und hatte bereits ein paar Ideen, die es im Fernsehen noch nicht gegeben hatte, mit 'ner kleinen Glocke oder so. Weißt du, ich wollte etwas anders machen – keine Statistiken runterbeten oder so einen Schmarren.

Aber noch mal: Es war nicht sehr befriedigend, die Freude kam nicht auf, das hat das Geld nicht aufgewogen. Du hast natürlich vergleichsweise viel Geld bekommen. Aber du warst danach überhaupt nicht erschöpft. Du hattest hinterher das Gefühl: Na ja, mei, wozu eigentlich? Und ich hätte gern Musik eingespielt oder … Ich hatte ein paar Ideen, die man bei arena vielleicht hätte umsetzen können. Denn der agile Senderchef Albrecht Schmitt-Fleckenstein war couragiert und cool.

Nach dem Ende von arena hat Koch »Entzugserscheinungen«. Ein Jahr lang hat er in Sachen Fußball bis auf seine wöchentliche Kolumne auf

Bayern 3, die allerdings keine journalistischen Ansprüche an ihn stellt, nichts zu tun.

2008 eröffnet sich eine neue Möglichkeit: Er ist – die elektronischen Medien beginnen sich auszudifferenzieren – bei der Gründung des sympathischen und avantgardistischen, nachher, 2010, mit dem Deutschen Radiopreis ausgezeichneten Fußballinternetradios 90elf mit an Bord. Ausschlaggebend für Günther Koch: die ihm heilige Authentizität. Was bei dem kleinen, unabhängigen Unternehmen aus Leipzig veranstaltet werde, sei »echter als das Radio, das immer mehr verkümmert. Denn das klassische Radio wird zunehmend kaputtgeschmarrt durch krampfhaft gewollte Witzigkeit.«

»Neunzig Minuten am Stück ist das Größte, ist das Höchste. [...] Es ist die Zukunft: neunzig Minuten [...] in einem reinen Fußballradio. [...] Neunzig Minuten interaktiv«, schwärmt Koch im April 2011 in Helmut Markworts BR-*Sonntagsstammtisch*. Jedes Spiel komplett, ohne redaktionellen Eingriff, ohne zeitliche oder inhaltliche Vorgaben, ohne Serviceradioeinschübe, ohne irgendwas: Im Herbst seines Lebens am und fürs Mikrophon erfüllt sich, was Günther Koch vielleicht bereits in seiner Jugend imaginiert hat: das Radio als Bühne des anarchischen Redners, als Prärie der Sinne und der Stimme und der schweifenden und schwelgenden Vorstellung, als ein wahres Marxsches Reich der Freiheit, in dem niemand das Sagen hat außer der sprechende und sprechend handelnde Mensch in der wirklichen Welt.

Dazu gekommen wäre es nicht, hätte der bockige Bayerische Rundfunk ihn nicht geblockt:

Ich wollte nach der Demontage von arena – da wurde an vielen Strippen gezogen – wieder zum BR. Das muß man auch sagen. Ich hab' dem Thomas Kattenbeck, dem Radiosportchef, angeboten, wieder Reportagen zu machen. Ich war Mitte sechzig, und die hatten mich damals, 2006, nach der Kaltstellung in Sachen WM, bis siebzig geködert. Das war ein gutes, faires Angebot gewesen. Naa, jetzt wollte der Kattenbeck nicht mehr. Ich wurde ja erst verabschiedet, meinte er – klein verabschiedet, muß man sagen. Das sollte man schreiben: daß der mein Angebot glatt abgelehnt hat.

Aber es war schließlich ein Traum für dich: ein reines Fußballradio.

Ja, das war ein Traum. Denn ich konnte, jetzt kommen wir wieder zum Ausprobieren, auf einem eigenen GüKo-Kanal, den sie dann eingerichtet hatten, machen, was ich wollte. Ich konnte experimentieren und während der Reportage interaktiv mit Hörern reden. Ich hatte die Bedingung gestellt, daß ich nur aus dem Stadion berichte. Ich war beim Radio nie in einer Box, nie. Ja, das war wunderbar, und ich habe all die Spiele bekommen, die ich haben wollte. Und 2011 habe ich gesagt: »Ich höre auf.« Das war auch richtig. Mit siebzig soll man das Mikrophon weglegen.

Aber die tollen Leute bei 90elf hatten mir die Chance gegeben – das klingt, ich weiß, wieder prahlerisch –, der Geschichte der Radioreportage noch mal ein Kapitel hinzuzufügen. Ach, ich konnte einfach rumspinnen, vor allem auf meinem interaktiven GüKo-Kultkanal. Ich sage es bewußt: Ich konnte die Fußballradioreportage bei voller Freiheit vervollkommnen. In München zum Beispiel, in der Allianz-Arena, kam an meinem 90elf-Reporterplatz auf der Pressetribüne ganz außen links, fast auf der Höhe der Sechzehnerlinie, direkt neben dem Gang zu den normalen Tribünenplätzen auf der Haupttribüne, keiner und vor allem *keine* vorbei, ohne daß ich ihn und vor allem *sie* in das Spiel und in mein Radioreportagehörspiel eingebunden hätte! Große Gaudi – und dennoch immer live am Ball!

In seiner Privatmythologie nimmt der Donnerstag des 28. Oktober 2009 noch einmal eine herausragende Rolle ein. An dem Tag wäre er »beinahe verblutet«, mailt er mir und erläutert:

Nach der operativen Entfernung eines tennisballgroßen Lipoms am linken Arschbackerl, das mich, natürlich nur aus Eitelkeit, schon im FKK-Urlaub in Frankreich gestört hatte, vor allem beim Nacktradeln auf dem Gelände, rissen drei, vier Stunden später die Fäden. Insa rief den Notarzt, weil ich wie ein Schwein blutete und selbst mit einem Handtuch die Blutung nicht zu stillen war. Die Notarztsanis zu mir auf der Fahrt ins Klinikum, vier Minuten von mir entfernt: »Nur daß Sie's wissen, Günther Koch, wir sind fei Bayern-Fans!«

In der Notaufnahme angekommen, wollte man mich auf Grund fehlender Zuständigkeit nicht behandeln! (Außerdem: »Ich habe jetzt Feierabend!«) Wegen meiner lautstarken Proteste beugte sich plötzlich ein älterer Arzt über mich: »Sie sind *der* Günther Koch?« Ich: »Ja!« Er: »Haben Sie was gegessen? Ich operiere Sie hier sofort.«

Es war Professor Bail, Leiter der Chirurgie der Orthopädie. Not-OP gegen 17 Uhr. Nach der OP Professor Bail und ein sich hinterher rührend um mich kümmernder Oberarzt der Orthopädie, Herr Jurowich, der im übrigen den *Zeit*-Artikel von 1987 mehr oder weniger auswendig kannte und seinen Worten nach offenbar mal Markus Söder, der mir zusammen mit Beckstein 2003 mein mit einem Rekordergebnis erworbenes Landtagsmandat eiskalt versaut hatte, damit verarscht hat (»So weit werden Sie's nie bringen – ganze Seite in der *Zeit*!«) und der mich von seinen BRK-Stadioneinsätzen her kannte: »Da haben wir ein ganz schönes Stück verbrannte Erde hinterlassen.«

Schon am Donnerstagabend jammerte ich, daß ich trotz noch vorhandener Nachblutung am Samstag unbedingt ins Stadion zum Club-Spiel gegen Bremen müsse. Ja, ja, versprechen könnten sie nix, aber sie würden alles probieren. Die ahnten wohl nicht, daß ich als Reporter für 90elf – und das für neunzig Minuten live am Stück! – ins Stadion zum *Arbeiten* wollte. Doch nach der letzten Privataudienz am Samstag um 8 Uhr früh gab mir der Dr. Jurowich grünes Licht.

Der Club führte 2:0, und am Schluß fiel plötzlich das 2:1, und dann fing in der letzten Nachspielminute auf einmal Juri Judt drüben im Bermuda-Streifen das Fußballspielen an, vertändelte die Kugel, Flanke vors Tor, 2:2.

Ich muß furchtbar geflucht und womöglich gegen Ende, so in der 93. Minute, wegen Erschöpfung und Blutleere im Hirn auch Stuß geredet, ja im Delirium gefaselt haben.

Jedenfalls ruft mich am Dienstag Fabian von Wachsmann (guter Typ!), Geschäftsführer von 90elf und Stadionsprecher von Hertha BSC Berlin, an und druckst rum. Ja, die DFL habe angerufen wegen meiner Reportage vom Samstag gegen Bremen – und ob denn das so mit den Richtlinien der DFL vereinbar sei et cetera et cetera. Und überhaupt: Der Koch sei ja einmalig, aber …

Kurzum: Vier Tage später gab es für mich einen eigenen Kanal, den GüKo-Kultkanal auf 90elf, wo ich machen und sagen und lassen und singen konnte, was ich wollte. Das war die Krönung. Am 7. November 2009, Bayern – Schalke: 1:1, ging es los.

Man ist beinahe geneigt zu statuieren: Das Leben Günther Kochs bedarf der mehr oder minder dramatischen Zäsur, um dem Selbsterneuerungswillen den nächsten Schub zu verleihen. Was er auf 90elf auf seinem eigenen Kanal veranstaltete – wer hatte jemals zuvor im deutschsprachigen Radio seinen eigenen Kanal? –, entzog sich allen Kategorien. Vogelwild pfefferte er sämtliche Konventionen über Bord, laberte und parlierte, wie ihm die Schnauze geformt war, improvisierte, extemporierte, wann immer es sein Gehirn hergab, interviewte, wer ihm vor die Flinte latschte, und am Ende war alles Genuß.

Ob man das als Pop oder alterswüsten Unfug bezeichnen möchte, darüber mögen andere richten. Manni Breuckmann jedenfalls erinnert sich an den Abschied: »Wir haben, kurz bevor er aufhörte, zusammen ein Nürnberger Spiel übertragen. Am 10. Dezember 2011 war das. Und zu Ehren von Günther verlor der Club gegen Hoffenheim mit 0:2. Da bin ich extra angereist und hab' als Zugabe noch den Christkindlesmarkt besuchen können. Das war eine gelungene Überraschung. Günther wußte das vorher gar nicht.«

Günther ergänzt schriftlich: »Manni Breuckmann, Tom Hilgers, der Chefreporter von 90elf, und Fabian von Wachsmann waren angereist, ohne mich vorher zu informieren. Es war ein großer Bahnhof. Sie haben mir ein Riesenabschiedsgeschenk im Stadion gemacht. Es war sehr schön.«

»Sein letztes offizielles Spiel für 90elf hat er«, fügt Breuckmann am Caféhaustisch in der Düsseldorfer Innenstadt hinzu, »am 20. Dezember 2011 übertragen. Und schon wieder verlor der Club, 0:1 im Pokal gegen Fürth. Ausgerechnet gegen Fürth.«

Fünfunddreißig Jahre zuvor hatte im Fürther Ronhof mit der ersten Probereportage alles begonnen. Der Kreis war geschlossen.

26. Mai 1999: Barcelona, vor dem Champions-League-Finale
Manchester United – FC Bayern München

1971: Nürnberg, der Lehrer und Trainer, Stadtmeister im Volleyball, Adalbert-Stifter-Schule

August 1970: Georgensgmünd, B-Schein-Trainerlehrgang des BFV,
mit G. Flachenecker (Nr. 5), H. Walitza (Nr. 25) und G. Koch (unten 6. v. l.)

1969: Liga für Erholung und Sport,
Wendelstein bei Nürnberg, Startsprung

1962: Mittelstreckler für den MTV München 1879

25. November 1989: Liveinterview mit Trainer Hermann Gerland
kurz vor Spielende, FCN – FC Bayern (4:0)

1992: Frankenstadion,
mit Club-Fan aus Neuendettelsau

1991: Liveinterview mit
Club-Präsident Schmelzer

1985: Liveinterview mit Franz Beckenbauer

1988: Liveinterview mit Dieter Eckstein

7. Juni 1997: drohender Spielabbruch, Regionalliga, FCN – Quelle Fürth

27. Juli 1997: Liveinterview mit Klaus Thomforde (FC St. Pauli), nach Spiel in Fürth

2000: Liveinterview mit Andreas Köpke

1993: Olympiastadion München, mit Hans-Peter Pull

Gespräch mit Dortmunds Trainer Ottmar Hitzfeld, achtziger Jahre

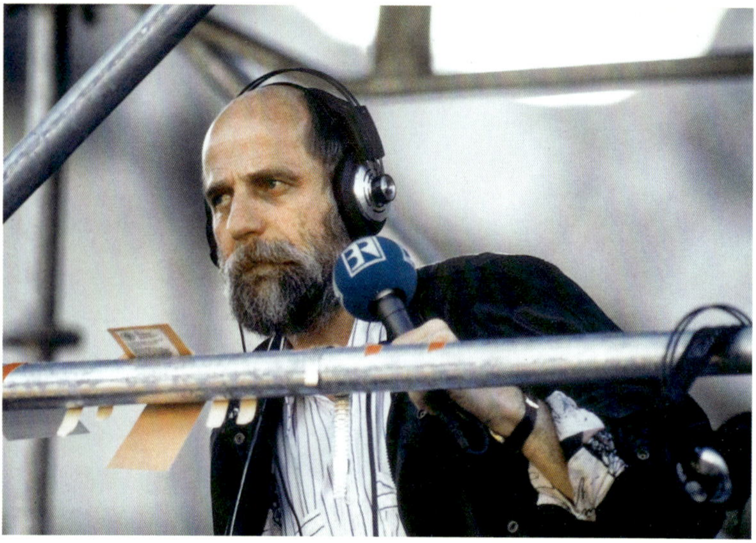

1990: Reporter hinter Gittern, während des Stadionumbaus, Nürnberg

Club-Aufstieg 2001

August 2000: Münchner Olympiastadion, bei Filmaufnahmen

11. Juli 2020: dreißig Minuten dritte Liga, Arbeitskarte für den FCN-Aufsichtsrat, Relegationsrückspiel Ingolstadt – FCN

Live in Nürnberg, neunziger Jahre

Mit Tasso Wild nach dem Montagskick, vorm Max-Morlock-Platz im Sportpark Valznerweiher

2001: mit Hans-Peter Pull im Olympiastadion

Mit Sebastian Kerk und Mikael Ishak, vor dem Derby gegen Fürth am 2. März 2018

20. April 2008: mein Förderer Heribert Lechner (BR) zu Gast im Frankenstadion

16. März 2006: Lesung aus *Der Ball spricht,* Bamberg

Landtagswahl in Bayern 2003: Stimmenkönig für die SPD (54.223 Zweitstimmen)

2019: live aus dem Stadion fürs FCN-Fanradio

2007: Fachgespräch mit Trainer Hans Meyer während des Trainings

© sampics

2003: Olympiastadion: »Wie ist die Atmo?«

© kicker

13. Mai 2019: zwanzig Jahre danach: Reportertrio Koch/Breuckmann/Schmitt

WM ohne Günther Koch – das ist wie die deutsche Elf ohne Kahn

Bosse konnten nicht helfen – Nürnberger Kult-Reporter muss daheim bleiben

Klaus Toppmöller

Sex-Or

Pleiten und Skand
beim FC Barcelon
Bernd Schuster b
Trainer in Sarago

Sport-Reporter Koch lässt Polit-Karriere sausen

München – Reportagen statt Debatten. Günther Koch (61) verzichtet auf sein ge- ... de gewonnenes Land- ... s-Mandat und bleibt, ... er ist: Sport-Reporter! ... R-Intendant Thomas Gru- ... hatte Koch gestern ... und klar gesagt, dass ... dat und Mikrophon ... miteinander verein- ... nd.

SPD-Politiker ent- ... sich danach für ... Mikrophon. Ihm fiel die Entscheidung „alles andere als leicht." Bei der Wahl hatte er mehr als 54000 Stimmen erhalten und kletterte auf Platz 1 der Mittelfranken-Liste der SPD. Ein Platz im Maximilianeum war ihm damit sicher.

Der BR hatte aber vor der Wahl eine Dienstanweisung erlassen, nach der auch freie Mitarbeiter nicht Abgeordnete sein dürfen. SPD-Generalsekretärin Susann Biedefeld sprach gestern von einer „Lex Koch, die auf Druck ... zustande gekommen ... CSU bestreitet jede ... nahme.

Koch gestern ... Zwang, sich zwisch... dat und Mikrophon ... den zu müssen: „D... Sauerei!"

Energy 93

Samstag/Sonntag, 11./12. April 1992 Seite 26

Eine gemütliche Atmosphäre – grad wie in Wien

Von Günther Koch

Serie – Teil VI

Mein Herz schlägt für Nürnberg

Prominente schreiben über ihre Heimatstadt

Träumt in Oberbayern schon vom Frankenstadion: Rundfunk-Reporter Günther Koch vor seinem Arbeitsplatz

Foto: Bernie Mayer

Am Montag lesen S...

Klare Worte: nix gegen die Boulevardpresse!

© Tim Schamberger

19. Dezember 2002: Söders CSU duldet keinen SPD-Sportreporter im Landtag

© NDR

9. November 2005: NDR-*Zapp*, seither ist Günther Koch Fan von Caren Miosga

4. Juli 2002: Club-Trainingslager in Ochsenfurt, Zweikampf mit Co-Trainer Thomas Brunner

ZWEI ZWISCHENBERICHTE

1. FC Nürnberg – FC Bayern München, 4. Dezember 2004:
Das war eine Schwalbe! Salihamidžić gegen Kießling. Kießling läßt sich fallen! Vorhin ließ sich Banović zu Beginn der Konferenz fallen, da gab er nicht Strafstoß! Jetzt … – Tor in Stuttgart! – Hey, wer hat's gemacht? – Silvio Meißner, Kopfball auf Freistoßflanke! Und wieder Nürnberg! Vierzwei Stuttgart! – Tore in der Bundesligakonferenz! Wird Olli Kahn seinen ersten Elfmeter seit vielen Jahren halten? Das ist die Frage. Banović läuft jetzt an vor der Südkurve! Banović, der bisher zweimal bei Elfmetern getroffen hat. Immer noch nicht wird ausgeführt! Wolfgang Wolf schaut zu uns hier hoch! Das ist der Trainer! Jetzt kommt Banović! Und jetzt kommt der Ball!! Tooor!! Tor!!! Tor!! Niemand findet Banović! Der läuft weg bis zum Christkindlesmarkt! Keiner läuft zum Trainer! In der Konferenz geht's weiter! Nach Stuttgart bitte, Kersten Eichhorn!

FC Bayern München – 1. FC Nürnberg, 12. Februar 2006:
Es läuft das Schneidekommando aus der Arena, Bayern München gegen den 1. FC Nürnberg 1:0. Makaay, der Schleicher. Und der Schütze. Noch dreißig Sekunden – ab jetzt. *(Stadionkulisse. Nach exakt dreißig Sekunden brandet Jubel auf, und Günther Koch ist punktgenau drauf:)* Tooor!! Tooor!! Tooor für Nürnberg!! 1:1! Ein Sonntagsschuß aus zweiundzwanzig Meter [sic!] mit der Koppn oben rechts ins Dreieck! Das Dreieck ist dort, wo der Pfosten zum Lattenkreuz »Grüß Gott!« sagt, und die Koppn, das ist die Spitze. Vollspann Vittek! Vorhin hatte er schon zwei Chancen. Unhaltbar! Das Tor sollten Sie sich ansehen! Torverdächtig für Tor des Monats. 1:1. Und ich sag's euch, liebe Freunde, das ist verdient! Führungstreffer für die Bayern durch den Schleicher, durch Makaay. Der schlich durch die Kette der Nürnberger, weil sie schliefen, weil Nikl stehengeblieben war und dachte: Cantaluppi macht das. Der blieb auch steh'n, und der Makaay hat das Führungstor gemacht. Aber jetzt 1:1, Bayern gegen den Club, zurück ins Funkhaus.

»BABBEL!!! BABBEL!!! BABBEL!!!! BAB-BELLL!«

Ich bin ja wirklich nicht der einzige, der Sie für den besten Fußballreporter Deutschlands hält.
Ror Wolf, Brief an Günther Koch vom 3. Juni 1999

Das fünfte Gedicht aus Ror Wolfs Zyklus »Fünfzehn Deutsche Endspiel-Stanzen«, »1932 – FC Bayern München – Eintracht Frankfurt (2:0)«:

»Die Bayern Zweiunddreißig, liebe Zeit; / die Eintracht damals ziemlich gut besetzt. / Ich weiß, mein Herr, da wissen Sie Bescheid: / Stubb, Gramlich, Mantel – Kellerhoff verletzt, / Möbs war dabei. Nur eine Kleinigkeit / ging schief: zwei Stück direkt ins Netz gefetzt. // Das erste Tor schoß Rohr, Franz Krumm war zweiter. / Gut war auch Nagelschmitz. Ach, gehen wir weiter.«

Am 21. November 2016 veröffentlichten die Erfolgsfans, ein Fanprojekt von Ruben Schulze-Fröhlich, Felix Knoche, Sebastian Rampf und Nicolai Emig, um 19.32 Uhr im Internet (erfolgsfans.com, YouTube) ein knapp viereinhalb Minuten langes Video über das Finale um die Deutsche Meisterschaft am 12. Juni 1932, in dem der FC Bayern seinen ersten Titel gewonnen hatte und das, ist man geneigt zu sagen, ausgerechnet in Nürnberg ausgetragen worden war.

»Gewidmet ist das Projekt ›Meister 1932‹ […] dem von Bayern-Fans sehr verehrten Günther Koch, der am Dienstag seinen fünfundsiebzigsten Geburtstag feiert.« Das in mehrmonatiger, aufwendiger digitaler Bearbeitung entstandene und aus teils bislang unbekanntem Material montierte Dokument zeugt von tiefer Verbundenheit mit und Hingabe gegenüber dem FC Bayern, und ein schöneres Geschenk kann man sich auch kaum denken.

Koch, der »für viele Bayern-Fans DIE Stimme [ist], die sie mit Spielen des FC Bayern verbinden«, hat für den Kurzfilm eine Reportage improvisiert. Ruben Schulze-Fröhlich schreibt: »Erstens erleben wir eine unglaubliche Realitätsnähe, die Günther Koch mit seiner Reportage erzeugt. Er hat keine vorbereiteten Texte abgelesen, sondern aus dem Stegreif kommentiert, wie bei einer richtigen Liveübertragung. Als wir das fertige Video erstmals sahen, fieberten wir wie früher bei seinen Radioreportagen mit. Das sind echte Gänsehautmomente. Zweitens das Tor zum 2:0 von Franz ›Arjen‹ Krumm. Davon haben wir nirgendwo sonst Aufnahmen finden können [...]. Besonders verblüffend und faszinierend: Es erinnert in seiner Entstehung an unsere aktuelle Meistermannschaft: ein Paß des Kapitäns Lahm rechts an die Grundlinie in den Lauf von Robben, ein Haken nach links, nach innen ziehen und in das lange linke Eck – Tor! Nur daß es eben Bergmaier und Krumm im Jahre 1932 sind. Und drittens die herausragende Qualität der Aufnahmen aus dem Bundesarchiv und dem Leo Baeck Institute [Stummfilmsequenzen, die die deutsch-jüdische Bildhauerin Erna Weill gedreht hatte], die wir zu dem Spielbericht abgemischt haben. Wir haben den Originalstadionton aus den *Wochenschau*-Aufnahmen neu abgemischt und können Bilder in nie gesehener Qualität und Lebendigkeit bieten.«

Koch zeige, »daß bei aller Vereinsrivalität eine Zusammenarbeit möglich ist. Wir sind glücklich und dankbar, daß Günther Koch sich dem Projekt ›Meister 1932‹ mit solcher Begeisterung gewidmet hat«. Koch selber: »Haß darf es überhaupt nicht geben, weil es schlicht albern und gefährlich ist. Gerade in unserer Zeit. Deshalb habe ich gerne geholfen.«

FC Bayern *und* 1. FC Nürnberg, das sei in Franken eine »verbotene Liebe«, schreibt Günther Koch des öfteren, jene zum TSV 1860 München und zu anderen bayerischen Vereinen werde hingegen »geduldet« – gerade so.

Ich spreche mit Ruben Schulze-Fröhlich:

Wie ist denn das Verhältnis zwischen dem FC Bayern und dem 1. FC Nürnberg aus der Sicht eines Bayern-Fans?

Da muß man wahrscheinlich unterscheiden. Aus der Sicht eines Ultras ist das Verhältnis zwischen Nürnberg und Bayern natürlich extrem angespannt, weil es gab seit jeher Komplikationen und auch immer wieder unschöne Zusammenstöße oder Aufeinandertreffen. Die Cluberer unterhalten ja auch eine Fanfreundschaft mit Schalke. Vor diesem Hintergrund ist zum Beispiel 2011 die extreme Ablehnung des Manuel-Neuer-Transfers entstanden, denn Neuer war früher ja bei den Schalker Ultras und somit ein Freund der Cluberer. Zwischen den Ultragruppierungen ist die Feindschaft – na ja, im Sport von Feindschaft zu reden … Aber die Rivalität ist sehr groß. Für den, sag' ich mal, normalen Bayern-Fan existiert eine Rivalität auf Grund der Lokalität, aber die ist bei weitem nicht so extrem wie zum Beispiel im Fall von Sechzig. Ich würde das eher als eine gesunde sportliche Rivalität einstufen.

Wie paßt jetzt Günther Koch da rein?

Der Günther Koch ist natürlich für viele hier im bayerischen Raum eine Reporterlegende, der auch unheimlich viele Spiele des FC Bayern kommentiert hat. Und darüber stellt sich bei den meisten die Verbindung zu ihm her. Die haben die Europapokalspiele mit ihm gehört, die haben die ganzen Bundesligaspiele mit ihm gehört. Das war bei mir genauso. Damals wurde ja nicht viel im Fernsehen übertragen, man hat noch das meiste im Radio gehört, und da war er ein Typ, der einprägsam war und den man nicht vergißt und der zudem einen guten Draht zu den Bayern-Spielern hatte, zu Mehmet Scholl oder Olli Kahn. Du hast einfach gemerkt: Die mögen den, und der mag die, und die kennen sich gut. Und das ist vielleicht eine andere Ebene als bei den meisten anderen Sportjournalisten oder -moderatoren.

Lothar Matthäus fiele mir noch ein. Auf den hält er große Stücke.

Auf jeden Fall! Aber zwischen Lothar und ihm gibt es natürlich auch eine gewisse biographische Nähe.

Also, ihr als Bayern-Fans hegt keinerlei Braß auf Günther Koch, weil er als sogenannter Cluberer auch Bayern-Spiele übertragen hat? Aus Sicht etlicher Nürnberg-Fans ist das in umgekehrter Richtung ja tatsächlich so. Unter denen wirft man ihm das bis heute ganz gerne mal vor.

Ja, das weiß ich. Nun, aus meiner Sicht als Roter überhaupt nicht. Und unser persönlicher Kontakt zu ihm ist erst entstanden, als wir uns mit der Historie des FC Bayern befaßt haben und den Film über die 32er Meisterschaft gemacht haben. Und was mich beeindruckt hat: Wir sind auf ihn zugekommen, und er kannte uns überhaupt nicht. Und er hat sofort zurückgerufen: »Kommt einfach vorbei. Laßt uns das zusammen machen.« Der hat uns bei allem geholfen. Diese Freundlichkeit, diese Offenheit, unkompliziert, ohne jede Gegenleistung. Das fand ich sehr bemerkenswert. Das habe ich bei unseren anderen Projekten von ähnlichen Persönlichkeiten noch nicht erlebt. Toll. Und er hat uns zu Weihnachten Lebkuchen geschickt.

Haha. Das ist seine Form von Bestechung. Ich kriege die auch zu Weihnachten.

(Lacht.) Später haben wir ein längeres Interview mit ihm geführt. Und was der alles wußte über den FC Bayern in dessen Anfangszeit! Und was für Anekdoten rund um den FC Bayern er zu erzählen hatte, gerade aus seiner Zeit als Reporter! Das war der Wahnsinn! Der kennt sich beim FC Bayern unglaublich gut aus, hat ein phänomenales Gedächtnis und kennt all diese lustigen Geschichten, all diese Kleinigkeiten. Das war hochinteressant.

Ich war jahrzehntelang Bayern-Fan. Jetzt bin ich, abgesehen von meinem Interesse am FCN, gar kein Fan mehr, weil ich vom Fußball übersättigt bin.

Das geht vielen so, uns auch so ein bißchen.

Sie sind ein Mann des Radios.

Ja. Na ja, ich arbeite zumindest bei Antenne Bayern und mache den Podcast.

Günther Koch als Radiomann: Wäre der in der heutigen Radiolandschaft noch vorstellbar? Oder: wieder vorstellbar? Das Radio hat sich ja ungeheuer diversifiziert, es gibt Podcasts, es gibt Internetradio, es gibt dies und das. Man könnte doch so einen Verrückten wie den Günther Koch bei den technischen Möglichkeiten, die es heute gibt, als Exoten im Grunde wieder einsetzen, oder?

Das würde ich ihm auch nur empfehlen. Gerade im Bereich des Podcastings ist die Nische das Feld, das man besetzen will, also, man will die Zielgruppe mit einem bestimmten Thema möglichst spitz bedienen. Und er wäre zum Beispiel perfekt für einen Fußball-Podcast, der sich eher kommentierend mit dem Club oder auch mit der Bundesliga insgesamt befaßt.

Auch als Kommentator wäre er ideal. Er ist immer noch Kult. Er könnte jetzt etwa bei Amazon wieder die Bundesliga kommentieren. Im Privatrundfunk sehe ich ihn nicht so. Da gibt es für einen Typen wie ihn nicht genug Raum.

Aber in all den neuen Internetsendern und in Podcasts kannst du so viel reden, wie du willst. Dafür ist er perfekt.
Das Interview, das wir mit ihm gemacht hatten, war eine der am meisten angeklickten und am öftesten gehörten Folgen überhaupt. Es war einfach große Unterhaltung, und es hatte unheimlich viel Spaß gemacht, mit ihm zusammen das zu machen. Wir saßen bei ihm zu Hause am Kamin, und ich habe mich sehr schnell zurückgenommen und hinterher nur zwei, drei Fragen von mir stehengelassen. Die restlichen habe ich rausgeschnitten, weil er sich so schön wie ein Märchenonkel anhörte, der erzählt. Das war wunderbar, das war total spaßig.
Er ist ein Naturerzähltalent.
Ja. Es ist wirklich unglaublich. Man muß ihm nur ein paar kleine Fetzen hinwerfen, und schon beginnt er so zu erzählen, daß man für eine halbe Stunde gebannt an seinen Lippen hängt. Dann wirfst du eine kleine Frage ein, und dann geht es sofort weiter. Es ist außerordentlich interessant, wie schön strukturiert und zusammenhängend er erzählen kann. Faszinierend. Und jeder hört gern zu. Wir haben so viel positives Feedback gekriegt – und zwar aus beiden Fanlagern, von den Cluberern und von den Bayern-Fans, aber auch von den ganz normalen Fußballfans, die gesagt haben: »Kraß! Die Stimme habe ich ja früher immer gehört! Die bei euch mal wieder zu hören, das war wie ein Déjà-vu, wie eine Erinnerung an die Kindheit.« Und das ist für viele ein schönes Gefühl.
Die Stimme. Ich habe die Bundesligakonferenz früher sehr geliebt.
Ich auch.
Ich hatte sie lange nicht mehr gehört, und jetzt habe ich sie mal wieder angehört. Ich kann die Stimmen nicht mehr unterscheiden. Wie geht es Ihnen?
Es gibt halt wenige Leute, die so charakteristisch sprechen und sich so charakteristisch ausdrücken wie Günther Koch oder Werner Hansch. Okay, Hansch wurde so ein bißchen belächelt. Aber ich fand ihn schon deshalb gut, weil er eine Persönlichkeit allein durch seine Stimme und seinen Stil des Kommentierens war. Wenn ich heutzutage in der Konferenz rumschalte, hören sich fast alle gleichgebügelt glatt an. Sätze, an die man sich noch Jahrzehnte später erinnert – da fallen mir nur wenige ein, die das konnten. Neben Günther Koch fällt mir da vielleicht noch Marcel Reif ein: »Ricken! Lupfen jetzt!« Oder: »Kaaahn! Die Bayern!« Das gibt es heute so gut wie nicht mehr. Früher

waren die großen Reporter und Kommentatoren wichtig für ein Fußballspiel, sie waren sein Bestandteil, sie waren ein Bestandteil der Geschichte, die ein Spiel erzählen kann. Die Wichtigkeit der Reporter nimmt immer weiter ab, weil die Persönlichkeit schwindet. Für mich ist das so. Das ist nur meine Meinung, aber es gibt doch auch kaum noch Leute, die Dialekt sprechen, die so authentisch sprechen wie Günther Koch. Das wird dir heute im Sprachtraining alles ausgetrieben, und ich gehe davon aus, daß es zu der Zeit, als Günther Koch beim Radio eingestiegen ist, kein Sprachtraining gab. Deshalb konnte er bei seinem Stil bleiben.

Sie haben zitierbare Aussagen, Spontanerfindungen erwähnt. Fällt Ihnen als Bayern-Fan gerade etwas Spezielles aus seinen Livereportagen ein?

Etwas Konkretes aus dem Stand nicht. Aber als Bayern 1996 gegen Bordeaux den UEFA-Cup gewonnen hat, das war eine total eindrückliche Reportage. Ich lag im Bett und hätte schon schlafen sollen, aber ich habe mir das unter der Bettdecke angehört, und es war unfaßbar spannend.

Der UEFA-Cup-Sieger wurde 1996 noch in Hin- und Rückspiel ermittelt. Vor dem Rückspiel am 15. Mai war im Münchner Funkhaus bekannt, daß am darauffolgenden Wochenende Markus Göttings große Reportage in der *Süddeutschen Zeitung*, aus der wir im vorangegangenen Kapitel kurz zitiert haben, erscheinen würde.

Während der Busfahrt zum Stadion klingelte Kochs Handy zirka fünfundzwanzig Mal, der Anrufer legte jedesmal sofort wieder auf. Hansi Müller und andere waren kurz davor, Koch eine Abreibung zu verpassen, weil ihnen das schwer auf den Senkel ging.

Am Platz – Koch hatte nicht die Langreportage und war ausnahmsweise Magazinreporter mit kurzen Einblendungen – brach dann nach drei, vier Abrufen zwanzig Mal die Leitung zusammen. Hinter Koch saß Daniel Cohn-Bendit, der helfen wollte und zu den französischen Technikern ging, die aber bei sich keinen Fehler fanden. Für die Störung war die andere, die deutsche Seite verantwortlich. Koch vermutet bis heute Mobbing.

Es existiert also keine nennenswerte Rückspielreportage von Günther Koch, aber wir haben ja das Hinspiel vom 1. Mai, das die Bayern 2:0 gewannen:

Schöner Paß vom Scholl auf die rechte Seite zum Frey! Wartet, was der Gegner macht. Fintiert. Gibt dann zu Scholl. Halbrechte Verbindung. Wird etwas schneller! Scholl im Sechzehner! Schuß! Tor! Tor! Toooar!! Und wenn der Scholli schnell wird, dann klappert's! Und der Hoeneß, der springt hoch, hätt' ich nie gedacht, daß der Uli noch so hochspringen kann! Und der Scholl hat den zweiten Gang eingelegt – und schön von Frey in die Gasse gelegt. Und dann, wenn der loslegt … Und mit der Spitze iiins entfernte linke Eck! Bravo, Bayern! 2:0 für den FC Bayern durch den Scholli. O mei, o mei, o mei am 1. Mai '96 im ersten UEFA-Cup-Endspiel! Ein Fahnenmeer in Weiß und Rot hier – und nur drüben ganz in Weiß und Blau Schweigen bei den Freunden aus Froankreiich. Aber es gibt ja noch ein Rückspiel. Der FC Bayern führt durch das Tor vom Mehmet Schollll mit zwei zu nullll, und ich geb' zum Hans-Peter Pullll.

Heinz Kreißel, Meister von 1961, sagt im November 1992 über die Derbys zwischen dem Club und den Bayern in den fünfziger und sechziger Jahren: »Des war'n eigentlich ganz normale Spiele. Ich kann mich da an irgendeines nicht mehr so entsinnen, weil es war net so wie heut', daß do die Rivalität so war und daß do die aan Zuschauer so lachen, wenn die andern verlier'n. Des war domols net so, und so war des a a Spiel wie jedes andere.« Günther Koch: »Da war'n die Leit' no' net so bleed?« – »Naa. Des möcht' i sog'n, ja.«

Die Ultras des FC Bayern hält Günther Koch für »hochaktive, wichtige Leute«, »was die während der Woche Gutes tun, darüber wird wenig geredet«.

Dafür redete die Spitze des Vereins, vornehmlich Uli Hoeneß, im Sommer 2003 um so wagemutiger über die Fanklubs Schickeria München, Club Nr. 12 und Red Sharks München 1994. Nach dem letzten Spiel der Saison gegen den VfB Stuttgart am 17. Mai hatten sie angeblich in der Leopoldstraße den Meisterschaftskorso blockiert, es soll zu Gewalt gegen einen oder mehrere Polizisten gekommen sein. Bewiesen war nichts (die Fans behaupteten, da bloß ein wenig gesessen und »Humba, humba« gesungen zu haben), doch Hoeneß fühlte sich Anfang Juli bemüßigt, nach dem deshalb bereits erfolgten Ausschluß mehrerer hundert Anhänger aus dem Verein und der Sperrung ihrer

Dauerkarten für die Südkurve noch eine Schippe draufzulegen. Die Kollektivbestrafung reichte ihm nicht.

Denn nach der Verhängung der drakonischen Maßnahmen sollte der (unnahbare) Fanbeauftragte Raimond Aumann eine anonyme Morddrohung erhalten haben. Wieder ohne jeden Beleg, nannte Hoeneß in der *Sport Bild* kaum verklausuliert Gregor Weinreich mehr oder weniger als Urheber, den Vorsitzenden des Club Nr. 12, und denunzierte ihn als Rechtsradikalen, stellvertretend für die gesamte Bewegung – ein klassischer »Rufmord« (Christoph Biermann in der *Süddeutschen Zeitung*), der allem Anschein nach auf Falschinformationen beruhte, mit denen Aumann Rummenigge und Hoeneß gefüttert hatte.

Die Lage ist verfahren, und die Ultras bitten Günther Koch, als Schlichter aufzutreten. Am 30. Juli 2003 sitzen sich die verfeindeten Fraktionen stundenlang gegenüber. Koch:

> Das stand ja kurz vor einer großen öffentlichen gerichtlichen Auseinandersetzung. Es war ja alles vorbereitet, mit Topanwälten. Das war nach der erwirkten Gegendarstellung in der *Bild* 1999, nach dem Abstieg und wegen meines fortdauernden Kampfes gegen Friedel Rausch [die damalige Pressesprecherin des FCN, Kerstin Dankowski, hatte ihn laut *Bild* in einer Pressekonferenz als »geistesgestört« bezeichnet], meine zweitgrößte Leistung: die Moderation und die Friedensstiftung zwischen dem Vorstand des FC Bayern und der Südkurve, der Schickeria und dem Club Nr. 12 und diesen ganzen Fundamentalfans, die ich zwei-, dreimal aus der Verhandlung rausschicken wollte, den Hoeneß aber auch.
>
> Den war ich zwei-, dreimal scharf angegangen, und es kann sein, daß er auch ein-, zweimal wutentbrannt rausgelaufen ist. Die kamen aber alle wieder. Ich hab' g'sagt: »Dann hör' ich auf, fahr' ich wieder heim nach Nürnberg.« Ich hatte zwei Aktenordner studieren müssen.
>
> Mich ham nämlich die Fans vom FC Bayern vorgeschlagen! Und Hoeneß hatte zugestimmt. Wegen der Sitzblockade damals hatte doch die Polizei den Konvoi durch den Englischen Garten umleiten müssen, weil ein paar Polizisten die Nerven verloren hatten. Ja, hättest die halt a Viertelstunde oder a halbe Stund' sitzen lassen, dann wär'n die aufg'standen. Das habe ich selber beobachtet.

Ich erreiche Gregor Weinreich auf dem Münchner Flughafen:

Herr Weinreich, Sie haben Günther Koch 2003 gefragt, ob er in der Auseinandersetzung mit dem Verein als Vermittler auftreten wolle. Wie waren Sie auf ihn gekommen?
Die Frage habe ich mir, ehrlich gesagt, auch schon ein paarmal gestellt. Ich weiß gar nicht mehr, ob wir uns vorher schon mal begegnet waren. Uns war bekannt, daß er auch Bayern-Fan ist, und uns war bekannt, daß er immer ein Ohr für die Fans hat. Und er schien uns geeignet, weil er einerseits an der Thematik relativ nah dran war und eine Ahnung von dem hatte, was wir so machen, und andererseits zu dem Ganzen ein bißchen Abstand hatte, weil er nicht in den FC Bayern eingebunden war.
Spielte auch eine Rolle, daß er von den Bayern-Verantwortlichen geschätzt wurde und wird?
Wir haben das einfach vorgeschlagen, und der FC Bayern hat sich darauf eingelassen. Der lustige Teil der Geschichte ist – ich glaube, die Vereinsführung hat das ein bißchen anders interpretiert –: Die Ausgangssituation war, daß wir uns als, sage ich jetzt mal, Fangemeinde eine sehr große, sehr teure Anwaltskanzlei genommen hatten, und der FC Bayern hatte natürlich auch seine Anwälte, und vorher waren ein, zwei Wochen lang Schriftsätze hin- und hergeschickt worden. Die waren, in beide Richtungen, in immer heftigerem Tonfall abgefaßt. Wir hatten von der gegnerischen Anwaltskanzlei auch bereits Abschlagsrechnungen bekommen, und wir sahen, daß das wahrscheinlich zu nicht viel führt, außer daß sich die Kanzlei über das Geld freut.
Um aus dieser Situation herauszukommen, haben wir gedacht: Jetzt müssen wir noch was anderes probieren. Wir setzen uns an einen Tisch. Und wir nehmen den Günther Koch als Mediator. Das Wort »Mediator« ist damals schon gefallen, obwohl es ganz neu war. Und die Antwort vom FC Bayern war, glaube ich: Ihr könnt gerne noch jemanden mitbringen. Während wir gesagt hatten: Wir würden vorschlagen, uns mit dem Mediator Günther Koch mal an einen Tisch zu setzen.
Dann kamen wir mit unseren Anwälten und mit Günther Koch an die Säbener Straße, und man hat uns erst mal eine Viertel-, eine halbe Stunde warten lassen. Das Lustige war, daß wir in dem großen Besprechungszimmer im zweiten Stock saßen, und Günther Koch hatte es sich am Kopf des Tisches schon

mal gemütlich gemacht – also quasi in Mediator-, in Richterposition. Wir hatten uns an eine Längsseite gesetzt. Und irgendwann kamen Hoeneß, Hopfner, auch Rummenigge [und auch Aumann, sagt Koch] und deren Anwälte. Die waren etwas irritiert, weil wir da schon so aufgereiht saßen. Sie hockten sich gegenüber hin und mußten relativ schnell erkennen, daß der Günther Koch nicht als Hilfsvertreter der Fans da war, sondern daß er das als ernstzunehmenden Mediatorjob auffaßte und die Veranstaltung moderierte. Der legte als Mediator richtig los.
Zunächst hat uns Uli Hoeneß eine Viertelstunde lang mit rotem Kopf alle möglichen Beschuldigungen entgegengeschleudert. Es ging ziemlich zur Sache. Und nachdem er fertig war, meinte Günther Koch: »Das waren ja sehr viele ausführliche Anschuldigungen. Jetzt wollen wir doch mal ebenso ausführlich die Fans hören – was die zu entgegnen haben.«
Wir fingen also an, unsere Standpunkte darzustellen, und wir kamen, glaube ich, keine zwei Sätze weit, und schon fiel uns Uli Hoeneß ins Wort. Günther Koch schritt sofort ein: »Stop, Herr Hoeneß! Sie sind jetzt nicht an der Reihe! Sie sind jetzt bitte still.« Das war der Moment, in dem Uli Hoeneß gestutzt hat, und es stand auf des Messers Schneide, ob er vollkommen explodiert und einfach alle rausschmeißt. Aber er hat es dann tatsächlich akzeptiert. Das war der erste Schritt, mit dem es schließlich in die richtige Richtung ging. Das war ein ganz großes Verdienst von Günther Koch.
Er war maßgeblich daran beteiligt, die Kuh letztlich vom Eis zu bringen?
Auf jeden Fall. Auf jeden Fall. Ich weiß nicht, ob Uli Hoeneß vorher gewußt hat, was ein Mediator ist. Oder der Verein hatte, glaube ich, erwartet, daß es anders laufen würde. Aber so lief es, und drei, vier Stunden später hat man sich die Hand gegeben, und die Konflikte waren größtenteils vom Tisch.
Da ist der Günther als ziemlich fähiger Pädagoge aufgetreten, oder?
Kann man so sagen, ja. Das Witzige war meiner Erinnerung nach: Als wir ihn anriefen, war er von der Idee ganz begeistert, weil er gerade, glaube ich, eine Fortbildung zum Mediator gemacht hatte. Er war ganz begeistert, daß er das gleich mal anwenden konnte.
Darf ich noch kurz auf Kurt Landauer zu sprechen kommen?
Ja, gern.
Ihnen vom Club Nr. 12, von der überregionalen Vereinigung aktiver FC-Bayern-Fans, gebührt das große Verdienst, die jüdische Geschichte des FC Bayern

sichtbar gemacht zu haben. Und ohne Sie wäre der, wie ich finde, sehr gelungene Film über Landauer – mit Josef Bierbichler – nie produziert worden. Und als Reporter haben Sie Günther Koch gewinnen können.

Ich bin mir jetzt gar nicht mehr sicher, ob das über uns gelaufen ist. Es kann sein, daß es so war. Und tatsächlich würde ich die Rolle des Club Nr. 12 bei der Wiederentdeckung von Kurt Landauer relativieren. Wir haben ein, zwei Mosaiksteinchen dazu beigetragen, als es vor etwa fünfzehn Jahren anfing. In den vergangenen Jahren ist das hauptsächlich das Verdienst der Schickeria, muß man ganz fairerweise sagen. Die haben den Staffelstab weitergetragen. Ja, wir hatten mit der Filmproduktionsgesellschaft zu tun und haben bei zwei, drei Kleinigkeiten geholfen. Aber unser eigentlicher Beitrag zum Thema Kurt Landauer war, daß wir, als er noch vollkommen unbekannt war, ein T-Shirt mit einem Bild von ihm rausgebracht haben, im Rahmen einer recht populären T-Shirt-Serie mit Bayern-Idolen, die wir privat produzieren ließen. [Der Club Nr. 12 hatte vorher Kontakt zu Landauers Enkel Uri Siegel aufgenommen und ihn um die Erlaubnis gebeten, das Konterfei seines Onkels verwenden zu dürfen.]

Wir haben uns gesagt: Warum sollen wir uns eigentlich immer nur auf die vergangenen zwei, drei Jahrzehnte beschränken, auf Hoeneß, Beckenbauer, Schwarzenbeck, Gerd Müller? Der Kurt Landauer wäre doch eine interessante Figur. Ein bißchen war damals, vor fünfzehn Jahren, schon zu ihm recherchiert worden. Wir haben etwa dreihundert T-Shirts herstellen lassen, die waren allerdings kein Renner, wir haben eineinhalb Jahre gebraucht, bis wir sie verkauft hatten. Aber sie wurden getragen, und dadurch hat sich nach und nach ein Bewußtsein für das Thema entwickelt. Dann organisierte die Schickeria 2006 das Kurt-Landauer-Turnier, und so kam eins zum anderen.

Eine Woche nach der Sitzung in der Säbener Straße zieht die Bayern-Führung in einer Presseerklärung sämtliche Vorwürfe zurück, gesteht Fehler ein und entschuldigt sich. Und: »Anhaltspunkte, daß die drei Organisationen für eine rechtsextreme Einstellung stehen, sind nicht vorhanden.«

Der Film *Landauer – Der Präsident* (Regie: Hans Steinbichler, BR 2014) mit Sepp Bierbichler in der Rolle des Kurt Landauer lief am 15.

Oktober 2014 um 20.15 Uhr in der ARD, ergänzt um eine anschließende Dokumentation und eine Talkrunde im BR-Fernsehen.

Es ist ein aufwendiges und ergreifendes Biopic, das mit der Rückkehr Landauers 1947 aus dem Exil in Genf beginnt (drei seiner Geschwister waren in Konzentrationslagern ermordet worden), mit der Rückkehr in die »Hölle« des fortlebenden Antisemitismus, des Rassismus und der Polizeigewalt.

Landauer wird als großherziger Mann gezeichnet, der, um den Münchner Fußball, der vor dem finanziellen Kollaps steht, zu retten, sogar beharrlich die Kooperation mit dem Erzrivalen TSV 1860 München, dem »Naziverein« (Siegfried Herrmann, bis zu Landauers Absetzung 1933 Vizepräsident des FCB und ein enger Vertrauter Landauers), anbahnt, später baut man gemeinsam das Stadion an der Grünwalder Straße.

Ohne Landauer hätten beide Vereine von den Amerikanern, die das Wiederaufleben des deutschen Organisationswesens mit allen Mitteln zu unterbinden versuchten, keine Lizenz erhalten. Und ohne die Schickeria und den Club Nr. 12 wäre der Film nie entstanden. »Die ersten Recherchen gehen auf das Konto der Schickeria und des Club Nr. 12«, hieß es aus dem BR, Drehbuchautor Dirk Kämper war auf die von Fans freigelegten ersten Quellen über den jahrzehntelang völlig vergessenen »Erfinder des FC Bayern« angewiesen.

Im Abspann ist die gewaltige Choreographie zu sehen, mit der die Bayern-Fans im Oktober 2009 Kurt Landauer aus Anlaß seines hundertfünfundzwanzigsten Geburtstages geehrt hatten. Auf dem ausgerollten Banner steht: »Der FC Bayern und ich gehören nun einmal zusammen und sind untrennbar voneinander.«

Landauer führte die Roten 1932 zur ersten Deutschen Meisterschaft. Die Reporterstimme, die die kurzen Ausschnitte vom Finale am Anfang von *Landauer – Der Präsident* begleitet, ist diejenige von Günther Koch.

Schon 2010 wurde der Fußballplatz des TSV Maccabi München Kurt-Landauer-Platz getauft. Präsident Robby Rajber schrieb danach: »Lieber Günther Koch, hochverehrtes Ehrenmitglied, [...] wir sind stolz, daß Du gekommen bist und uns die Ehre erwiesen hast. [...] Die

Würze, das Sahnehäubchen war Dein Engagement. Einmalig und unnachahmlich Deine Spielkommentierung. Ja, das kann keiner so wie Du. Dafür sei Dir herzlichst gedankt. Wir wissen, daß Du Maccabi nicht nur sportlich, sondern auch inhaltlich und aus Überzeugung sehr verbunden bist.«

2007 charakterisiert Günther Koch in einem Gastbeitrag fürs Vereinsmagazin von Arminia Bielefeld den FC Bayern als widersprüchliches Gebilde. Er verkörpere »das Arrogante *und* das Soziale, das Tolerante *und* das Engstirnige, das Großmäulige *und* das Liebenswürdige, das Glamouröse *und* das Bodenständige«. Ob er das nach den alle Maßstäbe sprengenden Pressekonferenzen der jüngeren Zeit, nach dem Steuerfall Hoeneß, den kollektivpsychotischen Jahreshauptversammlungen und den autistische Züge offenbarenden Äußerungen des verurteilten Raffzahns, nach Karl-Heinz »Rolex« Rummenigges immer groteskeren Forderungen nach noch mal und noch mal mehr Fernsehkohle und überhaupt Schotter für den eigenen Laden, nach – das war im März 2021 aufgeflogen – der skandalösen, perversen Inszenierung von Empörung in der Causa Ultras versus Dietmar Hopp, am 29. Februar 2020 beim Spiel Hoffenheim – FC Bayern: immer noch so sieht?

2009 sagt Günther Koch in einem Zeitungsinterview über Uli Hoeneß: »Er ist eine Seele von Mensch. Das kriegt man mit, wenn man zwanzig Jahre mit ihm und den Bayern in Europa unterwegs ist. Auf Bayern lasse ich da nichts kommen.«

Bei unterschiedlichen Gelegenheiten stellt er klar: »Dem FC Bayern verdanke ich alles.« Die Verantwortlichen hätten ihn jederzeit vorbehaltlos unterstützt, die Wertschätzung sei tief gewesen, im *Bayern-Magazin* wurde sein Buch empfohlen (»ähnlich wie Franz Beckenbauer fand er durch eine Watsch'n zum FC Bayern«). Sie haben ihm regelmäßig zum Geburtstag gratuliert, vom Club kam nix (»so kleinkariert ist der Club«). Und »der Franz Beckenbauer hat kurz vorm Champions-League-Bankett immer gesagt: ›Jetzt warten wir noch auf den Cluberer. Jetzt is' er da, jetzt fang' mer an.‹ Obwohl er davor zu mir gesagt hatte: ›Geh, host wieder woana müssa am Wochenende? Do hot dei' bleeder Club wieder verlor'n.‹ Hab' ich gesagt: ›Du Depp, ich war im Stadion, als du dein erstes Spiel g'macht hast als Linksaußen! Ich war Bayern-Fan!‹ – ›Naa‹, hat er g'sagt. Sag' ich: ›Jo.‹ Der hat mir die Türen aufgehalten.«

Im Norden des Landes nennt man Koch seit langem »die Stimme des Südens« (so zum Beispiel die Titulierung durch den *Weser-Kurier*, bei dem Koch zwei Jahre lang alternierend mit Jörg Wontorra u. a. eine Kolumne bestückte). Die wurde er, absurd genug, durch die Tragik des FCN. Der Abstieg 1994 sei für ihn »eigentlich ein Segen« gewesen, weil man ihn danach in München einsetzte, erzählt er. »Eine Führungsperson, vielleicht sogar Markus Hörwick, der Pressesprecher, der 2016 nach fünfunddreißig Jahren urplötzlich aufgehört hat, hat nach dem schlimmen Abstieg 1994 in Dortmund gesagt: ›Jetzt hast du ja keinen Verein mehr.‹ Sag' ich: ›Richtig.‹ Ich war dann immer häufiger für die Spiele des FC Bayern eingeteilt. Da gab's hier bei den Club-Fans natürlich Theater, die ersten Stimmen vom ›Verräter‹ Koch kamen relativ schnell auf. Ich habe aber in vielen Bayern-Reportagen den Club untergebracht, das geht immer irgendwie, während ich mich bei einer Club-Reportage hüte, die Bayern zu erwähnen. Jetzt ist das alles – nicht ganz, aber fast – vergessen. Der Club hat sich übrigens bei mir nie für irgendeine Reportage bedankt. Die Bayern dagegen schon.«

Vielleicht für jene vom Champions-League-Finale gegen den FC Valencia am 23. Mai 2001 in Mailand. Die Spanier führen 1:0, Mehmet Scholl hatte einen Elfmeter versiebt, und die Bayern bekommen einen zweiten zugesprochen:

> Also, Effenberg, du kannst a rote, du koannst a lilane, du konnst a grüne, du konnst ohne Lederhosn rumlaufen, mir is' des alles egal. Aber *den* Strafstoß, den mußt du reinschießen. Jancker, beherrsch dich! Jancker, benimm dich wie ein Gentleman! Er geht den Schiedsrichter und den Torhüter an. Liebe Fußballfreunde, liebe Autofahrer, da ist der Stau a Dreck dagegen. Bleibt's ganz langsam. Fahrt's raus, haltet an, schaut's in Rückspiegel, des kann jetzt gefährlich werden. Eins is' klar: Wenn der nicht reingeht, dann, Edi, gute Nacht. Der Cañizares will schon wieder nicht den Ball aufm Elfmeterpunkt liegen haben! Da hat er schon den Scholl irritiert! Und der Effenberg läuft an. Liebe Fußballfreunde, haltet die Daumen! Jetzt oder nie! Effenberg schräg

hinterm Ball. Vier Meter Anlauf. Er schießt mit rechts. Das muß der Ausgleich sein! Da kommt der Schuß! Toooor!!!! Toooaar!!!! Tooor!!! Für – die – Bayern!! Halb hoch, rechtes Eck! Und mei' Spezi, der Taufi, kriegt er wieder Farbe ins Gesicht! Wos sogst jetz', Taufi? – Unglaublich! Das is' ein Wahnsinnsspiel! Sensationell! – Edi, das war bitternötig! Das sind die Bayern!

(Entre nous: Der Ball ging ganz flach rechts rein.)

Oder für diese vom Champions-League-Gruppenspiel FC Bayern München – SK Rapid Wien am 22. November 2005:

Auf die linke Seite! Schweinsteiger kommt angetrabt, führt den Ball eng am rechten, linken Fuß, Übersteiger, einmal, zweimal. Is' im Sechzehner! Quergelegt! Jetzt haut doch mal einer drauf! Schweini! Schuß! Und –! Vorbeiiiiii! Aber das war Fußball, das war schön. Schweinsteiger, und der Ball wär' auch nicht vorbeigegangen, wäre da nicht noch ein Bein, ein Fuß eines Wieners gewesen! Ecke für Bayern München. Herrlich, wie der Schweinsteiger vier Mann ausschwanzt und aussteigen läßt! Und dann durch eine Rettungsaktion eines Wieners, und zwar Hiden, gibt es Ecke. Vielleicht das 2:0 in Folge der Ecke? Kopfball! Schuß! Und Toor!! Tor!! Tor!! 2:0! Bayern München! Karimi! Es sei ihm, es sei dem FC Bayern gegönnt, aber das belebende Element, liebe Fußballfreunde, und jetzt Beifall, und jetzt sind auch wieder alle Zuschauer da, auch die letzten kommen, wer zu spät kommt, ist selbst schuld, das belebende Element im Spiel der Bayern, das auch zu dieser Geräuschkulisse hier geführt hat, heißt Schweinsteiger. Er hat die Ecke vorbereitet, er war maßgeblich dran beteiligt, und jetzt aus sechs Metern wunderbar Karimi! Ach, wie er sich freut! Wie er glückselig Ismaël und Lúcio umarmt! Und das sind die schönsten Bilder, die der Fußball bieten kann.

Oder für diese von der Bundesligapartie FC Bayern – Hertha BSC Berlin am 4. Oktober 2003, in der Bastian Schweinsteiger sein erstes Tor im Olympiastadion erzielen wird. Ich bedanke mich auf jeden Fall für sie, denn sie ragt unter all den herausragenden Reportagen auf ihre spezielle Weise noch einmal hervor.

Günther Koch steigt mit dem herrlichen Sprachbild »Der nasse Rasen hat vorhin bei Salihamidžić einen gutgedachten Paß fast aufgesaugt« ein und extemporiert anschließend in einem zum Niederkien gelangweilten Tonfall:

> Jetz' ham s' aan Freistoß, aber den schieaß'n s' zur Ecke. Rausg'holt hat 'n der Schweinsteiger. Es is' a schlampert's Spiel bisher, muß ma' ganz klar sagen, und das liegt nicht an der Nässe des Rasens, mehr oder weniger Standfußball, 0:0, Freistoß für die Bayern. Der war so schlecht ausgeführt, daß ma' wirklich sagen muß: Liebe Leut', so geht's net weiter. […] Das is' nix, was sie bisher bieten, und Hertha BSC versucht's, aber die können's einfach nich', muß ma' ganz klar sagen. […] Jetzt hat sich ein Herthaner auch noch verwechselt, ähm, verletzt, ich glaub', das is' Rehmer, ich denk' schon ans Wechseln, das sieht fast so aus, als ob er jetzt ausgewechselt werden müßte, Marko Rehmer. Ich glaub', er hat an den Rippen was abbekommen. Von Fußball is' sowieso nix zu übertragen im Moment. Ich hoffe nur, daß das irgendwann noch der Fall sein wird. 0:0, bisher nasse Trostlosigkeit.

In einer späteren Einblendung – es steht mittlerweile 1:0 – beobachtet er einen »gemütlichen, allerdings, was die Füße anbetrifft, einen nassen Spaziergang auf der Wies'n, auf der Fußballwies'n des Olympiastadions«, um kurz darauf vom Geschehen auf dem grünen Sumpf da unten überrumpelt zu werden:

> Bayern im Konter. Des is' ja interessant. Die lassen immer wieder die Mannschaft von Hertha BSC kommen, die Zuschauer geh'n schon dorthin, wo's Getränke und Nahrung gibt, denen ist das zu langweilig, Flanke! Kopfball!! Schön gehalten!! Nachschuß!! Tor!! Tor!! Tooor für die Bayern! Das is' typisch! Das is' der FC Bayern! Die machen auch mit angezogener Handbremse ihre Tore! Michael Ballack läßt grüßen! Und das heißt damit 2:0. Und dann geh'n wir uns alle an die Fleischtöpfe und in die Kabine. […] Ein jämmerliches Bild, was die Abwehr von Hertha BSC da liefert. Sie können sich das praktisch aussuchen. […] Und es ist der Makaay als Flankengeber. Und da kommt erst der Kopfball vom Ballack, gehalten vom Király. Jaaa, Nachschuß mit rechts, klingelingeling. Bayern 2:0.

Nach der Pause schaut Koch, hörbar genervt von der ganzen Angelegenheit, besonders von der Hertha, voraus: »Eins is' klar: Wenn die so weiterspielen, die Herrschaften da mit den dunkelblauen Hosen, die jetzt Obacht geben müssen, hoher Ball, aber direkt auf Király, na, dann kriegen die noch mehr. Nämlich dann kriegen die drei oder vier Dinger, mindestens, wenn dann Bayern wieder irgendwann wie der FC Bayern spielt.«

Selbst die kürzesten Abrufe weiß Günther Koch an diesem Tag meist wie kleine Gebilde zu formen, wie flink gehauene Wortskulpturen vors innere Auge des Hörers zu stellen, wie mühelos hingeworfene, makellose Skizzen rüberzureichen. Selbstverständlich kommt auch er bisweilen nicht ohne Wiederholungen, handwerkliche Schemata und gewisse Manierismen aus – niemand vermag stets originell und schöpferisch zu sein –, aber am Geschenk seiner Begabung, immer wieder Überraschendes zu gestalten, läßt er einen außergewöhnlich oft teilhaben, und in solchen Momenten feiert sich das Medium des Liveradios selber.

Auf einen Abruf von Christoph Deumling reagiert er kurz darauf so: »Net lang, dann heißt's 3:0. [...] Schwarzgraue, dunkle Regenwolken über dem nassen Rechteck des Grüns hier im Olympiastadion. Ein herrliches Bild zwar, aber vom Fußball kann man nicht allzu Tolles berichten. Des is' a Langweilerpartie.« Und dann, weil er's halt gesagt hat:

> Da muß er sich Gedanken machen, der Huub Stevens, denn so schlecht kann man eigentlich gar nicht Fußball spiel'n, wenn man's nicht absichtlich macht. Jetzt vertändelt sich der Zecke Neuendorf. Der einzige, der noch agil ist und rumläuft, und die Bayern warten, und da kommen sie, und jetzt paßt amal auf! Jetz' klingelt's! Aber mir ham noch fünfazwanz'g Meter! Schweinsteiger! No' zwanz'g Meter! Noch sechzehn Meter! Muß den Ball abspiel'n oder schiaß'n! Ich hab's Ihnen ja gesagt, so macht ma' des. Trallala. 3:0. Er hätt' auch noch abgeben können. Aber er hat sich g'sogt: Die war'n ja alle scho' dran. Der Ballack war scho' dran, der Makaay war scho' dran. Ich bin der Schweinsteiger! Und ich mach' das 3:0! Und Sie ham's gehört, im Radio. Des is' Fußball. So, wie wenn Sie in einem Bierzelt sin', und es gibt kaa Bier mehr, so sieht das hier manchmal aus, als ob's kaa Fußball mehr gibt. Aber dann fällt a Tor. Des is' der FC Bayern. Jawoll, trallala. Zurück ins Studio.

Und bevor die Konferenz beginnt, ist Koch soweit, sich angesichts des absurden Schauspiels den Bauch halten zu müssen:

> Vielleicht sind s' so net und machen jetzt das 4:0. Ab und zu blitzt hin und wieder a g'scheiter Paß auf, und ich kann mich gar nicht beruhigen, darüber zu klagen, wie schwach Hertha BSC hier zumindest auftritt. Also, das darf einer ersten Bundesligamannschaft oder einer Mannschaft in der ersten Fußballbundesliga nicht passier'n. Wann kann ma' schon sagen *(lacht)*: Jetzt fällt das 3:0, und es war'n noch dreiß'g Meter vorm Tor? Aber das sah so klar aus. Und der Schweinsteiger hat ja bis zum Schluß gewartet. [...] Ja, auch da sah der Király net gut aus. Also, des is' a jämmerliches Spiel, das hier die Mannschaft von Hertha BSC abliefert. 3:0. Fußball schildern geht nicht. Noch mal zu den Wolken *(lacht)*: Die sin' jetzt so dunkelgrau, und jetzt britzelt's, jetzt duscht's runter! Sin' S' froh, wenn S' net im Olympiastadion sin'. *(Lacht.)* Und die Spieler wer'n immer nasser. Vielleicht würde der eine oder andere ganz gerne abhau'n. Aber das ist nicht erlaubt! Zurück ins Studio.

Sollte ich irgendwann eine dritte CD mit ausgewählten Radioreportagen von Günther Koch zusammenstellen – das Ding *muß* drauf, ohne Wenn und Aber.

Das Spiel endete übrigens 4:1, und wie Berlin tatsächlich noch ein Tor geschossen hat, das habe ich vergessen.

1987 läuft im *Bayern-Studio* (BR) ein Filmbeitrag von Günther Koch über den 1974 gegründeten TSV Vestenbergsgreuth, über dieses »fränkische Fußballmärchen« im verschwiegenen Hinterland. Die Feierabendbolzer waren unter Manager Helmut Hack in die Bayernliga, die dritthöchste Klasse, aufgestiegen, was bereits damals allen Gesetzen des Fußballs widersprach.

Am 14. August 1994, im Jahr des zwanzigjährigen Bestehens des Vereins, landen sie einen historischen Coup. In der ersten Hauptrunde des DFB-Pokals hauen die Amateure den FC Bayern, den amtierenden Meister, weg. Ich kann den Anhängern des FC Bayern München einen Ausschnitt aus Kochs Reportage von den Schlußminuten nicht ersparen:

Ich muß aufsteh'n, sonst kann i nix mehr seh'n! […] Und das Stadion steht kopf, das heißt die Zuschauer, die 25.000. Die glauben es noch nicht! Das sind nur noch etwa hundert Sekunden zu spielen, dann gibt's bestenfalls die Verlängerung! Ja, soll glatt der FC Bayern im Pokal in der ersten Runde gegen die Steigerwälder, gegen die Mittelfranken, da, wo die Karpfenteiche am verschwiegensten sind, in der Nähe von Neustadt/Aisch und Uehlfeld, aussteigen müssen?! Der Kolumbianer will tricksen. Er verliert das Leder. Aber jetzt kommt der Markus Schupp! Auf rechts! Zum Sternkopf! Jetzt muß er flanken! Jetzt is' kaa Zeit mehr zum Tändeln! Da kommt die Flanke! Kein Kopfball, Papin gegen drei! Harry Koch haut das Leder raus! Noch fünfzig Sekunden zu spielen. Bayern liegt hinten, Matthäus, schön gemacht! Auf Jorginho! Jorginho kann flanken! Flankt über Scherbaum! Da kommt keiner zum Kopfball! Mit dem Mute der Verzweiflung rettet der TSV Vestenbergsgreuth das 1:0! Noch fünfzehn Sekunden reguläre Spielzeit. Der Ball auf die linke Seite gespielt. Uwe Ernst, der Vestenbergsgreuther, gut gemacht von den Bayern! Babbel!! Babbel vors Tor! Scheeerbaum. Scherbaum hält den Ball. 1:0 für Vestenbergsgreuth, Torschütze Roland Stein, die 90. Minute läuft. Harry Koch auf Santl. Santl zu Lunz. Auf die rechte Seite! Und der Ebner!! Konter!! Das gibt's nicht!! Ebner vorm Bayern-Tor! Kann abgeben oder schießen! Jetzt schießt er!! Ooooooh, das war die Möglichkeit zum 2:0! […] Der Paul Hesselbach hält's nicht mehr aus. Trapattoni kennt sich selbst nicht mehr. Was soll er sagen zu diesem Spiel? […] Die Vestenbergsgreuther, sie praktizier'n die Viererkette. Ein Sir Ribbeck hat das mal probieren wollen bei den Bayern, dann mußte er gehen. Der Paul Hesselbach, der Mann, der in Nürnberg geboren ist und in Fürth wohnt, der praktiziert das mit einer Mannschaft, bei der er dreizehn, dreizehn!, neue Spieler zu einer Mannschaft gruppieren mußte, bereits seit einigen Wochen mit Erfolg. […] Und sie führ'n immer noch mit 1:0. Nur Werner Pfeuffer, der Routinier, der ist schon seit '87 dabei – und auch der Harry Koch, der die Abwehr zusammengehalten hat, den der Club holen wollte, einer von vielen Spielern, die läääangst beim Club spielen müßten, wenn man da besser aufpassen würde. […] 1:0 im Fußball für den TSV Vestenbergsgreuth. Die Sensation scheint bald Wirklichkeit zu werden. Noch eine Nachspielminute. […] Große Superpleite für die Supercup-Gegner im DFB-Pokal '94/95, wenn es dabei bleibt. [Die Amateure des FC Bayern unter Hermann Gerland hatten vorher Bayerns Gegner im Supercup, Werder Bremen, rausgeschmissen.] Leeetzter verzweifelter weiter Schlag von Matthäus über siebzig Meter an die Strafraumgrenze der Greuther! Adolfo Valencia! Vierzig Meter vorm Tor! Löffelt auf … Papin!!! Papin!!! Und – auf der Linie!!! Nachschuß!!! Das gibt's ja nicht!!! Papin löffelt den Ball auf die Linie, und dann holt ihn, da holt sich der Bayern-Riese auch einen Krampf im linken Wadl, aber er holt den Ball von der Linie! Das ist nicht zu fassen! Papin löffelt den Ball zum Beinahe-1:1, und von der Linie kratzt ein Greuther den Ball an den Pfosten, und vom Pfosten geht er ins Aus! 1:0. Ecke! Möglichkeit für die Bayern vergeben. Ich glaub's … Es is' vorbei. Das Spiel is' aus.

Ein gebührliches Ende à la Herbert Zimmermann – aber in der Version eines völlig erschöpften Herbert Zimmermann.

Ebensowenig ersparen kann ich den Roten das Champions-League-Finale am 26. Mai 1999 zwischen den Bayern und Manchester United, die »Mutter aller Niederlagen« (Hans-Peter Pull). Was da in der Nachspielzeit passierte, ist »einmalig in der Geschichte der Europacup-Endspiele« (Martin Maria Schwarz). Wir befinden uns in der Nachspielzeit, der FC Bayern liegt durch ein frühes Freistoßtor von Mario Basler verdient 1:0 in Führung (und traf wenige Minuten vor Ablauf der Spielzeit durch Scholl und Jancker Pfosten und Latte):

Das ist eine Möglichkeit hier um halb elf in Barcelona, noch mal kommt der Ball nach innen! Vorsicht! Effenberg kann klär'n! Der Ball geht ins Aus! Es gibt Ecke! Meine Herr'n! Das is' der Schlußpfiff?! Oder es gibt Ecke? Es gibt Ecke, und jetzt kommt Schmeichel! Der Hans-Peter [Pull] hat mich geklopft und hat mir's gezeigt! Der Schmeichel!! Vorsicht, Schmeichel kommt!! Vorsicht, der Ball kommt!! Schmeichel!!! Mi'm Kopfball!! Cole!! Raus mit dem Ding!! Raus mit dem Ding!!! Schuß!! Achtung!! Tor!! Tor!! Tor, wenn der nicht im Abseits stand!! Wenn Teddy Sheringham …

Kurzer erregter Dialog zwischen Pull und Koch, und kurz darauf bricht das Unheil herein:

Manchester United mit dem glücklichen Equalizer, mit dem Ausgleichstreffer, und sie kommen noch mal! Steilpaß auf die linke Seite! Der Torschütze wartet auf Sammy Kuffour. Sammy Kuffour hinter ihm. Schnauft a wengerl. Wartet. Läßt sich auf den Trick nicht ein. Kann er flanken? Er kann nicht flanken! Kuffour klärt. Kuffour klärt mi'm linken Fuß. Das war die 90. Minute, das ist die 91. Minute. Das ist bitter! Das ist bitter. Der Pfosten da unten und die Latte da unten sind mit schuld! Einmal Scholl, einmal Jancker. Um Himmels willen, jetzt nicht der Siegtreffer! Ecke für ManU von Beckham! Kopfball!! Achtung!! Tor!! Tor!! Der war nicht im Abseits!! Der Treffer gilt!! Vorlage kam von der Nummero 10, und zwar ganz deutlich von Sheringham!! Sheringham macht auch dieses Spiel!! Sheringham hat das Pokalfinale entschieden, und Sheringham entscheidet für ManU das Triple. Unfaßbar.

Günther Kochs Resümee ist ziemlich gefaßt:

Manchester United gewinnt ü-ber-aus glücklich gegen toll spielende Münchner Bayern, die Pech hatten! Das – nenne – ich Pech. In den letzten zwei Minuten zu verlier'n. Sie liegen geschlagen auf dem Rasen! [...] Auch das sind die Bayern: keine arroganten Millionäre, sondern Fußballer, denen das jetzt weh tut, denen das einen Stich ins Herz versetzt, daß sie nach einem tollen Spiel, das sie souverän führten mit 1:0, in den letzten zwei Minuten noch nach einem umstrittenen Ausgleichstreffer von Teddy Sheringham und dem Siegtor durch Solskjær in Barcelona verlier'n. Es hätte eine Nacht der Helden werden können, es ist eine Nacht der Tränen, der Enttäuschung auf seiten des FC Bayern, dem man dennoch, Hans-Peter, ein ganz, ganz großes Kompliment sprechen muß.

2000 bezeichnet Günther Koch die Champions League als »aufgeblähte Zasterliga«. Und er hält sich anderweitig ebensowenig zurück.

»Ich hab' über die Bayern auch schlimme Sachen gesagt, aber die haben sich, anders als der Club, nie beschwert«, sagt er. Während des Champions-League-Spiels gegen Rosenborg Trondheim am 19. September 2000 knöpft er sich »die faulen, schlampigen Bayern« vor, am 11. Dezember 2003, einen Tag nach dem hingewürgten 1:0 gegen den RSC Anderlecht, erklärt er in der *Rundschau* im BR-Fernsehen, er habe den FC Bayern »objektiv, sachlich und in aller Liebe« in die Pfanne gehauen, und nach dem frühstmöglichen Ausscheiden aus der Champions League am 29. Oktober 2002 in La Coruña zerfetzt er in zwei Radiokommentaren die Mannen aus der Säbener Straße regelrecht. In einem Porträt in der *Münchner Kirchenzeitung* heißt es am 24. November: »Wie gerne würde er im Stehen sprechen. So wie neulich in La Coruña, an der spanischen Westküste, wo der FC Bayern München aus der europäischen Meisterklasse geschossen wurde und Koch machtlos mitansehen mußte, wie der ›bayerische Nobelklub neben dem Atlantik untergeht‹. Seinem ehemaligen Lieblingsverein bescheinigt er Selbstbetrug. Die Spieler, ›da sind auch infantile, kaugummikauende Bengel dabei‹, seien verwöhnt, verdienten ›viel zuviel Geld‹ und ›verlieren die Bodenhaftung‹.«

Der Regelfall aber in der großen Dekade der Champions-League-Vollreportagen mit ihm, von Mitte der neunziger bis Mitte der nuller Jahre, in einer Zeit, in der sich das öffentlich-rechtliche Radio dadurch, daß es anläßlich dieser Spiele jede Formatierungsvorgabe ignorierte und zwei Männer neunzig Minuten lang ununterbrochen sprechen, reden, schildern ließ, noch einmal als ergreifendes, fesselndes, erhabenes Medium entpuppte (manchmal war es, als sei man auf einem Rockkonzert, das einem die Sinne raubt), war der Überschwang, mit dem Günther Koch durch den Äther tanzte, war die innige Zugeneigtheit, in der es ihn davontrug. Denn »der Mann liebt das, was er tut«, wie Arnd Zeigler in *11 Freunde* schrieb. »Und weil wir das alle auch gerne von uns sagen würden, lieben wir Günther Koch.«

Die Liebe jedoch, soll sie sich erfüllen, bedarf eines Gegenübers, sei es die Natur, sei es ein Mensch. Ohne seine auf ihre Art exzellenten, unverwechselbaren, aus dem Heer der Reporter herausstechenden Kollegen und Partner Edgar Endres und Hans-Peter Pull hätte Günther Koch nicht derart gestrahlt. Goethes Formel von der »Steigerung durch Polarität« bewies da ihre Richtigkeit – in freundlichen, ab und an schnellen Wechseln, in Zwiegesprächen, in reziproken Bestätigungen oder Korrekturen. Hatten die Herren an manchen Abenden »einen elektrifizierenden Lauf« (Manchester United – Bayern München, 3. April 2001; die Reportage ist ein Meisterwerk, das sich zu gleichen Teilen Koch und Pull verdankt), dann war im Eichendorffschen Sinne wirklich und wahrhaft alles gut.

In der Ausgabe 47/2004 der Zeitschrift *Gong* richtete deren Chefredakteur Carsten Pfefferkorn einen offenen Brief an die »sehr geehrten« Herren Endres und Koch. Er hatte erst im Auto und dann zu Hause, statt dort den Fernseher einzuschalten, die Übertragung der Champions-League-Begegnung Bayern – Juventus Turin gehört: »Selten ist mir aufgefallen, wie heißhungrig man auch durchs Hören werden kann, wie man gebannt ins Nichts starrt und nur noch lauscht und im Kopf Bilder ablaufen und im Bauch Emotionen wüten – mehr als bei vielen Spielen, die ich im Fernsehen gesehen habe. Für diesen außergewöhnlichen Abend möchte ich mich bei Ihnen bedanken.«

Nun bei mir am Apparat – Edgar Endres:

Es war mit Günther nicht immer einfach. Günther Koch ist jemand, das habe zumindest ich so erlebt, der schon gerne im Mittelpunkt steht, der weiß, was er ausstrahlt, der weiß, welche Wirkung er hat auf Grund seines Auftretens, seiner Stimme, seines Duktus, auch seiner Gestik und seiner Mimik. Wenn er kommuniziert – er hat ja auch mal Theater gespielt –, läßt er das alles einfließen.

Das hat sich mit der Zeit verbessert und gegen Ende aber auch wieder verschlechtert. Vielleicht hat da die Fernsehgeschichte eine Rolle gespielt. Und womöglich lag es auch ein bißchen daran, daß ich dann doch auch einen Namen hatte und, sagen wir mal, ein gestandener Reporter war.

Konnte er übervorteilend sein, in zeitlicher und auch in inhaltlicher Hinsicht?

Ja, das auf jeden Fall. Am Anfang war es für mich natürlich so: Ich saß daneben – genauso, wie ich neben Gerd Rubenbauer saß –, nicht gerade als der kleine Lehrbub', aber schon als derjenige, der aufgeschaut hat zu den großen Reporterkoryphäen, die es damals noch gab.

Und es ist ja klar: Leute, die lange dabei sind, haben ein anderes Standing als die jungen Kollegen, vor allem, was die Arbeitsaufteilung während so einer Champions-League-Reise anbelangt. Auf diesen Reisen konnte und durfte ich ihn zwei, drei Tage erleben. Da war er bei etlichen Aufgaben raus, was auch daran lag, daß sich Ende der neunziger Jahre die Technik rasant in Richtung Digitalisierung veränderte. Das war für ihn eine völlig andere Welt, und da haben wir ihn außen vor gelassen, was ihm sicher recht war.

Ist das eine Art Wettkampf gewesen, wenn ihr zusammen die Langreportagen gemacht habt?

Nein, nein, nein, nein, nein. Kein Wettkampf. Auf so was darf man sich auch nicht einlassen. Ich sehe es so – vielleicht war es bei Günther ein bißchen anders –, daß der Hörer im Mittelpunkt stehen soll – und nicht der Reporter. Der Reporter ist wichtig, er ist derjenige, der die Geschehnisse transportiert. Aber Günther hat sich schon manchmal auch ein bißchen produziert. Im Stadion wußte er natürlich, daß viele Augenpaare auf ihn gerichtet sind. Und es war öfter mal ein Photograph oder ein Fernsehteam da, und wenn er das mitbekommen hat, ist er richtig heißgelaufen.

Aber am Mikrophon, als Kollege, rein aus der Arbeitsperspektive betrachtet: Konnte man von ihm was lernen?

Von Günther konnte man wahnsinnig viel lernen. Von ihm konnte man alles lernen, was mit der Stimme, mit Emotionen, mit dem Tempo, mit der Wortwahl zu tun hat. Manchmal hat er Worte geschaffen, aus welchen Gründen auch immer, die waren plötzlich da. Das war beeindruckend. Er konnte die Stimme sehr tief senken. Bei Torschreien ist ja immer das Problem, daß die Stimme schnell nach oben schießt. Er konnte sich da kontrollieren. »Tor! Tor!« – das kam bei ihm aus dem Bauch. Und er hat in solchen Momenten natürlich seine Zigarillostimme eingesetzt. Das war irgendwie toll.

Diese Stimme fand ich wahnsinnig beeindruckend. Und wenn er Interviews gemacht hat, hatte er auf Grund seiner Art, seiner Autorität einen Bonus. Die Spieler haben es nicht gewagt, Günther Koch groß über den Mund zu fahren – auch Karl-Heinz Rummenigge und Uli Hoeneß nicht. Da hatte er einen Riesenvorteil. Sogar Otto Rehhagel war ihm gegenüber, ich möcht' mal sagen: nicht handzahm, aber schon sehr sanft. Uns gegenüber verhielt sich Rehhagel völlig anders. Das war für mich schon beeindruckend.

Mußtest du manchmal lachen bei Formulierungen, die ihm einfach so eingefallen sind?

Ja klar! Er hat manchmal Namen, ich möchte nicht sagen: verhunzt, aber er hat Namen umgestaltet. Ich erinnere mich an einen französischen Verteidiger von Paris Saint-Germain, im Herbst 1997 war das, der hieß Rabésandratana – ein unglaublich langer Name, den eigentlich niemand aussprechen kann. Und da hat der Günther in der Reportage nur noch gesagt: »Ja, des is' der Rabe! Des is' der Rabe!« Er hat das komplette Spiel mit diesem Raben durchkommentiert. Keiner wußte, wer damit gemeint war, aber für uns war es ein schöner Running-Gag.

Der Salihamidžić war für ihn der Wasserfloh, weil der für ihn wie ein Wasserfloh gelaufen und gerannt ist. Er hatte da seine Assoziationen, und die hat er durchgezogen.

Wie schätzt du den Stellenwert und die Perspektive der Königsdisziplin des Radios, der Langlivereportage, ein?

Ich sehe sie nach wie vor als riesige Chance für alle Radiokollegen – als Chance, sich zu entfalten und Neues zu wagen. Ich bin aber leider – das muß ich so deutlich sagen, und damit mache ich mir wahrscheinlich keine Freunde – ein bißchen enttäuscht von der Entwicklung von Kollegen und Kolleginnen. Mir wird mittlerweile zu schnell der Durchmarschbefehl erteilt: Los, nach vorne und Vollreportage machen!

Talent ist wichtig, Können ist wichtig, Stimme ist wichtig, Wissen ist wichtig, und wenn man das nicht alles zusammenkriegt, ist es schwer, wirklich gute Vollreportagen zu machen. Und da habe ich momentan ein bißchen Bedenken, ob es in die richtige Richtung geht.

Ansonsten finde ich die Form der Vollreportage nach wie vor exzellent. Es hat sich natürlich viel entwickelt in der Art des Kommentierens, in der Sprache. Man wird heute mit Informationen gefüttert, die wir in den neunziger Jahren nicht annäherungsweise hatten. Damals mußte man wirklich noch beschreiben, was im Stadion los ist und was man sieht. Das war auch eine Stärke von Günther. Er konnte wahnsinnig gut Bilder malen, er hat im Stadion viele Details entdeckt – wirklich super. Und heutzutage wird viel Zeit auf Statistiken und sonstige Informationen, die man vorher bekommen hat, verwendet. Auch die Ansprache der Kollegen untereinander hat sich verändert. Die Wortstrecken sind kürzer, die Wechsel sind schneller. Die ganze Sache ist rhythmischer als vor fünfzehn oder zwanzig Jahren, als der Kollege auch mal fünf Minuten am Stück geredet hat. Trotzdem ist das für mich immer noch die Königsdisziplin. Eine gelungene Vollreportage ist schon das A und O.

Ich war regelrecht süchtig nach den Langreportagen mit dir und Günther und mit Pull und Günther. Das waren die schönsten Autofahrten. Du hast Günthers Arbeitsweise beschrieben – das Malen von Bildern, die sprachliche Umsetzung von Eindrücken et cetera. Könnte man ihn als einen Impressionisten der Fußballradioreportage bezeichnen?

Ja, er war einer, der das, was er gesehen hat, unheimlich gut umsetzen konnte, auf Grund seiner Wortgewalt und seiner Wortwahl. Das war eine gewaltige Stärke von ihm. Manchmal hat er sich auch vergaloppiert. Das ist aber kein Wunder. Es passiert jedem von uns mal, daß man zu lange an einer Schilderung hängenbleibt, und der Ball ist vielleicht schon im Sechzehner, und es brennt, und man kriegt die Kurve nicht mehr. Aber im großen und ganzen, würde ich sagen, ist Günther, was das angeht, einer der Topreporter der bisherigen ARD-Geschichte gewesen.

Und da das hier ein demokratisches Buch ist, ist jetzt Hans-Peter Pull in der Leitung:

Der Günther sagt, mit Ihnen und Edgar Endres, das sei seine engste Zusammenarbeit gewesen.
Das stimmt – und mit mir sogar noch länger. Ich bin seit 1980 beim BR gewesen, Edi ist Anfang der neunziger Jahre nach München gekommen. Aber in den ersten ungefähr zehn Jahren unserer Zusammenarbeit haben wir uns nur punktuell bei Bundesligaspielen gesehen. In den neunziger Jahren wurde das durch die Champions-League-Reisen in der Tat intensiver. Da sind wir uns auch menschlich nähergekommen. Vorher war das eher ein rein kollegiales Verhältnis.
Wie war es, mit Günther Koch zu reisen? Er ist ja ziemlich kulturinteressiert. Er hat sich, glaube ich, mitunter von seinen Aufgaben absentiert, um sich zum Beispiel ein Museum anzuschauen.
Das stimmt. Ich erinnere mich an die UEFA-Cup-Reise nach Neapel, das war schon 1989, der SSC Neapel hatte Diego Armando Maradona in seinen Reihen. Da haben Günther und ich von dem Wolfgang Aigner, dem Wellenchef von Bayern 3, einen richtigen Anschiß gekriegt. Damals gab es noch kein nennenswertes Privatradio, und wir haben uns eigentlich immer auf das Sportliche konzentriert. Die Geschichten rund um die Mannschaft wurden ziemlich klein gefahren.
Günther und ich waren in Pompeji. Und der Wolfgang Aigner hatte irgendwie eine Frage zu Lothar Matthäus, der bei Inter Mailand spielte, oder zu irgend etwas anderem, und wir waren nicht erreichbar. Hinterher hat es einen fürchterlichen Aufstand gegeben, aber Günther hat das wie immer gut gekontert und hat gesagt: »Unsere Arbeit beginnt am Abend des Spiels. Vorher sind wir

als Privatmenschen unterwegs, und ich lasse mir nicht vorschreiben, was ich kulturell unternehme.«

Der konnte sich immer ganz gut gegen Autoritäten durchsetzen.

Das ist etwas, was ich an ihm bis zum heutigen Tag bewundere. Der Günther ist ein unbeugsamer Geist, der nicht schleimig und geleckt daherkommt wie viele, viele andere. Das ist leider Gottes eine Generation, die seit ungefähr 2000 auf dem Vormarsch ist. Ich kritisiere das immer wieder. Das sind Leute, die kein Rückgrat haben und die sich durch sämtliche Windungen des Darmkanals ihres Vorgesetzten bis nach oben durchgeschlungen haben, um einen Erfolg zu zeitigen. Das ist heute die Regel, wobei ich nicht nur den Leuten, die schleimen, einen Vorwurf mache, sondern auch denjenigen, die sich umschleimen lassen. Dazu gehören immer zwei. Der Günther war einer, der so was von geradlinig gewesen ist! Er war überhaupt keiner, der auch nur annäherungsweise geschleimt hat. Das hat ihm dann natürlich letztlich vielleicht auch die ganz große Karriere verbaut – weil er eben nicht pflegeleicht war.

Könnte das ein Grund dafür gewesen sein, daß er nie für Europameisterschaften und nie für Weltmeisterschaften nominiert wurde?

Da habe ich meine eigene Theorie. Wir hatten, als ich zum BR kam, im Grunde zwei Alpha-Tiere bei uns im Sport. Das eine war der Rubenbauer, das andere war der Günther. Sowohl menschlich als auch in der Art des Reportierens ist der Günther vielleicht noch von Manni Breuckmann halbwegs erreicht worden. Der Günther konnte wahnsinnig gut Bilder malen, er war eloquent, er wußte mit Sprache im buchstäblichen Sinne umzugehen, aber er schätzte den ganzen Fußball eben auch als Nebensache ein. Deswegen hat er auch gesagt: »Ich kann auf so einer Reise durchaus mein Kulturprogramm absolvieren. Ich muß mich jetzt nicht achtundvierzig Stunden lang ausschließlich um das Spiel Neapel gegen Bayern kümmern.«

Und der Rubenbauer wußte, daß er, ich sag' mal, dem Günther von der Sprache und von der Fähigkeit her, Bilder zu malen, nicht das Wasser reichen konnte. Aber er hatte die fachliche Expertise wie kein anderer. Und die beiden sind aneinandergerasselt. Ich weiß noch, wie der Günther beim legendären Pokalfinale 1982 zwischen Bayern und Nürnberg, bei dem die beiden zusammen eingesetzt wurden, den Rubi so ein bißchen an den Rand gedrängt hat. Seitdem waren sich die beiden – und sie sind es bis auf den heutigen Tag – spinnefeind.

Der Rubenbauer hatte eben mehr Einfluß sowohl beim Fritz Hausmann, dem damaligen BR-Sportchef, als auch bei dessen Nachfolger Franz Muxeneder. Und wer letztlich nicht von Rubi nach oben gehoben worden ist, hatte keine Chance. Dadurch, daß Günther und Rubenbauer regelrecht verfeindet waren, war es für den Günther auf ARD-Ebene eminent schwer. Denn er ist gar nicht erst vorgeschlagen worden, weder vom Hausmann noch vom Muxeneder. Der Günther weiß das aber auch, glaube ich. Wir haben uns damals öfter mal darüber unterhalten, und er hat immer gesagt: »Ich hab' dem Rubenbauer doch nichts getan!« Die beiden konnten einfach nicht miteinander. Da sind zwei Alpha-Tiere aneinandergeraten, die absolut konträre Auffassungen von der Sache hatten, über die sie berichteten.

Wobei Rubenbauer auch ein exzellenter Radioreporter war, muß man sagen, oder?

Ja. Aber für ihn war der Günther ein bißchen so ein Show-Männeken. Er hat immer gemeint – punktuell hatte er vielleicht sogar recht –, der Günther schiebe sich zu sehr in den Vordergrund, er sei wie so eine Diva – wie Günter Netzer: genial, aber er weiß auch, daß er's ist. Und der Günther hat damit schon kokettiert. Rubenbauer war der Nüchterne, der Sachliche, der Analytiker, sprachlich auf seine Art auch geschliffen. Ihm ging's immer um das Ereignis, während der Günther auch die Verpackung zu schildern wußte. Der wußte, wie man die Emotionen transportiert. Rubenbauer konnte Emotionen doch eher schlecht transportieren. Und was das Malen von Bildern betrifft: Ich glaube, da hat auch er den Günther ungeheuer bewundert, aber er konnte das nicht in Lob fassen. »Hach, der stellt sich da in den Mittelpunkt!« Da haben sich der Günther und der Rubenbauer elementar unterschieden. Der Rubenbauer war akribisch bis ins kleinste und hat das Ganze fast schon zur Wissenschaft verklärt, während der Günther den Fußball als das genommen hat, was er ist: die schönste Nebensache der Welt, von der wir berichtet haben.

Sie haben von den Reisen erzählt. Wie war dann, wenn man aus Pompeji zurück war, die fachliche Vorbereitung auf das Spiel mit ihm?

In den neunziger Jahren, nachdem das Privatfernsehen mit *Anpfiff* auf RTL und *ran* auf Sat.1 auf den Plan getreten war, sind auch bei uns im Öffentlich-Rechtlichen die sogenannten Vorbereitungsmappen eingeführt worden. Günther hat oft gestöhnt: »Mein Gott ...« Bis heute kriegen wir zu jedem Spiel ein

Dossier mit fast zweihundert Seiten. Günther und ich haben uns auf die wichtigsten Dinge konzentriert. Denn wir haben gesagt: Wir sind dazu da, das zu transportieren, was gerade passiert. Und dann interessiert im Zweifelsfall nicht, daß Lothar Matthäus oder Roy Makaay 1848 mal mit seiner Großmutter irgendwo in Italien war. Das ist ja heute so! Die *Sportschau* hat sich dazumal auf das Ereignis konzentriert. Und heute bekommen Sie das aufgefächert und durch alle möglichen statistischen Filter gepreßt: »88 Prozent der Flanken kommen über die rechte Seite, 32 Prozent gewonnene Zweikämpfe« und so weiter. Das mag vielleicht in der letzten Stelle hinterm Komma ausschlaggebend sein für Erfolg oder Mißerfolg, aber wir haben uns in der damaligen Zeit und bis zu dem Zeitpunkt, als der Günther gegangen ist, darauf konzentriert, das zu transportieren, was wir sehen. Wir haben das eingeordnet und bewertet, und der Günther hat das in phantastische Bilder umsetzen können, und das war's. Natürlich haben wir, nachdem wir aus Pompeji zurückgekommen waren, ein, zwei Stunden zusammengesessen und haben gesagt: So, das machen wir so, das machen wir so. Aber im großen und ganzen ist der Spontaneität freien Lauf gelassen worden. Was da kommt, wußten wir ja nicht.

War der Günther am Mikrophon kollegial, oder war er auftrumpfend?

Er kann natürlich schon dominant sein. Aber damit hatte ich nie, nie, nie auch nur annäherungsweise ein Problem. Er ist für mich einfach die Koryphäe schlechthin gewesen. Und dann sieht man es ihm auch nach, wenn der Gaul mal mit ihm durchgeht und er mal eine Absprache nicht einhält. Aber das war nie irgendwie bösartig gemeint. Da ist man auch kein Erbsenzähler. Es gab selbstverständlich einige Kollegen, die sich darüber beschwert haben. Ich habe das nicht so gesehen. Das war einfach so. Das entsprach seinem Naturell.

Wirkte er ansteckend, anregend? Hat man von ihm was gelernt?

Ja. Sensationell. Wirklich. Er verfügt auch kraft seiner Ausbildung und als Lehrer über einen so gewaltigen Wortschatz und Fundus an Formulierungen! Während andere – ich habe das später bei Andre Siems und anderen gesehen – ihre Spickzettel dabeihaben und krampfhaft darauf warten, ihre präparierten Pointen und Gags an irgendeiner Stelle einfließen lassen zu können, ist das beim Günther, verbunden mit den Emotionen, aus dem Gehirn einfach so rausgeflossen. Da ist nichts vorbereitet gewesen. Der Günther stand immer unter Strom. Auch wenn wir zusammen auf Reisen waren, hat er in irgendwelchen beliebigen Situationen gesagt: »Ich mach' jetzt mal schnell 'ne Reportage.« Und dann fing er spontan an, zu schildern und zu erzählen. Das ist einfach in ihm drin.

Diese großartigen neunzigminütigen Reportagen mit Ihnen und Günther oder mit Edgar Endres und Günther waren für mich Feststunden.

Ja, das hat immer Spaß gemacht, das muß man einfach sagen. Allerdings waren wir hinterher, nach neunzig Minuten und den anschließenden Interviews und dem Flash, total ausgepowert. Ich singe das Hohelied auf den Günther. Das einzige, was ich allerdings nie verstanden habe – aber das ist vielleicht eine Marotte von so großen Künstlern –, war, daß er nicht still genießen konnte. Nach dem Spiel ist man völlig kaputt. Und der Günther wußte natürlich, was er für ein toller Hecht war und was er für tolle Reportagen gemacht hat. Und dann sitzen dreißig oder vierzig Journalisten im Bus und werden zum Pressebankett gefahren, und er kann das Lob nicht still auf sich wirken lassen, sondern muß noch erzählen: Aber die Szene hab' ich so und so gesehen, und dann hab' ich das und das gesagt, und da hab' ich gleich das Zitat gebracht … Um noch mal Lob von den Kollegen zu erheischen. Das habe ich nie so recht verstanden. Ich habe gedacht: Mein Gott, Günther, jeder weiß, daß du mit der Beste oder der Beste bist, da brauchst du hier im Bus nicht vor der versammelten Mannschaft eine Art Gratislehrstunde zu geben – damit die am Ende vielleicht noch denken: Diese Redewendung nehmen wir als Schlagzeile. Oder vielleicht schreibt dann der Karl-Heinz Wild im *kicker*: Die Reporterlegende Günther Koch hat das so oder so gesehen. Das habe ich nie ganz verstanden. Aber, wie gesagt, viele Künstler können von Lob wahrscheinlich nicht genug kriegen.

Schön, daß Sie das schildern. Das habe ich noch nie gehört. Und da fällt mir ein Satz von Hegel ein: »Aber zum stillen Genuß kommen sie nicht.«

Das hat mich irritiert. Noch einmal: Ich fand den Günther faszinierend, und genau deshalb habe ich gedacht: Warum muß er denn seine Leistung jetzt beschädigen? Und du hast auch gemerkt, daß das die schreibenden Kollegen eigentlich gar nicht interessierte. Ich hab' das nicht so verstanden.

Mußten Sie am Reporterplatz ab und zu mal lachen, wenn er Blödsinn erzählt hat?

Natürlich hatten wir auch Spaß. Und dieses Zusammenspiel war eine Freude. Von dem lebt ja so eine gemeinsame Reportage, auch davon, daß man die

gleiche Wellenlänge hat. Er hat mich nie spüren lassen, daß ich jetzt, ich sag' mal, der Geselle bin und er der Meister ist. Das überhaupt nicht.
Einmal gab es eine schlimme Geschichte mit dem Edi. Der Edi war schon Nationalmannschaftsreporter. Wir waren in Belgien. Wir hatten bei den Außenproduktionen meistens wahnsinnige Schwierigkeiten, und diesmal waren unsere Plätze besetzt. Ich dachte: Der Günther ist ja auch als Lehrer eine Respektsperson. Aber da hat er dann den Techniker von der belgischen Telekom rundgemacht und wie einen Lehrling runtergeputzt. Günther und ich waren immer Freie, Edi war fest angestellt und mehr oder weniger der Vertreter der öffentlich-rechtlichen Anstalt. Und der Edi ist dazwischengegangen und wollte den Günther zurechtweisen: »Günther, so kannst du mit dem nicht reden!« Und dann ist der Günther auch den Edi so richtig angegangen: »Wer bist du denn? Was hast du denn schon erreicht im Leben?« Danach war das Verhältnis zwischen den beiden sehr abgekühlt. [Das war am 30. September 2003 in Brüssel-Anderlecht vorgefallen, unmittelbar nach dem zehn Monate langen Streß und Ärger rund um Günther Kochs Kandidatur für den Bayerischen Landtag. Kochs Nerven waren hinüber, das mag den rüden Ausfall erklärt haben.] Aber ansonsten hatten wir viel Spaß und haben uns eigentlich in jeglicher Hinsicht gut verstanden.
Die Frage habe ich auch dem Edgar Endres gestellt: Wenn ich jetzt im klassischen Schulaufsatzsinne sagen würde: Erzählen Sie mir Ihr schönstes Günther-Koch-Erlebnis, was würden Sie antworten wollen?
Es gibt so viele Geschichten – zum Beispiel eine aus der Sauna in Manchester, aus einer winzigen Sauna in so einem 5-Sterne-Luxustempel. Damals dauerten die Champions-League-Reisen drei Tage, weil der FC Bayern immer zwei Tage vorher anreiste. Wir drei BR-Reporter sind also nackt in die Sauna rein, und da saßen zwei englische Damen in Badeanzügen. Und der Günther sagte zu denen, das sei nicht hygienisch. Und es roch dann tatsächlich nach Urin. Und der Günther fing an, mit den Damen über Hygiene in der Sauna zu diskutieren. Er hat vor nichts und niemandem haltgemacht.
Welche Frage zu Günther Koch und zu Ihrer Zusammenarbeit mit ihm über die vielen Jahre habe ich vergessen?
Im Grunde keine. Er ist wirklich eine wahnsinnig schillernde Persönlichkeit. Was mich tatsächlich traurig macht, ist, daß ihm, noch mal, der ganz, ganz große Wurf mit der Nationalmannschaft verwehrt worden ist. Es ist einfach

so, daß die Leute, die diesbezüglich das Sagen hatten, ihm die Unterstützung verwehrt haben, im BR und darüber hinaus, in der ARD, in diesem Gulag. Ein Großteil der Reporter wird vom NDR, vom WDR und vom SWR gestellt, das sind die drei führenden Anstalten. Wenn sich die drei Sportchefs gut untereinander abstimmen, kann vom mdr, vom BR oder vom RBB kommen, wer will, der fällt hinten runter. Und der Alexander Bleick, der immer noch beim NDR drin ist, und der Andreas Wagner vom SWR haben den Günther nicht so gemocht. Bei denen hätte sich der Muxeneder noch und nöcher einsetzen können, er wäre nicht durchgekommen. Das ist eine bittere Geschichte. Und ich glaube, daß der Günther dadurch am Ende auch ein bißchen verbittert war. Das kann ich gut verstehen, denn das war nicht nachvollziehbar.

29. Februar 2000, Real Madrid gegen den FC Bayern München. Es ist der hundertste Europapokaleinsatz des achtunddreißigjährigen (!) Lothar Matthäus, und es wird ein denkwürdiges Spiel, die Roten werden die Königlichen mit 4:2 vom Platz kehren.

Zwanzig Minuten vor dem Anstoß um 20.45 Uhr rennt Günther Koch noch mal runter, um vor dem Stadion wie versprochen für einen seiner Schüler ein Raúl-Trikot zu kaufen. Ohne Portemonnaie und aufgebracht kehrt er an den Reporterplatz zurück und storniert bei offener ARD-Leitung seine Scheckkarten. Aus der Regie hört er: »Herr Koch, können Sie denn dann noch das Spiel übertragen?« Koch: »Logo!«

Und er legt punktgenau los, richtig angestachelt, als sei ihm eben die schönste Spanierin der Welt in die Arme gelaufen, mit der er nach der Arbeit Tango tanzen wird:

Buenas tardes! Denn der Abend beginnt noch nicht in Madrid, in dieser leuchtenden Stadt. »Buenas noches!« sagt man hier bestenfalls um elf, um zwölf. Aber das Fußballspiel, das beginnt gleich, das großartige, so hoffen wir wenigstens. [...] Das ist ja so, so lange her, daß hier überhaupt eine Bayern-Mannschaft mi'm Breitner und mi'm Hoeneß – und wie sie alle hießen – hier in Madrid spielten, aber gewonnen, gewonnen hat hier noch keiner.

Das ist ein Schmarren, das ist Kochsche Wolkenbildung, 1987 und 1988 waren die Münchner auf die Madrilenen getroffen, und zu der

Zeit liefen Breitner und Hoeneß längst nicht mehr für die Bayern oder sonstwen auf, sondern höchstens ins Wirtshaus.

Dafür hat Günther Koch mit seiner Vermutung nach dem 1:0 durch Mehmet Scholl recht: »Vielleicht ein großer Tag für die Bayern.«

Am nächsten Morgen sendet B2 in *Kultur aktuell* eine Rezension des Buches *Alle unsere frühen Schlachten – Fußballstücke* von Javier Marías. Der Autor Moritz Holfelder geht weniger vor dem literarischen Werk als eher vor der vorabendlichen ekstatischen Aufführung eines Herrn Koch in die Knie.

Er beginnt mit Günther Kochs Begrüßung der Zuhörer und fährt fort:

Peter Handke hatte 1968 *(im Hintergrund laufen noch etwa vierzig Sekunden der Reportage)* einfach die Aufstellung des 1. FC Nürnberg zum Gedicht erhoben. Sein rund neun Jahre jüngerer Kollege Javier Marías schreibt keineswegs so radikal über die wichtigste Nebensache der Welt. Seine Texte vermitteln kontrollierte Leidenschaft. Im Fußballerjargon nennt man das »abgeklärt«. »Wenn dieses Spiel keine dramatische Qualität mehr besitzt, bleibt nichts von ihm übrig«, schreibt Marías, und recht hat er und übersteht die Anfangsviertelstunde durchaus schadlos. Das liest man interessiert: die ersten Geschichten über die großen Dichter, die auch einmal dem Leder hinterherjagten, ob es nun Albert Camus oder Vladimir Nabokov waren – beide übrigens im Einsatz als Torwart.

Und Marías selbst? Der Real-Madrid-Fan dribbelt nicht mit dem Ball, sondern nur mit Worten, was mir gleich die rote Karte einbringt, denn der spanische Dichter haßt die plumpen Parallelen zwischen Fußballern und Erzählern, beschwört vielmehr den Glauben daran, daß nichts unmöglich ist: die Katastrophe ebensowenig wie die Heldentat, der Umsturz, die unendliche Überraschung, und den Glauben daran, daß Katastrophen Katastrophen sind und daß die Welt bei jedem Spiel untergeht wie gestern abend spätestens zu dem Zeitpunkt, als Stefan Effenberg das wichtige 2:0 für die Bayern erzielte, und der Ball …

Koch: … titscht einmal auf, nach nur drei Meter [sic!] Anlauf, die Mauer war schlecht postiert, und wie in Kiew ins kurze Eck. Tralalla. Wenn der Trapattoni da wär', der würde sagen: »Ding, dong.« Jetzt fehlt nur noch der dritte Ton.

Bayern führt, auch wenn Sie's nicht glauben, auch wenn Sie sich jetzt erst zuschalten, mit 2:0, dominiert hier in den ersten, nach fünfundzwanzig Minuten, Vorsicht, Fink, jetzt moch' ma' kaan Fehler, au!, jetzt hot er aan Fehler g'macht! Achtung, Gefahr! Jetzt könnt' es knallen!! An Himmel! Latte! Jetz' is' er drin! Es is' nicht zu fassen!! Es is' nicht zu fassen!! Jetzt kippt das Spiel womöglich wieder!! Jetzt machen s' den Fehler, jetzt wer'n s' etwas leichtsinnig, und das ist, glaub' ich, Raúl! Das ist der Volksheld! Raúl González Blancooo!

Holfelder: Ra-úúú-l! Den schätzt auch Marías ob seiner Leidenschaft. Den mag er wirklich. Und so beschreibt der Dichter mit seinem aktuellen Buch *Alle unsere frühen Schlachten* in dreißig kleinen Fußballstücken die Spieler, das Umfeld, die Fans, die Präsidenten, die Gegnerschaft. Aber eines beschreibt er – Eigentor, Eigentor – dann so gut wie nicht – das Spiel selbst: seine Schönheit, seinen dramatischen Witz, seine absurde Unmittelbarkeit.

Das tat gestern abend an diesem denkwürdigen Abend wieder einmal unvergleichlich Günther Koch in seiner Radiolivereportage. Er diagnostizierte gemeinsam mit Kollege Hans-Peter Pull den Ball, der nicht unter der Sohle mitgenommen werden möchte, aber mit der Schläfe gedreht wird. Er schwelgte in Metaphern von dampfwalzenartigen Angriffen und dem Torwart, der seine Beute bewundernswert greift wie ein Kranich – als wär's ein Raubvogel. Es roch nach Sieg und blieb das Bild hängen: »der fußballspielerleere Strafraum«.

Vielleicht sollte Koch demnächst wie Marías Romane schreiben: *Mein Trikot so weiß* oder *Morgen in der Schlacht verrenk' ich mich.*

Koch: Ach, is' Fußball schön! Aber es muß ja nich' so spannend sein.

Wasser in den schweren spanischen Roten!

Zu seinem »akustischen Regiehandwerk«, schrieb Herbert Heinzelmann in den *Nürnberger Nachrichten*, gehöre der »Tempowechsel im Wort. Da läuft sie [die Stimme] gemächlich hinein und stürmt erregt wieder hinaus in den Rest des Satzes. Oder das Tremolieren auf den letzten Silben. Die werden oft gedehnt und zelebriert.«

Und das wurde um die Jahrtausendwende herum leider ein wenig zur Masche. Ein besonders empfindlicher Hörer, Karl H. aus München, bemängelte das in etlichen Zuschriften: »In Ihrem Kommentar fiel uns immer wieder auf, daß Sie bei der häufigen Nennung des Gegners der Bayern von den Glasgou Rangers sprachen, mit einer ungeheuren Überbetonung des ›ou‹. Immer wieder ›ou‹, ›ou‹, ›ou‹! In Glasgow selbst, wo wir schon waren, spricht kein Mensch dieses ›ou‹, sondern schlicht und ergreifend von Glasgo!« Das stimmt. Oder: »Wie wir schon mehrfach hören konnten bei Ihren Fußballübertragungen, scheinen Sie echte Probleme mit dem Vokal ›u‹ zu haben, da Sie diesen stets ins Uferlose dehnen wie zum Beispiel bei dem Spieler Raúl von Real Madrid. Die Ursache kann am mittleren Band zwischen Zungenbein und Schildknorpel liegen, [...] aber auch am Stimmbandmuskel zwischen Stimmband und Taschenband – die ein rechtzeitiges Loslassen des Vokals unterbinden.«

Auch inhaltlich gab es an Günther Kochs Reportagen etwas auszusetzen, vor allem weil er die offenbar geforderte Parteilichkeit vermissen ließ. Seine Übertragung des Bundesligaspiels zwischen dem FC Bayern und dem SV Werder Bremen, dem neuen Deutschen Meister, am 8. Mai 2004 brachte einige auserwählte Hörer in Rage. Drei Beispiele: »Ein bekennender Club-Fan und ausgewiesener FC-Bayern-Gegner darf zum wiederholten Male ein Bayern-Spiel im Hörfunk auf Bayern 1 kommentieren. Er hat bei seinen Reportagen bei Bayern-Spielen immer wieder seine Abneigung gegen den FC Bayern gezeigt, und dies ist mir und vielen anderen Bayern-Fans schon lange ein Dorn im Auge. Doch was sich dieser Herr Günther Koch an diesem Samstag geleistet hat, ist durch nichts mehr zu überbieten. Ein Reporter, der für einen bayerischen Rundfunksender kommentiert (oder habe ich Radio Bremen eingeschaltet?), sollte in der Regel auch zum bayerischen Verein halten!! Sein Torjubel beim 0:2 für Bremen spricht hier Bände! Seine Kommentare zu den arroganten Bayern et cetera zeigen nur allzu deutlich seine Anti-FC-Bayern-Haltung. [...] Ich bitte Sie im Namen von wahrscheinlich vielen Bayern-Fans, diesen Mann bei zukünftigen Bayern-Spielen nicht mehr einzusetzen!« – »Ich weiß nicht, was man sich seitens der Verantwortlichen des BR gedacht hat, für das Fußballbundesligaspiel am 08.05.04 den Radioreporter Günther Koch einzuteilen. Eigentlich wollte ich mich ja über diesen ›Kult‹-Reporter bei Spielen des FC Bayern schon lange bei Ihnen beschweren. Was der Mann aber am vergangenen Samstag an Häme über den FC Bayern abgeliefert hat, kann man für einen eigentlichen Heimreporter einfach nicht mehr akzeptieren. […] Herr Koch glaubt, sich als ›Starreporter‹ alles leisten zu können, und macht auch kein Geheimnis mehr aus seiner Abneigung gegen den FCB. Eine solche Parteinahme eines Reporters gegen eine Heimmannschaft ist mir sonst nicht bekannt. Das mußte ich Ihnen jetzt einmal schreiben, weil ich es schon lange vorhatte, nun aber der bekannte Tropfen das Faß zum Überlaufen brachte.« – »Werder Bremen wird Meister im Olympiastadion, was für ein Fest für den Bayern-Hasser Günther Koch. […] Keiner lobt Spieler gegnerischer Mannschaften schneller und enthusiastischer als er. (Das ist übrigens seine große Spezialität bei der Übertragung von Champions-League-Spielen, Loben der Gegner.) Alles das wäre völlig normal und okay, wenn er für den Westdeutschen oder den Norddeutschen Rundfunk kommentieren würde, aber es geht mir einfach nicht in den Kopf, warum er das im Bayerischen Rundfunk tun darf. Gibt es da nicht so etwas wie Lokalpatriotismus, wenn bayerische Mannschaften in der Bundesliga oder Champions League antreten?«

Günther Koch schreibt in *Der Ball spricht*, er kenne kaum einen anderen Fußballer, der derart »engagiert« und »so ehrlich und so offen« gewesen sei wie Lothar Matthäus. Und am Tag seines Abschiedsspiels in München, am 26. Mai 2000, zog Koch im ARD-*Morgenmagazin* den Hut vor ihm: »Man hat ihn […] nicht untergekriegt, diesen Jungen aus Herzogenaurach. Und das ist das Tolle an ihm. Aufgeben – so eine Vokabel kennt der gar nicht. […]. Er ist sehr lauter – ehrlich und offen. Er spielt nie Theater. Er tritt natürlich dabei auch in manches Fettnäpfchen, tritt dann aber auch wieder raus, entschuldigt sich […]. Für mich der Lauterste.«

Lothar Matthäus sei für ihn »der beste Fußballer, den wir in der Nachkriegszeit hatten, noch besser als Beckenbauer. Wer hat denn fünf Weltmeisterschaften gespielt? Wer?!« fragt mich Günther rhetorisch.

Am 30. Mai 1979, kurz vor Matthäus' Wechsel zu Gladbach, führte Koch das allererste Radiointerview mit dem Lothar, im Herzogenauracher Wohnzimmer, an der Seite seines Vaters, der Hausmeister bei Puma war und seinem »scheuen, zurückhaltenden« Bub' anfänglich ständig die Antworten einzuflüstern versuchte. Diese welthistorische Perle, die laut Koch aus angeblich achtundsechzig Bruchstücken zusammengesetzt und »durch die geschickte Schneidearbeit der Kollegin Lilo im Studio Franken« zurechtgeschliffen wurde und die seit dem Erscheinen der ersten CD, auf der ich sie verewigt habe, hundertfach gesendet wurde, darf auch hier nicht fehlen:

Koch: Lothar Matthäus, als Jugendnationalspieler, da is' man wahrscheinlich ziemlich verwöhnt.
Matthäus: Nee. Wieso soll mer verwöhnd sei'? Da is' mer hald so, wie ma' immer is'. Man geht auf die Arbeit den ganzen Daach und ...
Koch: Sie geh'n auf die Arbeit?
Matthäus: Ja, ich hab' noch 'ne Lehre als Raumausschdadder, und die möcht' ich noch beend'n, bevor daß ich nach Mönchengladbach raufgeh'.
Koch: Heißt das, daß Sie jetzt in den letzten Tagen hier nicht auf der Terrasse gelegen sind und sich gesonnt haben bei dem schönen Wetter?
Matthäus: Nee, auf keinen Fall. Ich bin angefahr'n vo' Salzburg, und dann hab' ich gleich am näxdn Daach widder des Arbeid'n angefang'.
Koch: Mußten Sie nach Hause fahr'n? Gab's irgendwas? Oder war's tatsächlich nur die Verletzung?
Matthäus: Ja, 's war nur die Verledzung. Was soll's anderes gewesen sein?
Koch: Eine Sache an der Leiste?
Matthäus: Ja, des is' an der Leisde. Des war amal was Älderes, das im Verein zugezogen habe [sic!], und das is' wieder zurückgegang'n, und beim Draining mid der Nationalmannschaft hab' ich 'nen Riß bekomm'n, und dann bin ich jeden Dach behandeld worden. Aber des is' nemmer besser geword'n.
Koch: Wer putzt eigentlich Ihre Fußballschuhe, Lothar Matthäus?
Matthäus: Ja, die putz' ich selber – oder meine Muddar, wenn ich keine Zeid habe dazu.
Koch: Ich hab' nämlich gelesen, die Nationalspieler in der Jugendmannschaft wär'n sich zu fein, ihre eigenen Schuhe zu putzen.
Matthäus: Nee, des sind sie auf keinen Falls. Des is' bei die Bundesligaspieler is' des a so, daß da die Schuhe gebuzd werden. Das habe ich bei meinem Brobedraining in Mönchengladbach mitbekomm'n. Aber bei uns im Amateurverein is' das ganz sicher nicht so.

Koch: Bleiben wir mal gleich beim Profiverein. Sie kommen ja nach Mönchengladbach. Äh, freuen Sie sich auf diese Aufgabe?

Matthäus: Nä ja, irgendwie Heimweh könnte noch komm'n, aber ich bin froh, daß ich 'n Verdrag habe, und 'es Geld zälld hald zum Schluß.

Koch: Das Geld zählt also doch auch, aber wahrscheinlich spielen Sie nicht nur wegen des Geldes …

Matthäus: Nee, auf keinen Fall. Ich spiel' Fußball, weil's mir Spaß macht. Und ich hab' schon immer von klein auf gedräumd, daß ich mal Fußballprofi werde.

Koch: Und trotzdem nebenbei zur Sicherheit eine gesicherte und sichere berufliche Existenz haben.

Matthäus: Ja, man weiß ja nie, was im Beruf Fußballn da vorgehd. Man kann gleich im erschd'n Jahr irgendwie eine vors Bein bekommen oder so weider oder kann nich', kann wieder außer Form gerad'n oder so weider, aber der Beruf is' dann da.

Koch: Sie sind Raumausstatter, und Sie werden dann praktisch Strafraumausstatter mit entsprechenden Vorlagen ausm Midd'lfeld, das hoffen Sie jedenfalls.

Matthäus: Ich hoff', daß es gleich glabbd, aber ich schätz', daß 'n halbes Jahr Anlaufzeid brauchd, bis ich da irgendwie Fuß gefaßt hab' do drob'n.

In den neunziger Jahren und Anfang der nuller Jahre gingen auch Leute, die die Bayern aufs gründlichste verachten, zu Partien des FCB, um zwei Spieler zu sehen: Mario Basler und Mehmet Scholl.

Die beiden waren unberechenbar, sie waren Filous, Edelsteine, sie waren trotzig, weil sie ihr Recht, ein freier Mensch zu sein, nicht preisgaben. Und da die Akteure noch nicht zu Systemfußballrobotern abgerichtet wurden, erkanntest du die bedeutenden Spieler zum Beispiel sofort an ihrem Laufstil.

Günther Koch nahm den Rhythmus von Baslers Bewegungen in seinem Sprechrhythmus oft haargenau mimetisch auf (»Wie-geschritt«), und am 21. April 1999 schoß der geniale Anarchist aus der Pfalz im Champions-League-Halbfinalrückspiel zwischen Bayern München und Dynamo Kiew ein Tor, wie man es heute nicht mehr sieht, weil die Baslers nicht mal in eines der furchtbaren Nachwuchsleistungszentren reinkämen:

Die Ecke von der rechten Seite für den FC Bayern beim Spielstand von 0:0. Vielleicht jetzt die Chance zum Führungstor. Scharfe Ecke! Kopfball! Aber auch da rausgeköpft, und zwar gut rausgeköpft von Kosowski. Noch amal die Möglichkeit für die Münchner. Jetzt macht er aan Tricks, der Basler! Basler, schieß endlich, Schuß! – – Tooor!! Tooor!! Tooor!! Und das kann nur einer! Das kann nur einer! Das – kann – nur einer. Erster Haken, rechter Haken, zweiter Haken, linker Haken. Meine Damen und Herren! Basler, geh nach Hause, das reicht! Das reicht!

»Basler hat nicht gesprochen, Basler hat geschossen!« verneigte sich Koch mal vor dem begnadeten Rabauken. Oder so: »Élber müßte rüberspielen auf Jancker! Jancker! Naa, des is' Basler! Basler Schuß! Hohoooo!! Hollala!! Der Basler! Wenn er kommt, aber dann kommt er gewaltig, der Basler! Und jetzt läuft er wieder zurück, so wie ein Kneipier, mit angeleg-, -eckten Ellbogen, und sagt: Leute, war doch was! Hier, was wollt ihr? Das war ein Schnalzer.« (FC Bayern – FC Paris Saint-Germain, Champions-League-Gruppenspiel, 22. Oktober 1997) Oder so: »Babbel auf der rechten Seite, weitergespielt zum Basler, schön zum Hamann, aber das Auffälligste am Bayern-Spiel sind die knallroten Handschuhe, ansonsten läuft fast gar nichts zusammen. Jetzt vielleicht der Basler! Solo! Schaut zum Tor!! Schießt!! Und –? Hey, Tooor!! Toooor!! Toooor!! Das war ein Hammer!! Er schaut zum Tor! Er schiiiießt! Und er trifft ihn reiiin! Er trifft ihn rein! Und plötzlich jubelt das Stadion mit seinen über fünfzigtausend Zuschauern, als ob hier Bayern eine phantastische Partie lieferte! So ist Fußball! Und der Mario Basler schlägt den dritten Gang ein, geht vier Meter, guckt zum Tor, zieht aus etwa dreißig Metern ab! Der Bräutigam mit den Händen am Ball, und beim zweiten Zupatschen, da rutscht ihm der Ball über die Hände am Pfosten vorbei in die Kiste. Es steht 2:0 für Bayern, meine Herr'n, meine Herr'n.« (FC Bayern – Hansa Rostock, 23. November 1996) Oder so: »Und jetzt scheint das Spiel tatsächlich etwas schneller zu werden, die Bayern im Angriff, der Ball ist allerdings abgewehrt. Abgewehrt. 1:0 führ'n sie durch dieses Stochertor im Anschluß an die vierte Ecke, von Basler getreten, die Ecke von Basler, dann zum Ball gegangen im Nachschuß Jancker, sein achter Saisontreffer. Und jetzt heißt's Basler. Basler, der hinter den Spitzen Jancker und Élber spielt, hat jetzt eine tolle Freistoßmöglichkeit, das sind fünfundzwanzig Meter Mittelstürmerposition. Liebevoll, wie er den Ball in die Hände nimmt, wie er ihn ganz zärtlich auf den Punkt legt, mi'm linken Fuß noch 'n bißchen in den tiefen Rasen drückt, damit er den Ball auch voll trifft. Die Mauer steht. Kamps tänzelt auf der Linie, da kommt der Schuß! Ooooh, Parade! Nachschuß! Noch mal Parade! Noch mal Nachschuß vom Élber! Fallrückzieher! Jancker! Tooor! Toor! Toor! Na, das is' doch was! Na, das is' doch Fuuußball!« (FC Bayern – Borussia Mönchengladbach, 13. Dezember 1997)

Die neunziger Jahre waren für mich die schönste Fußballzeit. Sie waren die Zeit, in der man sich noch nicht den Kopf über das bald darauf obszön werdende Fußballgeschäft zerbrechen mußte. Sie waren eine entspannte Zeit, weil der Fußballtag ein Festtag war und nicht jeder Tag ein Fußballtag war. Sie waren die Zeit des Radios (wer tat sich schon *ran* an?), und sie fanden an zwei Tagen im Mai 1999 einen Abschluß, wie ihn die Fußballgeschichte bis dahin nicht vorgesehen hatte – als habe der Hegelsche Weltgeist verfügt, daß der Fußball nun seinen Kulminationspunkt erreicht habe und es damit dann vorbei sei. (Gut, die Meisterschaftsentscheidung 2001 müssen wir noch dazuzählen, als Nachklapp. Ich werde nie vergessen, wie die schöne Frau und ich auf Achim Gresers Geburtstagsgartenfest die einzigen waren, die zu den Scheiß-Bayern hielten. Unser Geschrei beim Ausgleich in Hamburg zermalmte geradezu die Fassungslosigkeit und die lautlos knirschende Wut um uns herum.)

Und sie waren eben die Zeit der Élbers, der Möllers, der Uwe Beins, der Häßlers, der Thons, der Andreas Herzogs, der Balakows, der Jörg Böhmes, der Zárates, der Okochas, der Rickens, der Baslers und der Scholls (die man natürlich nicht in den Plural setzen dürfte, und nennen müßte man gleichfalls ein paar Komplementärspielertypen: Effenberg, Jeremies, Frank Mill, Berthold, Sammer). Eine traumfeine Passage aus dem eben erwähnten Spiel gegen Paris Saint-Germain – damals ein richtiger Fußballklub und kein durch Petrodollar verseuchter Drecksverein – illustriert die ganze ungetrübte Schönheit dieser Fußballjahre, auf die die unerträglichen Besserwisser (nie war der Fußball athletischer, besser, schneller als heute, ja, ja), die das Spiel in den Schraubstock der »Wissenschaft« eingespannt haben, selbstverständlich bloß hoffärtig herabschauen:

> Élber dreht sich, ist am Gegner vorbei, der Ball purzelt die Linie entlang, der Élber ist an der Linie entlanggelaufen, kommt von der linken Seite! Herrlich, wie er das macht, der Ball mindestens zehn Meter wunderbar auf der Linie, auf Baaasler! Beifall! Basler! Achtzehn Meter! Trick vom Basler! Hacke vom Basler!! Schuß vom Scholl!! Abwehr! Schöön! Das war schöön! Basler! Scholl! Auf! Jancker!! Und vorbeiiiiiii. Sakradi! Das war schööön! Beifall bitte!

Das Spiel und »seine« Reportage, beides war eine »Verpackung von Wohlbehagen« (Jürgen Bertram: *Torschrei – Bekenntnisse eines Fußballsüchtigen*), und das hing maßgeblich an Basler, Scholl und Koch, diesen, bei allen gravierenden Unterschieden, Geistesverwandten.

Neben Aljoscha Pauses grandioser Dokumentation *Tom meets Zizou – Kein Sommermärchen* (2011) über Thomas Broich, dieses extraordinäre Talent – Broich ging als Bundesligaprofi am ständigen Druck und an der Angst beinahe zugrunde, zuletzt, 2009/10, stand er, bereits depressionserschöpft, im Kader des 1. FC Nürnberg –, ist der beste Film über Spieler dieser Generation Eduard Augustins und Ferdinand Neumayrs Porträt *Frei: Gespielt – Mehmet Scholl – über das Spiel hinaus* (2007). Bemerkenswert: Scholl beendete seine Karriere ungefähr zur gleichen Zeit, in der Koch beim öffentlich-rechtlichen Rundfunk aufhörte, und man mag im Sprachwitz dieses freundlichen Verweigerers (»Die Wahrheit kann ich nicht sagen, und das andere ist ein Scheiß«) und vielleicht letzten Straßenfußballers, des sensiblen Lieblingsspielers von Uli Hoeneß, eine weitere Parallele zu Günther Koch sehen, die zeitdiagnostische Aussagekraft besitzt. Es gibt keine Mehmet Scholls mehr, und es gibt keine Günther Kochs mehr …

Günther Koch hat an Mehmet Scholl, »dem Hund, dem verreckten«, auch das freiwillig-unfreiwillig Clowneske auf und neben dem Platz sehr gemocht. In *Frei: Gespielt* sagt er: »Ich hab' immer den Eindruck gehabt, der braucht die langen Trikotärmel, damit er das Gleichgewicht hält beim Laufen, wenn er die anderen schwanzt.« Und auf einem Bankett nach einem Champions-League-Spiel habe sich Scholl mal Kochs Aufnahmegerät geschnappt und Oliver Kahn interviewt: »Oliver Kahn, jetzt habe ich mal eine Frage an Sie: Wie ist denn das, wenn Sie immer nur die Nummer zwei in Deutschland sind?« Kahn habe »einen puterroten Kopf« bekommen.

Scholls unvergleichlich fragiler, schwebender und zugleich geerdeter Stil: dieses Herumkurven und Hakenschlagen und Herumwieseln, dieses Neppen und Necken, dieses Zwirbeln und Zocken, dieses Unwägbare und scheinbar ohne jeden Kraftaufwand zelebrierte Techtelmechtel mit dem Ball – in Vollendung zu bewundern war der kleine Große am 16. April 1996 im UEFA-Cup-Halbfinalrückspiel FC Barcelona gegen den FC Bayern München, an diesem Abend, an dem der FCB ein FC Scholl war. Und wäre ein anderer als Günther Koch geeignet gewesen, Scholls Dribblings und Flügelläufe von einem anderen Stern in Worte zu gießen?

Das Spiel war das erste, das exklusiv, das heißt zwangsweise im Pay-TV zu verfolgen war (Kommentator auf Premiere war Fritz von Thurn und Taxis). Freund und Kollege Gerd Fischer und ich schauten es in einer Frankfurter Kneipe. Wenig später hörten wir die Reportage von Edgar Endres und Günther Koch – und waren baff und platt.

Es ist ein Sog, ein Strudel, eine Epopöe, es hüpft und springt und schäumt und mäandert die Sprache selbst. Ein paar Jahre zuvor hatte sich Helmut Böttiger die Augen gerieben. »Wenn er über die Bayern spricht und deren Spielweise zu unerhörten ästhetischen Gratwanderungen vorantreibt«, erreiche Koch noch einmal eine andere Sphäre als bei Spielen des Club, der einen eigentlich immer niederdrückt.

Barcelona 1996 ist eine Jahrhundertreportage. Sie steht in der deutschen Radiolandschaft wie ein Achttausender, der erst einmal bestiegen wurde – von jenem, der ihn da hingeknallt hat und der sich auf Grund seiner »Hochgeschwindigkeitsprofessionalität« *(Süddeutsche Zeitung)* »im vielsilbigen Gewühl der Schachtelsätze« *(stern)* nicht ein einziges Mal verirrt:

Endres: Also, vier Minuten sind vorbei, es ist noch nichts passiert, aber die prickelnde Stimmung, die spüren selbst die beiden Reporter.

Koch: Es ist natürlich so: Hier in diesem Palast, in dieser Oper, in dieser Fußballoper mit ihren sieben weitausladenden Ebenen, unten etwas flacher, dann immer steiler werdend, und die Bayern-Fans dort oben, ganz, ganz steil, als ob man vom Wallberg runterschau'n würde auf den Tegernsee, nur ist der Tegernsee hier das Spielfeld, ganz grün, saftgrün, diese Zuschauer bieten eine tolle Atmosphäre, und jetzt mit diesem Wagerl ist praktisch der Verletzte wieder an den Spielfeldrand und dann wieder reingebracht worden, alles vollautomatisch hier, der Edi und ich, wir sind mi'm Aufzug rauf- und runtergefah'n, lauter freundliche Menschen, also sehr modern, das Stadion, und ich glaube auch, im Innenleben und im Innenbauch dieses Stadions, da fährt man sich leichter als in der Innenstadt der einen oder anderen Großstadt. Jetzt zum Ball. *(Ein paar Minuten später:)* Also, die Barcelonesses, das muß ma' auch sagen, sind lauter vornehme Fußballanhänger, nix von Hex-, Hexenkessel, sie schau'n sich das geduldig an, und bei diesem Verein, da sind ja Anarchisten, Gewerkschafter, Unternehmer, Kleinhändler, Beamte, Industrielle, Wissenschaftler, Freiberufler, allleee, alle sind in diesem Verein Mitglied, übrigens auch der Paaapst Paul oder Johannes Paul II., und hier gibt's ja auch eine Kaapeelle, der Ball is' im Middelfeld, ich muß unterbrechen, und zwar kommen die Bayern, und für die ist das eine Weltanschauung, Mitglied beim FC Barcelona zu sein!, Ziege von der linken Seite! Ecke! Ecke! Da mach' ma' a Ecke. Und was macht der Schiedsrichter? Der gibt Abstoß. Na ja. Da – war – das – lange Bein vom Ferrer noch dran. Was ich noch zu Ende führen und sagen will, is' folgendes: FC Barcelona, das ist das Selbstbewußtsein der Katelanen [sic!], die schon seit über sechsundneunzig Jahren, genau seit einhundertein Jahren, denn 1895 wurde dieser Verein gegründet, der Regierung in Madrid immer zeigen wollen: Wir sind selbständig, wir bleiben selbständig, wir sind die Katalanen. Und jetzt kommen die Bayern. Und da ist der Thomas Helmer zum erstenmal vorne, auf Sforza gespielt, Sforza auf die rechte Seite zum Hamann, erst zwanzig Meter in der Hälfte, kriegt einen Einwurf, und der Thomas Helmer, der den Ball fordert, der ist wütend, daß der Paß vom Hamann nicht schnell genug steil und direkt genug kam, aber immerhin Einwurf. Jetzt, liebe Freunde, und das schaut gut aus, 20., 21. Minute, gibt es einen Einwurf, und alle, alle Bayern-Spieler sind in der Hälfte vom FC Barcelona, zwanzig Meter vor der rechten Eckfahne. Hamann fintiert auf halblinks an oder halbrechts natürlich, wenn er von rechts einwirft, aber er könnte zur Eckfahne werfen, macht das nicht, zu Nerlinger! Nerlinger muß sich durchsetzen! Setzt sich durch! Mittelstürmerposition! Hau drauf! – Oooooooh, war das ein schöner Schuß vom Nerlinger!! Fünfundzwanzig Meter, der Forstenrieder, zwei Meter am Pfosten vorbei. Und da war auch der gespannte Blick zu sehen vom Franz, vom Franz Bek-ken-bau-er. Edi, das war ein erster Warnschuß.

Seine typischen ausholenden, das Spielgeschehen wie ein Dirigent mit- oder vorzeichnenden Arm- und Handbewegungen sehe man »auf allen Photos: In der einen Hand das Mikro, mit der anderen deute ich aufs Spielfeld. Mein Reporterkollege lebt relativ gefährlich, weil ich ihm mit der freien Hand auf die Schulter haue, wenn einer Blödsinn macht oder gut trifft. Da gibt's schon mal blaue Flecken.«

Das nun folgende, ikonisch gewordene Tor von Markus Babbel ist eingebettet in eine unbegreiflich schmissige, dahineilende, geradezu dahinfliegende Schilderungspassage (man müßte im Grunde die Satzzeichen weglassen):

Siebeneinhalb Minuten noch zu spielen hier in Barcelona, 0:0, Bayern greift an, zwei Meter über die Mittellinie gespielt auf Scholl!, Scholl geht drei Meter, vier Meter, fünf Meter, sechs Meter, dreißig Meter vorm Tor!, Fehlpaß vom Mehmet Scholl!, das hätte nicht passieren dürfen, Barça baut auf in der eigenen Hälfte, auf Jordi!, wo ist der Kreuzer?!, er wartet, er wartet, er greift noch nicht an!, der Jordi kommt alleine, hinter ihm her ist Sforza, nimmt ihm den Ball vom Fuß, wunderbar!, jetzt die Zweikampfstärke von Sforza in der eigenen Hälfte, aber dann der Fehler, Klinsmann geht zurück, Klinsi spielt auf Sforza, drei Meter Rechtsaußenposition vor der Mittellinie, läßt amal den Ball prellen, und zwar auf Sergi [Barjuán], von Sergi zu Babbel, Babbel nach vorne, und da ist der Witeczek noch nicht gegangen, und Barça, Barça baut auf durch Nadal, von Nadal war auch nicht so viel zu seh'n in der letzten Zeit, er mußte jetzt mit Witeczek die Seite wechseln, drüben allerdings gewisse Probleme auf der rechten Seite, das muß ma' ganz klar sagen, Ferrer sehr stark!, und auch, jetzt am Leder, Figo, Figo für mich der beste Mann in den Reihen der Spanier, der portugiesische Nationalspieler!, könnte schießen!, spielt in die Mitte, aber da steht der Hamann Didi, gut zum Babbel, der Babbel wieder wunderbar zum Witeczek in der Mitte der Hälfte der Bayern, 0:0, Bayern gegen Barça, Witeczek am Schiri vorbei zum Thomas Helmer, der geht nach vorne, noch mal zum Witeczek im Mittelkreis, auf die linke Seite muß er spiel'n!, da kommt der Scholl von links!, jetz' geh rein!, links!, rechts!, Täuschung! Scholl, schieß doch!! – – Nachschuß von –!! Toor!!! Babbel!!! Babbel!!! Babbel!!! Bab-belll! Ja, das is' es!! Und das – war – klasse – gemacht!! Ich hab's Ihnen angedeutet: Schieß doch, schieß doch! Da kommt der Schuß! Da kommt die Flugparade! Aber nuuur die Faustabwehr! Und wer gönnt ihm das nicht, dem Markus Babbel?! Das ist wunderbar, Markus! 1:0 führt der FC Bayern hier im Stadion in Barcelona. 1:0 führt er im Nou Camp vor 105.000 Zuschauern. Und man sieht's dem Mehmet Scholl einfach an, wenn der so bissig schaut und wenn der dann einfach die Ellbogen rausfährt und wenn er etwas mehr hochschaltet, den zweiten Gang einlegt, und dann mit seinen Körpertäuschungen kommt und dann schießt, und ich hab' ja g'sagt: Schieß endlich, und dann war das ein scharfer Schuß, und da mußte zum linken Eck rüberfliegen der Busquets, und da konnte er nur abklatschen, und dann kam ganz ruhig und mußte aus spitzem Winkel nur noch vollenden, und des is' einfach ein Klassemann, der Markus Babbel, der von Argelsried zum FCB, zu den Bayern gekommen ist, und der schiebt den Ball zum 0:1-Führungstor für die Bayern … Aber da kommt der Sergi schon wieder von der linken Seite für Barcelona!, Körpertäuschung! Flanke vors Tor!, und der Hamann. Der Hamann lehnt sich a bißl auf, aber haut zunächst amal raus, und was macht der Otto Rehhagel? Der Otto Rehhagel, der steht auf, geht nach vorne, jetzt geht er wieder zurück!, jetzt setzt er sich wieder hin. Und auch der Matthäus, der Matthäus nickt anerkennend. Also, man unterhält sich auf der Bayern-Bank. Das ist ja nicht unbedingt der zweite Anzug, der da draußen sitzt, nicht, weil der Matthäus manchmal auch ein Dressman ist, sondern das ist ja auch der erste Anzug, das sind ja alles Klassespieler, die können doch Fußball spiel'n! Also auch, wenn man wechseln muß, da ist noch einiges geboten, Sforza halbrechts auf Scholl, Scholl, der dieses Tor vorbereitet hat, Hamann, alles in der eigenen Hälfte!, Dreieckspiel wie im Training, drei gegen einen, der Bedauernswerte ist Amor, nix mit Liebe, höchstens Balliebe, aber ohne Ball, Scholl zehn Meter in der Hälfte, noch mal zurückspiel'n, jetzt keinen Fehler machen!, niiicht überheblich werden! Hamann, fünfte, sechste Station, Witeczek!, wieder Hamann, wo ist der FC Barcelona? Der FC Bayern führt, liebe Freunde, mit

> 1:0, und heute muß jeder Bayern-Fan sein, denn es geht nicht nur um den FC Bayern, es geht um den deutschen Fußball und um die Repräsentanz im europäischen Wettbewerb, Witeczek!, kurz, kurz, kurz, kurz, zu kurz, und dann auch das Abspiel zu kurz, und zwar jetzt kommt der Popescu!, Popescu mi'm Hackentrick zum Sergi!, und jetzt hinten in die Beine gefahr'n der Herr Sforza, aber auch der Sforza, wenn ein derartiger Techniker so zu Werke geht, Edi, dann weiß ich auch: Die brennen! Die brennen!

Das sei »ja für uns heute hier, für uns jedenfalls, keine Premiere«, stichelt Koch kurz vor der Pause gegen das Bezahlfernsehen. Dann:

> Öööffnender Paß vom Thomas Helmer!, das is' der dritte Fehlpaß, also, die gelingen ihm nicht so ganz, er hat offenbar die Abmessungen hier von diesem Riesenstadion noch nicht so ganz im Griff, und in dieser Betonschüssel mit ihren sieben Etagen, erst pflaumenblau, dann himbeerrot und oben taubengrau, so sind die Sitze markiert, das sind die Vereinsfarben von Barça, und auch einiges Gelb ist dazwischen, kommt noch mal Barça!, Kopfballvorlage!, Klärung von Babbel!, und der Schiri geht dazwischen, und es gibt einen Abstoooß, und der Babbel, also der Babbel macht hier das 0:1! Deswegen »Babbel! Babbel! Babbel!« Das – war – ihm zu gönnen. Aber der Scholl hat die Vorbereitung gemacht!

Markus Babbel war von der Boulevardpresse für den Ausgleich im Hinspiel verantwortlich gemacht worden, fälschlicherweise. In der siebzehnten seiner »Gute-Nacht-Geschichten« für 90elf erläuterte Günther Koch viele Jahre später die Hintergrunde: »Es steht 2:1 für die Münchner, der Babbel schiebt den Ball zu Matthäus oder Helmer, Matthäus bleibt steh'n, Helmer bleibt steh'n, jeder war sich zu schön, zu dem Ball zu geh'n. Ihr wißt schon, Matthäus und Helmer war'n nicht unbedingt befreundet. Sanchez, ich glaub', der Sanchez war's, mit der 11 [Barcelona hatte keinen Spieler namens Sanchez, es war Gheorghe Hagi], angelt sich den Ball, geht vorbei, macht des Tor! 2:2. Was schreibt die *Bild*-Zeitung? ›Babbel! Babbel! Babbel!‹ Er war schuld, angeblich.

Aber er war so fair und hat danach g'sagt: ›Ja, das war mei' Fehler.‹

Es war nicht sein Fehler. Sowohl Helmer als auch Matthäus hätten mit Leichtigkeit zum Ball gehen können, aber sie waren sich zu fein.«

Wir springen in die Schlußphase des Rückspiels:

Vorsicht! Schießen! Aber geklärt von Kreuzer!! Bravo, Oliver Kreuzer! Konter!! Witeczek zwei Meter in des Gegners Hälfte! Vorsicht, Klinsi, Abseits! Warten, warten, warten! Warten! Jetzt der Schuß oder der Paß! Toooor!! Toooor!! Tooor vom Witeczek!!! Aber der Ball is' an Hax'n ganga vo' aanm Spanier!! Der Witeczek wartet, wartet, und dann wird der Ball abgefälscht, ich glaube, von Nadal! [...] Barcelona längst nicht so stark wie im Münchner Schneetreiben vor vierzehn Tagen. Bayern kühl bis in die Haarspitzen, abwartend, mannschaftlich sehr geschlossen und mit einem überragenden Oliver Kahn, einer guten Abwehrleistung, dem besten Mann hinten, Mar-kus Babbel, der heute etwas härter zu Werke gegangen ist, ich kann mich da meinem Kollegen nicht ganz anschließen, daß er beinah' die rote Karte gesehen hätte beim zweiten Foul, Edi, entschuldige, des war net so schlimm, des war halt a Einsatz mi'm Körper, aber er is' zum Ball gegangen, Markus Babbel, der Torschütze zum 1:0 nach der tollen Vorarbeit und dem Abpraller, Vorarbeit vom Scholl und der Abpraller vom Torhüter, jetzt kommt der Schuß auf Kahn! Tor! Tor für Barça! Und wer hat's g'macht? Der Burschi, der Peña! Der Peña [Iván de la Peña] haut aus halblinker Position, also jetz' müss' mer noch mal aufpassen, liebe Leut', der Peña haut diesen Freistoß aus halblinker Position vorbei am Sforza und auch am Scholl, und dann wird noch der Torhüter irritiert, weil der Bakero, weil der Bakero weggeht in der letzten Sekunde und auch vielleicht der Sforza abgefälscht hat. Daumen halten, liebe Leute, noch nicht dahin gehen, wo sie nach dem Spiel [hin]gehen können, die Bayern müssen jetzt noch mal angreifen, und zwar von Scholl auf der rechten Seite in die Mitte gespielt! Zum –. Klinsi, hau drauf! Haut drauf. Nachschuß vom Scholl. Sechzehn Meter vorm Tor. Abgeben auf Klinsmann! Zu steil! Der is' zu steil, da kommt der Klinsmann nemmer hin. Und jetzt wachen sie hier alle auf im Lo Comb [sic!] oder im Nou Cam [sic!] oder wie das hier heißt in Barcelona, dieser wunderbaren Stadt mit 1,7 Millionen, dieser zweisprachigen Bevölkerung, die sprechen spanisch und katalanisch, und dieser engen Bevölkerungsdichte, auf 97 Quadratkilometern wohnen fast zwei Millionen Menschen, aber ganz eng is' es jetz' auch für den FC Bayern geworden! Die enge Gasse, die darf jetzt nicht für Barcelona zum Erfolg führ'n, denn bei 2:2 gäbe es, ah ja, es gäbe ja nur eine Verlängerung. Würden wir das noch aushalten, Edi?

Endres: Nervlich zwar nicht ganz, aber kommentatorisch, glaub' ich, schon. Aber, Günther, ich hoffe, die Bayern schaffen, diese ...

Koch: Ja!

Endres: ... sechzig, neunzig ...

Koch: Ja!

Endres: ... oder hundertzwanzig Sekunden durchzustehen und kein Tor mehr zu kassieren.

Koch: Ja!

Endres: Bei diesem dummen Freistoß, das war abgefälscht ...

Koch: Außerdem is' schon ...

Endres: ... da war der Kahn chancenlos.

Koch: ... is' schon Dreiviertel elf, und vor allem unsere jungen Hörerinnen und Hörer müssen dann auch irgendwann ins Bett gehen, die alten natürlich auch, die älteren, die junggebliebenen, es steht 2:1 für den FC Bayern. Also, noch keine Bange machen, es kommt dann schlimmstenfalls eine Verlängerung, aber ös könn' mer uns eigentlich erspar'n. Ein faires Spiel. Bravo, FC Bayern. Aber jetzt auf den la Peña aufpassen, den glatzerten! Oouu, hat der eine Ballführung! Links! Rechts! Jetz' schießt er scho' wieder! Jetzt schießt er no' mol! Nachdem er die Körpertäuschung angebracht hat! Aaaaaaber, als er jetz' schießen will, da steht der Thomas Helmer da, und Sie hör'n auch den Aufschrei hier des Publikums, und zwar der Barcelonesses! Die da alle gekommen sind! Jetzt kommt schon wieder El Barça! El Barça kommt scho' wieder durch la Peña! Ich hab' g'sagt, der soll draußen bleiben! Und jetz' is' der Babbel ...! Heerrlich, herrlich hat er des gemacht! Wunderbar. Und da kann ma' gar nix dagegen sagen, des war kein ... Richtig! Jetzt gibt er gelbe Karte gegen ... Unsportlichkeit! Babbel hat sich fair eingesetzt, und des is' kein Strafstoß, was da der Spanier herausholen will, der Cuéllar, als er sich hinfall'n ließ. Siegst der's, ein Superschiri. 2:1 führt der FC Bayern. Die 91. Minute läuft bereits, der FC Bayern mit der Mannschaft Kahn, Babbel, Ziege, Kreuzer, Helmer, Nerlinger, Scholl, Hamann, Klinsmann, Sforza, Witeczek und dann Strunz und Papiiin anstelle der ausgewechselten, und zwar is' ja als erstes rausgegangen, das ham wir Ihnen alles schon geschildert, der Didi Hamann, und als zweiter beim FC Bayern is' dann noch rausgegangen nach dem Hamann ... Edi ...

Endres: Das ham wir vorhin gar nicht mehr mitbekommen in der Aufregung. Fürn Papin, da ging wahrscheinlich der … Ich kann's jetzt auch nicht sagen. Is' ja egal.
Koch: Is' ja wurscht!
Endres: Wir müssen aufpassen die letzten Minuten noch.
Koch: Schau'n mer den letzten Angriff von Barça an! Da kommt der Ball in die Mitte! Da steht er scho' widder, der Oliver Kreuzer, hat gut gespielt! Kann ma' gar nix sag'n. Der Oliver Kreuzer, der ja oft in die Kritik gerät, Bayern unter Druck! Aaah, rausgehau'n vom Thomas Strunz! Alle Barcelonesses sin' jetzt in der Hälfte vom FC Bayern, Figo! Figo von links! Mi'm linken Fuß! Vorsicht, der Jorgi kommt! Was macht der Helmer?! Haut den Ball raus, haut den Ball raus! 2:1 für den FC Bayern! Liebe Hörerinnen und Hörer, bleiben Sie am Ball, Sie sind live dabei im Hörfunk der ARD! Und der Sforza auf den Scholl! Und jetzt ist der Schlußpfiff da! Bravo, Superbayern! Bravo, Reschpekt, FC Bayern! Wir bedanken uns, und zwar bei den Technikern, bei den freundlichen Technikern hier in Barcelona, für die freundliche Betreuung, bei den Technikerinnen und bei den Technikern in den Funkhäusern der ARD, bei den Hörerinnen und natürlich auch den Hörern in ganz Deutschland, bei allen Sendern der ARD, daß sie uns zugehört haben, auch bei den Hörern, die uns über Kurzwelle womöglich sonstwo in Europa oder in der weiten Welt gehört haben. Wir bedanken uns auch bei den Spaniern für ein faires Spiel, beim Schiedsrichter für eine korrekte, sportliche Leitung. Der FC Bayern gewinnt verdient, kann man ganz klar, fair und objektiv sagen, da sich jetzt Thomas Helmer, der Spielführer, bei den Schiedsrichtern, auch bei den beiden Linesmen, bedankt, in Barcelona durch Tore von Markus Babbel und Marcel Witeczek mit 2:1 und den la Peña, herzlichen Dank, die Spanier gratulieren uns, das sind noooble, das sind noooble Sportsfreunde, hier kam grade einer an der Kabine vorbei, Daumen nach oben, er gratulierte uns, und er ist auch ein Mitglied bei diesem großartigen Verein. Also, ein schöner Tag für die Anhänger des FC Bayern München, wir verabschieden uns und geben zurück in die Funkhäuser.

Ich bin noch heute durch, wenn ich mir dieses Trumm von Reportage, dieses feurige und zugleich aus unzähligen Partikeln feingliedrig zusammengesetzte Radiobild angehört habe. Was ist hier das Original, was Anverwandlung? Was Ereignis, was Darstellung? Was Handlung, was ihre abbildende Versprachlichung? Verschmelzen nicht beide Schichten in der Synchronizität der Abläufe bis zur Ununterscheidbarkeit? Gebietet nicht die ästhetische Phantasie zu glauben, daß Mehmet Scholl nur deshalb so unnachahmlich aufspielte, weil Günther Koch am Mikrophon saß?

»Meinen allerherzlichsten Glückwunsch zu Ihrer grandiosen Leistung, welche Sie gestern abend am Mikrophon in Barcelona erbracht haben. Die Übertragung dieses Spiels war ein wunderschönes Wiederauflebenlassen der alten, legendären ›Radio-Days‹. [...] Sie können sich gar nicht vorstellen, welch Balsam Ihre gestrige Reportage für die geschundenen Herzen aller Sat.1-geschädigten Fußballanhänger darstellt«, schrieb ein Hörer aus Darmstadt.

Am Samstag, am 20. April 1996, adelte das *aktuelle sportstudio* die Aufführung von Edgar Endres und Günther Koch und sprach von der »Wiedergeburt des Hörfunks, dem verschlüsselten Pay-TV sei Dank«.

So weit hat es Günther Koch gebracht. Auf einer Lehrmittel-CD zur Ausgabe 196 von *Praxis Deutsch – Zeitschrift für den Deutschunterricht* (2006) ist ein Ausschnitt seiner Übertragung des Champions-League-Spiels Arsenal London – FC Bayern München vom 9. März 2005 zu hören (»Lúcio kam zu spät! Er schämt sich! Er wischt sich die Nase! Geknickt! Mi'm Kopf nach unten! Da kam die Flanke! Und das ist Thierry Henry! [...] Und wie er sich schämt! Wie er sich ärgert! Jetzt is' alles neu!«).

Man weiß ja nicht, was sich Pädagogen so denken, aber ein anderes Aufeinandertreffen der Bayern mit Arsenal wäre noch eine Spur lehrmittelgeeigneter gewesen: das Spiel in London am 5. Dezember 2000, bei dem Günther Koch »seine wohl ungewöhnlichste Sportreportage« (Uwe Fajga: *Lächeln mit den Bayern*, Pfaffenweiler 2001) verfertigt hat.

In *Der Ball spricht* flicht Günther Koch dem ehrwürdigen Highbury Park ein Kränzchen, labt sich an der »anheimelnden Großfamilienatmosphäre«, beschreibt die Enge in diesem in ein Arbeiterviertel hingepflanzten Stadion, die wohlige Altertümlichkeit dieser Stätte.

»Es gibt ja lauter nette, höfliche Leute in England, die führen dich da hoch, und irgendwann bist du ganz oben im Presseraum – und dicke Teppiche, dicke Sessel!« erzählt er in der »Gute-Nacht-Geschichte« Nummer achtzehn. »Aber du willst ja zur Pressetribüne! Enge Eingangstür! Ouuu, du mußt die Wendeltreppe dich hochwinden, mit dem Aufnahmegerät und mit all den Dingen, und dann endlich bist du am Reporterplatz! Holzklapptischchen. Ouuu, ist das eng! ISDN-Leitung? Eijeijeijei, wo ist denn die Steckdose? Ah, da! Und auf der Brüstung des kleinen Holzklapptischchens liegt das NTBA [das Netzabschlußgerät], und da muß dann die Leitung reinrutschen, flutsch, drin is' sie. Endlich ist alles geschafft. […] Und ich sitze ganz konzentriert, unten die Mannschaften, die warten, daß es losgeht, und plötzlich, nach der Hymne, geht's nicht los. Die Mannschaften geh'n wieder rein. Ich denk', ich wär' Jungfrau. Das kann ja nich' sein. Ein fragender Blick nach rechts zu Edgar Endres, einer nach links zum Hans-Peter Pull, ich red' einfach weiter.«

Eine creatio ex nihilo:

> Where is Arsenal? Wir sind hier am Highbury, aber wo is' Arsenal? Wo is' die Mannschaft, wo sind die Bayern hier in diesen engen Gängen? Denken Sie nur an *Fever Pitch*. Sie wissen ja ganz genau: Arsenal, das is' im Norden Londons, aber die Mannschaften sin' noch nicht aufm Platz, Edgar, ob die womöglich durch diese engen Gänge, durch die man sich schlängeln muß, nicht rausgefunden haben? […] Wo sind sie? Wo sind sie geblieben? Also, wir dürfen Ihnen noch kurz dieses herrliche Stadion schildern, 20 Uhr 48 und 30 Sekunden, falls Sie Uhrenvergleich machen, ist es jetzt, aber die Mannschaften sind nicht mehr, das betrifft die Bayern, noch nicht, das betrifft die Londoner, die ja mehr oder weniger eine Weltauswahl darstellen, auf diesem saftgrünen Rasen, in der Mitte der Champions-League-Teppich, kann ma' net sagen, und die Jungs daneben, aber herrlich diese Ränge dort oben hinter beiden Toren, also jedenfalls hinter dem Tor hier links von uns, die Logen, etwa sechzig Logen, dann die große Uhr, und die Zuschauer stehen bis in Reichweite von dem Netz des Tores, hinter beiden Toren. Und dann hier auf Haupttribüne … Fragen Sie allerdings bitte nicht, wie eng wir hier sitzen. Sehr eng, aber sehr schön. Und auch gegenüber. Einfach, Edi, Fußballatmosphäre, wie man's sich wünscht. Näher dran kann man nicht sein. […] Sie glauben gar nicht, daß Sie in ein Stadion fahren. Vom Hyde Park mit der Mannschaft und dann mit dem

Betreuerbus und mit dem Bus für die Medienvertreter dauerte das eine knappe Stunde, und wir stiegen zwischen Häuserreihen aus und gingen an Häuserreihen vorbei, und plötzlich hieß es: »Stop!« Und plötzlich war irgendwo ein kleines Tor, und plötzlich war'n mer im Stadion. Also, das ist mitten im Wohngebiet. [...] Jetzt frag' ich mich, was hier los is'. Die Tore sind da. Da gab's ja mal ein Champions-League-Spiel, da war das Tor nicht mehr da oder zusammengebrochen, oder irgendwas war an der Verankerung kaputt. Was is' los? Dort unten is' Uli Hoeneß, der zuckt mit den Schultern, übrigens hat er nur 'nen Pullover an [...]. Was is' los? Wir können nicht runterrufen. Aber er runzelt die Stirn, und es scheint ein ernsteres Problem zu sein. Die wer'n doch den Schiedsrichter hom! Na, der werd scho' do sei', der Italiener. [...] *(Edgar Endres wirft ein, die Verzögerung könnte mit den Trikots zusammenhängen.)* Das wird's wohl sein, daß vielleicht, denn das sind ja Fernsehspiele, liebe Radiohörerinnen und -hörer, wir begrüßen Sie ganz besonders herzlich, hier kostet es nichts bei uns, und bei diesen Pay-TV-Spielen, da könnte ja sein, daß der Farbtupfer von den Mannschaftstrikots nicht ganz genau ins Geschäftskonzept paßt, weil man möglicherweise die Werbung auf den Trikots nicht mehr lesen kann. Aber wir wissen es nicht genau, was los ist. Wir hören jetzt von einem Kollegen ... Hast du's verstanden? [...] Ja, wir reden natürlich gern über London. Wir war'n am Hyde Park Corner, mit der Mannschaft in diesem wunderbaren Hotel [...]. Und, Edi?

Endres: Ich hab' jetzt gerade gehört, es gibt Gründe, die der Verein nicht verantworten kann, daß jetzt angepfiffen wird. Da frag' ich mich: Was sind das für Gründe? Sind das schwerwiegende Gründe? Man kennt ja hier in England ein ganz spezielles Problem. Is' da vielleicht was eingegangen? Ich möcht' nicht spekulier'n.

Koch: Also, das und diesen Faden möcht' ich nicht aufnehmen. Tee is' genügend da. Der Engländer liebt und lebt für den Tee. Er liebt ihn – English tea. Es gab auch in diesem Pressezentrum schönen schwarzen Tee, Sie wissen schon: diesen richtigen Assam, der so goldkupfern, dunkelbraun schimmert und dann nach wenigen Minuten, wenn er gut gezogen ist, so saftig und so fruchtbar [sic!] und so schön schmeckt. Der wurde hier auf der Pressetribüne dann auch noch verteilt. Und die Kollegen hier von der BBC neben uns, die nehmen das ganz gelassen und ganz locker, und unsere Pressekollegen aus München, von der *SZ*, von der *Abendzeitung*, vom *Münchner Merkur*, jetzt

darf ich natürlich keinen vergessen, von der *Bild*-Zeitung und von allen andern Zeitungen, die wundern sich auch, telephonier'n noch bißchen nach Hause, was hier los ist, die Polizei ist hier oben, oh, da wenn ich mich jetzt umdreh', da werden dann doch einige Reihen etwas untersucht. Wir müssen mal den Kopfhörer abnehmen und uns umhör'n, was los is'. Womöglich is' doch …
Endres: Ich hab's, ich hab's angesprochen, Günther.
Koch: … das, was der Edi angedroht hat, leider, leider Gottes Tatsache.
Endres: Es is' ja für uns auch kein …
Koch: Ja.
Endres: … für uns auch kein angenehmes Gefühl, daß man hier erfährt: Es soll eine Bombendrohung vorliegen. Und deswegen muß hier noch das Stadion inspiziert werden, mit Hunden normalerweise. Also eine ganz, ganz unangenehme Situation. Gab's bisher in der Champions League für uns beide, Günther, noch nicht.
Koch: Ja. Wir ham uns schon gewundert, daß hier jeder namentlich kontrolliert wurde beim Reingehen. Und ich sag' Ihnen, liebe Hörer und Hörerinnen, das is' so eng hier, da kann immer nur einer die Treppe hochgeh'n, und es wurde tatsächlich zumindest versucht, jeden namentlich festzuhalten, also, ich rede jetzt von den Pressekollegen, auch vom Fernsehen und auch, äh, von der schreibenden Presse. […] Und jetzt wird hier hinter uns und neben uns überall also noch einmal, ja, mit Spürhunden und auf andere Weise versucht festzustellen, ob denn tatsächlich irgendwo, was bei Gott nicht der Fall sein möge!, ja, ein Verrückter eine Bombe hinterlegt hat. Andererseits ist so etwas natürlich in jedem Fall wichtiger als der Beginn eines Fußballspiels, auch, wenn es da um sehr viel Geld geht.

Am 2. März 2002 kassiert Günther Koch in Stuttgart Prügel – oder So-gut-wie-Prügel. Aufschlußreich, wie die Berichterstattung in – entscheidenden – Details voneinander abweicht (wie soll dann erst die Geschichtsschreibung für sich reklamieren können zu sagen, wie es gewesen sei?).

Bild schrieb am Montag: »BR-Reporter Günther Koch verschlug's im Gottlieb-Daimler-Stadion fast die Sprache. Als der Radiomann dem Meister gerade große Abgeklärtheit bescheinigte, platzte einem VfB-Fan der Kragen: ›Von wegen, du bläder Seggl – die spielet ja mit zwölf Mann‹ – und drückte Koch aus lauter Frust prompt das Mikro ins Gesicht.« Ludger Schulze schilderte die Szene in der *Süddeutschen Zeitung* so: »Es war [...] ein Ausdruck fortschreitender Hilflosigkeit, gepaart mit permanent gefoltertem Selbstbewußtsein, als sich gegen Ende der ersten Hälfte ein älterer Mann mit Baseballkäppi aus seinem bunten Schalensitz löste und vor dem gegenüber im Medienblock sitzenden Radioreporter Günther Koch aufbaute. Der hatte gerade wahrheitsgemäß von der ›abgeklärten, überlegenen Spielweise‹ der Gäste berichtet, da trat die Toleranz des Stuttgarter Anhängers eruptiv über die Ufer wie der Neckar bei Hochwasser. ›Du Schafseckel‹, brüllte er mitten in Kochs Reportage hinein, ›hasch du eigentlich selber amol Fußball g'schpielt?‹ Souverän führte der Radiomann seine Arbeit zwar zu Ende, mußte fortan aber bei jedem Münchner Foul Pöbeleien über sich ergehen lassen, als habe er es in aller Perfidie selbst begangen.«

Der FC Bayern führte verdient 2:0, und laut *Der Ball spricht* geschah folgendes: Ein paar Meter links von Günther Koch verfolgte ein Herr »mit gespitzten Schwabenohren« seine Reportage, »bekam ein schwabenrotes Gesicht und wurde immer verärgerter«. Kurz vor der Pause stürmte er auf ihn zu und schrie ihn an: »Sie Schafsäckel! Habe' Sie denn jemals selbst gekickt?«

Die neuste Version stammt aus meinen Gesprächen mit Günther: »Das Stadion wurde umgebaut, und die Pressetribüne war eine Behelfsholztribüne, und ich hab' erst mal meine Kollegen gegen die Bienen geschützt, indem ich Zigarillos geraucht hab', meine Toscanelli, auf die ich ja spinn'. Die Holztribüne war direkt neben dem VIP-Bereich und einem Block mit anderen wichtigen, altgedienten und treuen VfB-Anhängern, und man konnte jedes Wort von mir hören. Ich hab' halt gesagt, daß der FC Bayern das hier souverän runterspielt. So war es auch. Und dann hat einer fünf oder zehn Meter neben mir dauernd rübergebellt: ›Ah, Scheiße!‹ Ich hab' dann – so wie früher, wenn die Georgen-Bande auf die Görres-Bande traf – gerufen: ›Komm mal rüber!‹ Der is' rübergekommen, und ich hab' g'sagt: ›Was willst 'n eigentlich? Sag halt was ins Mikrophon!‹ Und da ist er auf mich los und hat mir das Mikrophon auf den Mund geschlagen. ›Du alter Waffler! Die spiel'n ja mit zwölf Mann! Was red'st denn da für aan Schmarr'n?!‹ Und das ging live über den Sender! Es hat mich halt gereizt, den zu provozieren. Ich hab' den schon a bißerl provoziert. Des war wieder typisch.«

Anyway, es scheint, als habe es nicht nur mit dem Bayernderby FCN – FCB, sondern auch mit dem Südderby FCB – VfB seine eigene Bewandtnis. Jedenfalls sind da meistens Pfeffer und Chili drin.

Gerd Fischer singt in seinem Text »›Auwei, auwei! Allmächt! Allmächt!!‹ – Bravo, Günther Koch« in der Anthologie *Wieder keine Anspielstation – Fußballexperten – Die Kommentare des Grauens* (Berlin 1996) das Hohelied auf den Pegnitz-Teiresias und rückt das »aufregendste Spiel« der Bundesligasaison 1995/96 ins Zentrum seiner Huldigung.

»Wenn acht Tore fallen und ich mich dabei nicht verzähle, dann bin ich sehr glücklich. Acht ist ein bißchen viel für mich«, sagt Koch im April 1997 auf SDR 3, zurückblickend auf die wogende Begegnung FC Bayern München gegen den VfB Stuttgart vom 28. Oktober 1995, die 5:3 endete. Es sei »eines der aller-, allerschönsten Spiele überhaupt« gewesen, setzt er hinzu. Und das gewahrt man an jeder Schallwelle, die er in den Äther entsandte. (Und das Tröstliche ist ja, daß drei Dinge von der Menschheit nach dem Ende des Homo sapiens überdauern werden: der Atommüll, das Plastik in den Flüssen, in den Meeren und im Ackerboden und die Radiosignale im All.)

»Ein glücklicher Reporter war Günther Koch an jenem unvergessenen 28. Oktober 1995«, schreibt Gerd Fischer. »Die Spieler beider Mannschaften liefen zu Höchstform auf, und er tat es ihnen gleich. Nachdem Strunz das 2:0 für die Bayern geschossen hat (›Der beste Mann macht die Kiste‹), wird kurz darauf Scholl gefoult, und Koch setzt einen Markstein in der Geschichte der Bundesligalivereportage, indem er eine Blitzumfrage unter seinen Kollegen startet. Er hat es nämlich anders gesehen: ›Das war vor dem Sechzehner, das war vor dem Sechzehner. [...] Ich frag' einen Kollegen: Was meinst du? War des a Elfer oder keiner? – War kein Elfmeter. – War keiner, des sogt der österreichische Spezi. Jetzt läuft der Scholl an und macht das 3:0. Hör'n Sie mal – – –! Jetzt frage ich einen anderen Kollegen, aber das Tor war trotzdem schön. – Das in jedem Fall. – Jetzt frag' ich den nächsten Kollegen: War des a Elfer, oder war des keiner? – Nein, es war kein Elfmeter. – Des ist der Hans-Peter. Und das ist der Thomas Kattenbeck. Deine Meinung? – Außerhalb des Sechzehn… – Außerhalb, aber es steht 3:0.‹«

»Genialer, aber auch frohgemuter Günther Koch!« jubiliert Gerd Fischer, denn wenn man das hört (Track 8 auf *Wir hören Günther Koch!*), reißt es einen fünfundzwanzig Jahre danach noch hin, als pappe man gerade sein Ohr an den Radiokasten und werde sogleich hineingesaugt in dieses magische Gerät:

> Mehr Dampf, mehr Tempo in der Mannschaft vom VfB, seit Axel Kruse mitspielt, der blonde Stift, der kommt, und jetzt kommt er von der rechten Seite! Fünfundzwanzig Meter vor dem Tor! Herrlicher Paß auf Balakow! Élber direkt! Und: Tooor!! Tooor!! Wuuunderbar!! Das, liebe Freunde, müssen Sie sich ansehen in der *Sportschau*, in der fünftausendsten! Aus der eigenen Hälfte der Kruse als Vorbereiter. Wunderbar dann der Paß auf Balakow! Der schlenzt ihn rüber zum Élber, und der Élber setzt sich ab und nimmt mit seinen weißen Schuhen den Ball direkt mi'm Innenrist als Aufsetzer am knallgelben Sweater vom Kahn vorbei! 3:2! Wetten wir, daß hier noch was los sein wird?

Wir wetten doch nicht mit Günther Koch, der weiß es ja eh. Und in der ARD-Schlußkonferenz ist – selbstverständlich – alles zu spät:

> Toooar!! Toor in München!! Liebe Freunde, ein Bilderbuchtor für den VfB!! 3:3!! Élber! Traumhafter Spitzenfußball von den Schwaben bringt den verdienten Ausgleich! Ich hatte Ihnen gesagt, sie spielen wie beflügelt! K. und k.! Ich rede nicht von der Monarchie, nicht vom Kaiser, nicht vom Herzog, nicht vom König, sondern von Kögl und von Kruse! Die kamen in die Mannschaft! Kruse mi'm Kopf auf Élber! Élber im Zweikampf, und zwar gegen Helmer! Mit Faaallrückzieher an der Nasenspitze von Helmer vorbei und an Kahn vorbei ins Dreieck!! 3:3. Und *das* im Olympiastadion! Und der Tanz ist noch nicht zu Ende, fünf Minuten vor dem Ende! Bayern München gegen den VfB Stuttgart. Die Bayern würden sog'n: Das ist schon ein Kreuz.

»Nein, es tut mir leid« (Günther Koch) – hier wird greifbar, was einem auch ein Studium der Philosophie nicht zu vermitteln vermag: Das ist keine Ahnung von, das ist aus dem Körper heraus-, das ist durch ihn hindurchgedrungene, -gepreßte Metaphysik, das ist die explosiv artikulierte schlagartige Anwesenheit eines anderen. Und das erfüllte Verschwinden im ozeanischen Nichts der Unbegreiflichkeit bedarf der Klimax. Die Franzosen nennen den Orgasmus »le petit mort«.

> Tooar!! Tooar für die Bayern!! Der Zickler!! Der Zickler im Konter!! Zickler is' der Matchwinner!! 4:3! Im Olympiastadion! Fußball ist – ein – so – tolles – Spiel! Da is' alles möglich! 3:0 für Bayern! 3:3! Und jetzt das 4:3 durch Alexander Zickler!

Augenblick, zicke nicht herum, verweile doch. Es geht indes noch einmal weiter. Und den Schlußpunkt setzt, auf daß sogar die Unendlichkeit ihr Ende finde, einen Wimpernschlag später das Spiel:

> Elfmeter! Elfmeter für den FC Bayern! Und gelbe Karte gegen den Torhüter. Das wird dann das 5:3 für den FC Bayern werden in einem sensationellen Fußballspiel. Ich frag' noch mal kurz, ich meine, Elfmeter müssen wir ja nicht unbedingt übertragen, wo könnte … Aber wenn ich nicht unterbrochen werde, werd' ich den Elfmeter schildern … Schildern wir den Elfmeter. Und zwar der Mehmet. Der Mehmet macht des noch mal. Und zwar wird das dann wahrscheinlich wieder ein Tor sein. Hör'n Sie gut hin! Jetzt is' es soweit. Das ist Mehmet Scholl! Das ist der Schuß! – – – Und das ist der Jubel. In diesem Fall liegt der Ball links unten im Netz, kuller, kuller, kuller, keine Möglichkeit für Marc Ziegler. Jubel, Trubel, Heiterkeit. Ein tolles Fußballspiel, Werder Bremen gegen Pauli, Walter Jasper, bitte.

Daß man kurz vor dem Ende einer solchen nicht inszenierten Inszenierung nicht mehr kann und den Strafstoß, der, logisch, zum irrealen 5:3 führt, gar nicht mehr schildern möchte – verständlich. Selten hat man einen Reporter als so ausgelaugt wahrgenommen. Ein Hörer schmierte das Günther Koch noch neun (!) Jahre später in einem Brief an die Sportredaktion des Bayerischen Rundfunks hin: »Anschließend ging der FC Bayern erneut in Führung und bekam in der Schlußminute sogar noch einen Elfmeter zugesprochen. Günther Koch war daraufhin so enttäuscht, daß er diesen Elfmeter gar nicht mehr kommentieren wollte. Er bat darum, doch in ein anderes Stadion zu schalten. Das muß man sich mal vorstellen: Ein superspannendes Spiel, bei dem es ganz zum Schluß noch einen Elfmeter gibt, und der Reporter will diesen gar nicht übertragen.«

Ein anderer Hörer schätzte die skandalöse Angelegenheit zwei Tage nach dem Spieltag geringfügig anders ein: »Was Sie [...] im Spiel Bayern – VfB Stuttgart in jeder Beziehung, vor allem aber in puncto Objektivität, Sachkunde und Fairneß geboten haben, war nicht nur Spitze, sondern Weltklasse. Da können sich alle Ihre Kollegen, die auch Bayern-Spiele kommentieren, eine ganz dicke Scheibe abschneiden, wobei ich den Begriff ›Objektivität‹ besonders hervorheben möchte.«

Zur Wiedervorlage gelangte die intrikate Beziehung zwischen dem VfB Stuttgart und dem FC Bayern München am 24. Mai 1997, und an diesem Tag, o Wunder, fuhren die Ganzsüddeutschen eine Meisterschaft ein (es war die vierzehnte):

> Es kocht, das muß ich jetzt leider wirklich so sagen, und der Bobic, der is' zornesrot! Der hat schon gemeckert bei dem Treffer, und jetzt hat er sich die gelbe Karte geholt. Und ich bewundere Dr. Markus Merk. Er nimmt das Tempo aus dem Spiel, in der Gestalt, daß er's unterbricht, daß er abwartet, bis sich die Herrschaften beruhigt ham. Und es gab Gelb und Rot, und zwar Gelb-Rot gegen Balakow. Und das is' natürlich die entscheidende Schwächung! Stuttgart jetzt nur noch mit zehn Spielern, und mit dem Merk, da ham die Stuttgarter ja andauernd unangenehme Erfahrungen gemacht, aber das erzähle ich Ihnen später.

Wir springen und raffen:

> Toooor für die Bayern!! Tooor in München!! Das is' der Scholl!! Und die Flanke von Klinsmann! Aber der Klinsmann hat für meine Begriffe den Ball im Abseits angenommen! Das, liebe Freunde, war Abseits! Das muß ich so deutlich sagen! [...] Er [Bobic] haut die Bande kaputt [und nicht die überdimensionale Getränkedose!], aber vorher hat er den Ball mit dem Zorn des jungen Mannes in die Maschen des Bayern-Tores gejagt! Ja, gibt's denn so was?! Aber ich

hab's euch gesagt: Die Schwaben, die ham sich alle Kräfte aufgespart. […] Das steht 2:2 – für den VfB, muß ma' fast sagen. Und da is' der Jubel wiiirklich begründet. Jubel. 2:2 im Olympiastadion. Und dieses Tor hätte natürlich nicht passieren dürfen. Poschner, wird mir grade geflüstert, is' der Torschütze. Aber die Flanke kam vom Poschner, und Bobic … Hab' i scho' richtig g'seh'n. Auch vorhin beim Ziege hatten wir recht im Hörfunk – und nicht die Kollegen von der andern Fraktion. Da dachten manche, des wär' der Rizzitelli g'wesen beim 1:1 für die Bayern, desselbe Tor. […] Flanke in die Mitte. Der Wohlfahrt ganz sicher, der stämmige, kräftige Österreicher, der nicht mehr als vierunddreißig Bälle reinlassen will. Hat er 'ne Privatwette abgeschlossen mit seinem Präsidenten, mi'm Herrn Mayer-Vorstopper, Entschuldigung: mit Herrn Mayer-Voorfeeldeer, nicht wahr? Und er will keinen mehr reinlassen, aber heut' hat er ja scho' zwei rei'g'lassen, also 2:2. Witeczek, eigene Hälfte, Helmer, Libero, linke Seite is' der Ziege frei, will er nich', spielt zu Basler, Basler hat noch nicht viel zeigen können. Spielt jetzt Richtung Trapattoni. Da steht vor dem Trapattoni, vor der Seitenlinie, der Rizzitelli, zeigt auch nicht allzuviel. Rizzitelli von Babbel sofort wieder angespielt. Rizzitelli steil auf Scholl! Scholl wartet, bis der Ball da ist! Übersteiger gegen Verlaat. An Verlaat vorbei. Dann bleibt er an Haber hängen, an Hagner, versucht er's noch mal, Übersteiger links, Übersteiger rechts. Rückpaß zum Witeczek. Witeczek schön ins Loch gespielt zum Babbel! Babbel mit Hackentrick fürn Basler!! Basler!!! Was macht der denn?!! Der Baaasler verbaselt den Ballll!! Anstatt daß er zurückpaßt zum Nerlinger! Zum Rizzitelli! Oder querpaßt zum Ziege. Wollt' er 'n dem Wohlfahrt irgendwo hinschieben. Nix da. Die Schwaben sind dazwischen. Fußball ist so schön. Aber den hätt' er noch schöner machen können. 2:2, Rückpaß ins Studio. […]

Toller VfB! Verlaat!! Ooooooh, knapp vorbei!! […] Bayern muß noch mindestens einen Treffer machen, um heute und hier bereits deutscher Fußballmeister zu werden. Das wäre, das wäre, ich sag's bewußt im Konjunktiv, denn Stuttgart ist zu stark, als daß man davon ausgehen könnte, daß das absolut passieren müßte, die vierzehnte deutsche Meisterschaft, Doppelpaßspiel, schön gemacht von Klinsmann!, supertechnisch gemacht auf Basler!, Kopfball Babbel!! Tooor!! Mi'm …!!! Rizzitelli!!! Rizzitelli!!! Deutsche Meisterschaft ist jetzt möglich!! […] Und Seniore Giovanni Trapattoni, der Gebärden-Toni, mit ausgestreckter rechter Hand und mit angewinkeltem linken Arm

vielleicht schon auf dem Weg zur Meisterschaft? Das ist die Frage. [...] Ein tolles Fußballspiel, aber meine Schwaben geben noch nicht auf. Es steht 3:2 für Bayern, aber der VfB Stuttgart – toll, was die hier leisten! Schade, schade, schade, daß Balakow nicht mit von der Partie is'. Und ich warne alle Freunde: Um 17.17 Uhr wissen wir Bescheid, ob Bayern zum vierzehnten Mal deutscher Fußballmeister wird. Das kann gut sein. Es sieht jetzt fast danach aus. Aber verachtet und unterschätzt mir die Schwaben nicht. [...] Das wäre dann die vierzehnte deutsche Fußballmeisterschaft. 1932 fing es an. Ob es 1997 weitergeht? [...]
Kontermöglichkeit für den potentiellen Deutschen Meister! Ziege. Zwanzig, fünfundzwanzig, dreißig, vierzig Meter unterwegs. Legt zurück zu Witeczek. Rechts ist der Zickler weiter. Frei. Klinsmann im Sechzehner! Klinsmann! Schuß! Wooohlfahrt! Klasse! Bester Mann beim VfB! Wohlfahrt, Franz Wohlfahrt, der Österreicher, super auch in dieser Situation gehalten! [...] Witeczek dreißig Meter vorm Tor, da kann ma' schießen! Schuß! – – Toooooor!!! Das ist die Meisterschaft!! Witeczek!!! Da Witeczek!! In Barcelona hat er das 2:1 gemacht, heute, 17 Uhr 04 und vierzig Sekunden, macht er die deutsche Meisterschaft! Das ist das 4:2 aus fünfunddreißig oder dreißig Metern, mit liiinks ins Dreiiieck! Das ist die vierzehnte deutsche Fußballmeisterschaft für den FC Bayern München! [...] Und die Wolken, sie lichten sich. Zartes Blau über dem Scheinwerferlicht der Flutlichtmasten, das unnötig is'. [...] Die Sonne ist durchgekommen. Das Flutlicht wird von der Sonne überstrahlt. [...] Eine herrliche Stimmung, auch wenn man nicht Bayern-Fan ist. Dort drüben in der Südkurve steht natürlich ganz groß das Transparent: »In Deutschland gibt's nur einen Verein – FC Bayern.« Dem muß nicht jeder zustimmen. Jeder hat seine Liebe, jeder hat seinen Verein, manche haben zwei Lieben und zwei Vereine. Und der VfB Stuttgart hat viele Fans in Deutschland, und er ist ein ehrwürdig unterlegener Partner in diesem Treffen hier, da die deutsche Fußballmeisterschaft '96/97 praktisch vorzeitig heute am 33. Spieltag so gut wie entschieden scheint.

Bayern 1 zwei Tage später: »Die Schale ist gesichert – und das auch dank der Hilfe von Reporter Günther Koch, der so manchen Bayern-Treffer förmlich heraufbeschwor.«

Fürwahr.

Es werde sich doch wohl irgendein Terrorist finden, der dieses verfluchte Olympiastadion in die Luft sprenge, hat Franz Beckenbauer bekanntlich im Hinblick auf den Umzug in die verfickte Allianz-Arena in ein Mikrophon gespeichelt. (Aber der Spruch war in seiner intransigenten Gemeinheit auch komisch, muß ich zugeben.)

Am 14. Mai 2005 intoniert Günther Koch das Requiem auf diesen für die Olympischen Spiele 1972 errichteten, lichten, dem Äther zugewandten, zart demokratischen Bau, auf dieses durch vier Fahnen und vier weiße Geraden markierte Grün unter einem Sternenzelt, über dem ein lieber Vater wohnen muß.

Das letzte offizielle Fußballspiel im Olympiastadion bestreitet der FC Bayern München gegen: den 1. FC Nürnberg (irgendwie fallen die Dinge alle zusammen), und Günther Koch entströmt eine Elegie, sitzend »im wehmütig dreinblickenden Oly«, und im Hintergrund brummt der Zorn auf das bald zu beziehende »Fußball-Versicherungs-Schiff«, auf dieses »Monster von Stadion«. In dem Buch *münchenleben* schreibt er später: »Mir fehlt der Himmel, mir fehlt die Luft, mir fehlt die Weite. […] In diesen modernen Arenen kann man manchmal auf dem Rasen Kartoffeln anbauen, wie mein Kollege Hans-Peter Pull neulich gesagt hat, weil er nicht genügend Luft hat.«

In *Der Ball spricht* zelebriert Günther Koch – in Anlehnung an Nenas »99 Luftballons« – unter der Überschrift »63.000 Luftballons« ein kirchliches Fest (das 6:3 war »bedeutungslos«, aber bedeutend – Quersumme: 9): »Vielleicht waren es ja weniger. Aber es wirkte so, als wären es Abertausende in zartem Weiß und hellem Rot.«

In der Liturgie bedeutet das Weiß: Jesusfeste, das Rot: Niederkunft des Heiligen Geistes. »Man konnte sie kaum voneinander unterscheiden.« Es muß ein beinahe mystisches Erlebnis gewesen sein. »Alle auf einmal tanzten sie leicht und glücklich in den dunkelblauen Abendhimmel am gleißenden Flutlicht vorbei« – eine Art Himmelfahrt, ein Aufstieg, vorbei an der Quelle des Lichts, hinein in die Transzendenz.

Im *Evangelischen Gesangbuch – Für Gottesdienst, Gebet, Glaube, Leben* heißt es: »Die wechselnden liturgischen Farben an Altar und Kanzel drücken den Charakter des jeweiligen Sonn- oder Feiertages aus: weiß, die Farbe des Lichtes, an den Christusfesten Weihnachten und

Ostern; rot, die Farbe des Feuers und der Liebe an Pfingsten und an Gedenktagen der Kirche; [...] grün, die Farbe der Schöpfung und der Hoffnung, zu den übrigen Zeiten.«

Und auch ein Erntedank, ein Dank für die Gaben der Schöpfung: »Das wunderbare Zeltdach des Olympiastadions, eingebettet in den grünen, weitgeschwungenen Olympiapark, wollte da – wie immer – nicht im Weg stehen. Die Sonne glitzerte also noch einmal durch die Acrylglasplatten, die durch 1.700 Kilometer Stahlseile verbunden sind, verknüpft an 137.000 Knotenpunkten und getragen von 58 Masten. Dieses melodisch geschwungene Zeltdach, das an die Leichtigkeit des Voralpenlandes erinnert, ließ Licht herein und beflügelte, statt zu beengen. [...] Nicht viel war da von Kampf oder gar Arena und erst recht nicht von Enge, Kommerz und Autobahn zu spüren. [...] Nun zählt nur noch die vermarktete Zwangsshow. [...] Er wird mir fehlen, der Blick vom Reporterplatz des Olympiastadions, Haupttribüne Mitte, Presse, Block Z, Reihe 4, Platz 9 oder 10, halbrechts an der Anzeigetafel [...], zwischen Olympiaturm und manchmal schneebedecktem Acrylglasdach den Graugänsen folgend, hinüber zum Olympiaberg.«

Und der Pfarrer Günther Koch, der insgeheim ein Pantheist ist (Prof. Plesch, Neuendettelsau, gibt mir recht, ich grüße Sie!), stimmt am Mikrophon des Bayerischen Rundfunks eine Klopstocksche Ode an:

> Sie [die Meisterschale] glänzt, sie glitzert hinter ihnen, einer nach dem andern, da sieht man mal, wieviel Kinder die haben und daß sie auch Zeit für solche Dinge haben, sich um die Familie und um die Planung zu kümmern, einer nach dem andern, Frings ist jetzt dran, wird von Mayer-Vorfelder beglückwünscht. Und alle Zuschauer sind geblieben. Und die Luftballons, sie schweben jetzt Richtung Schwabing, über den Olympiaberg. Und im Norden nur noch der blaue Himmel, dort hinten, wo die Allianz-Arena auf den FC Bayern wartet, wo am 30. Mai die Sechz'ger gegen die Cluberer an einem Montagabend spielen werden – und am 31. Mai dann der FC Bayern gegen die deutsche Fußballnationalmannschaft. Deisler wird grade aufgerufen hier, auch mit einem Kind auf dem Arm. Ach, ist das schön! Es muß etwas Schönes sein, deutscher Fußballmeister zu werden, immer wieder! Und viele werden es ja

zum wiederholten Male, Scholl zum siebten, genauso wie Matthäus und Augenthaler. Auch Zickler zum siebten Mal. Raimondo [sic!] Aumann war es sechsmal, und Oliver Kahn ist zum sechsten Mal Meister. Aber er ist noch nicht beglückwünscht worden. Er wartet ganz still, in sich gekehrt. [...] Und jetzt kommen die Zurufe. Und jetzt wartet man auf Ballack. Ballack kommt jetzt. Man sieht die Schienbeinschoner. Er, der großartig in den letzten Spielen agiert hat. Und die anderen Spieler, die noch nicht aufgerufen sind, sie freun'n sich. Schweini kommt zum erstenmal, der junge Bursch'! Der Zwanzigjährige! Und kriegt jetzt liebevoll einen Tätschler von Herrn Mayer-Vorfelder! [...] Und auch das macht den FC Bayern so sympathisch: Die Betreuer, alle bekommen ihren Händedruck. Und jetzt, liebe Leut', um 17.32 Uhr, kommt der Chefcoach Felix Magath! Das is' sein Beifall! Und die Konditionsarbeit am Wallberg, am Tegernsee, das hat sich gelohnt! Denn die Jungs war'n heute nach drei Tagen feiern so frisch und so schnell, das war unglaublich! [...] 17.32 Uhr. Die letzten Szenen großer Fußballjahre, großer dreiunddreißig Fußballjahre in diesem herrlichen Olympiastadion können wir nun beobachten. Und wir warten auf die Schale! Hör'n Sie mal zu! Da is' sie! Und nuuun ein Konfettiregen in Rot und Weiß! Und die Bayern-Fahnen! Gratulation im Namen unserer Hörerinnen und Hörer des ARD-Radios! Oliver Kahn unter den Klängen »We Are The Champions« nimmt die Schale in Empfang! Zeigt sie der Gegengerade! Gibt sie weiter an Michael Ballack! Meine Herr'n, was für ein Bild! Und noch mal zehntausend weiße und rote Luftballons, sie suchen sich ihren Weg in den blauen Münchner Abendhimmel! Bravo, FC Bayern! Neunzehnte Meisterschaft hier im Olympiastadion, die letzte im Olympiastadion. Das Stadion mit seiner Längsachse von 260 Metern und einer Querachse von 250 Metern relativ groß angelegt. Vierzig Millionen Zuschauer war'n dabei in 1.180 Spielen Bundesliga, für die Bayern 793 Bundesliga, für die Sechz'ger 344. 19 Länderspiele, dann zehn Spiele des olympischen Turniers, dann fünf Europapokalfinals und noch acht Geburtstagsspiele! Und jetzt sind wir überwältigt! Es ist überall ein Konfettiregen in Weiß und Rot! Auch hier auf der Reportertribüne bei meinen Kollegen von der Presse und vom Hörfunk und vom Fernseh'n! Und dort unten auf dem Rasen Rot und Weiß die dominante Farbe! Der Bayern-Bärli dort oben neben der Videoanzeigentafel! Der Olympiaturm, er lächelt! Dort oben etwa tausend Menschen, die runterschau'n! Das gleißende Flutlicht! Und die lieben Bäume! Und der Olympiaberg! Und die Zuschauer von dort oben, sie kriegen das alle mit. Vielleicht werden wir noch in Wehmut an diesen Moment denken, da in diesem offenen, von Liberalität und Weite geprägten Stadion viele schöne Fußballspiele zu sehen waren. Liebe Hörerinnen und Hörer, vielleicht war'n Sie auch bei dem einen oder anderen dabei. Natürlich, manchmal, im Dezember und im Februar in der Champions League nachts um halb elf, da hat's uns gefroren durch die Hosenbeine, und da war's saukalt. Aber heute is' es schön warm, und jetzt tanzen sie. Das sind die letzten Bilder, das sind die letzten Klänge aus dem Olympiastadion bei dieser Verabschiedung von dem professionellen, von dem Wettkampffußballsport! Wir freu'n uns auf die Allianz-Arena in Fröttmaning. Und mit diesen Bildern und mit diesen schönen harmonischen Eindrücken von der Meisterfeier des FC Bayern München anläßlich seines neunzehnten Titels verabschiede ich mich zunächst als Reporter von diesem Platz und geb' nur zwei Meter fuffzehn nach links zum Christoph Deumling.

Nach einem nicht unbedingt notwendigen Interview von Thomas Kattenbeck mit Felix Magath gibt Deumling wieder ab zu Günther Koch (die Mannschaft hält sich gerade vor der Südkurve auf):

Und sie geh'n vorbei, dort, wo die treusten der Treuen stehen, in der Südkurve. Ich hatte sie heute schon einmal erwähnt, und man kann sie gerne noch einmal erwähnen, all jene, die für die wunderbaren Choreographien zuständig waren, zum Beispiel: Red Munichs, dann die Schickeria, die Red Sharks, der Club Nr. 12, aber auch die andern mit ihren Transparenten. Sie stehen dichtgedrängt, von weiß-roten Luftballons – ich bin überrascht, offenbar hat der FC Bayern auch noch eine Luftballonfabrik – umhüllt. Vorm Olympiaberg schau'n sie sich die Bilder im Fernsehen, in der *Sportschau* an, schau'n sie sich die Bilder in den Zeitungen morgen und am Montag an! Eine wunderbare, eine friedliche Stimmung! Die Fans, die den Fußball am Leben halten mit ihren Gesängen, mit ihren Chören, *auch* mit dem, was sie an Sozialarbeit hinter den Kulissen während der Woche für Behinderte und für andere Menschen leisten, wovon man in der Öffentlichkeit übrigens sehr wenig erfährt, die sonst überhaupt keinen Anschluß mehr an das Leben oder an das, was man sich so unter Leben vorstellt, finden könnten! Die Fans haben diese Feier verdient, und nun ist der FC Bayern auf der Ehrenrunde, erst drüben, dort auf der Höhe des

Sechzehners, wo vor vielen, vielen Jahren im WM-Endspiel Uli Hoeneß angeblich einen Strafstoß verursacht hatte, ich stand damals dort drüben in der Stehhalle [in Block O^2, Reihe 19, Platz 19, die Karte hatte vierzig Mark gekostet]. Und jetzt geh'n sie zur Mitte der Gegentribüne, und Christoph, dort oben sieht man noch mal an der Videotafel, wie – sie – sich – freuen! Das ist das Schöne, daß auch ein Michael Ballack sich noch freut wie ein Kind bei seiner dritten Meisterschaft!
Deumling: Jetzt wird's leer im Olympiastadion. Noch brennt das Licht. Irgendwann wird einer das Licht ausschalten. Günther Koch, Meisterfeier, neunzehnte Meisterschaft, die siebzehnte hier im Olympiastadion. Die letzten Sekunden nehmen wir auch noch mit. Wie geht's dir? Was spürst du, was fühlst du?
Koch: Ich sehe dort unten ein großes Transparent, getragen von zwei Bayern-Spielern, von zwei Brasilianern, liebe Hörerinnen und Hörer, Zé Roberto und Lúcio: »Jesus liebt dich.« Ich glaube das den beiden, und ich verneige mich vor diesen beiden, die aus ihrer Überzeugung und aus ihrem Glauben kein Hehl machen, grade oder, anders ausgedrückt, auch nach dem Gewinn der neunzehnten Fußballmeisterschaft für den FC Bayern. Zwei Spieler aus der Meistermannschaft.

Aus.

DER SPRUDELNDE BRUNNEN

Was ist eigentlich Nürnberg für eine Stadt? Die *Zeit* 35/2005 beantwortete die Frage ein für allemal: »Nürnberg. Stadt der schönen Künste und der Abstiegstragödien. Veit Stoß, Albrecht Dürer, Günther Koch.«

Im Zuge des jahrzehntelangen und seit einiger Zeit abgeschlossenen politischen, intellektuellen und wirtschaftlichen Niedergangs ist Nürnberg nur mehr die Stadt des 1. FCN und dieser das Realsymbol jener. Wenig tut da zur Sache, daß der Club, wie der damalige DFB-Präsident Egidius Braun im Vereinsjubiläumsjahr 2000 sagte, »*die* Legende des deutschen Fußballs« sei. Denn er ist – seit wann, das bestimme jeder selber, ich schlage mal grob die achtziger Jahre vor – vor allem »die Jenny Elvers vom Valznerweiher«, wie der *Tagesspiegel* am 1. Mai 2001 wahrheitsgetreu schrieb.

Daß der Club ein Depp ist, weiß und bekundet seit Klaus Schambergers ingeniöser *AZ*-Titelschlagzeile von 1996, nach dem Abstieg in die Regionalliga (»Der Club ist ein Depp«), nicht bloß ausnahmslos jeder Anhänger des FCN, sondern die gesamte Fußballwelt. Und folgerichtig zimmerte zum Beispiel *Bild* am 24. April 2001 die blitzschöne Schlagzeile zusammen: »Ist der Club zu dumm zum Aufsteigen?«

So gut wie kein Markstein der Idiotie, den der Club nicht gesetzt hätte, beginnend mit der ersten Trainerentlassung der Bundesligageschichte (es erwischte Herbert Widmayer).

Die einen hielten Günther Koch immerzu vor, über alle Maßen parteilich zu sein, per se pro Club. Wiederholt wehrte er sich, mit verschiedenen Argumenten – etwa 1997 im Magazin *Der Tödliche Paß* (»Ich bin sicher der parteiischste [Reporter], aber nicht für den Verein, sondern für den Fußball. [...] Es ist nicht der Verein, für den ich Partei ergreife, sondern [es sind] das Spiel und der Ball und der Kosmos und die Situation als solche«) oder 2001 in der *Süddeutschen Zeitung*: »Als Rundfunkreporter hat man den Vorteil, in einer Art Doppelstrategie sowohl parteiisch als auch unparteiisch sein zu können. Durch die Stimmlage, die Modulation, den Klang der Stimme kann man den Schmerz, den Jubel, das Entsetzen hören. Aber das, was ich sage, ist die reine Wahrheit.«

In der Sendung *Lounge* auf hr1 vom 20. Oktober 2005 sagte die »lebende Legende« (so die Moderatorin): »Ich war wohl der erste, der, ohne daß ich's selbst zunächst gemerkt hatte, parteiisch war«, dabei aber immer auf die »Zweistimmigkeit« geachtet habe (»Die eine Stimme ist mein Gefühl, die andere, das sind die Fakten, und die hören dann schon, ob ich das gerne oder ungern sag'«). Und: »Ganz unparteiisch? Nein. Das ist dann also zu distanziert. Da kann ich ja gleich irgendwo ins Archiv geh'n und Blätter sammeln.«

Die anderen, die Nürnberger Spezialisten, griffen ihn an, weil er den Club angeblich ununterbrochen miesmache oder, so im Frühherbst 2005, als »deutschen Rekordmeister im Schönreden« runterputzte. Denn was der Club entgegen den Verlautbarungen der Offiziellen zusammenspiele, »das hältst du im Kopf nicht aus«, stöhnte Koch damals. (»Da geht es um Glaubwürdigkeit«, schaute er zwei Jahre danach in *Halbvier*, dem Stadionmagazin von Arminia Bielefeld, zurück. »Jeder weiß, daß ich Club-Fan bin, und da muß ich besonders kritisch sein. [...] Aber das, was ich sage, [...] muß fachlich und vor allem auch objektiv richtig sein – ohne Rücksicht auf Proteste.«)

Die *Abendzeitung* titelte: »Kultreporter Günther Koch: Club-Chef Roth muß weg!« Der unter Beschuß geratene Präsident Michael A. Roth keilte zurück: »Dieser Mensch tut mir immer mehr leid. Um es mit Anstand auszudrücken: Er ist nicht mehr ernst zu nehmen.« Und ein Fanklubmitglied verschaffte sich in einem Leserbrief Luft: »Obwohl seine in Jahreshauptversammlungen zum Teil schulmeisterlich vorgetragenen ›Mißstände‹ mit Vorliebe an Präsident Roth gerichtet sind, stammt u. a. auch von ihm die Feststellung, daß es ohne den ›Märchenprinzen‹, wie er H. Roth süffisant nennt, unseren Club in dieser Form mit Sicherheit nicht mehr geben würde. [Eine Mär, die Hans Böller in seinem Porträt über Michael A. Roth am 23. Februar 2021 in den *Nürnberger Nachrichten* weiternährte; J. R.] Wahrscheinlich hat unser ›Kultreporter‹ schon vergessen, daß wir auch schon andere Präsidenten und Vorstandsmitglieder aus der Industrie und Wirtschaft hatten (sogar einen Professor Dr. Dr.), die den Club fast in den Ruin führten. [...] Wenn Sie [Herr Koch] zur Zeit das Bedürfnis haben, in die Schlagzeilen zu kommen [...], fahren Sie doch mit Ihren Bayern, die Sie ja sooo bewundern, zu den CL-Spielen (hoffentlich werden es recht viele!), wo Sie sich laut Ihren Angaben vom Club erholen können [...], und meiden Sie den bösen Club, der anscheinend Ihr Nervenkostüm so stark belastet!«

Trainer Wolfgang Wolf, den Koch ebenfalls nicht ungeschoren gelassen hatte, meckerte: »Koch soll vor dem Spiel gegen Köln gesagt haben, er schaut sich lieber den Untergang des FCN als die Bayern an. Als Reporter sind sie zur Objektivität verpflichtet.« Koch erzählt: »Wolfgang Wolf hat auf der Mitgliederversammlung Ende Oktober 2005 doch glatt behauptet, ich würde den Club zu kritisch kommentieren. [Koch hatte am 22. des Monats bei den Treffern der Bielefelder zum 2:2 und zum 2:3, weil sie gut herausgespielt worden waren, halt genauso laut geschrieen wie bei Toren für den Club.] Da bin ich aufgesprungen und hab' ihn gefragt, was ihm denn einfalle, so etwas zu sagen. Ja, er höre es öfters von Leuten, und wenn er im Auto Vorberichte höre ... Dahinter steckte auch Bader, weil Bader merkte, daß ich hier so ein kleiner Volksheld bin, und Bader wollte hier der Alleinherrscher sein, genauso wie der Roth, aber noch viel dümmer und viel narzißtischer als jeder andere. Er kam ja nicht aus dem Fußball. Er hatte Sportökonomie studiert. Er hatte gedacht, man könne das studieren, in Bayreuth noch dazu – ja, hör mir doch auf!

Der Wolf hat gegen mich losgelegt, und ich habe mich vehement verteidigt, und da war die Mehrheit im Saal auf meiner Seite, und das war's, drei Tage später nach dem 1:4 in Mainz haben sie ihn eh entlassen. Ich hatte gegen Wolf argumentiert, nicht polemisiert. Ich hatte gesagt: Wolf kommt nicht mehr bei der Mannschaft an, die Mannschaft spielt einen Stopfer.

Genau ein Jahr später, vor einem Fernsehlivekommentar aus München, ist er zu mir gekommen und hat sich entschuldigt. Das sei damals schlecht von ihm gewesen. Aber das war nicht auf seinem Mist gewachsen, davon bin ich überzeugt. Dafür ist er ein viel zu guter Kerl. Er hat zu mir gesagt: ›Herr Koch, das war schlecht von mir, ich entschuldige mich.‹«

Gestattet sei zu zitieren, was die *FAZ* Anfang November 2005 schrieb: »Daß Roth [der in seiner insgesamt sechzehnjährigen Amtszeit siebzehn Trainer gefeuert hat; J. R.] Wolfgang Wolf noch vor ein paar Tagen in den blumigsten Worten das Vertrauen ausgesprochen hatte, auch das paßt in das Rothsche Muster. Seinem Vorgänger Klaus Augenthaler war vor zwei Jahren dasselbe widerfahren.« Dessenungeachtet habe sich Wolf »nicht mehr im Griff« gehabt. »Er nannte seine Mannschaft in aller Öffentlichkeit eine ›Oberligaabwehr‹, die ›nicht bundesligawürdig‹ sei.« Sowie: »Seit vielen Jahren führt Roth – als wäre die Zeit stehengeblieben – den Verein nach Art eines Patriarchen. Entscheidende Positionen hat er mit Führungskräften aus seinem Unternehmen besetzt.«

FCN – 1. FC Köln, 31. Oktober 1992. Dem Mann meiner Cousine hat ein Freund von ihm erzählt, die Stimmung im Frankenstadion sei nie so gut gewesen wie damals, als Andreas Köpke von seinem Kasten aus über den Platz lief, um zu einem legendären Torwartelfmeterduell anzutreten.

Sie geben ihr Bestes, sie spielen nicht einmal schlecht. So einen Elfmeter, daß man den nicht verwandelt, das kann passier'n. Es sollte natürlich nicht passier'n, wenn man 0:1 hinten liegt, denn den Elfmeter, den hätten auch andere gehalten, nicht nur Bodo Illgner. Oooh, vielleicht wieder Elfmeter! Und zwar Hackentrick vom Österreicher, vom Weissenberger, auf den Uwe Wolf im Sechzehner. Und es gibt – Strafstoß oder nicht? Also, jetzt bin i g'spannt, ob's wieder aan Strafstoß gibt. Der Weissenberger, der Österreicher, macht aan Hackentrick auf den Uwe Wolf, und der wird gefoult im Sechzehner. Die Kölner, relativ beherrscht, protestier'n. Ob sie ihrem Illgner zum zweiten Mal die Chance geben woll'n, einen Strafstoß zu parier'n? Es ist natürlich jetzt hier die Hölle los in Nürnberg, das können Sie sich vorstell'n. Köpke! Jetzt kommt der Moment der Momente! Andy Köpke! Der Torhüter Nürnbergs! Die gegenwärtige Nummero eins. Halten Sie sich fest! Fahren Sie rechts raus auf den Parkplatz! Wenn der schießt, ist ein Loch im Netz! Oder Illgner hat die Fäuste dazwischen! Köpke, der Nürnberger Torhüter! Unterhält sich mit Ordenewitz! Läuft an! Illgner kauert! Kratzt sich am linken, kratzt sich am rechten Knie! Holt die Stutzen hoch! Geht noch mal raus! Muß zurück auf die Linie! Oh, wie ist das jetzt natürlich aufregend! Jetzt greift auch der Köpke zu die [sic!] Stutzen. Geht aus dem Sechzehner raus. Andreas Köpke. Er hat es in der Hand. Es sind Kameraden, es sind Freunde, aber jetzt geht's darum, wer hat die besseren Nerven? Elfmeter, Andy ...! Und da kommen die Sprechchöre! Andy Köpke! Mi'm rechten Fuß!! Toor!! Und jetzt soll'n Sie mal seh'n, was hier los ist. Andy Köpke – vom Weissenberger, vom Dooorfner natürlich umarmt, wie Kinder freuen sie sich. Der Mann, an dem sich die Mannschaft aufrichten kann, läuft den weiten, den langen, den schönen Weg zurück ins eigene Tor! Dort löst sich von der Linie – das ist ja immer gefährlich, wenn der Torhüter einen Elfmeter ausführt – Marco Kurz.

Dieser historische Strafstoß ist auch auf YouTube etwas versteckt unter »Andreas Köpke the prince« zu finden.

Koch reportierte überraschend, ja atypisch temperiert, was indes die epische Tiefe der Szene noch plastischer hervortreten läßt. Das sei Absicht gewesen, sagt er auf Nachfrage, weil er sich »der historischen Konstellation und der Vielschichtigkeit des Geschehens bewußt gewesen« sei.

Nach der Pause ließ er die Rennpferde von der Leine:

Und die Kölner greifen an. Heldt. Ordenewitz. Heldt. Dazwischen Weissenberger. Dorfner. Weissenberger. Kramny. Der is' frisch, und der is' neu, und der is' jung, und der is' neunzehn, und der kommt von rechts, anstelle von Fengler, schaut nach innen, macht aan Haken links, macht aan Haken rechts [was für eine parataktische Stafette!], mit links, schöner Kopfball!! Friedmann!! Junge, wo köpft denn der hiiin!! Ou, der köpft ja in dritten Rang! Den gibt's goar net im Frankenstadion! Oooh, das war die Möglichkeit zum 2:1! Schön gemacht, der Kramny! Aus dem Konter. Aus der Defensive. Vierzigtausend. Der Club spielt clever. Der Club spiiielt mit zehn Mann guuut gegen die Kölner!

> […] Köpke am Leder. Dort, wo er vor wenigen Minuten ins Netz gedroschen hat, schlägt er das Leder raus zu Weissenberger. Ouu, der macht a Solonummer! Der spielt Ballett! Im Stand schwanzt er zwei Gegner aus, der Weissenberger, aber der Dorfner kommt zu spät. Oh, die Kräfte lassen nach. Zehn Nürnberger gegen elf Kölner. Sie spielen gut, die Frage bleibt: Reichen die Kräfte? Reichen die Kräfte?

Die Kräfte schienen zu reichen, es ging hin und her, und Kochs Sätze sprangen durch die Spielhälften, daß es die schiere lodernde Freude war:

> Ecke von Steinmann. Scharf und gefährlich! Köpke –?! Na ja. Da kriegt er sein' Beifall, der Andy. Er ist ein ganz Großer. Der Wabra hat mir während der Woche gesagt, daß er gehört hat und daß er auch selber glaubt, daß man Köpke in etwa mi'm Schaffers Edi vergleichen kann. So ein Kerl, so ein Kumpel, der sich reinhängt, auch im Training, unbezwingbar auf der Linie und, wie gesagt, ein Vorbild in jeder Hinsicht. Nürnberg hatte ja schon viele ganz, ganz große Torhüter, zum Beispiel auch, neben Stuhlfauth, diesen Edi Schaffer. Aber das, wie gesagt, die Meinung vom Roland Wabra, auch einer der letzten großen Torhüter, 1:1, Nürnberg – Köln, und die Nürnberger kommen aus dem Konter, abseits, abseits, abseits, na gut, der Dorfner hat ein bißchen lange gewartet, und dann wie von der Rakete raste schon los der Christian Wück, aber bißchen zu spät kam der Paß. […] Da kommt der Freistoß vom Dorfner auf Zietsch, Zietsch meldet sich als Libero ins Mittelfeld der Nürnberger, auf Friedmann, Friedmann auf die linke Seite zu Olivares, den haut's auf den Hosenboden!, und der schimpft, und der flucht!, denn den Paß ham sie ihm auf Sie wissen schon, wohin, gespielt, Sie wissen auch, was Fußballer sagen. Ich erspar' es Ihnen, wohin der Paß gespielt wurde, jedenfalls nicht in den Lauf, und da war er stocksauer, stocksauer, der Olivares, und er trabt langsam zurück. Na ja, das war'n die Takte, das war'n die Szenen aus dem Frankenstadion, aber ich sage euch eins, liebe Freunde, das wird eine Schlußphase werden hier zwischen dem 1. FC Nürnberg und dem 1. FC Köln. Noch steht es 1:1, ich rufe die Funkhäuser.

Olivares erzielte später aus spitzem Winkel das 2:1.

Das bis heute beste Buch über das Radio ist Rudolf Arnheims zuerst 1936 in London erschienene Abhandlung *Rundfunk als Hörkunst*. Arnheim war an der Seite von Carl von Ossietzky Kulturredakteur der *Weltbühne* und mit Tucholsky in nahezu täglichem brieflichen Kontakt gewesen.

Arnheims Pionierarbeit analysiert das junge Medium unter gestalt- und wahrnehmungspsychologischen Aspekten. In seinem Vorwort zur Neuauflage 1978 hebt er noch einmal den ästhetischen Gewinn durch die »Begrenztheit des Ausdrucksmittels« hervor, durch das Fehlen von Bildern, und somit die Entstehung von Wirklichkeitsfülle durch die Reduktion sinnlicher Reize. Die Worte »richten sich an Erfahrungen und Gedanken, die durch Zutaten aus dem Bereich des Sichtbaren sehr leicht gestört werden«. »Rede und Musik« seien »der eigentliche Bereich des Rundfunks, während sie dem Fernsehen unüberwindliche Verlegenheiten bereiten. Wieviel intelligenter sind die entkörperten Stimmen der Ansager und Diskussionsteilnehmer im Rundfunk als das überflüssige Gehabe all dieser Herrschaften auf dem Bildschirm.«

Günther Koch hat Arnheim nie gelesen, aber seine Invektiven gegen das Fernsehen – bevor er für ein Jahr doch noch mal in dieses Lumpenmedium wechselte – lesen sich so, als habe er ihn gelesen. »Den ganzen gequirlten Quark drum herum« hatte er da angegriffen, »die gestelzten und auch teilweise tumben bis [sich] anbiedernden Moderationen«, in summa: »diese Sprachlosigkeit, die durch dieses Verdummungsfernsehen immer deutlicher wird«, weil das Bild die Vorstellung erdrossele.

Der Rundfunk ist laut Arnheim ein dialektisches Medium: eines, das Konzentration erheische und dem Hörer »das Gefühl gerichteter Tätigkeit« verschaffe (dafür müsse er empfindlich werden »für Intonationen, Tempi, Intensitäten und Tonhöhe«), und eines, das seine »Gedanken ins Weite schweifen lasse«, also die Einbildungskraft stimuliere. Helmut Böttiger hat das im September 2003 in der *Zeit*, ohne auf Arnheim Bezug zu nehmen, in eine wunderbare Formulierung gefaßt: »Er [Koch] hat die Fußballreportage in Deutschland neu erfunden. Er hat sie in eine Kunstform überführt, in ein ästhetisches Konstrukt aus

Hörspiel und Rhythmusstück, aus abrupten Szenenwechseln und halsbrecherischen Monologstrecken. [...] Kochs Größe besteht darin, derart auf Ballhöhe zu sein, daß eine Szene wirklicher wird als die Wirklichkeit.«

Das Fernsehen ist eindimensional und daher terroristisch. Es erzwingt durch die Macht des bildlichen Direkteindrucks, der keinen Umweg über die Phantasie und die Reflexion zuläßt, *eine* Weise, die Welt zu sehen, eine engstirnige, konformistische, facettenlose, schließlich leere. »Mit dem sinnhaltigen Menschenwort [hingegen] eröffnet sich der Hörkunst eine große Welt – ein unerschöpfliches Ausdrucksmittel« (Arnheim). So sei das Wesen »der Funksendung«, »daß sie allein mit den Mitteln des Hörbaren Vollständiges bietet. Vollständig zwar nicht im äußerlichen Sinne naturalistischer Komplettheit, sondern indem sie das Wesen eines Vorganges, eines Gedankenganges, einer Gestaltung vollständig veranschaulicht«, und ein Spielzug ist ein Vorgang und eine Gestaltung zugleich, die sich in der Schilderung ausdrücken und verdichten und dergestalt eine neue, eine ästhetische, über die Empirie (Spielernamen, Zwischenstand et cetera) hinausgreifende und -treibende Form gewinnen – Malen ohne optisch bilderzeugende Mittel.

Für Rudolf Arnheim ist das Sprechen im Rundfunk ein Zu-jemandem-Sprechen, eine An-Rede, er leitet das aus der Funktion des Chors im griechischen Drama ab. Man meint, es stehe einem Günther Koch vor Ohren, wenn Arnheim im Sinne einer Forderung ausführt, daß der Rundfunksprecher »etwas, was ihm eben einfällt oder was er eben erlebt, mitteilt oder daß er doch im Augenblick der Mitteilung in Worte kleidet, was aus seinem Gedächtnis an Wissen, Gedanken und früheren Erlebnissen aufsteigt. Daraus, daß gesprochen wird, wäre dann also zu folgern, daß improvisiert, nicht nur reproduziert werden solle«, denn die lebendige, unmittelbare Rede erfülle das Ideal, das einst »der improvisierende Sänger« verkörpert habe, der »sich aus der Inspiration heraus unmittelbar mitteilende Mensch«, der Rhapsode.

Der »unmittelbare Niederschlag des geistigen Schaffensprozesses« sei nun insonderheit in Reportagen erfahrbar, gewissermaßen fühlbar. Und Rudolf Arnheim greift zu Sollensbestimmungen, die mir, pardon, wie Arsch auf Eimer zu Günther Koch zu passen scheinen: »Der gute Reporter hat die Geistesgegenwart, Erlebnisfähigkeit und Sprachgewandtheit, unmittelbar zu beschreiben, was er eben erlebt, und dies nicht nur in einer angenehmen formvollendeten, sondern auch so lebendigen malenden Sprache, daß der Hörer den Vorgang stark miterlebt. Diese Fähigkeit, das Eigenartige eines Vorgangs im Nu zu erfassen und zu formulieren, ist aber bekanntlich selten. Der Durchschnittsreporter sieht nur das, was bei hundert ähnlichen Anlässen schon hundertmal gesehen und beschrieben worden ist, und verwendet die für Schilderungen von Paraden, Sportereignissen und Volksfesten längst zum Rezept gewordenen Formulierungen«, wodurch die »Erzählerkraft« versiege.

Um den »Reichtum im Intensiven, nämlich durch das gesprochene Wort« (Helmut H. Diederichs) zu entfalten, bedarf es schließlich der »Naturkraft« der Stimme, dieser Be-Gabtheit (Günther Koch hat nie eine Sprecherziehung genossen), in der, unbehelligt von jedem zurichtenden Training, das den Menschen zum Sachbearbeiter der Welt degradiert, »die Grundkraft ruht, die auf alle Menschen wirkt, viel unmittelbarer als der Wortsinn«, und diese Grundkraft hinterläßt Spuren, weil sie an verschüttete phylogenetische Schichten gemahnt, in denen die Prosa des Alltags noch mit der Musikalität verschwistert war. Rudolf Arnheim schreibt – und man hört Günther Koch »Köööpkeee!« beschwören –: »Die Abneigung vieler Rundfunkregisseure und -autoren [...] gegen herzhaftes Tönen ist bemerkenswert. Sie wittern da eine Erbsünde wider den Geist. Mit Unrecht. Denn die Endwirkung ihrer Bemühungen um asketische Enthaltung von der Sinnen-Lust ist – Langeweile. [...] In jeder Kunst sind es die elementarsten, die primitivsten Mittel, mit denen die tiefsten und schönsten Wirkungen erzielt werden.« Und so »wirken auf uns die ›Ausdruckscharaktere‹ des Klanges: Intensitäten, Tonhöhen, Intervalle, Rhythmen, Tempi« – »das chromatische Ansteigen der Intensität und der Tonhöhe, das Anschwellen, die Steigerung einer Kraft«, genauso wie das »Decrescendo, ein Abklingen von Kräften, klanglich zumeist als Abfall von Intensität und Tonhöhe charakterisiert. Die unmittelbare Ausdruckskraft eines gehämmerten Rhythmus und eines weichen, schwimmenden Tönens [...], eines schnellen und langsamen Ablaufes, eines jähen und eines allmählichen Tonanstiegs oder -abfalls, eines lauten oder eines leisen Tönens – das sind die elementarsten, wichtigsten Gestaltungsmittel jeder Hörkunst, der Musik ebenso wie der Sprechkunst.«

In diesem exakten Sinne ist Günther Koch Romantiker. Er weiß, ohne dafür ein Programm in petto zu haben, daß es »seine Aufgabe ist, die Welt für das Ohr darzustellen« (Arnheim), und das wird gelingen oder wenigstens erahnbar, wenn ebenjene von der Fuchtel der kalten Verwaltungs- und Berichterstattungsrationalität befreit wird, in der emphatischen »Verschwisterung von Kunstklang und Naturklang«, in einer Teilremythisierung der Rede.

Daraus erhellt sein Abscheu vor den »kaputten Stimmen«, vor den kaputtgemachten Stimmen, vor den nie zur Entfaltung gekommenen Stimmen, vor den »Sparstimmen«, vor den kraftlosen Stimmen, vor den »unmännlichen« Stimmen, vor den auf ewige Infantilität geeichten oder getrimmten »Konfirmandenstimmen« und »Ministranten- oder Quarkstimmchen«. Daher darf man ihm manche Intonationsübertreibung, manchen Manierismus leichten Herzens nachsehen.

Auf meine Anmerkung, man könne die Stimme, das einzige Instrument, das wir von Natur aus besitzen, durch Sprecherziehung verbessern (der Schiedsrichter Markus Merk ist ein bekanntes Beispiel, er bekam seine Piepsstimme in den Griff), reagiert Günther Koch unwirsch: »Nein, kann man nicht. Da widerspreche ich lautstark. Die hat man, oder die hat man nicht. Ich sage klipp und klar: Sechzig, siebzig Prozent der Menschen haben eine gesunde, klare Stimme. Aber die mit der kaputten Stimme und den abstehenden Ohren gehen zum Radio oder zum Fernsehen, vermehrt, und wollen das kompensieren. Da hat der Rubenbauer mal eine sehr gute Bemerkung gemacht: ›An den Ohren werdet ihr sie erkennen.‹ Es ist entsetzlich, wie viele Menschen mit kaputten Stimmen ausgerechnet zum Radio oder zum Fernsehen gehen. Daß im Alter die Stimmen in der Regel kaputtgehen oder brüchig werden, das ist was anderes. Ich habe da bis heute ein Riesenglück. War das ’ne klare Antwort?«

2000 spricht Günther Koch für Jürgen Wolfs in der Kölner Galerie Fiebach & Minninger ausgestellte Video-, Klang- und Malereiinstallation »Der Wald und der Wolf und im Süden der Wühr« eine lose an Monty Python angelehnte, geschriebene Reportage ein, in der Stalin und Berlusconi, Nietzsche und Augustinus, Kleist und Petrarca, Adorno und Karl Lagerfeld, Novalis, Dante und Ernst Jünger u.a. aufeinanderprallen. Der Künstler bedankt sich mit einer Postkarte: »Lieber Günther, nochmals vielen, vielen, vielen Dank! [...] Letzten Donnerstag bin ich mit Christian Brückner (die deutsche Synchronstimme von u.a. Robert De Niro) versackt. Obwohl ich ihn sehr verehre, gibt es noch eine Stimme, die ich noch mehr verehre, habe ich ihm gesagt, und die ist Günther Koch!«

»Mit der Stimme kann ich alles machen«, sagt Koch. »Wenn die Fußballgötter sprechen würden, dann mit seiner Stimme«, schrieb die *Abendzeitung* mal, »mit [dieser] sanft krächzenden Stimme, die alle Regungen auf dem Feld so schön beschreiben kann« *(Süddeutsche Zeitung).*

»Was wäre Radio ohne diesen Sportreporter?« fragte Bayern 1, sicher nicht gänzlich uneigennützig und dennoch zu Recht, zum Auftakt der Bundesligarückrunde Anfang 2002. »Sein Markenzeichen ist die Stimme.« Er ist der, »der mit der Stimme tanzt«, notierte die *Nürnberger Zeitung* vier Jahre später. »Das war stets ihr [der Stimme] Programm. Seit 1977 flüsterte sie dort [im BR] und raste sie und überschlug sich und drehte die Pirouetten, die sie so charakteristisch machen.« Und Peter Geiger feierte ebenfalls 2006 in der Amberg-Ausgabe der *Mittelbayerischen Zeitung* »dieses Wunder, das man neunundzwanzig Jahre lang Samstag für Samstag im Radio erleben durfte: Da erklang eine Stimme, die stärkere Bilder erzeugt, als dies eine Kamera vermag.«

»Die Stimme des Fußballs« *(stern)*, »die Stimme des Balls« (Deutsche Welle: *Ballkultur*, 15. Dezember 2005), »die Stimme der Bundesliga« (Wieland Backes, SWR-Fernsehen: *Nachtcafé*, 26. April 2002), »die Stimme des FCN« (BR, 1998), »die Medienstimme des 1. FC Nürnberg« *(Neue Passauer Presse)*, »die Stimme Nürnbergs« (*Abendzeitung*, 1986), »die Sportstimme Frankens« (*Abendzeitung Nürnberg*, 7. Mai 1988, Überschrift: »›Stimme‹ Koch feiert heute 1000. Einsatz«, man beachte die aparten An- und Abführungszeichen rund um die »Stimme«, die »über ein Jahrzehnt Frankens Sportinteressen im Hörfunk vertreten [habe], quasi als Einzelkämpfer gegen die Münchner Übermacht«), »die Fußball-Club-Stimme Frankens« (*Abendzeitung*, 1991), »die Fußballstimme Frankens« (BR-Fernsehen, 1988), »die Stimme Fußballfrankens« (*glüxmagazin* 45/2002), »die ewige ›Stimme Frankens‹« (*Bild am Sonntag*, 21. Februar 2021), »Frankens Stimme für München« (*Süddeutsche Zeitung*, 1998), »die Stimme Bayerns« (*Tagesspiegel*, 2001), »the voice of German football« (BBC) – die »Stimme aus der Tiefe des Bauches« *(Münchner Merkur)*, sie ist halt »The Voice« *(plärrer)*, weil sie ein »Fußballstimmenwunder« *(plärrer)* ist.

FCN – SV Werder Bremen, 9. März 2002, Endstand: 0:4, eine Collage von Andre Siems aus der Hörfunksportredaktion des BR:
Kampa macht wieder einen Fehler! Kampa muß allmählich raus! Es ist nicht mehr zu fassen. Es steht 1:0 für Bremen. Er hat in Cottbus, er hat in Leverkusen, er hat in Hamburg und er hat heute in Nürnberg wie ein C-Schüler neben den Ball gegriffen! Er haut daneben, und der arme Frings, es tat ihm richtig leid, er konnte gar nich' anders, er mußte allein mit dem Ball ins Tor. 2:0 für Bremen, ich hab's euch angedeutet. Der Augenthaler, er muß was machen. Kampa greift bei der Ecke daneben, und Ailton aus einem halben Meter flach unten, 0:2. 0:3. Ailton. Ich hab's mir erspart, das zu schildern. Äh, ich schnauf' erst mal durch, um das in Ruhe und sachlich zu sagen: Es steht 0:4. Dümmer kann man sich nicht anstellen! Ich sag' euch eins, liebe Fußballfreunde: Wenn ihr heut' einem Mann begegnet mit traurigen Augen – oder einem, der den Kopf schüttelt –, dann schaut ihn euch genau an. Das is' sicher ein Club-Fan.

Es wird ja immer gesagt, die Frauen kämen zu kurz. Wir schaffen Abhilfe. Uta-Maria Heim im *Tagesspiegel* vom 1. Juni 1992:

»Am schönsten ist der Fußball, wenn man ihn nicht sieht. Wenn eine einzige Stimme alles ist, das Spielfeld, der Ball und das Tor. […] Natürlich muß diese Stimme männlich sein; am besten tief, tönend und etwas aufgerauht, sie muß loswirbeln, ohne sich hochzuschrauben, sie darf nicht dröhnen und auf keinen Fall scheppern. Natürlich kommt eine solche Stimme aus dem Radio und am ehesten aus dem Bayerischen Rundfunk. Dort nämlich sitzt Günther Koch, der nimmermüde Sportreporter, der als genialer Solist die Spiele des 1. FC Nürnberg über den Äther schickt. Das ist Erotik! Das ist Kunst! Solches gewohnt, ist ein Fußballspiel im Fernsehen von vornherein verpfuscht.«

Am 1. Juni 1989 erschien in den *Nürnberger Nachrichten* – allerdings in der von einer selbständigen Redaktion verantworteten Beilage *Stadtanzeiger* – ein ausgesprochen lesenswerter Halbseiter von Dietmar Bruckner: »Wenn beim Club überhaupt nichts mehr läuft, dann gelingen Günther Koch die schönsten sprachlichen Dribblings. Dann formuliert er auf engstem Raum, daß es eine wahre Freude ist. Und beim Club-Fan draußen am Lautsprecher verdichtet sich, während er gerade sein Auto einseift, das Gefühl, daß er wieder mal genau auf Ballhöhe ist – dank Günther Koch.«

Bruckner beschreibt, wie Koch einen Strafstoß für Nürnberg im Spiel gegen Dortmund am 25. Mai 1989 schildert und vor dem Schuß sagt: »Wagner läuft an, Augen zu …« – und erst dreißig Sekunden später »Tooor in Nürnberg!« schreit, nachdem er den Hörern versichert hat: »Ich bin noch da, keine Angst.« Die Anspannung hätte Koch bis zu deren Lösung den Atem geraubt.

»Ärger mit dem Club« habe »der Meister« (Bruckner; womöglich wird er hier zum erstenmal so tituliert) »nur einmal« gehabt, »als Koch nach Ecksteins Wechsel nach Frankfurt der Vereinsspitze öffentlich bescheinigte, sie habe ja wohl von Menschenführung keine Ahnung«.

Ob das der Wahrheit entsprach? Vorstellbar, daß Kochs ordentlich hinlangender Kommentar in Bayern 3 vom 26. Mai 1978 zur »unmöglichen« und »dubiosen« Entlassung des Trainers Horst Buhtz – und zwar kurz vor dem Aufstieg in die Bundesliga – am Valznerweiher bereits für Zores gesorgt hatte. Aber man muß nicht jedem Detail nachspüren.

Man mag ihm vorhalten, daß er nicht loslassen könne. Noch heute sagt der Obsessive: Riefe ein Sender an, er würde sofort ans Mikrophon zurückkehren.

Nach seinem Abschied vom Radio 2011 hat er »dann das Club-Fanradio mit nach vorne gebracht, und ich mache da ab und zu bei besonderen Spielen mit. Das Frankfurt-Nürnberg-Spiel in der Relegation habe ich übertragen [das Hinspiel am 19. Mai 2016], das Pokalspiel gegen Schalke [am 26. Oktober 2016; ›Das Netz lacht sich kaputt‹] und auch ein wichtiges Spiel in der zweiten Liga gegen den VfB [am 29. April 2017]. Auf meiner Website hängen drei, vier Tore. Die haben sehr, sehr gute Reporter, etwa den Christian Klug, den der BR längst hätte nehmen müssen, aber Kattenbeck und Co. geben dem keine Chance, weil er zu gut ist. Der ist erst Ende dreißig, auch Lehrer, ein Hochbegabter.«

Im Frühling 2019 zeichnet sich endgültig ab, daß der FCN den Anforderungen in der Bundesliga nicht gewachsen ist. Aber eine geringe Chance hat er noch.

Am 28. April hält er bis kurz vor dem Abpfiff völlig unerwartet ein 1:1 gegen die Bayern – und bekommt in der 91. Minute einen Elfmeter zugesprochen. Koch ist fürs Fanradio auf Sendung:

Behrens, bitte nicht schießen! Wer schießt? Wer schießt? Hanno, du bist der Beste, der Liebste, aber tu dir das nicht an! Er hat einmal die Latte getroffen, vor der Südkurve, einmal hat der [Alexander] Nübel [von Schalke] gehalten. Laß es den Leibold machen! Der Leibold legt den Ball aan Elfmeterpunkt hin! Die 90. Minute! Fast alle steh'n! Der Schiedsrichter gibt hier Strafstoß gegen die Bayern, Schiedsrichter Tobias Stieler! Sollte der Club mal Glück haben? Sollten die Bayern mal Pech haben mit einer Elfmeterentscheidung? Das kann ja gar nicht wahr sein! Ich denke an Bremen, da war's doch ganz anders! [Vier Tage zuvor hatten die Bayern das DFB-Pokalhalbfinale in Bremen durch einen geschenkten Strafstoß 3:2 gewonnen.] Das gibt's doch gar nicht! Aber der Ball ist noch lange nicht drin! Noch fünf Minuten! Bitte, bitte, Leibold, mach kein' Schmarr'n! Achtung! Nein!! Nein!! Das ist der Club! Ich halt' es nicht aus! Liebe Freunde, das passiert nur dem Club! Wollt ihr wissen, wo er hingeschossen hat? An den Pfosten rechts unten. Ich säg' ihn ab, diesen Pfosten, bei der nächsten Stadionführung! Der linke Pfosten hat uns '99 gegen Freiburg das 2:2 versaut! Und heute der rechte Pfosten unten, bei Leibolds Strafstoß, der es zu genau machen wollte, versaut er uns das 2:1, noch vier Minuten von fünf Minuten Nachspielzeit. Ich halt' das nicht mehr aus! Ich glaub' das einfach nicht! Es ist nicht zu fassen. 1:1, und das 2:1 lag elf Meter entfernt, wär' da nicht der blöde, in dem Fall, rechte Pfosten. Sonst is' es immer der linke.

Der Kenner entdeckt das (kleine) Selbstzitat, und ob es Günther Koch bewußt oder unbewußt benutzt hat, spielt keine Rolle. Das Entscheidende: Noch mit Ende siebzig ist er zu bravourösen, höchst impulsiven, anteilnehmenden, enthusiastischen *und* verzweiflungsgetränkten Reportagen fähig, bei denen du halt leider sagen mußt: Ja, leck mich doch am Arsch!

1996 habe ich Günther Koch in einer Reportage für die *junge Welt* den »Edi Finger Nürnbergs« genannt – eine grob nachvollziehbare, gleichwohl nicht recht passende Analogie.

Ich war am 21. April 1996, am 26. Spieltag, im Frankenstadion gewesen, der Club vergeigte auch diese Partie gegen den VfL Bochum mit 0:1, wegen eines deftigen Patzers von Torwart Ćurko in der 87. Minute. (Der FCN hat offenbar entweder Keeper von Weltformat oder begnadete Flaschen zwischen den Pfosten stehen.)

Der Sende- oder Ablaufplan las sich eindrucksvoll: ganze zwei Minuten Pause, nach dem Spiel Interviews, Kommentare und ein Flash, bundesweit angefordert.

Aus der Stadionzeitung riß Koch das Motto des Tages heraus und klebte den Papierfetzen an den Monitor: »Nur 3 Punkte zählen!« Thermosflasche, zwei Stücke Apfelkuchen, Zigarillos, zwei Stifte, zwei Textmarker, Radiowecker, Mannschaftsaufstellungen und ein paar Blätter mit Informationen aus dem *kicker*. Über Kopfhörer hörte ich die Kommandos aus dem Ü-Wagen, eine Kolumne für den SFB mußte während der ersten Minuten dazwischengeschoben werden.

Koch strich während seiner kurzen Sprechpausen bereits erwähnte Fakten durch, markierte aktuell relevante, arrangierte ständig konfus beschriftete Zettel zu Stichwortlisten und legte wieder los. Ich war vom bloßen Zugucken und -hören schon in der Pause derart erschöpft, daß im Grunde nichts mehr ging. Auf den Plätzen 11 und 12 in Reihe 9 der Haupttribüne wurde jahrzehntelang Schwerstarbeit verrichtet.

Der Platzwart hatte vor dem Spiel Günther Koch »den wichtigsten

Mann« genannt, ein Fanklubmitglied hatte mir gesteckt, er sei »unser Mann beim Bayerischen Rundfunk, eine Institution«.

Zwei Wochen zuvor, am 6. April 1996, war der FCN gegen Mainz 05 mit 1:2 unterlegen. Über die Redaktion erreichte Günther Koch später ein Brief von vier Fußballfans aus Dortmund, die um einen Mitschnitt der Schlußphase seiner Reportage baten: »Hintergrund ist, daß wir [...] mit dem Wagen in Richtung Österreich zum Skilaufen unterwegs waren und uns diese Berichterstattung dazu veranlaßte, die nächste Raststätte anzusteuern, da von uns zu diesem Zeitpunkt niemand mehr den Wagen unfallfrei hätte steuern können. Wenn es einen Preis für die beste und emotionalste Sportberichterstattung gäbe, so hätte unserer Meinung nach diese ihn verdient.«

Wir können hier immerhin mit Kochs Kommentar nach dem Spiel dienen:

> Fassungslosigkeit im Frankenstadion. Es bleiben noch einige Tausend fassungslos und sprachlos zurück. Das war selbst für Club-Verhältnisse, und da ist man einigen Kummer gewöhnt, der schlimmste Kick der letzten zwanzig Jahre. War es Unsportlichkeit? War es Dummheit? War es Hilflosigkeit? Oder war es Phlegma? Schlimmer. Es war alles. Unsportlich, weil Zietsch den Torhüter der Gäste zu einer Tätlichkeit provozierte – rote Karte gegen den Torhüter der Gäste. Davor gab es schon rote Karte gegen Lieberknecht, den Verteidiger, als er mit gestrecktem Bein auf den einzig guten Nürnberger Spieler, auf Oechler losgegangen war. Dann hatte Nürnberg die zahlenmäßige Überlegenheit von elf gegen neun, aber Rainer Zietsch, der bei der Provokation wegen Störung des Torhüters die gelbe Karte bekam, konnte es nicht lassen, ma' wollte offenbar nicht mit elf gegen neun gewinnen, und holte sich die gelb-rote Karte wegen weiterer Unsportlichkeit. Dann waren insgesamt nur noch neunzehn Spieler auf dem Felde, zehn gegen neun, und dann fingen die Nürnberger den Siegtreffer der Gäste, die einfach nicht lockerließen. Sie schossen das Siegtor durch Sven Demandt, und der Torhüter, ein Feldspieler, nämlich Uwe Stöver, der im Kasten der Mainzer stand, wurde kein ein-zi-ges Mal von den Nürnbergern geprüft. Er brauchte kein einziges Mal zu zeigen, daß er auch als Torhüter seinen Mann steht. Blamabel, was der Club sowohl in der Haltung als auch im Aufbau als auch im Ergebnis an diesem Ostersams-

tag 1996 gegen den Tabellenletzten Mainz 05 seinem dankbaren Publikum zumutete. 1:2 verlieren die Nürnberger gegen Mainz 05. Tja, da fehlen einem fast die Worte. Rückruf ins Funkhaus.

FCN – MSV Duisburg, 4. März 2006:
Ja, dieses Begrüßungsfoul von Nikl an Lavrič hat den eher wachgerüttelt. Das – ist – der – wichtigste Mann. Fünf Tore in der letzten Zeit hat er geschossen, dann hat er noch einen aufgelegt, Konter der Nürnberger, der Cluberer! Von Sajenko! Is' vorbei! Müßte in den Sechzehner! Jetzt is' er drin!! Gib ab!! Schuß!! Kommt!! Ins Tor!! Ins Toooor!!! Danke, Vittek!!! Flach rechts unten!! 1:0 – für – die – Cluberer!!

Weitere Stapel Hörerpost liegen vor mir, mit Briefen, Postkarten und Faxen aus Österreich, Polen, Italien, Kanada und so weiter sowie der gesamten herrlichen Bundesrepublik. Da sind Unmengen von krudem und krausem Zeug zu lesen: »Sie waren wie immer voll mit dem Herzen dabei, und dies merkte man sofort am ersten Wort. Sie können es sich leisten, die Wahrheit zu sagen oder zu schreiben, ohne daß es für Sie negative Folgen hat. Wenn doch – Sie stehen zu Ihren Aussagen [...]. Ihre Beliebtheit in Nürnberg ist sehr groß, ob bei einem großen oder einem kleinen Club-Fan.« – »Ich bewundere Ihre objektiven Reportagen.« – »Endlich wieder am Samstag ARD-Schlußkonferenz mit dem Oberclubberer G. Koch! Der Mann ist am Mikrophon nicht zu packen, einfach geil. [...] Du bist die klare Nummer eins am Mikrophon.« – »Ich möchte Ihnen mit diesem Brief ganz einfach dafür danken, wie viele unvergeßliche Stunden vor dem Äther Sie mir und vielen anderen Fußballfreunden beschert haben [...]. In einer Zeit, in der einem die Beckmanns, Kerners, Wontorras und Co. immer mehr den Spaß an dieser Leidenschaft vergällen, sind Sie quasi eine der letzten Bastionen für Sachverstand, Herzblut und Originalität!« – »Ich habe meine eigene Hitparade von Toren auf Kassette. Nummer drei ist Christian Wücks Treffer zum 4:3 gegen den VfB Stuttgart, Nummer zwei ist André Golkes Tor (letzten Freitag) in der allerletzten Minute gegen den VfL Bochum, aber mein Lieblingstor, das Sie live geschildert haben, ist unbedingt Eckes' Tor zum 4:2 gegen Wattenscheid. Eckstein war immer mein Lieblingsspieler, es war einfach wunderbar, als er zurück an die Noris kam – und dann so ein Tor beim Comebackspiel: ›Eckstein löst sich, harter Einsatz gegen Eckstein, Eckstein ist vorbei, könnte schießen aufs leere Tor … *(Jubelgeschrei im Hintergrund.)* Der Ball ist im Tor! Tor von Dieter Eckstein! Unglaublich!‹ Nicht nur das Tor war unglaublich, auch der Kommentar. Ich war schier aus dem Häuschen! Die englische Fußballreportage könnte noch viel von Ihnen lernen, lieber Gunter.« (Brief eines Engländers) »Lieber Günther, Du hast Dich in all den Jahren sehr um unseren 1. FCN bemüht und Dir hohe Anerkennung bei Deinen Reportagen verdient. Aus diesem Anlaß möchte ich Dir dieses Shirt mit Deinem Spruch ›Nürnberg grüßt Europa‹ übersenden.« – »Gott sei Dank wurden wir Franken ja entschädigt mit Günther Koch und seinem beneidenswerten Erzähltalent, das für mich seinen Gipfel in der unvergeßlichen Endphase beim 4:0 gegen die Bayern hatte. Nur ein Verein darf sich Club nennen, und nur ein Verein hat den Günther Koch.« – »Sie sind und waren eine überragende Sportreporterlegende.« – »Ich bin ein großer Bewunderer Ihrer Person.« – »Ein Tor, das Du live übertragen hast, hab' ich auch auf Kassette. […] Ohne reinzuhören, könnt' ich Dir ein paar Sätze wortwörtlich wiedergeben.« – »… daß ich, obwohl ich erst zwanzig Jahre alt bin, schon seit über zehn Jahren ein Freund Ihrer Reportagen bin. Ich habe damals auch schon immer aufgenommen, wenn Sie am Mikrophon waren.« – »Was mir an Ihren Kommentaren immer besonders gefällt, ist, daß das Feeling voll rüberkommt. Das ist eben Radio in vollendeter Form.« – »Sie sind ein wahrer Mensch […]. Ich liebe Ihre Stimme und Ihre Wortschöpfungen.« – »Einfach unbeschreiblich!« – »Wahrscheinlich werden noch nachfolgende Generationen von Reportern Günther Koch studieren, aber es wird immer nur ein Abklatsch bei der Nachahmung herauskommen.« – »Große Persönlichkeit.« – »Idol.« – »Günther Koch Superstar.« – »Ihre sprachliche Brillanz (nicht zuletzt mit einem Schuß fränkischem Kolorit), vor allem aber Ihre ungekünstelte Fußballbegeisterung machen Ihre Berichte stets zu einem Genuß – vor allem in der Konferenzschaltung. ›Ich hab's gewußt! Der Schwabl schießt vorbei! Das hab' ich gewußt!‹ Dieser Ausspruch (beziehungsweise Ausruf) aus irgendeiner Saison klingt mir übrigens immer noch im Ohr! […] Schließlich möchte ich noch erwähnen, daß ich Ihre kritischen Reportagen in einer Zeit der hemmungslosen und alles verfälschenden Kommerzialisierung sehr schätze.« – »Die schönste Seite an der Bundesligaberichterstattung ist halt immer noch der Hörfunk mit Ihnen […]. Ihre Stimme aus dem Frankenstadion klingt viel strahlender als aus jeder anderen Betonschüssel.«

Nein, bei derart massiertem Unfug müssen wir korrigierend Sachlichkeit obwalten lassen: »Ich weiß, Sie wurden neulich ›geehrt‹. Verzeihung, möchte ich fast sagen, dem könnte ich mich *nie* anschließen, eingedenk der unerträglichen Reportagen, die Sie einem zumuten.« – »Wie kann man bloß einen solchen Schmarrer, der nicht nur unentwegt Unsinn von sich gibt, sondern auch sprachtechnisch völlig ungeeignet für diesen Beruf ist, zum Sportreporter avancieren lassen! Günther Koch kann doch nicht einmal richtig reden, was doch eigentlich die Grundvoraussetzung sein sollte. Er hat einen Zungenschlag, der den Hörer bei jedem Wort, das er von sich gibt, befürchten läßt, daß er nun ganz und endgültig ins Stottern gerät. […] Ich flehe Sie an: Setzen Sie diesen Menschen ab […]! Ihm könnte es gelingen, die ganze Nürnberger Region in Verruf zu bringen. […] Ihm zuzuhören ist eine Qual!« – »Können Sie den G. Koch bitte einmal bitten, er möge sein Schwafeln unterlassen […], das sensationsgeile, künstlich dramatisierende, dümmliche Geschwätz, diese leeren Worthülsen von angeblicher Hintergrundinformation über Arbeiterverein […], das Geschwafel, wortreich, locker, lässig, blumig hohl.« – »Der alte Depp soll seine BAUERN kommentieren und uns nicht mehr erzählen, daß er ein Cluberer ist. Koch = BAUERNPACK.« – »Eigenartigerweise ist immer wieder zu hören und zu lesen, daß Sie als Stimme ›Frankens‹ gelten. Sie sollten eigentlich klarstellen, daß dem nicht so ist! Ihr Gebrüll für Tore des Rattenfängervereins, Ihre Hoffnungen, daß dieses ›Ekel‹ hoffentlich gewinnt und wieder Deutscher Meister wird, ist Ausdruck einer moralisch verkommenen Denkweise, wie es einer Stimme ›Frankens‹ normalerweise nicht möglich ist. Was wäre eigentlich so schlimm, wenn dieses ›Ekel‹ nicht Deutscher Meister würde? Das Ausscheiden in der ›CL‹ in Mailand und auch das 1:2 gegen den HSV wird in Franken groß gefeiert. Ein Glücksfall! Noch heute feiert Franken am 26. Mai den zauberhaften 2:1-Sieg von ManU über das ›Ekel‹ in Gedenken an 1999. Danke, ManU, danke, Mailand, danke, HSV! Daß Bayern-Fans wie Sie und auch ›Rubenbauer‹ und ›Hartmann‹, der sogar seine fränkische Herkunft oft verleugnet, nicht mehr in Deutschland berücksichtigt werden, ist nur zu begrüßen. Cluberer, normale, selbstbewußte Franken, wünschen diesem Rattenfängerverein Tod und Teufel, den Abstieg und nicht die Meisterschaft, und es ist auch zu hoffen, daß ›bald der Lack ab is'‹ – bei so ekelerregenden Menschen wie zum Beispiel Kahn, Ballack, Scholl et cetera. […] Die Stimme ›Frankens‹ sind nicht Sie, sondern selbstbewußte Cluberer und Franken – und keine Menschen, die sich diesen ekligen, arroganten ›Mir-san-mirs‹ anbiedern! Meine Empfehlung für Sie: Berichten Sie doch ausschließlich von diesem Rattenfängerverein, brüllen Sie ›Tor‹ für diese affigen Schickimickis, und verzichten Sie auf den Club. ›Ekel‹ und Club sind nicht vereinbar. […] Zusammenfassend nochmals meine Meinung zu Ihrer Arbeit beim Bayerischen Rundfunk: Sie sind das Gegenteil einer Stimme ›Frankens‹. Schämen Sie sich!«

Kurzum: »Günther Koch ist der dümmste Sportreporter aller Zeiten und ein Haufen Scheiße, gehört in den nächsten Misthaufen entsorgt. Bei Reportagen des FC Nürnberg sollte man ihm für jedes gesprochene ›CLUBERER‹ eine in die Fresse hauen.«

(Bis auf letztere waren alle Zuschriften namentlich gezeichnet.)

Markus Schäflein schreibt in seinem Buch *111 Gründe, den 1. FC Nürnberg zu lieben – Eine Liebeserklärung an den großartigsten Fußballverein der Welt* (Berlin 2013): »Einer der berühmtesten Namen in der deutschen Sportjournalistenszene ist unmittelbar mit dem 1. FC Nürnberg verbunden. Und das ist kein Zufall. Denn Günther Koch hat nur deshalb seine legendären Radioreportagen so unverwechselbar emotional erzählt, weil er als Berichtsgegenstand einen Verein erhalten hatte, der ihm keine andere Wahl ließ, als sein Fan zu werden.«

Schon 1986 verpaßt *Penthouse* Günther Koch das Etikett »Club-Ideologe«. Das hat er verdrängt:

Hoppla! Das weiß ich nicht mehr. Damals habe ich mich mit dem Verein noch gar nicht so identifiziert, das begann erst 1994 mit dem Abstieg – oder vielleicht etwas früher, im Mai 1993 bin ich dem Verein ja beigetreten, weil die jeden Pfennig brauchten. Ich habe vor diesem Schritt lange gezögert, denn als Radioreporter soll man ja eigentlich unparteiisch sein. Das lag also damals wahrscheinlich an der Stimme.

Der *kicker*-Chef Karl-Heinz Heimann hat mal bei einem Treffen hier im Funkhaus, im Studio Nürnberg, in einer Livesendung gesagt: »Wenn der Herr Koch seinen Mund aufmacht, höre ich immer meinen Garnisonsprediger.« Es muß diese Überzeugung, die man bei mir hört, gewesen sein. Ich hatte diese Hingabe an den Club allerdings beileibe noch nicht entwickelt. Es gab ja Sachen, die mir schon angenehm, aber auch peinlich waren, weil mir gar nicht so bewußt war, muß ich ehrlich sagen, daß ich so etwas wie ein Club-Gefühl vermittele. Und ich sage auch ganz ehrlich: Wie gut ich war, habe ich erst in jüngerer Zeit auf Grund der Reaktionen von Leuten auf der Straße oder im Vergleich zu den allermeisten heutigen Reportern und Kommentatoren gemerkt. Hansch, Hageleit, Breuckmann und Koch, des war'n halt noch Hausnummern. Und diese Lobgesänge in den überregionalen Feuilletons waren mir zum Teil auch peinlich, weil ich wußte: Ich krieg' hier nur Ärger. Die schneiden mir im Stadion das Kabel durch. Ich krieg' nur Ärger und Neid ab, und die Leute um mich herum sind unglücklich. Ich wollte nicht, daß die Leute unglücklich sind. Es war doch nur mein Hobby. Ich wollte die alle glücklich machen. Das ist das Wichtigste.

Im selben Jahr, am 31. Mai 1986, wird er auch zum erstenmal in einem größeren Artikel, in einer Homestory der *Abendzeitung* mit gestellten Photos von ihm und seiner Familie, »Stimme Frankens« genannt. »Wobei der Gag sein könnte, daß ein, zwei Jahre vorher, glaube ich, der Rubenbauer, als er hier auf der Consumenta auftauchte, bei der ich seit Anfang der Achtziger immer, vor sechs-, siebenhundert Leuten, die Show für den BR gemacht habe – 1995 dann sogar mal eine Gedicht- und Märchenlesung mit Hermann Gerland –, und den Schriftzug ›Studio Franken‹ gesehen hat, gesagt hat: ›Da oben auf der Bühne steht doch die Stimme Frankens, Günther Koch.‹« – »Dann ist er vielleicht der Urheber?« – »Der ist es auch nicht, denn der BR hatte damals mit dem Studio Franken, Unterzeile: ›Die Stimme Frankens‹, Reklame gemacht. Es läßt sich nicht mehr klären.«

Wann ging dir denn ein Licht auf, daß in diesem ganzen System Fußball irgendwas nicht stimmt?
Bei den Spielen, vor allem bei den Abstiegen des Club – als ich '94 zum erstenmal das Heulen anfing, nach dem letzten Spieltag in Dortmund. Nein, schon zwei Spieltage zuvor in München, nachdem das Phantomtor gefallen war, sagte Dieter Bracke zur mir: »Jetzt steig'n ma ab.«
Wir hatten vier Punkte Vorsprung auf Freiburg, damals gab's für den Sieg nur zwei Punkte. Der Bracke hat mir erklärt: »Die g'winna do, und die g'winna do, und mir verlier'n do, und mir verlier'n do. Am letzten Spieltag g'winna die in Duisburg.« Und die ham in Duisburg gewonnen, und mir ham in Dortmund verloren. [Und in Duisburg »entrollten Freiburger Fans«, wie der *kicker* schrieb, »ein denkwürdiges Transparent«, nämlich: »Über Freiburg lacht die Sonne, über Nürnberg die ganze Welt.«] Ich hatte vorher in Dortmund angerufen. »Ah, das ist ja eine Ehre für uns, wenn Sie kommen! Aber ich kann Ihnen gleich sagen: Da gibt es nichts zu erben, wir müssen gewinnen, wir wollen in den UEFA-Cup.« Während des Rückflugs wäre ich mit dem Kleinflugzeug am liebsten abgestürzt, es war mir alles egal. Und seither wußte ich, daß ich mich nicht mehr zu verstellen brauche, daß ich wirklich Club-infiziert bin.

In der zeittypisch grellen und lauten Fernsehsendung *Bundesliga Kick off!* auf Deutsche Welle (18. März 2005) rühmt Günther Koch den beliebtesten Club-Spieler der vergangenen zwanzig Jahre: »Marek Mintál reduziert den Fußball und das Fußballspiel auf das Nötigste: schnell unterwegs sein, nicht stolpern, niemandem auffallen und im richtigen Moment da sein, wo der Ball ist. Und dann macht er das Einfachste der Welt: den Ball ins Tor schießen.«

Danach war dieser stille Mann zwei Jahre lang am Fuß verletzt. Im DFB-Pokalfinale am 26. Mai 2007 erzielt er dann den Ausgleich zum 1:1 und wird wenig später von einem Stuttgarter durch einen schweinischen Tritt auf den Fuß aus der Partie gekegelt.

Günther Koch sitzt dreißig Jahre nach Beginn seiner Karriere beim Bayerischen Rundfunk »noch einmal exklusiv und noch dazu offiziell als parteiischer Bayern-3- und Club-Reporter« in Berlin am Mikrophon (»ich war und bin dem BR sehr dankbar, daß sie mir noch mal die Gelegenheit gegeben haben«).

In den Einblendungen vor dem Triumph, dem Gewinn des ersten Titels seit neununddreißig Jahren, zeigt er sich unerschütterlich zuversichtlich: »Erster Sieger wird der Club, hoffen wir.« – »Das macht gar nichts, das sagt gar nichts. Nürnberg liegt hinten, aber es ist noch lang genug zu spielen.« – »Der Club spielt wirklich gut. Ihr könnt ganz ruhig bleiben, ganz getrost. Ich glaube, er kann dieses Finale gewinnen.«

Bereits das 2:1 für den FCN muß Koch wegen des dämlichen, verschnipselten und zugedudelten Formatradios als »Als-ob-Livetor« zeitversetzt schildern, den Siegtreffer in der Verlängerung ebenfalls: »Ich hab' das 3:2 so nachkommentiert, als fiele es gerade. Hat keiner gemerkt.« – »Wieviel Zeit lag dazwischen?« – »Mindestens eine Minute.« – »Das ist schon frech.« – »Das finde ich nicht frech.« – »Ich finde das frech.« – »Da bin ich halt frech.«

Und Frechheit siegt eben:

> Ich spinn'! Aber ich spinn' gerne für den Club! Der einzige, von dem man es nicht erwartet hat, Kristiansen [es war in drei Jahren sein einziges Tor für den Club], haut eine Glocke aus dreiundzwanzig Metern mi'm rechten Spann unter die Decke in die Hütte vom VfB! Haltet euch fest, bleibt ganz ruhig, der Club führt mit 3:2 in der Verlängerung! Ei, es wär' so schön! Es wär' so wunderbar!

Und es ist schön, daß sich Günther Koch als Reporter mit einer Kadenz vom Bayerischen Rundfunk verabschiedet, in der der ewige Kindskopf in einer sich himmlisch rundenden Argumentation noch ein paar neue Titel erfindet:

> Der Club! Der Club! Der Club! Der Club! Der Club! Der Club! Der Club! Der Club! Der FC Nürnberg hat's geschafft! Ich glaube es nicht, aber es ist wahr! Der 1. FC Nürnberg hat den Pokal gewonnen, ist bayerischer Meister, weil er die Bayern geschlagen hat, ist süddeutscher Meister, weil er den VfB zweimal geschlagen hat, und er ist Deutscher-Meister-Besieger, weil er jetzt Pokalsieger ist. Leute, bleibt steh' n! Macht, was ihr wollt! Der Tag kommt nicht wieder! Der Club ist Pokalsieger nach Verlängerung! Hans Meyer: danke! Danke! Und bravo, bravo, 1. FCN! [...] Danke, liebe Cluberer! Wir sind der

Club! […] Der Club! Der Club! Der Club! FCN, der nie vergehende Fußballcharme! Nürnberg ist wieder da! […] Es gibt nur einen Club! Und das ist der 1. FC Nürnberg!

»Übrigens«, schreibt er mir, »kamen die ersten ›Bravo!‹-SMS und Gratulationen zur ›Spitzenreportage‹ aus dem ›obersten‹ Fanbereich des FC Bayern direkt aus München!«

Ewiger Kindskopf? Nach der ersten Geisterspielkonferenz der Bundesligageschichte sagt Koch in der *FAZ* vom 18. Mai 2020, die Reportagen seien, unabhängig von der historischen Situation, im allgemeinen »steriler, angespannter und unpersönlicher geworden«, und er vermute, »daß die ARD diesen unspektakulären und aufgeregten« – also verkrampften – »Stil so will und ihn den Reportern auch vorgibt«, damit im »Mainstream, der die Eigenarten auslöscht« (so das Fußballmagazin *Hattrick* schon 1995), bloß keine individuelle Sprachmelodie, keine geistige Physiognomie mehr erkennbar sei. »Leider gehe das über den Äther Gesprochene […] immer mehr in Richtung Kommentar«, das erzählerische Element im Zeichen von Sachlichkeit flöten.

Kochs Credo hingegen: »Ein Reporter muß auch mal affig sein.« Und wer will etwas gegen unsere Vorfahren vorbringen, zumal gegen die verspielten und lustverrückten Bonobos?

Günther zu mir, im Frühjahr 2018: »Du hast, da hatte ich das noch gar nicht so begriffen, mal gesagt, ich würde Erzählungen abliefern. Das stimmt. Ich erzähle. Geschichten. Und mach' zwischendrin die Reportagen.«

FC Bayern München – FCN, 26. August 2006: »Immer noch 0:0 – das Ergebnis erinnert an die Toilette.«

Ist das affig? Oder nur naheliegend albern? Oder fernsehkompatibel (Koch war ja jetzt bei arena, und das war dort seine erste Vollreportage) plemplem?

Egal. Der Club »entführte« am Ende den Toilettenpunkt aus München, in dieser Bombensaison 2006/07 unter Hans Meyer.

(Beinahe hätte ich statt »egal« hingetippt: »Scheiß drauf.« Oder: »Scheiß doch die Wand an.« Lassen wir das.)

Man kann sich Günther Koch als einen Menschen im »Ballglück« (Karlheinz Kas) vorstellen.

Sein langjähriger Kollege bei *Heute im Stadion*, Karlheinz Kas, sei »großartig«, zieht Koch den Hut, »aber der hat halt einen zu starken Dialekt. Der versteht vom Fußball am meisten und ist der beste Fußballer unter den Reportern. Der hat Landesliga gespielt, das hab' ich selber gesehen.«

Ich telephoniere mit Karlheinz Kas:

> Wir hatten mit Günther Koch immer eine Riesengaudi. Die beste Geschichte war die mit dem Bus in Moskau. [Sie wird in *Der Ball spricht* im Kapitel »Busentführung in Moskau« geschildert.] Markus Hörwick war Pressesprecher. Es war damals so: Die Spieler des FC Bayern saßen im Flugzeug vorne, hinter denen saßen die VIPs und Leute, die für die Reise gezahlt hatten, und ganz hinten saßen wir Journalisten. Früher haben wir denselben Flieger genommen und waren im selben Hotel. Das ist mittlerweile völlig anders. Heute sind die Journalisten nie im Hotel des FC Bayern untergebracht, du bist in einem Hotel in der Nähe, und du darfst zu den Pressekonferenzen gehen, sonst darfst du in dem Hotel nicht auftauchen.
>
> Wir hatten auch immer einen eigenen Bus. Und der fuhr nach dem Spiel zum falschen Flughafen in Moskau. Der Markus Hörwick hat das gemerkt, hat den Busfahrer zum Anhalten gezwungen, ist rausgesprungen und hat einen anderen Bus gekapert. Er hat, meine ich mich zu erinnern, den Fahrer bestochen [und die Fahrgäste]. Die sieben, acht Leute, die in dem Bus saßen, mußten aussteigen. Wir alle sind rüber, Günther Koch und ich mit unseren zwei, drei Koffern – wir hatten die Technik ja teilweise selber dabei –, und sind eine Stunde durch Moskau gefahren und haben dann gerade noch den Flieger erwischt. Des war unheimlich. Günther und ich haben geschwitzt. Das war Wahnsinn.
>
> Mit dem Günther war es immer lustig. Ich saß auf der Tribüne neben ihm. Er hat die Livereportage gemacht, ich habe hinterher die Interviews gemacht. An ein Spiel erinnere ich mich noch ganz besonders. Es war im Oktober 1994

in Moskau, eine Begegnung der Champions League [ebenjene mit der Busentführung danach]. Und ich habe ihn darauf aufmerksam gemacht: »Günther, du hast zweimal Babbel und Nerlinger verwechselt.« – »Ach! Wer das da unten ist, das bestimme ich!« Das hat er öfter gesagt, der Günther. Und dann hat er gesagt: »Kopfballspezialist Babbel ...« Dabei war das immer Nerlinger. Und in der letzten Minute macht aber der Babbel das 1:1 per Kopf. Und er zu mir: »Siehst du, mein junger Kollege, ich habe doch gesagt, der Babbel ist kopfballgefährlich.« Dabei war das vorher immer der Nerlinger!

Spartak Moskau – FC Bayern München, 19. Oktober 1994:
Das muß noch nicht das Ende des FC Bayern in der Champions League sein, aber man hatte sich zumindest einen Punkt ausgerechnet. Ziege mit der Flanke! Kopfball – und?! Mach 'n Tor!! Toooor für Bayern!! Wunderbar! Da kommt er ... Was sag' ich denn?! Die 90. Minute, das sind die schönsten Tore. Und der Sternkopf ... Da kommt die Flanke rein, und wenn ich mich nicht täusche, is' es der Markus, so wie gegen die Frankfurter beim 1:1. Das ist wichtig! Und das ist das 1:1. 1:1 für Bayern. Und das, liebe Freunde, kann ganz entscheidend sein dafür, weiterhin drinzubleiben. Markus Babbel, zwei Handschuh' hot er an, die grüne Hose, des gelbe Trikot. Kopf. Kopf hat er bewiesen. Köpfchen. Aufsetzer. Und jetzt sind die Russen natürlich etwas stad hier geworden, im Luschniki-Park. Und auch mein Kollege von der russischen Rundfunkanstalt wird etwas blaß. Aber 1:1, das is' es! Das is' es. Das mindeste, was die Bayern verdient haben, und Gratulation an Markus Babbel, der auch das Tor machte gegen die Frankfurter Eintracht, liebe Freunde! Also, was woll'n mer mehr.

Ich habe von ihm sehr viel gelernt, muß ich sagen. Er hat gesagt: »Kasi, bereite dich nicht so viel vor, alles aus dem Bauch heraus!« Das hat er mir ans Herz gelegt.
Ich wollte Sie in der Tat fragen, ob er für Sie in gewisser Weise ein Vorbild oder stilprägend war.
Vorbild möchte ich jetzt nicht sagen, aber ich habe mich schon an ihm orientiert, und ich schwimme auch ein bißerl auf der gleichen Welle, weil wir beide auf Stimmung machen. Das habe ich mir abgeschaut: net so steif und net so viel Statistik reininterpretieren.

Gibt es Günther-Koch-Momente, die Ihnen ganz besonders in Erinnerung geblieben sind?

Ja, dieser »Abgrund«! Ich habe am 11. Mai '19 für die ARD das Spiel übertragen, auf Grund dessen der Club dann endgültig abgestiegen war, das 0:4 am vorletzten Spieltag gegen Gladbach. Entweder nach dem 0:3 oder nach dem 0:4 in der 80. Minute habe ich mich in der Konferenz vom berühmten Abgrund gemeldet. Das hatte ihn ja auch berühmt gemacht: »Wir melden uns vom Abgrund.« Ich habe das einmal zitiert. Ich will mich an das Spiel gar nicht mehr erinnern.

Er hat mich ja mal kommentiert. Das werde ich nie vergessen! Es gab mal die Sendung *Sport regional* auf Bayern 2, die lief von 17.30 Uhr bis 18 Uhr. Da wurde auch über die Landesliga und die Bayernliga berichtet. Die Bayernliga war damals die dritthöchste Liga, die Landesliga die vierthöchste Liga.

Ich habe bei Sportbund Rosenheim und bei 1860 Rosenheim gespielt. Wir haben mit Sportbund Rosenheim in Ingolstadt gespielt, ich weiß nicht mehr, ob gegen den ESV oder den MTV Ingolstadt, vermutlich gegen den ESV Ingolstadt. 2004 wurden die ja zum FC Ingolstadt fusioniert. Und Günther Koch hat das Spiel für *Sport regional* übertragen, die Schlußphase, glaube ich, vier, fünf Minuten lang, da konnte man länger reden. Und dann hat er gesagt – ich hab' leider die Kassette nicht mehr –: »Der Mittelstürmer Kas da aus Rosenheim, der hat die Beine falsch eingehängt gehabt, und die und die Chance hat er vertan.« Das war so lustig! Ich hab' das mal auf einer Weihnachtsfeier vorgespielt. So lustig! Danach ham sie mich immer herg'flachst: »Ey, Kasi, die falschen Beine hast eing'hängt g'habt!« Das war richtig komisch! Ich habe das dem Günther natürlich nicht übelgenommen. Ich habe da zwei, drei Chancen versiebt, wir haben 3:0 verloren. Ich werde das nie vergessen. [Günther Koch erinnert sich so: »Einer der Besten bei Rosenheim war Kas, aber leider hat er zweimal beim Torschuß seine Füß' falsch eing'hängt g'habt.« Es war übrigens Kochs erste Reportage außerhalb Frankens: ESV Ingolstadt-Ringsee – Sportbund DJK Rosenheim am 22. April 1979.]

Am 25. April 1987 tritt der 1. FC Nürnberg gegen den VfB Stuttgart an. Fritz Hausmann ruft Günther Koch: »Wir schalten nach Nürnberg ins Städtische Stadion zum Spiel 1. FC Nürnberg – VfB Stuttgart. Und ich rufe wieder, auf daß er sich pünktlich meldet, Günther Koch!« Und

Koch schwärmt umgehend vom zauberhaften Tempofußball der jungen Mannschaft (»Reuter dampft ab wie ein Expreß Richtung Eckfahne!«) unter dem ungeheuer sympathischen Trainer Heinz Höher. Bis heute war niemand länger Coach beim Club – viereinhalb Jahre. Er sei »der beste Trainer, den ich je hatte«, gewesen, sagte Thomas Brunner nach Höhers Tod im November 2019 auf fcn.de – »nicht nachtragend, zuverlässig, ehrlich, offen, zugänglich«.

Zwei Wochen später, am 9. Mai 1987, trifft der Club auf Dortmund, und diesmal ruft Koch das Funkhaus: »Elfmeter in Nürnberg! Elfmeter in Nürnberg, bitte kommen! Bitte kommen, Elfmeter! Elfmeter in Nürnberg! Hört ihr nicht? Elfmeter für Nürnberg! Menschenskinder, pennt doch nicht! *(Jetzt ist er drauf.)* Es gibt Strafstoß. Es steht 1:0. Andersen hat den Strafstoß herausgeholt. 1:0 steht es! Reuter läuft an! An den Pfosten! An den Pfosten geknallt! Es steht weiterhin 1:0 für Nürnberg, für den Club, für den 1. FCN gegen Dortmund. Das war zum Auftakt der Sendung der ganz kurze Eindruck aus Nürnberg, zurück ins Funkhaus.«

Koch labt sich an dieser Mannschaft, an ihrem ungestümen Auftreten, an den »flotten Franken« und an den vielen Torchancen – und leidet bei Nachlässigkeiten in der Abwehr:

> Und Höher, Heinz Höher, der Trainer, der Spaziergänger, bei einer Kilometerleistung von 3,9 mindestens angelangt, und er schimpft und tobt, [denn es stand] Pagelsdorf zwölf Meter mutterseelenallein vor Köpke, und den Ball, da dachte jeder, den muß er reinbringen, und er schlenzte auch ganz elegant, und wie Köpke, Andreas Köpke, diesen Ball noch um den linken Pfosten gedreht hat, das bleibt sein Geheimnis. Besser, als Köpke, und das schon seit Wochen, im Nürnberger Tor hält, kann man einfach als Torhüter nicht halten. […] Unbezahlbar für diesen 1. Fußball-Club Nürnberg, vor allem, wenn man Köpke mit der angeblichen Nummer eins, nämlich mit Immel vergleicht, der hier vor etwa vierzehn Tagen alles andere als zu überzeugen wußte.

Heribert Lechner war Günther Kochs größter Unterstützer. »Er hat mich sehr gefördert. Ohne Heribert Lechner wäre ich beim BR untergegangen. Er war der Vizesportfunkchef. Nach Fritz Hausmanns Tod hat mir Lechner die Stange gehalten. Er hat mich später, als er schon Pensionär war, im April 2008, in Nürnberg zum Spiel Club gegen Wolfsburg besucht. Er ist vom Wörthsee mit dem Bayernticket, mit dem man nur Regionalbahnen benutzen darf, hochgefahren, und ich habe ihm vor dem Spiel die Stadt gezeigt. Ein wunderbarer Mensch. Ich war auch auf seiner Beerdigung.«

Es gibt zahlreiche aufmunternde und tiefe Anerkennung zollende Briefe von Lechner: »Toll, was Sie alles auf die schnelle an Stimmen zusammengebracht haben. Ob es Ihnen natürlich die ARD danken wird, das steht auf einem anderen Blatt. Ich jedoch fand's einfach klasse.« (1992) »Das war wieder große Klasse, was Sie aus Göteborg berichtet haben. [...] Mit eine der schönsten Passagen: wie Sie den Super-Mario geradezu hingepeitscht haben, daß er die herrliche Vorlage zum 3:1 gibt. Und ich finde, daß der Hans-Peter [Pull] an Ihrer Seite auch immer besser wird. Also weiter so! Lassen Sie sich nicht von Ihrem Stil abbringen. Im Gegenteil: Wohl die meisten sogenannten Reporter – wo die auch immer berichten – könnten eigentlich von Ihnen nur lernen.« (1997) »Ärgern Sie sich nicht. Es kommt eben immer wieder der pure Neid der anderen durch. Weil Sie eben doch sehr medienpräsent sind, versuchen es die anderen auch etwas. Allerdings ohne große Erfolge.« (2000) »Lieber Herr Koch, herzlichen Glückwunsch für fünfundzwanzig Jahre Sportreporter beim BR. Eine lange Zeit, aber ich glaube, es war auch zum größten Teil eine schöne Zeit. Natürlich übertragen Sie nicht mehr Bayern Hof gegen FC Augsburg, heute sind es schon andere Kaliber. So wie gestern die Bayern gegen die Königlichen aus Madrid. Und Sie haben immer ein Gespür dafür, ob eine Partie noch umgedreht werden kann oder nicht. Deshalb: Machen Sie weiter – und lassen Sie sich durch ARD-Mieslinge und -Intrigen nicht aus Ihrem Konzept bringen. Das wünscht Ihnen auch für die weiteren Jahre Ihr Heribert Lechner«. (3. April [!] 2002)

IFK Göteborg – FC Bayern München, Champions-League-Gruppenspiel, 1. Oktober 1997:

Faustabwehr vom Oliver Kahn! Ja, mei' lieber Scholli! Um ein Haar ... Jetzt mach'n s' hoffentlich kaa Bleedsinn da hinten! Thorsten Fink, gut macht er das, laufen, abspielen, jetzt muß er endlich mal was zeigen! Keiner is' da. Laufen, laufen! Jetzt muß er doch Luft ham, is' erst fuchzehn Minuten do. Jetzt is' er vorm Strafraum! Jetzt die Flanke auf Élber! Was macht er? Tooooar!! Toooooaar!! Basler. Das – ist – der – Mario. Läuft, läuft, schaut, flankt direkt auf die Stirn von Élber, der aus halblinker Position neun Meter vor dem Tor von Thomas Ravelli mit der Stirn schulmäßig in entfernt, ins entfernte untere Eck, 3:1.

Günther Koch war seinerseits ein großer Fürsprecher. Einen anderen langjährigen Kollegen von Karlheinz Kas, den vormaligen Basketballnationalspieler Wolfgang Reichmann, hat er nach Kräften protegiert und sich zum Beispiel beim BR-Gesamtsportchef Werner Rabe – allerdings vergebens – dafür starkgemacht, ihn beim Basketball ARD-weit im Fernsehen einzusetzen. Und er hatte Reichmann den Weg zum oder ins Radio überhaupt erst geebnet. Auf einer Karte schrieb ihm Reichmann Jahre später: »Bedanken möchte ich mich [...] für unvergeßlich ›geschlagene‹ Schlachten, für tiefgreifende und lockere Konversation, für Hilfen weit über den Fußball hinaus und für eine gewisse Vorbildfunktion. Zumindest ein Verdienst gebührt dem Bayerischen Rundfunk: Ich hätte Dich so nicht kennengelernt und wäre wohl auch nicht zum Freund geworden.«

Der Günther hat mir geschrieben, daß Sie bei einem Bundesligaspiel in Bamberg eine dreiminütige Probereportage gemacht haben und ...

Das war ein Basketballspiel. Der Günther war als Reporter eingeteilt, und ich sollte eine Probereportage machen, und zwar über die letzten zwei Minuten oder so. Der FC Bamberg war ja mein Verein, bei dem ich zehn Jahre gespielt hatte.

Der Günther hat danach ein Interview gemacht, mit dem Trainer. Damals lief am Samstag im Radio ab 22.40 Uhr *Sport am Samstagabend.* Das Spiel begann um 18 Uhr, man konnte also gemütlich nach Hause gehen und sich das, wenn man wollte, später noch mal anhören.

Ich saß zu Hause und habe die Sendung gehört und hatte mich auf das Interview vom Günther Koch eingeschossen. Ich war völlig konsterniert, als plötzlich die Schlußphase dieses Spiels von mir gesendet wurde, worauf ich mich beim Günther sofort telephonisch entschuldigt habe – so unterwürfig war ich damals – und gesagt habe, es tue mir furchtbar leid, daß sein Interview aus dem Programm genommen worden sei und meine Schlußübertragung gesendet wurde. Da hat er gelacht und gesagt, das Interview sei von ihm nur als Notnagel gedacht gewesen, um, falls das mit mir schiefläuft, einen Sendebeitrag zu haben, und daß er mir das nicht mitgeteilt habe, um mich nicht in irgendeiner Form nervös zu machen. Fand ich ganz toll.

Er schildert es so, daß er für die Schlußreportage vorgesehen war, und er hat mir weiter geschrieben: »Als ich merkte, wie gut Wolfgang Reichmann am Mikrophon war, habe ich mich erdreistet, nur ihn die Schlußreportage machen zu lassen, die dann natürlich gesendet werden mußte! Ich wollte ihm die Tortur der Probereportagen ersparen. Peng – er war drin! Schuller war stocksauer.«

Ja. Aber er hatte als Sicherheit das Interview in petto. Was er sagt, stimmt. Das war ganz lieb, ganz toll von ihm. Er ist ja Pädagoge und konnte das in irgendeiner Form auch von dieser Seite her einschätzen. Das war eine wahnsinnig tolle Geste. Das hat viel Druck von mir genommen. Wenn er zu mir gesagt hätte: »Also, paß mal auf! Du hast heute die Schlußreportage. Das ist dein erster Einsatz. Schau bloß, daß du keinen Mist baust!« – dann wäre ich ganz sicher nervös gewesen. So hab' ich gedacht: Na ja, das ist eh bloß fürs Band und für sonst nix. Insofern war ich ziemlich locker.

Wunderbar. So is' er. Wie war denn, wenn ich etwas springen darf – Sie wurden dann ja auch in der ARD-Schlußkonferenz eingesetzt und haben Hunderte von Fußballspielen übertragen –, wie war denn das Klima unter den Kollegen beim Bayerischen Rundfunk?

(Zögert.) Das ist natürlich jetzt etwas schwierig. Letztlich ist das Ganze natürlich ein Haifischbecken. Je öffentlichkeitsträchtiger die Tätigkeit wird, desto schwieriger wird es, glaube ich, weil jeder weiß: Wenn er in der Schlußkonferenz dabei ist, ist er bundesweit bekannt. Das ist einfach so. Wenn Sie in einem Stadion sind und sprechen Leute an, dann gucken die dich wegen der Stimme an und sagen: »Ach, Sie sind der Herr Reichmann!« Das ist natürlich klasse. Und wenn man sagt, daß man aus Franken kommt, kommt immer die charakteristische Handbewegung: Oje, der Glubb … Das war immer so.

Aber da ich von außen kam und wie der Günther einen festen Beruf hatte, ich war Hauptschullehrer, habe ich das alles als Zubrot, als Bonus betrachtet. Ich

war deshalb immer relativ entspannt, und das war wichtig. Und wenn diese Grabenkämpfe in München stattfanden, habe ich das nicht mitgekriegt, weil ich in Bamberg weitab vom Schuß war.
Ich habe mich über jede Übertragung gefreut. Und wenn man zu zweit im Stadion saß und ein Spiel als Co-Reporter übertragen hat, kann ich nur sagen: Da waren alle Kollegen absolut konziliant und absolut teamfähig und unterstützend, weil am Ende beide ja nur als Paket durchgehen. Versucht einer, den anderen zu übertrumpfen, kommen beide nicht besonders gut weg. Mit dem Günther war das immer eine irre Sache. Es ist ja auch so: Der eine Reporter kriegt etwas mit, was der andere nun wirklich nicht gesehen hat, eine gelbe Karte oder sonst irgendwas, denn Sie müssen ja dauernd auf diese Einsatzpläne gucken, und oft sind die viel wichtiger als das, was auf dem Spielfeld passiert. Und da ist es wichtig, daß sich die Kollegen nicht gegenseitig was wegnehmen wollen oder im Vorfeld irgendeine Info zurückhalten, nach dem Motto: Dann sage *ich* das und komme besonders gut weg. Das ist wirklich nie passiert, weil ja auch um einen herum so wahnsinnig viel passiert. Da muß man schon zusammenhalten.
Na ja, wenn zwei Pädagogen nicht zusammenhalten …
(Lacht laut.) Herr Roth, das muß nicht unbedingt von Vorteil sein! *(Lacht.)* In dem Fall war es aber so, vor allem, weil der Günther noch ein unglaublich viel größeres Betätigungsfeld außerhalb des Stadions hatte. Leute wie er saugen alles auf, von der politischen Szenerie über irgendwelche fränkische Eigenheiten bis sonstwohin. Das muß man bei ihm alles zusammennehmen. Er hat zu mir gesagt: »Wenn mir im Winter während einer Reportage nichts einfällt, bete ich halt das Stollenrezept meiner Oma runter.« Solche Dinge färben ab, und deshalb nimmt man sich dann selber ein paar Sachen mit. Insofern war die Zusammenarbeit mit dem Günther immer sehr hilfreich.
War Günther Koch als Fußballreporter in gewisser Weise einzigartig?
Wissen Sie, das Entscheidende an einem Fußballreporter ist: Er spricht einen Satz, und jeder muß hören, wer er ist. Das war bei Günther Koch mit seiner sonoren und sehr, sehr schneidenden Stimme von vornherein gegeben. Und er konnte so formulieren, wie man es eigentlich nicht lernen kann: aus dem Geschehen heraus. Der Fußballreporter muß für jede Situation eine Überbrückung finden. Er muß Sensoren haben, um all das, was im Stadion passiert, aufzusaugen. Deswegen waren wir nie in einer Sprecherkabine mit einer

Glasscheibe vor dem Gesicht. Wir saßen selbst bei eisiger Kälte im Stadion wie alle anderen auch, um das alles mitzubekommen – wie sich Stimmungen entwickeln, was plötzlich neben dem Platz passiert. Das hatte er alles im Griff. Das kann man nicht lernen. Das hängt mit einem neugierigen Charakter zusammen, das hängt damit zusammen, daß sich einer natürlich auch gerne hört. Ein Reporter, der das nicht zugibt, würde lügen. Selbstverständlich erfreut man sich auch an der eigenen Formulierung.
Der Günther hat in früheren Jahren, ich kann mich noch daran erinnern, ich war damals Zuschauer, auch Interviews im Stadion geführt, für alle über die Lautsprecher hörbar. Viele sind sitzen geblieben und haben zugehört. Das hat man leider abgeschafft. Er war ein Irrwisch in allen Gassen, überall! Und er hat als allseits interessierter Mensch immer über den Tellerrand des Fußballs hinausgeguckt.
Er war, wenn man so will, mein Wegbereiter und Wegbegleiter und, pädagogisch gesprochen, mein Mentor. Er hat nicht versucht, mich einzunorden, aber er hat mich begleitet und hat mir Tips gegeben. Wir waren schließlich die fränkische Spitze. Wir beide waren für die Menschen, obwohl er gar nicht aus Franken ist, die Franken. Der Club und so, das war unser Majestätsbereich, will ich mal sagen. Für mich war er in diesem Nebenberuf extrem wichtig.

FCN – SG Wattenscheid 09, 30. April 1994 (genau eine Woche vor dem Niedergang in Dortmund):
Das einzige, was sich tut, ist, daß vielleicht Zárate kommt. Der darf seine Aufwärmbewegungen machen vorm 2er-Block, der wurde auch gefordert von den Zuschauern. Sie woll'n a bißl a Show, sie woll'n a bißl Bewegung, ansonsten Sommerfußball. Sutter von rechts, der blonde! Haha! Zehn Meter weg, zwanzig Meter weg, jetzt is' er im Sechzehner, links, rechts, links, rechts, schön vorgelegt! Schuß von Wiesinger nach innen! Und Tooor – vom Oechler!! Das war klasse, Jungs! Das habt ihr gut gemacht! Oechler 3:0, sein erster Saisontreffer. 16.42 Uhr und zwanzig Sekunden. Na, die kurze Einblendung, die dürfte sich rentiert haben. 3:0 für Nürnberg. Marc Oechler! Ihm gönn' ich's ganz besonders. Und herrlich herausgespielt von Sutter auf Wiesinger, von der Grundlinie Querpaß nach innen, und der Marc macht das Goal. 3:0. Ade, Rückruf ins Funkhaus.

Ich habe über die Jahre Hunderte Stunden Material von Günther Koch gesichtet, und für eine Auswahl der beeindruckendsten und geschichtsträchtigsten Reportagenpassagen benötigte man schätzungsweise eine Box mit vier CDs.

Ich sähe mich außerstande, eine Rangliste der zehn oder zwanzig besten Stücke zusammenzustellen, aber auf das, das kann ich doch sagen, mit einem gewissen Abstand Irrste, Betörendste bin ich im Sommer 2020 gestoßen.

Ich erteile zunächst Wolfgang Reichmann noch einmal das Wort:

Es war ein Eishockey-Play-off-Finale im altehrwürdigen Linde-Stadion. Ich war früher als er da und bekam einen völlig verdreckten, grauenhaften Reporterplatz zugewiesen. Als der Günther endlich auftauchte und diesen verdreckten Platz sah, sagte er: »Nein! Nein! Hier nicht! Das kommt überhaupt nicht in Frage!« Dann mußten die Techniker sämtliche Leitungen auf die andere Seite legen. Der hat die Leute aufgemischt, das hätte ich nie gewagt! Die ham gespurt, weil es der Günther war! Das ist geflutscht. Nun hatten wir allerdings das Problem, daß wir auf der anderen Seite die Anzeigetafel nicht sehen konnten. Das ist beim Eishockey besonders schwierig, wenn einer zwei Minuten bekommen hat, und du hast Überzahl, und die Uhr läuft runter, und du weißt nicht, wie lange die noch in Überzahl sind. Was machte mein Günther Koch? Der entdeckte drei Reihen vor uns die Frau Müller, die Mutter der Nürnberger Eishockeylegende Martin Müller. Die konnte die Anzeigetafel sehen. Er gab ihr drei Pappdeckel, auf denen stand: 3 Minuten, 2 Minuten, 1 Minute – mit der Bitte: Immer, wenn so was ist, möge sie die Pappdeckel nach hinten hochhalten, damit wir wüßten, wie lange noch zu spielen ist. Auf so was muß man kommen! Und die Leute haben funktioniert! Wenn der Günther kam, war alles anders. Das war bewundernswert. Der hatte eine Aura, die keinen Widerspruch duldete. Und er war für jede Form der Überraschung gut.

Und nun zu besagtem Ausschnitt. Wir sind beim ersten Play-off-Finale der DEL, im Linde-Stadion, zwischen den Nürnberg Ice Tigers, dem Tabellenersten nach der Vorrunde, und dem Titelverteidiger, den Adler Mannheim. Es ist der 18. April 1999 (sechs Wochen vor dem schwarzen Samstag!), Koch überträgt für Bayern 3:

Moderatorin: Wir sind im zweiten Drittel, und im ausverkauften Nürnberger Linde-Stadion ist jetzt Günther Koch. Günther, wie schaut's aus für die Nürnberger?
Koch: Hallo, hier ist die Hölle los im Nürnberger Eisstadion beim Endspiel, beim ersten Endspiel, im Finalspiel gegen die Mannheimer Adler! Aber die Nürnberger ham den Puck noch nicht im Tor untergebracht! 0:0. Garvey, Momesso, Stas, Jason Miller, sie scheiterten am Pfosten, am Keeper, oder sie haben die Scheibe drübergeschlenzt, und es steht immer noch 0:0 in diesem wichtigen ersten Finalspiel zwischen den Ice Tigern [sic!] und den Adlern aus Mannheim, und die Nürnberger müssen auf Kunce verzichten, der sich bei der B-Weltmeisterschaft gestern im letzten Spiel gegen Kasachstan verletzt hatte, der Verteidiger fehlt, aber tooolles Eishockey, das hier geboten wird, hier am Nordostbahnhof, und Sie hööören die Stimmung, und jetzt im zweiten Drittel Momesso mit einem wuuunderbaren Schuß, aber über das Tor, üüüberragend allerdings im Tor der Nürnberger bei einem Gegenstoß kurz vor Ende des ersten Drittels abermals Andrej Mesin, jetzt die Scheibe hinter dem Tor der Nürnberger, Vorsicht, aufpassen! Schööön, wie sie elegant die Scheibe jetzt führ'n! Jetzt kommt der Konter! Jetzt müßte geschossen werden! Jetzt kommt der Schuß – und dann –?! Der is' im Toooor!! Der is' im Tooooor!! Tooooor!! Eiiins zu null für die Ice Tiger!! Momesso!! Schööön!! Wie er dann losfährt und die Scheibe nach innen schlenzt!! Und jetzt ist hier was los in Nürnberg in einem Eeendspiel!! Ja, wer hätte das geglaubt?! Eishockey! Fans, was wollt ihr mehr?! Das sind gespielt im zweiten Drittel 6:37, und die Tiger, sie führen mit 1:0! Vom Momesso auf Droppa und dann ganz raffiniert aus kurzer Distanz die Scheibe, der Puck ins Tor geschlenzt! Und Cagaš kann nichts machen. Meine lieben Freunde, zweites Drittel Eishockey, jetzt is' er drin, der Puck, 1:0. Good luck for the puck!
Moderatorin *(lachend)*: Danke, Günther Koch! Völlig außer Rand und Band.

Er sagt tatsächlich »Good l*a*ck for the p*a*ck!«, obwohl der Puck auch im Englischen p*u*ck ausgesprochen wird, und die gesamte Kurzeinblendung ist von einer derart hirnzerdeppernden Geschwindigkeit (und dabei Makellosigkeit!), daß man nun wirklich von jeglichem Glauben abfällt (und der Welt dafür dankt, daß sie einen Stotterer wie Günther Koch hervorgebracht hat).

Der Urheber hat diesem extraterrestrischen Furioso die hausinterne Höchstnote »α^2« gegeben. Da hat Günther Koch ausnahmsweise mal untertrieben.

(Wer diese sternenklare Kostbarkeit nachhören will – auf www.guenther-koch.de ist sie nun auf mein Betreiben hin zu finden, allerdings in bescheidener Tonqualität.)

Um beknackte Einfälle ist Günther Koch nicht verlegen. Bis heute kann er von einer fixen Idee nicht lassen, die er zum erstenmal ein halbes Jahr nach dem schwarzen Samstag 1999 in einem satirischen Beitrag in den *Zabo-Nachrichten* präsentiert hat: der Gründung des FC Franken. »Ich träume ja manchmal noch vom FC Franken«, bekennt er etwa im März 2018 gegenüber den *Nürnberger Nachrichten*. Und im März 2021 phantasiert er am Telphon minutenlang über den »FC SpVgg Franken«.

Ausführlich begründet hat er das 2005 in *Der Ball spricht*. »Zwei liebgewonnene, aber weitgehend perspektivlose Vereine« dümpelten seit endlosen Jahren in Selbstbezogenheit und »Kleinkrämerei« vor sich hin und kultivierten »ihre inzwischen lächerliche und künstlich heraufbeschworene Rivalität«. Nichts hätten sie mehr vorzuweisen außer ihre jeweils »vergilbte Tradition«. Deshalb müsse »jetzt endlich ernsthaft darüber nachgedacht werden, was ich bereits vor Jahren in der Sendung *Heute im Stadion* nach einer weiteren Niederlage des Club zu sagen gewagt habe: ›Gründet endlich den FC Franken!‹ […] Bitte erkennt die Zeichen eines globalisierten Fußballs, oder steigt aus! Andere deutsche Großvereine wie der FC Bayern München, der Hamburger SV, Bayer Leverkusen oder Hertha BSC Berlin sind längst dabei, sich nach Asien zu orientieren. […] Während hier in hochprovinzieller Manier zwischen zwei Hinterhofgärten faule Äpfel hin- und hergeworfen werden. […] Bündelt alle Kräfte, die finanziellen, personellen und sportlichen, spätestens bis 2009 oder 2011! […] Dann findet ihr sicher auch Großsponsoren, die bei dieser bisher völlig ungenutzten einmaligen Geschäftslage Visionen haben und dafür auch zahlen.«

Man muß die Dinge auch mal – dringlicher denn je in Zeiten eines amoklaufenden respektive erpresserischen Globalismus – an ihrem

Platz lassen. Der FC Franken ist eine abwegige, nein: hirnverbrannte, alle Differenzen und geschichtlich-kulturellen Überlieferungen niederbügelnde und -walzende Investoren- und Kräftesammlungs- und Standort- und Machtkonzeption. Der FCN bleibt in Nürnberg, die SpVgg in Fürth beheimatet. Man möge dies anerkennen. Andernfalls kommen wir am Ende beim FC Bayern oder gar beim FC Deutschland (FCB meets BVB) heraus. Ein Graus.

In vielen Vereinsführungen galt und gilt Günther Koch als hochintegrer, unabhängiger, scharfsinniger Fachmann des Fußballgeschäfts, nur in Nürnberg stinkstiefelte man ihn hinter vorgehaltener Hand oder offen immer wieder an, als den obligatorischen Nestbeschmutzer (übrigens, wie Karl Kraus anmerkte, einer der allerfalschesten und -niederträchtigsten Begriffe, denn kein Vogel beschmutzt jemals das eigene Nest), weil er zu nah dran war und zuviel wußte und sportliche und vereinspolitische Fehlentwicklungen aus der – wohlgemerkt loyalen – Distanz des Journalisten deutlich zur Sprache brachte (und die Verantwortlichen auf Pressekonferenzen mit seinen hartnäckigen Fragen piesackte).

Die aus den Bauernkriegen stammenden Apartheidsbeschlüsse Nürnberger und Fürther Anhänger (man müßte mal über das Wort »Anhang« nachdenken, ein Anhängender dürfte ja ein Mitgezogener, ein seiner autonomen Orientierung in der Welt beraubter Hinterhergeschleppter, ein Gezerrter sein) hat Günther Koch selbstverständlich nie ratifiziert. Diesen Feinderklärungen verweigerte er sich allezeit. 1985 zum Beispiel moderierte er den Trainingsauftakt der SpVgg (»Da gab es dann Zwischenrufe, Club-Sau, aber das war mir wurscht«), und er betont immer wieder: »Die Anti-Fürth-Stimmung wird doch krampfhaft aus der Vergangenheit hinübergerettet. Das ist billiges Theater, längst überholt. Man sollte in Nürnberg lieber anerkennen, daß in Fürth saugute Jugend- und Amateurarbeit geleistet wird.«

Zu seinem sechzigsten Geburtstag schreibt ihm Helmut Hack, Präsident der SpVgg Greuther Fürth von 1996 bis 2018 (davor vom TSV Vestenbergsgreuth): »Über Jahrzehnte hinweg haben Sie […] auch meinen sportlichen Weg begleitet. Manches Mal intensiv – manches

Mal weniger. – Aber immer mit großer Herzlichkeit und einer spürbaren Zuneigung. Dafür bin ich Ihnen dankbar. Erinnern Sie sich noch an Ihre ersten Reportagen aus dem kleinen, verschlafenen Vestenbergsgreuth – an den guten Kuchen bei den Hacks, an unsere Umzüge ins Frankenstadion, bis zum Highlight gegen die Bayern? Im Rückblick war es eine wunderschöne, unvergeßliche Zeit. [...] Was Sie für unsere gemeinsame Leidenschaft Fußball geleistet haben und immer noch leisten – das ist zu Recht gewürdigt worden. [...] Daß Sie etwas ganz Besonderes sind, das wissen Sie. Kein 08/15-Mensch, kein typischer Jasager, sondern ein Mensch mit Ecken und Kanten. Das, was Sie machen, das machen Sie aus vollem Herzen und mit voller Leidenschaft. Aber gerade das macht Sie so besonders wertvoll. Menschen wissen, daß ihr Vertrauen in Sie nicht enttäuscht wird und daß Sie sich einen natürlichen, bodenständigen Sinn für die zwischenmenschlichen Probleme bewahrt haben.«

Auch in einem Gastbeitrag auf nordbayern.de anläßlich des 266. Frankenderbys am 13. Juni 2020 bekundete Koch seine Sympathien gegenüber den »lieben Fürthern, über die ich nach gut vierzig Jahren Naherfahrung vor Ort nur Gutes sagen kann. [...] Was ich da [...] als Reporter und Gast jeweils an Freundlichkeit, gepaart mit unauffälliger selbstverständlicher Professionalität [...], erleben [...] durfte, zählt mit zu dem Schönsten meines Zweitlebens als Fußball- und Sportreporter zwischen Trondheim, Moskau, München, London, Neapel, Aschaffenburg, Großwallstadt, Schweinfurt, Trebgast, Rom und Tel Aviv.«

SpVgg Greuther Fürth – MSV Duisburg, 26. Januar 2003, zweite Liga, Siegtreffer in der 88. Minute von Rachid Azzouzi:
Wolters! Flanke von rechts! Aber gehalten! Na, vom Keeper, vom Keeper der Fürther, Günther Reichold. Fürth gegen Duisburg 0:0! Im Zebratrikot förmlich, in weiß-grünen Querstreifen, die Fürther, sie kommen aus zwanzig, aus dreißig Metern, von der linken Seite müßte die Flanke kommen gegen die ganz in Grau spielenden Duisburger! Haut doch endlich mal drauf!! Schuß durch die Beine!! Ins Tor!! So will ich das!!! So will ich das – haben!!! 1:0 für Greuther Fürth!! Und der Ball ist im Kisterl! Aaaber! Aaaber! Die blöde Fahne vom As-

sistenten! Ruft den Schiedsrichter! Entsetzen bei Trainer … Ach, war da einer im Abseits gestanden?! Wir warten hier auf die Auflösung. Wir sitzen neben dem Spielfeld. Wir haben keinen Monitor. Ich sah den Schuß, der ging durch die Beine eines Abwehrspielers, ich glaub', durch die Beine von Pavel Drsek, und von da kullerte er ins entfernte Eck rechts unten. Ich würde den Treffer geben. Denn der Ball wurde abgefälscht vom eigenen Mann! Tor!! Tor!! 1:0 für Greuther Fürth! Der Schiedsrichter kennt auch die Regeln.

An Unterhaching hat Günther Koch zweierlei konträre Erinnerungen. Am letzten Spieltag der Saison 1999/2000 schickt der WDR Manni Breuckmann als Konferenzreporter ins Sendehoheitsgebiet des BR zur meisterschaftsmitentscheidenden Partie Unterhaching gegen Leverkusen – eine erst- und einmalige Sonderregelung, die einmal mehr die generelle »Allmacht des WDR« (Heribert Lechner) belegt.

Koch ärgert sich maßlos. »Ja. Sie wollten verhindern, daß ich wieder der große Star bin. Ich habe aber die erste Halbzeit übertragen, und da fiel die Vorentscheidung – das Eigentor von Ballack. Ballack ist sowieso ein Thema, über das ich nicht weiter reden will. Sein nächster Verein war Bayern. Jedenfalls hab' ich da losgelegt, und natürlich war ich sauer!«

Anders zu Beginn der Spielzeit: Bei seinem Debüt im Münchner Vorort liefert er am 11. September 1999, am vierten Spieltag, eine seiner »schönsten Reportagen« (Koch) ab. Danach bekommt er Post von Unterhachings Pressesprecherin Ulla Holthoff – eine ehemalige erfolgreiche Wasserballerin, Sportjournalistin, die Mutter von Mats Hummels: »Lieber Herr Koch, immer wieder werden wir auf Ihre Hörfunkreportage vom Spiel U'haching – Stuttgart angesprochen. Es muß sehr leidenschaftlich gewesen sein. Unser Dank dafür: ein Trikot mit den Unterschriften der Spieler des betreffenden Spiels. Viele Grüße – und kommen Sie wieder, Ulla Holthoff. Übrigens: Können Sie uns für unser Archiv einen Mitschnitt Ihrer Reportage zukommen lassen?«

»Das Trikot hängt in meinem Arbeitszimmer«, das erwähnt Günther Koch wiederholt und mit Stolz, die Kassettenkopie liegt seither natürlich in Unterhaching. »Und Peter Grosser [ehemaliger Bayern-, Sechzig- und Nationalspieler, damals Präsident von Unterhaching] hat bei uns zu Hause angerufen. Meine Frau wußte überhaupt nicht, wer das ist. Er hat sich bedankt, und ich solle öfters kommen.«

Kochs Reportage muß nicht nur sehr leidenschaftlich gewesen sein, sondern Koch leistete sich auch eine besondere (unbeabsichtigte) Tolldreistigkeit. »Einmal habe er sogar den Namen eines Torschützen verschwiegen, weil der gegen seine Mannschaft getroffen hatte«, zitierte ihn die *Südwestpresse* am 2. Juli 2016. Und: »Dafür habe er im Radio wegen einer Wette mal einen spielen lassen, der gar nicht gespielt hat.« Diesmal jedoch war weder Ärger noch eine Wette im Spiel. Wolfgang Reichmann erzählt:

> Günther und ich übertrugen das Spiel, und der Günther fing an und sprach von einem blonden Spieler im Trikot des VfB Stuttgart, einem gewissen Verlaat, Frank Verlaat. Dann war Sprechpause, und ich sagte zu ihm: »Du, das is' gar nicht der Verlaat, der Verlaat spielt gar net mit.« Daraufhin sagte er bei der nächsten Einblendung, der Verlaat sitze noch auf der Bank, das sei erstaunlich, aber wahrscheinlich gebe es dafür taktische Gründe. Nächste Pause, und ich sage zu ihm: »Du, der Verlaat, der ist gar nicht mehr beim VfB Stuttgart. Der hat den Verein gewechselt.«
> Der Günther kam wieder dran: »Also, da sehen Sie mal, was einem Reporter passiert, wenn er frisch aus dem Urlaub kommt. Der Verlaat hat den Verein ja verlassen, spielt also gar nicht mehr mit. Aber das sind genau die Dinge … Wissen Sie, nach der Urlaubszeit ist dann die Bundesligazeit die schönste Zeit, die es gibt, und insofern wollen wir uns jetzt dem Spiel widmen.« Und so weiter. Diese Art der Überleitungen in einer völlig vertrackten Situation! Ein Reporter, der einen blonden Spieler beim falschen Namen nennt, dann sagt er, er sitze wegen taktischer Gründe auf der Bank, und dann stellt er fest, daß der gar nicht mehr dabei ist – so was konnte eigentlich nur er. Wie er sich da rausgewurschtelt hat! Er war frisch aus dem Frankreichurlaub zurück und fand aus dem Stegreif die Überleitung von der Urlaubszeit als einer der schönsten Zeiten, aber kein Vergleich zur Bundesligazeit – das muß man können.
> Ich saß daneben, ich habe nur den Kopf geschüttelt. Ich dachte: Das gibt's doch gar nicht! Er hatte sich von dem einen Fehler zum nächsten gehangelt, aber das hatte ihn überhaupt nicht gestört. Er bekam von der ARD auch keinen auf den Deckel, nach dem Motto: »Sagen Sie mal! Sie müssen sich die

Aufstellung schon ein bißchen genauer angucken!« Er kam frischvergnügt aus dem Urlaub, vermutlich nicht besonders gut vorbereitet, aber bester Laune, und er übertrug diese Freude am Fußball über den Äther. Wunderbar!

Ein Nachtrag zum Saisonfinale 1999/2000. Manni Breuckmann schreibt in seinem Buch *50 legendäre Szenen des deutschen Fußballs* (Frankfurt/Main 2009): »Mein Kollege Günther Koch vom Bayerischen Rundfunk feixte, heute gehe wohl ein großer Traum für mich in Erfüllung, wohl wissend, daß meine Gefühle für Bayer Leverkusen nicht besonders ausgeprägt sind.«

Zum Auftakt der nächsten Spielzeit im August 2000 schickt er ihm ein Fax: »Es geht wieder los, und ich möchte Dir eine aufregende Saison wünschen! Die Ausdünnung unseres Kaders (Bayer, Dittmann) und der Blick auf die Besetzung des ersten Samstags sagen mir (ohne Überheblichkeit), daß wir beide die Sache aus dem Feuer reißen müssen. Ich bin mir aber ganz sicher: Das alte Fossil namens Radio wird auch in dieser Saison die Herzen der Fans erreichen. Bevor ich zu pathetisch werde, will ich mich noch für die drei Photodokumente bedanken. Es war schon ein denkwürdiger Nachmittag. Zuerst ein Spaziergang vorbei an Kornfeldern zu einem Bundesligastadion, und dann dieses pure Bayer-Entsetzen, auch mit allen verfügbaren Konzern-Tranquilizern und -Schmerzmitteln nicht zu dämpfen. Und am Ende packte mich auch noch die Trauer, das hatte ich nicht erwartet. Also, mein Lieber, let the trumpets play, hau rein, und spiel den verbalen Doppelpaß.«

Breuckmann behielt recht. Neun Monate später servierten Schalke, Unterhaching, der HSV und der FC Bayern das nächste unbegreifliche Saisonfinale, und das Radio erlebte erneut eine Sternstunde.

Ich habe mich nur zwei-, dreimal aktiv in die Vereinspolitik eingemischt, unter anderem bei der Verpflichtung von Joe-Max Moore. Der hatte für Saarbrücken gespielt und war amerikanischer Nationalspieler und sollte auf meinen Vorschlag hin für den Club verpflichtet werden. Ich hab' die Vertragsverhandlungen mit dem Nationaltrainer der USA geführt, auf englisch, im legendären ehemaligen *Piemonte* im Zabo, am 2. Juli 1995.

Dann habe ich Jawhar Mnari aus Tunesien bei einem Freundschaftsspiel vor der Saison 2005/06 in Bad Windsheim gesehen, gegen eine Auswahl von Bad Windsheim. Er spielte probeweise für den Club. Ich habe das moderiert, und der war so großartig, daß ich zu den Club-Verantwortlichen und zum Trainer Wolf gesagt habe: »Wenn ihr den nicht verpflichtet, habt ihr keine Ahnung.« Ham ihn verpflichtet, er war jahrelang einer der besten Mittelfeldspieler beim Club. Mnari – still, zufrieden, ruhig, souverän, super.
Vorher schon hab' ich mich bei Reiner Wirsching eingemischt. Reiner Wirsching war ein überragender Spieler bei Schweinfurt 05. Ich war als Reporter ja bei allen Vereinen in Bayern, bin ja mit allen abgestiegen. Ich habe haufenweise Abstiege erlebt.
Abstieg, Abstieg, Abstieg, lauter Abstiege. Immer wieder denke ich an alle acht Aufstiege des Club ('78, '80, '85, '98, '01, '04, '09, '18) und alle neun Abstiege ('69, '79, '84, '94, '99, '03, '08, '14, '19) – ganz zu schweigen vom zehnten Abstieg in die Regionalliga 1996 und von meinen unzähligen weiteren Abstiegen, zum Beispiel als jugendlicher Fan des noch kleinen FC Bayern München (1955) sowie als Reporter beim TSV 1860 München (2004) [da zitierte Koch in der Konferenz Jean Paul: »Die Erinnerung ist das einzige Paradies, aus dem wir nicht vertrieben werden können. Bei den Löwen scheint es so, als ob sie jetzt durch diesen verschossenen Strafstoß [...] aus der Bundesliga vertrieben werden«], bei Viktoria Aschaffenburg (zweimal), beim 1. FC Schweinfurt 05 (zweimal), bei der SpVgg Bayreuth, beim FC Bayern Hof, bei der SpVgg Fürth, bei beiden Würzburger Vereinen. Manchmal glaub' ich glatt, es lag an mir – roundabout zwanzig Abstiege. Was zählen da schon die zahlreichen Meisterschaften des FC Bayern und dessen Champions-League-Siege?! Ich hab' mal gesagt: Man muß Mißerfolgsfan sein.
Und in Schweinfurt war ich halt auch oft, und fast immer ging es runter. Aber die hatten einen hervorragenden Spieler, den Reiner Wirsching. Das hab' ich dem Hermann Gerland gesagt und ihn gefragt: »Soll ich den mal ansprechen?« Sagt er: »Ja, Koch, wenn Sie meinen.«
Ich hab' ihn angesprochen, ob er zum Club wolle. Nach zwei Wochen war er beim Club. Hab' ich vermittelt, einfach so. Reiner Wirsching war drei Jahre lang einer der überragenden Spieler.
In diesen Fällen hab' ich in die Vereinspolitik eingegriffen. Und ich habe dem Roth Schorsch Volkert als Manager vorgeschlagen, hat er gemacht, und ich

habe dem Roth oder dem Schmelzer den Franz Schäfer als irgendwas vorgeschlagen, haben sie auch gemacht. Also, ich hab' da schon oft Politik gemacht. Wenn man will, war das oft. Ich habe auch den Stadionsprecher Markus Othmer mit Bayern 3 nach Nürnberg gelotst.

Auf einem Photo sieht man, wie Günther Koch, »der menschgewordene Cluberer« (Frank Hellmann), auf dem Rasen des Frankenstadions steht, Mikrophon vorm Mund, umringt von FCN-Fans (einer redet freudestrahlend auf ihn ein). Es ist der 7. Juni 1997, nach einem Jahr in der Regionalliga steigt der Club (mal wieder) auf.

FCN – SG Quelle Fürth. Koch war ins Getümmel vorgestoßen, kein anderer Reporter hätte das gemacht, und es ist bestrickend, wie er sich von der Wirklichkeit mitreißen läßt, wie er die Gunst dieser Minuten ergreift und die Konventionen des Journalismus in den Wind schießt, wie er mit unaufdringlichem Eifer, in dem das Glück mitschwingt, genau das genau jetzt tun zu können, das Geschehen ausschöpft und in ein fließendes Radiokunststück übersetzt und zugleich ein großes Gemälde erschafft:

Liebe Fußballfreunde, das hab' ich noch nicht erlebt. Fünfzehntausend Zuschauer stürmen den Rasen des Frankenstadions! Das Spiel ist noch nicht zu Ende! Dann der Hilferuf seitens des Platzlautsprechers: »Bitte, liebe Club-Fans, verlaßt den Rasen!« Die verlassen den Rasen zögerlich, stehen aber keinen halben Meter neben der Seitenlinie! Es führt der 1. FC Nürnberg mit 2:1 gegen die tapfere Mannschaft von Quelle Fürth! Aber der Schiedsrichter hat ganz klar und unmißverständlich gesagt: Wenn dieses Spiel nicht regulär zu Ende geführt werden kann, mittlerweile etwa zwanzigtausend von den dreißigtausend hier unten dicht am Rasen stehend, dann gibt es Spielabbruch, und dann gibt es eine Strafe für den 1. FC Nürnberg. Und es redet Oechler mi'm Spielleiter, mit dem Herrn, der dieses Spiel zu leiten hat und der verantwortlich ist für eine ordnungsgemäße Abwicklung. Zuletzt hab' ich das vor vielen Jahren in Wattenscheid erlebt, als die Club-Fans den Rasen gestürmt hatten, dann aber vom Spielfeld gingen. Spielleiter ist Schiedsrichter Burkard Hufgard, der auch Bundesligaspiele schon gepfiffen hat. Und das Spiel kann noch nicht weitergeh'n! Sie sind direkt mit dabei. *Heute im Stadion* bedeutet

Heute neben dem Fußballplatz, und die Fans sind so unvernünftig, hier nicht den Rasen, das heißt, den Rasen ham sie verlassen, sie haben bereits die Spielerbank gestürmt, sie hängen an der Torlatte, sie sitzen im Tor, und sie sitzen auf der Spielerbank, und so, liebe Fußballfreunde, kann das Spiel nicht zu Ende geführt werden! Ein lockerer, ein richtig ruhig bleibender Schiedsrichter spricht mit den Fans, aber im Moment kommt die Bereitschaftspolizei, die Bereitschaftspolizei in Dunkelgrün, in Grau, Mattgrün, in Ocker überall rund rum um dieses Spielfeld, und das ist doch nur Regionalliga, und der Club soll in die zweite Fußballbundesliga, er ist bereits aufgestiegen, aber für Quelle, für die SG Quelle Fürth geht es um so viel. Sie lagen vorne, dann kam der Ausgleichstreffer nach dem zweiten strafstoßreifen Foul, das dann zu einem Strafstoß führte. Der wurde aber nicht verwandelt, der ging an den Pfosten. Dann kam der Strafstoß, der verwandelt wurde, der auch nicht verwandelt wurde, Entschuldigung, man nimmt mir hier auch schon die Sicht [sehr gute Ausrede! J. R.], aber dann das 1:1 durch Lützler und der Führungstreffer durch Jenkner. Ja, ich weiß nicht, was ich sagen soll. In der Mitte des Spielfeldes wird mit den Spielern verhandelt. Ob der Schiedsrichter das Spiel abbricht? Das wäre schlimm. Hier geht es nicht um das Flutlicht wie in Waldhof gestern beim Spiel zwischen Memmingen [sic! Richtig wäre: Mannheim; J. R.] und der Traditionsmannschaft von Kickers Offenbach, da ist das Licht ausgefallen. Hier fällt praktisch den Fans nichts Besseres ein, als jetzt schon zu feiern. Zu früh sind sie nach innen gedrungen aus der Nordkurve. Ein Bild, das einerseits sehr, sehr schön ist, andererseits betrüblich – schön, was die Farben anbetrifft, betrüblich, da das Spiel eigentlich noch laufen müßte. Aber es läuft so viel wie gar nicht. Wir sind hier mitten umringt von vielen Fans, die hier praktisch hier auch ihre Gesänge anstimmen! Aber die können schrei'n, was sie wollen! Das ist sehr schön, aber das Spiel ist noch nicht zu Ende! Sie, die Club-Fans *(Sprechchöre: »Gün-ther Koch! Gün-ther Koch!«)*, überall feiern, in dem Fall auch den Bayerischen Rundfunk *(lacht)*, aber jetzt hör'n Sie mal! Peter, dreh mal bitte auf, die Ansage des Stadionlautsprechers, wir hör'n genau hin. *(Unverständliche Durchsage, dann: »… fünf Meter zurückgehen …«)* Das is' es, was ich mir gedacht hab': fünf Meter. Entenmann bittet die Fans zurückzugeh'n, und Sie sind direkt mit dabei. *Heute im Stadion* bei Bayern 1. Und die Nummer drei in Bayern im Moment in Sachen Fußball, neben oder hinter Bayern und Sechzig, der 1. FC Nürnberg, der in die zweite, zunächst einmal, in die zweite Fußballbundesliga will, muß jetzt hoffen, daß die Fans ein sauberes Bild abgeben, zwar nicht nur für die Optik, sondern auch für die sportliche Einstellung. Es sind irrwitzige Figuren dabei, was die Bekleidung oder auch die mangelhafte Bekleidung anbetrifft. Sambatänzerinnen waren vor dem Spiel da. Brasilianerinnen, mehr oder wenig spärlich bekleidet. Fünf Meter müssen sie von der Seitenlinie weggeh'n, das sind drei, das sind vier Meter. Jetzt geh' ich mal zum Rand. Jetzt versuch' ich hier, zwischen den Fans durchzugehen, und gehe mit meinem Mikrophon über die Tartanbahn und geh' zum Spielleiter und werde versuchen, ihn zu fragen, was er macht, wie er entscheidet! Und wir sind direkt dabei beim letzten Spiel des 1. Fußball-Clubs Nürnberg! Und hier steh'n sie in Zwei-, Drei-, Vier-, Fünferreihen, und jetzt komm' ich endlich vorbei, um Ihnen zu schildern, wie nah die Spieler hier an der Seitenlinie sind! Durch die vierte, fünfte Reihe kann ich mich jetzt grade noch durchdrängen. Und jetzt bin ich vorne! Und jetzt kann ich Willi Entenmann fragen, was er dazu sagt. Willi Entenmann, das wär' wahrscheinlich ein betrübliches Ende, oder? – Ja, bis jetz' is' noch net Ende, sondern es sin' noch fünf Minuten zu spiel'n. Aber da tragen einige Verantwortung, daß sie einfach die Tore aufmachen! Des war doch klar, daß die Leute einfach da reingeh'n! Da kann ma' doch fünf Minute' warte', bis der Schlußpfiff kommt! – Das meint Willi Entenmann, der auch in Wattenscheid erlebt hat … Erinnern Sie sich noch? – *(Unverständliches von Willi Entenmann.)* – Nein. – … die Verantwortliche' de' Vorwurf mache', die da hinte' aufg'macht haben! – Erinnern Sie sich noch an die Situation in Wattenscheid? Ein nackter Spieler, aber da ging's dann weiter! – Ich hab' auch nix mehr ang'habt, bis auf die Hose. Und da gibt's gleiche Situation, haben noch a paar Minute' zu spiele' g'habt, aber ich glaub', es beruhigt sich wieder. – Wir hoffen, daß sich hier alles beruhigt, das war live *Heute im Stadion* der Trainer Willi Entenmann, der mit der Mannschaft aufgestiegen ist, aber sie sind jetzt tatsächlich fünf Meter vom Rasen. Wir sind mitten am Rasen! Die beiden Linienrichter … Ich weiß nicht, wo im Moment der Schiedsrichter is', ob der Schiedsrichter selber etwas sagt zu diesem Spiel *(Fan brüllt: »Günther, du! Günther! Du bist a alder Gluberer! A alder Gluberer! Du woarst niemals …« Rest unverständlich. Günther Koch spricht währenddessen unverdrossen weiter)*, und wir warten auf die Weiterführung dieses Spieles! Aber dieses Spiel kann noch nicht wei-ter-ge-führt werden, denn der Schiedsrichter hat noch nicht das Signal gegeben! Fünf Meter sind sie von der Seitenlinie weg! Aber da hinten am Tor, liebe Hörerinnen und Hörer, da steh'n sie in der Kiste! Und die Nordkurve ist übervölkert! Fragen wir mal den Christoph Müller: Klasse gekickt am Mittwoch, aber jetzt auf der Bank sitzend. Wäre schon schade, Christoph Müller, wenn's zum Abbruch käme. – Ja, natürlich. Weil wir ham uns auch schon aufn Urlaub eingestellt, und wenn's jetzt zum Abbruch kommt, is' nächste Woche auch noch was, ne? Wir woll'n natürlich auch mal in Urlaub geh'n, wir ham bloß nur so kurze Pause. Und für die zweite Liga müss' mer auch bißl regenerier'n, ja? – Und es geht natürlich für Quelle Fürth um sehr viel! – Ja, 'türlich. Für Quelle wär's natürlich überragend, wenn's abgebrochen würde! Die hätten ja noch 'ne Chance! Aber so … Ist ja fast unmöglich! – Das ist Christoph Müller! Und wir lassen nichts unversucht, jetzt den Schiedsrichter live ans Mikrophon des Bayerischen Rundfunks und der angeschlossenen Funkhäuser zu bringen! Er lächelt, er bleibt ganz ruhig, er spricht mit einem Polizisten, er ist vor der Bank der Fürther. Da steht Jogi Lieberwirth, ein alter Cluberer! Wie geht's weiter? Wir sind live auf Sendung! Sehen Sie noch eine Chance, daß es weitergeht? Er schickt mich auch vom Platz. Er schickt mich auch vom Platz. Okay. Woll'n wir hoffen, daß es weitergeht. Und wir steh'n jetzt fünf Meter neben der Seitenlinie *(Gegröle rundherum)* und geh'n wieder weiter weg, damit's keine Schwierigkeiten gibt, sonst sind wir noch schuld. Meeensch, liebe Club-Fans. Hauptsach', das Spiel wird nicht abgebrochen, denn das wär' ein unrühmliches Ende, jetzt bin ich mittlerweile wieder zehn, zwanzig Meter von der Seitenlinie weg. Und ich sage Ihnen, liebe Leut': Am besten, und das ist ein Ruf an die Regie, geben wir bei diesem Zwischenstand, der da lautet 2:1 für Nürnberg, aber das Spiel in der Regionalliga scheint kurz vor dem Abbruch zu stehen, das ist meine eher etwas skeptische Perschpektive, zurück ins Funkhaus.

Man greift sich an den Kopf: Selbst den letzten Satz bringt er nach neuneinhalb – ungeschnittenen! – Minuten ohne einen einzigen Stolperer noch akkurat hin.

Am 31. Dezember 2020 porträtieren die *Nürnberger Nachrichten* den Betriebsratsvorsitzenden der Karstadt-Filiale an der Nürnberger Lorenzkirche, Thomas Vieweg. Er war als junger Mann, der eine berufliche Perspektive suchte, 1991 von Halle nach Nürnberg gegangen. Er hatte keinen Job in Aussicht, aber die Liebe zum FCN zog ihn an die Noris, eine Liebe, für die der Protagonist dieses Buches verantwortlich ist, weil er sie zwei Jahre zuvor geweckt hatte.

Vieweg hatte Radio gehört – ein Schlüsselerlebnis: »Es war faszinierend. Der Club lag zur Halbzeit gegen St. Pauli 2:3 zurück und hat das Spiel dann noch zu einem 5:3-Sieg gedreht. Da war ich sechzehn.«

18. Februar 1989, und Günther Koch ist in der ARD-Schlußkonferenz an der Reihe, es läuft die 79. Spielminute:

> Sané wirft nicht selber ein. Wirsching am Ball, hat jetzt den Einwurf bekommen. Flankt nach innen. Eigentor!! Eigentor!! Wirsching gibt die Vorlage! Ach, ist das ein Jammer! Ist das ein Jammer! Ein, ein, ein klasse Eigentor. Wirsching mit scharfer Flanke nach innen, und ein Hamburger raauuscht vehement in den Ball! Wollt' ihn drüberschlagen. Is' ausgerutscht mi'm Standbein. Erwischt ihn nicht richtig. Und der Ball geht ins Tor. Auch als fränkischer Reporter – das, das hat Hamburg nicht verdient, und das tut einem weh. Das tut jedem Fußballer weh, egal, für wen inoffiziell vielleicht das Herz schlägt. Aber soo untergeh'n, wenn ma' dreimal geführt hat – und dann mit 4:3 hinten liegen – also, der Mann hat mein Mitgefühl.

Der Name dieses Mannes: Egon Flad. St. Pauli war mit 0:1, 1:2 und 2:3 vorne gelegen. Das 1:2 hatte wer erzielt? Egon Flad. Das 2:3 war was gewesen? Ein Eigentor (von Thomas Brunner). Und wer machte drei Minuten nach Egon Flads unglücklichem Einsatz das 5:3? Der Eigentorflankengeber Reiner Wirsching.

Seine Premiere als Fernsehfußballkommentator »feierte« Günther Koch, das dürfte kaum bekannt sein, bereits am 27. Mai 1984. Für die BR-*Frankenschau* gestaltete und sprach er den Nachbericht zum letzten Spiel des FCN (gegen Borussia Dortmund, 0:2, am Vortag) in der erbärmlichsten Bundesligasaison der Vereinsgeschichte, in der der Club sage und schreibe vierzehn Punkte zusammenwurschtelte und zudem, die Spielzeit 1982/83 mit eingerechnet, einen weiteren anbetungswürdigen Rekord aufstellte: neunundzwanzig Auswärtsspiele hintereinander ohne einen einzigen Punkt.

1983/84 wurden alle bis dahin gültigen Bestleistungen überflügelt: die höchste Niederlage ever (0:7 in Stuttgart – das vermochte man erst 2018 in Dortmund zu wiederholen –, dazu zu Hause ein 0:6 gegen den VfB – das haben sie dann 2020 erneut hingekriegt), ein epochaler Zuschauerschwund (zum Aufeinandertreffen mit Dortmund kamen keine zweitausend Zahlende mehr ins vor der eigenen Nacktheit erschrockene Städtische Stadion) und insgesamt vier Trainer. Es gibt eine Einstellung, in der Heinz Höher auf der spartanischen Trainerbank sitzt und in einem Holzkästchen verzweifelt nach einer Tafel mit der Rückennummer eines Spielers sucht, den er noch in den maroden Mannschaftshaufen auf dem Platz hineinwerfen könnte. (Wenn man sich ein Bild davon machen will, welche Entwicklung der Fußball ökonomisch und architekturästhetisch genommen hat, sollte man übrigens Filmaufnahmen aus den Achtzigern studieren. Die allgegenwärtige sozialdemokratische Bescheidenheit des Stadion- und Vereinsgeländeambientes löst bei mir wohlige Erinnerungen aus.)

Kochs Spielkommentar ist spöttisch, aber nicht zynisch, von Verärgerung und Enttäuschung durchzogen und ob des desolaten Zustands des verkommenen Rekordmeisters stellenweise zu Recht ätzend. Die wenigen Ausschnitte, die er zum Teil in zeitlich umgekehrter Reihenfolge montiert, vermitteln hinreichend, was für eine Zumutung es gewesen sein muß, den Darbietungen des FCN in dieser Spielzeit beizuwohnen. Kochs Schlußbemerkung: »Endlich ist es vorbei. Die schlimmste Saison, die es je für den Club gegeben hat.«

Wer in Nürnberg über Thomas Brunner spricht, hat Günther Koch vor den inneren Ohren. Ein Jahr später, am 9. Juni 1985, schoß der rustikale Bursche im Trikot des FCN gegen Hessen Kassel praktisch mit dem Abpfiff das 2:0. Er werde, so Koch, »andauernd angesprochen auf die Reportage mit dem Aufstieg ’85, als der Club gegen Kassel in einem Quasiendspiel das dritte Mal aufstieg«:

> Unglaublich, was sich hier im Nürnberger Stadion abspielt! Die Zuschauer sind kaum zu halten, und der Trainer Heinz Höher, dieser an sich introvertierte, intellektuelle Trainer, dem man nachsagt, er zeige nicht sein Temperament, er

springt auf und ab! Und Dieter Eckstein am rechten Flügel, direkt vorm Strafraum! Ist im Strafraum!! Müßte querpassen oder schießen!! Achtung!! Jetzt schießt er!! Ohoo! [...] Die Frage bleibt: Schafft es der 1. FC Nürnberg oder Hessen Kassel? Und die besseren Karten zweifellos in der 90. Minute für den 1. FC Nürnberg. [...] Ach, ist das hier eine Stimmung! [...] Die Hessen haben eine Möglichkeit aus zwanzig Meter [sic!], und da fallt [sic!] er hin, und jetzt kommt noch mal das Kraftpaket aus der Oberpfalz, der Thomas Brunner. Gibt nicht ab! Läuft alleine! Vielleicht unterwegs zum 2:0! Noch sechzehn, noch fünfzehn, noch vierzehn, noch dreizehn, noch elf – Toooooooor!! Bun-des-li-gaaa!! Bundesligator nach Solo von Thomas Brunner! [...] Unglaubliche Szenen hier im Städtischen Altbaustadion in Nürnberg vor ausverkauftem Haus! [...] Es wird nicht mehr angepfiffen! Der Schiedsrichter hat gezeigt: Aus! Aus! Der 1. FCN, diese junge Club-Mannschaft, vom Tabellenende hat sie sich nach oben gemogelt, ist mit Glück und Geschick zusammen mit Trainer Heinz Höher und mit dem Vorsitzenden Gerd Schmelzer und diesen ganz, ganz jungen Spielern in der Bundesliga! [...] Bundesliga, wir kommen!

1986 wird die Reportage vom Verband Deutscher Sportjournalisten ausgezeichnet. Übrigens hatte, auch nicht schlecht, der Moderator in München, Franz Muxeneder, Koch unmittelbar nach dem 1:0 in der 61. Minute wie folgt angesprochen: »Ich kann mir vorstellen, Günther Koch, Ihnen und den zahlreichen Fans des Clubs im Nürnberger Stadion ist auch ein Stein, um nicht zu sagen: ein Eckstein vom Herzen gefallen.« Darauf Koch: »Ja, das ist ein gelungenes Wortspiel, denn der Dieter Eckstein hat das Tor geschossen, das Tor zum 1:0 für den 1. Fußball-Club Nürnberg.«

Preise sind ihm »schon wichtig. Auf die bin ich schon ein bißchen stolz, vor allem auf den Herbert-Zimmermann-Preis, den ich dreimal bekommen habe, für 1985, für 1999 [schwarzer Samstag] und für 2001 [Elfmeterschießen im Champions-League-Endspiel], auf die Top-ten-Plazierung im *medium magazin für journalisten* – 2005 haben die mich unter die Top ten der deutschen Sportjournalisten gewählt –, auf die Top-ten-Plazierung unter den deutschen Radiojournalisten, gekürt vom Medienmagazin *V.i.S.d.P*, im Jahr 2006 und auf die Nominierung für den Goldenen Prometheus 2007.« Hinzu kommt noch der Neue-

Medien-Preis (VDS) 1997 für seine 1996 aus der Taufe gehobene Website guenther-koch.de (Vorläufer war »Günther Kochs Club-Seite«, die seit 1995 auf der Website der Stadt Nürnberg untergebracht war, dort gab es auch bereits ein paar Ausschnitte aus Kochs Reportagen zu hören) – eine Pionierleistung im anbrechenden Internetquatschzeitalter.

Trainer von Kassel war 1985 Jörg Berger. 2004, als im Januar des Jahres das erste Geisterspiel der deutschen Fußballgeschichte zwischen Aachen und Nürnberg stattfand (Günther Kochs hochgelobtes Echtzeithörspiel von dieser Partie, *Geisterspiel*, lief zum erstenmal am 28. Januar 2005 in Bayern 2Radio in der avantgardistischen Sendung *hör!spiel!art.mix*; abrufbar auf: br.de/mediathek/podcast/hoerspielpool), war der Trainer der Alemannia Jörg Berger, dessen Team damals zum verspäteten Herbstmeister gekürt ward. (1999 war Trainer von Eintracht Frankfurt: Jörg Berger.)

Doch nicht Aachen, sondern der FCN stieg am Ende der Saison 2003/04 auf. Günther Koch meldete sich am 26. April ’04 aus dem Frankenstadion:

> Wunderbarer öffnender Paß auf Slovák! Slovák gegen Alemannia, gegen Straub! Macht das Toor!! Er macht das Toor!! Das ist die Bundesliga!! Das ist die Bundesliga!! Das ist das 2:0!! Am 26. April um 21.45 Uhr und 34 Sekunden! Ein öffnender Paß auf die rechte Seite! Wunderbar Samuel Slovák auf und davon, in den Strafraum der Aachener rein, und der Torhüter der Aachener, Stefan Straub, will noch retten, was zu retten ist, aber da war nichts mehr zu retten! Und Samuel Slovák behält die Übersicht und wartet und hebt dann den Ball über den Torhüter ins Tooor! So wie damals Thomas Brunner gegen Kassel! Genau dieselbe Situation! Auch damals war Jörg Berger der Trainer. Genau dasselbe Tor! Auch damals war’s ein öffnender Paß und kein Abseits. Fast identische Situation! Damals das 2:0 gegen Kassel durch Thomas Brunner auf dieses Tor. Und heute das 2:0 gegen Alemannia Aachen durch Sloooválk. Und der Club ist damit so gut wie in der Bundesliga.

28. April 2018. Es ist Günther Kochs 65. (ehrenamtliche) Führung durchs von Bernd Siegler konzipierte, 2012 eröffnete Club-Museum, das kleinste Vereinsmuseum in Deutschland, untergebracht im Foyer

des »mittels einer im April 2010 ausgegebenen Fananleihe in Höhe von sechs Millionen Euro« (Matthias Hunger: *Fußballheimat Franken – 100 Orte der Erinnerung*, Hildesheim 2017) errichteten Verwaltungsgebäudes, in dem u. a. die Geschäftsstelle residiert. Das Museum macht nicht nur seiner Größe, sondern auch seiner Gestaltung nach einen geradezu prototypisch fränkisch-spartanisch-protestantischen Eindruck.

»Spektakulär«, schreibt die *Mittelbayerische Zeitung* ein Jahr später, am 15. Juni 2019. »Was für eine Museumsführung! [...] Durch diese Ruhmes- oder Unruhmeshalle – je nach eigener Sicht der Dinge – führt eine Legende dieses Vereins. [...] Günther Koch live at his best – könnte man titeln. [...] Mit bebender Stimme, mit dem sanften Timbre des seligen Erinnerns und vor allem des seligen Sich-selbst-Erinnerns. Und dann mal wieder ganz sachlich.«

Günther Kochs Frau Insa sagt: »Ich kenne keinen Menschen, der ehrlicher ist, der weniger schauspielert. Günther ist vollkommen authentisch, immer er selber.« Er ergänzt: »Man kann mir vieles nachsagen, aber nicht, daß ich schauspielere. Ich bin oft viel zu direkt, viel zu ehrlich.«

Ich beobachte durch die Fensterfront des Museums, wie er draußen vor der heutigen Besuchergruppe agiert – nämlich wie ein genuiner Schauspieler, der gerade aus dem Jungbrunnen gestiegen ist, wie einer, der ein intensives Präsenztraining absolviert hat und sehr genau weiß, warum er die Bühne betritt.

Ebensogut könnte man sagen: Er führt sich auf wie die Sau. Auf Knopfdruck steht er da, der darstellende Mensch Günther Koch. Zwanzig Minuten dauert die Aufführung, zum sichtlichen Vergnügen des Publikums. Er wippt vor und zurück, stellt sich auf die Zehen, wiegt sich, dreht sich um die eigene Achse, arbeitet mit den Armen gleich einem Dirigenten oder einem Entertainer in einem Kasino in Las Vegas, kräftige untermalende Gesten in jeder Sekunde.

Während der anschließenden etwa dreiviertelstündigen improvisierten historischen Exkursion (eine Mischung aus Schulunterricht und Revue – »ich mach's jedesmal anders, sonst wird mir langweilig«) in diesem überschaubaren Raum spielt er immer wieder Ausschnitte von der CD *Unser Club – 100 Jahre 1. FC Nürnberg* (Nova Tekk 2000) ein.

Einer ist besonders von Bedeutung. 1988, der Club tritt fürwahr im UEFA-Cup an, und in Rom am Mikrophon sitzt und schwitzt Günther Koch:

Jetzt geh' ich zum Eckstein, gehts ihr bitte mal a weng mit. '88 [am 7. September] ist folgendes passiert: Eckstein in Rom, ich hob' kaa Leitung, Günther Jauch war Bayern-3-Moderator und ... Wart amol, wart amol ... [Die Leitung stand erst, nachdem Koch einen italienischen Techniker mit fünfzig Mark bestochen hatte.] *(Spielt eine Anmoderation von Günther Jauch ein:)* So, also noch mal einen Versuch. Es ist furchtbar schwer, eine Verbindung zu Günther Koch zu bekommen. Ähm, he, er hört uns zwar immer am Telephon, aber es ist eine solche Hölle los in dem Stadion [obwohl nur etwas mehr als 16.000 Zuschauer da waren], daß das also dann immer sehr kompliziert wird. Ich habe jetzt versucht, mit ihm auszumachen, daß er in ein paar Sekunden noch einmal beginnt mit, äh, Nürnberg gegen Rom. Und in zehn Sekunden müßt' es soweit sein. Man einigt sich dann einfach immer auf bestimmte Zeiten, wo einer anfängt. Und ich hoffe, daß er, daß er das jetzt verstanden hat und uns sagen kann, wie die ersten Minuten verlaufen sind. – Weiter Andrade, der Brasilianer, aber die Cluberer, sie kämpfen bravourös! Mit Schwabl, noch in der eigenen Hälfte! Zwei, drei, vier Stationen der Römer, der ganz teuren Mannschaft! Sané zum Konter! Kommt zu spät. Kommt zu spät gegen Lionello Manfredonia. Wir melden uns vom Europacup! Nürnberg ist wieder da in Europa! Nürnberg, der Club, seit zwanzig Jahren zum erstenmal wieder dabei hier im Hexenkessel in Rom, und zwar im Stadion Flaminio vor etwa fünfundzwanzigtausend Zuschauern! Mit Rudi Völler die Römer auf der linken Seite gegen Giske! Giske bleibt Sieger! Anders Giske, der Spielführer, auf die linke Seite, noch in der eigenen Hälfte, zu Joachim Philipkowski. Joachim Philipkowski bleibt am Ball, wird nicht angegriffen, mit einem höllischen Tempo, die Nürnberger, hoffentlich nicht zu schnell in der Anfangsphase bei dieser schwülen Hitze hier in Rom. [...] Zwei Meter vorm Eckfahndl Einwurf für den Club. Giske will das machen. Vielleicht wird er Strafraum werfen [sic!]. Viel Platz hat er nicht – von der Seitenlinie bis zum Zaun nur sieben Meter. Die Zuschauer direkt hinter dem Zaun, ein richtiges Fußballstadion, schöne Kopfballverlängerung!

Schußmöglichkeit! Tor!! Tor durch Eckstein!! Was für ein Bilderbuchtor!! Dreifache Kombination!! Einwurf von Giske!! Hackentrick von Schwabl!! [Das war Sané, die Kopfballverlängerung war von Schwabl.] Und Eckstein bolla bolla!! 2:1 – für – den 1. FC Nürnberg!! Und Sané wird verprügelt von den Römern! Oh, das ist nicht schön! Was für ein Tor! Oooh! So ein Tor haben die Nürnberger schon lange nicht erzielt. Gol, Gol für Norimberga! Norimberga! So steht es ja in der Urkunde der Stadtentwicklung von Nürnberg. Norimberga – ist – in Führung.

Und ein anderer greift einem ans Herz. 1985 führte Günther Koch mit Max Morlock in dessen Lotto-Toto-Laden ein Interview. Die beiden waren befreundet, und im Booklet von *Unser Club* schreibt Koch: »Ich glaube, ich habe keinen bescheideneren und netteren, feinfühligeren und so erfolgreichen Mann in meinem ganzen Leben kennengelernt.«

Max Morlock, ein Franke, ein echter Nürnberger, erzählen Sie uns doch bitte, wann is' es losgegangen beim 1. Fußball-Club Nürnberg mit dem Maxl Morlock. – Ich kam als Jugendlicher mit sechzehnahalb Jahr'n in die erschte Mannschaft, und des war im November 1941. Der Club hat a schlachkräftige Mannschaft g'habt, wir hatten drei Jahre in Nürnberch kaa Spiel verlor'n und konnten dann 1948 die Deutsche Meisterschaft, die erste Nachkriegsmeisterschaft nach Nürnberch hol'n. – Mi'm Zapf Gebhardt, mi'm Uebelein und so weiter, ne? – Ja. – Und dann Weltmeisterschaft 1954, der Maxl Morlock das 1:2 gegen die Ungarn. *(Einspielung der Reportage von Herbert Zimmermann.)* Des war mei' größter sportlicher Erfolch überhaupt, ja, '54. Wir war'n ja krasser Außenseiter, und ich bin der glücklichste Mensch gewesen, weil ich ja des Anschlußtor dann erziel'n konnte. – Noch mal Deutscher Meister mit 'ner ganz jungen Club-Mannschaft 1961. – Ja, da bin ich ganz besonders stolz auf diese Meisterschaft, denn ich war sechsunddreißig Jahre alt, und es waren sechs Jugendspieler aus der eigenen Mannschaft, und der ganze Stamm war ja alles aus Middelfrank'n. – Maxl Morlock steht auch jeden Tag in seiner Toto-Lotto-Annahmestelle hier im Süden Nürnbergs in der Pillenreuther Straß'. – Ja, ich hab' damals die Gelegenheit genutzt und hab', äh, eine Annahmestelle des bayerischen Fußballdoddo eröffnet. Ich war einer der erschten in Nürnberch. – Wann war 'n des? – Des war im Februar 1949, unmittelbar, also, '48 war die Währung, und des war ein harter Kampf, aber ich bin glücklich, daß ich des gemacht hab', und hab den länger'n Wech gewählt. Ich hab' ja auch a Angebot g'habt aus Italien, 1950, 90.000 Mark woar damals, aber ich hab' des ausgeschlagen und bin heute froh, daß ich des g'macht hab'. Und wissen Sie, ich bin einer, der gern arbeitet, und bin der glücklichste Mensch, wenn ich früh aufsteh'n kann und kann zur Arbeit geh'n, ins Geschäft geh'n, da hat ma' viel Arbeit, da langen dann die achtunddreißigahalb Stunden überhaupt nicht, sondern ich bring' schon fünfafuffzich und sechzig Stunden auch manchmal zusammen. – Maxl Morlock, bleiben S' g'sund, erfolgreich und glücklich in Familie, Beruf und auch im Sport. – Ja, recht herzlichen Dank.

In den achtziger Jahren hat Günther Koch diverse Kurz- und Nachrichtenbeiträge fürs Bayerische Fernsehen gedreht – gewissermaßen freiwillige Pflichtarbeiten, um seine Position im BR zu festigen. Anders ist schwerlich zu erklären, warum sich ein Freiberufler, dessen Radioeinsätze neben der anspruchsvollen Teilzeitlehrertätigkeit ausfüllend genug waren, zusätzlich derart zeitraubenden – Fernsehen ist das technisch bedingt aufwendigste Genre – und nervtötenden, weil weitgehend geistlosen Aufgaben widmete.

»Ja, das wurde an mich rangetragen, und ich konnte nicht nein sagen, aus dem von dir genannten Grund«, sagt Koch am Telephon. »Andererseits meint meine Frau, ich hätte diese Aufträge mit großer Freude übernommen. Reim dir was zusammen, ich kann mich für keine Variante entscheiden.«

Eine winzige Reportage über einen rekordverdächtig schief-schrägen Fußballplatz in der oberfränkischen Abgeschiedenheit (*Frankenschau*, 23. September 1984) mag ihm unter dem Gesichtspunkt der Kuriosität durchaus Spaß gemacht haben, und ein vierminütiger, allerdings ausgesprochen vorsichtig gehaltener Hintergrundbericht über Anabolikamißbrauch und Beschaffungskriminalität im Bodybuildermilieu, in der »Szene der modernen Muskel- und Körperbildner« (*Frankenschau*, 24. März 1985), dürfte Kochs Bedürfnis entgegengekommen oder entsprungen sein, hinter die Kulissen zu schauen, wo und wann immer das geboten erscheint. Aber etliche notgedrungen ambitionslose Nachrichtenstücke zum Beispiel über Phototermine anläßlich der Vorstellung des jeweils neusten Club-Kaders sind lästige Belanglosigkeiten gewesen, medialer Abfall in dem Moment, in dem sie gesendet wurden.

Der letzte mir vorliegende Beitrag dieser Art stammt aus dem April 1987. Es spricht einiges dafür, daß Helmut Böttigers wenig später in der *Zeit* erschienener Essay ausschlaggebend dafür gewesen ist, daß Günther Koch danach solche mühseligen Handwerkeleien nicht mehr übernommen hat, weil er sie von nun an eben nicht länger übernehmen mußte.

»Den Stefan Reuter wollte ich als Aufsichtsrat [Koch war 2011 auf der Jahreshauptversammlung gewählt worden] ab 2013 immer mal wieder zum Club holen, als Sportdirektor neben Martin Bader oder als dessen Nachfolger, hatte aber Gegner, die gesagt haben: ›Der ist nicht gut genug für uns.‹ Lächerlich. Freilich ist der gut, den habe ich ja hier erlebt, als Jugendspieler und als Amateurspieler bei Hubert Müller, und ich habe einen Fernsehfilm über ihn gedreht, vor seinem ersten Länderspiel. Manfred Boos, der Leiter des Studios Franken, ein Gönner von mir, hatte mir den Auftrag erteilt. Ich war bei ihm zu Hause in Dinkelsbühl und habe die Eltern interviewt und hab' in Israel angerufen, vor seinem hoffentlich ersten Länderspiel, und mit dem Rainer Holzschuh geredet, der damals Pressesprecher des DFB war. Der sollte dem Franz sagen, daß ich einen Film drehe und daß der Stefan Reuter fei spielen soll, gell? Er hat aber net g'spielt. Er hat dann das nächste Länderspiel g'macht.«

Und zwar gegen Italien in Köln. Ausschnitte davon (Fernsehkommentator: Heribert Faßbender!) sind im Beitrag in der *Frankenschau* vom 26. April 1987 zu sehen. Kochs Lob aufs »solide Umfeld«, auf Reuters »steten Trainingsfleiß«, auf seinen »beharrlichen Willen zum Erfolg« und auf die frankentypische Bescheidenheit und Bodenständigkeit ist keineswegs aufgesetzt, folkloristisch. Man glaubt ihm das, und so was konnte man damals noch senden, ohne gleich als Tümler, als Reaktionär gebrandmarkt zu werden. Und anheimelnd dito: Am Valznerweiher trieben sich echtnürnbergerische Kiebitze herum.

Man sehe es mir nach: Mich beschleichen da Heimatgefühle (sekundäre indes nur, ich bin ja lediglich Teilzeitfranke).

Mein erstes Stadionerlebnis, während der Sommerferien bei den Großeltern, nach einem Besuch des Nürnberger Zoos, mit unserem Vater und einem meiner Brüder: am 20. August 1980 im Städtischen Stadion, beim 2:3 gegen den HSV, besiegelt durch ein Eigentor in der 84. Minute. Ich erinnere mich an diesen ersten Eindruck von einer neuen Welt bis heute. Und die Namen: Weyerich und Volkert und Magath und Kaltz.

Wir saßen auf der Haupttribüne. Ich nahm das Stadion als eine beglückend befremdende Weite wahr.

Günther Koch hatte keinen Dienst. Er weilte im Urlaub in England. (Es wäre auch zuviel der Koinzidenzen gewesen.)

Es ist nicht so, daß »der streitlustig-eitle Koch« (Rainer Moritz, 2006 in der *Welt*) nicht scharf aufs Fernsehen gewesen wäre. Er lügt sich diesbezüglich gerne ein bißchen in die eigene Tasche.

Er war bei TELE 5 (wann, will er mir nicht verraten, er weicht aus), Helmut Böttiger hat ihn damals wieder eingenordet. Er war beim Nachfolger DSF (wir berichteten), und im März 1989 wollte ihn Sat.1 fürs Europacupspiel Bremen – AC Mailand verpflichten. (Ein andermal sagt er, er habe sich bei Sat.1 beworben. Was stimmt?)

1989 kommt Sat.1 auf dich zu. Warum hast du abgesagt? Du hättest neunzig Minuten gehabt. Hattest du Manschetten?

Du mußt wissen, daß ich ein wahnsinnig anstrengendes Leben hatte: Verpflichtungen der Familie gegenüber, Verpflichtungen meiner Schule, meinen Schülern, meinen Referendaren gegenüber, Verpflichtungen dem Bayerischen Rundfunk gegenüber. 1989 war ich schon vorsichtiger und hab' mir gesagt: Wenn du das jetzt machst, ist das gefährlich, denn danach kommen die vom Fernsehen und wollen dich engagieren. Und das überfordert dich vielleicht. Das war ein Bauchgefühl. Ich habe dann weder zugesagt noch abgesagt. Es war nicht so, daß ich gleich nein gesagt habe, aber ich bin auch nicht gesprungen. Ich hab' gesagt: »Na ja, ich überleg's mir mal« – und so.

Ich halte das im nachhinein für die vollkommen richtige Entscheidung, aus natürlich ganz anderen Gründen, und Rudi Michel hat es ja statt dessen gemacht. Der war auch sicherlich der richtige Mann fürs Fernsehen.

Aber er hat sich da dann auch blamiert.

Ich kann mich grob daran erinnern, aber wir wollen ja kein Buch über Rudi Michel machen. Obwohl, zum Verhältnis zu Rudi Michel könntest du bei dieser Gelegenheit was sagen.

Nein, ich hatte keins. Der hat zum Hausmann immer gesagt: »Dieser Koch ist entweder ein genialer, alles überstrahlender Solist oder ein Wahnsinniger.« Dann haben sie mich mal ein Länderspiel oder eine längere Sache machen lassen. Danach hat der Rudi Michel zum Hausmann gesagt: »Das kann der ja auch.« Und der Hausmann sagte: »Der kann alles.« Aber Rudi Michel war auch einer, der mich nicht gerade gefördert hat. Ich war denen allen suspekt. Lehrer und Reporter, ja, hey. Einer vom WDR hat sogar mal irgendwem gesagt: »gescheiterter Lehrer«.

Apropos Länderspiele: Viele sind's nicht geworden, an A-Länderspielen als ARD-Reporter waren's gerade mal drei (und insgesamt, B-Team, Frauenfußballnationalmannschaft und Olympiaauswahl eingeschlossen, vielleicht acht). Und bei ganzen drei »echten« Einsätzen fällt doch eine gewisse Bulgarenballung auf. (Beim dritten, Deutschland – Finnland am 31. März 1999 in Nürnberg, saß ich auf der Tribüne. In der *taz* habe ich hinterher darüber geschrieben. Und ich stand ein paar Minuten neben Lothar Matthäus, während Günther Koch ihn nach dem Spiel interviewte. Matthäus kam mir vor wie der winzigste Mann der Welt.)

Kochs erstes: das Freundschaftsspiel Bundesrepublik Deutschland – Bulgarien am 17. April 1985 in Augsburg, zusammen mit Joachim Böttcher vom Hessischen Rundfunk (seine laut Buchführung 611. Reportage). Man hat anfänglich den Eindruck, als liege eine Last auf seinen Schultern, weil er unter Beweis stellen wolle, ein nüchterner, abgemessen parlierender Berichterstatter sein zu können, in der Tradition eines Rudi Michel oder nach dem Vorbild eines Rolf Kramer. Er spricht über die zweitausendjährige Geschichte der Stadt der Fugger und sieht aus »unserer beschaulichen Kabine«, daß »die Spieler beider Mannschaften ihre Trainingsjacken ausziehen«. Er mutmaßt, man könne »von Anfang an offensiv spielen, zumindest so versuchen, als ob es klappen könnte«, merkt an, »ein Bulgare hat das Beinchen stehenlassen«, und findet höchstens mal eine kleine aparte Formulierung: »Nun gut, denkt sich der Schiedsrichter, damit die Spieler rechtzeitig merken, daß ich hier bin, pfeift er.«

Das ist ein anderer Günther Koch. Zwar beschreibt er ausgesprochen präzise Körperbewegungen und Bewegungsabläufe, aber erst, als er später »erziehliche Maßnahmen«, die Franz Beckenbauer gegenüber Thomas Berthold verhängt hat, in Zweifel zieht, verläßt er vorsichtig den Pfad der Solidität und faßt etwas mehr Mut: »Und da trägt ja einer das Hemd über die Hose, das sollte er nicht tun, das kann in Bulgarien, so streng sind da die Sitten, bestraft werden.« – »Völler mi'm Spitzl!«

Nicht mit der Spitzhacke, doch mit der Klinge geht er vier Jahre später, am 22. März 1989, in Sofia auf die deutsche Mannschaft los:

> Danach haben sie mich, bis auf das eine Mal 1999, bei Länderspielen nimmer eing'setzt – weil ich einmal gesagt hatte: »Deutschland spielt hier in Sofia einen Stopfer.« Danach hat der Schuller scho' g'sagt: »Herr Koch, des war's jetzt wahrscheinlich.« Na, die Deutschen waren schlecht! Im *kicker* stand dann nur eine zahme Kritik: »DFB-Elf siegt glanzlos – Viel Arbeit für Franz.« Ich war eben der unangepaßte Nichtverkäufer. Und der bulgarische Fernsehtechniker hat mich auf die Fernsehleitung statt auf die Hörfunkleitung gesetzt, weil er gedacht hat: Älter und wichtiger schau' ich aus als der Wontorra. Der Wontorra war stocksauer. Und da war ich am Anfang vier, fünf Minuten im Fernsehen zu hören. Sag' ich: »Ich bin doch gar net Fernsehen!« – »Ja, reden Sie jetzt endlich, fangen Sie an!« Ja, hör mer auf! Da ham die natürlich hinterher erzählt: »Der Koch, der Depp, der hat sich …« Ja, des is' diese Geschichte. Aber da war ich schon nur noch gnadenmäßig drin, weil der Fritz Hausmann mich zu seinem Abschied noch einmal durchgesetzt hat, eine Art Dankeschön von ihm. Da hatten mich schon die anderen rausgedrängt, irgendwie. Die wollten auf junge Leute setzen und nicht auf freie Lehrer. »Ja, der Lehrer macht die Länderspiele! Ja, wo sin' mer denn?« Weißt scho'.

Es war ein Soloeinsatz, die zweite Hälfte übertrug Koch komplett. Auf der Kassette mit dem Mitschnitt ist notiert: »mindestens 19 sehr deutliche kritische Sätze bzw. Hinweise«.

Koch exzelliert. Er scherzt über den »Trainer h.c.« Franz Beckenbauer in seinem fünfzigsten Spiel und produziert aber vor allem eine bisweilen sehr komische Schimpfsuada:

> Halbzeit, 0:0. Das Ergebnis sagt eigentlich alles. Es war eine schwache Partie, zumal von der deutschen Fußballnationalmannschaft der Bundesrepublik, die immerhin einen guten Ruf und einen guten Namen auch und gerade hier auf dem Balkan zu verteidigen hat. [...] Vor allem interessant: Es gibt wieder etwa einhundertfünfzig Fußballanhänger aus der DDR, die weder Kosten noch Mühen gescheut haben hierherzukommen, zum Teil tagelang im Zug auch stehen mußten. Ein DDR-Fan erzählte uns, als jetzt grade die deutsche Mannschaft mit Pfiffen wieder begrüßt wurde, ein DDR-Fan erzählte uns zum Beispiel, daß er von Dresden bis Budapest insgesamt zwölf Stunden im Zug stehend verbringen mußte. So viel Treue und Anhänglichkeit muß man, *müßte* man mit mehr Einsatz, mehr Schwung und Linie im Spiel der deutschen Fußballmannschaft belohnen. Davon war nicht viel zu sehen. [...] Die deutsche Mannschaft scheint überhaupt nicht begriffen zu haben, daß das hier ein Fußballänderspiel ist! [...] Einige ältere bulgarische Zuschauer meinen, daß in dieser Mannschaft selbst Beckenbauer noch eine gute Rolle spielen würde. [...] Die einfachsten Dinge, sie klappen nicht. Als jetzt Brehme Doppelpaß spielen will, der Mailänder, der über Kaiserslautern und München den Weg als deutscher Exportartikel nach Italien angetreten hat: nicht in der Lage, einen Doppelpaß über zehn Meter zu spielen. [...] Und alles zerfahren! Keine einzige zusammenhängende Aktion der deutschen Mannschaft, [...] wenn man von der Anfangsphase, von einigen Angriffsversuchen absieht. Eine betrübliche Bilanz dieses Tests bisher. [...] Allzuviel Neuaufbau hat Beckenbauer in seiner Zeit meines Erachtens doch nicht gewagt. Und das, was die Mannschaft hier bietet [...], ist wirklich alles andere als erstklassig. Das muß man ganz deutlich immer wieder sagen. Toll, dieser Fehler der Deutschen! Und zwar von Buchwald gegen einen Bulgaren gespielt, der war so überrascht, und zwar ist das Ljuboslaw Penew, der Zweiundzwanzigjährige, daß ihm der Ball zu weit vom Fuß sprang. [...] Ich bin gespannt, wie Franz Beckenbauer diese bisher zumindest blamable Leistung seiner Mannschaft nachher rechtfertigen wird. [...] Die deutsche Fußballnationalmannschaft Anno '89 mit einer trüben Vorstellung, bisher jedenfalls. [...] Matthäus, was soll das?! Gegen Bulgarien müßte man nach vorne spielen können, auch wenn man in Sofia spielt. [...] Man

muß ganz deutlich sagen: Was soll daraus werden? Einige Spieler, die man seit Jahren kennt … Beckenbauer für meine Begriffe mit viel zuwenig Mut zum Risiko. Er hat in neunundvierzig Begegnungen bis heute einundsechzig Spieler eingesetzt, dabei auch einige Neulinge, das darf nicht verschwiegen werden. Aber wenn man die Alten, um's einmal so zu nennen, hier ansieht – die wahre Begeisterung können sie auch nicht hervorrufen, egal, ob man nun Matthäus, Völler, Berthold, Brehme oder wen auch immer nennen will. [Genau mit diesem Gerüst von Spielern, die erst Mitte bis Ende zwanzig sind, wird man ein gutes Jahr später Weltmeister.] Was heute hier gespielt wird, das wollte ich Ihnen jetzt in den letzten Szenen zum Beispiel gar nicht schildern, das war schon, auf gut deutsch g'sagt: Stopfer.

Zwischendrin merkt Koch, daß er auf allen herumklopft, und sucht bemüht nach positiven Aspekten oder gelungenen Einzelaktionen, und gegen Ende rudert er, gewisse Bedenken scheinen ihn zu beschleichen, ab und an doch ziemlich zurück, offenbar spürend, daß das Ärger geben könnte.

Und den gab's. Siehe oben.

2002 gegenüber der *Berliner Zeitung*: »Als Fußballreporter betrüge ich mich vielleicht bis zu einem gewissen Grad selbst, indem ich während der Fußballreportage meine, daß das große Geschäft mit dem Fußball nicht im Mittelpunkt steht. Ich sehe da keinen Widerspruch. Vielleicht ist es schon einer. Den verdränge ich dann einfach. Ganz konsequent gedacht ist es schon einer. Aber irgendwo muß man Kompromisse machen.«

Bei FCN – SC Freiburg am 25. September 1993 verbeugt sich Günther Koch (neuerlich) vor Andreas »The prince« Köpke, der als erster Club-Spieler seit Max Morlock 1961 zum Fußballer des Jahres gewählt wurde: »Deutschlands Bester, und zwar auch, was sein Auftreten außerhalb des Spielfeldes anbetrifft, und er wurde entsprechend geehrt, im Kasten der Nürnberger, Köppi wird er hier übrigens genannt von seinen Freunden und auch von den Mannschaftskameraden, Andreas Köpke, er, Kicker oder Fußballer des Jahres, ein ganz dickes Bravo an seine Adresse, er hält alles, auch in diesem Spiel, vor allem hält er alles, was er verspricht, und er verspricht immer nur das, was er halten kann.«

Koch verwendet in dieser flexiblen Dreierkonkurrenz mit den Spielen der bayerischen Mannschaften fabelhaft griffige Wörter wie »Konterstoß«, »Arbeitsbiene« und »Zerstörungsarbeit«, ein »sich verhupfender Ball« erregt sein Interesse, und ein Spieler »wurschtelt dazwischen«.

In *Neugier genügt – Redezeit* am 1. Mai 2020 auf WDR 5 zitiert der Moderator Kochs Satz »Der Ball sprang wie ein aufgeschrecktes Tier von der Innenseite des rechten Fußes am Torhüter vorbei ins Tor« und spricht ihn auf das von ihm einmal benutzte Wort »wutscheln« an: »Das habe ich ja vorher nie und danach auch nie wieder gesagt.« Er wisse selber nicht, was es bedeute.

In solchen Momenten rührt Günther Koch unbewußt an die onomatopoetische Schicht der Sprache. (»Wutscheln« ist übrigens schwäbisch für »unordentlich arbeiten«.)

Immer wieder wurde vermerkt, über welch stupenden »Riecher«, über welche Witterung Günther Koch verfügt (»Jetzt vielleicht die Möglichkeit zum 3:0. Achtung, jetzt knallt's gleich. Herr Nilsson, wie is' es? 3:0«; »Das kann das 3:1 werden. Tor! 3:1«). Die Torvorhersage, sagt er selber mal in Radio Alpenwelle, »ist das Größte. Das ist Radio, das kann einem keiner nehmen, das kann einem keiner nachmachen.« Unabdingbar dabei sei »die Erfahrung als Fußballspieler. [...] Das sind Momente, in denen man merkt, daß die Konzentration bei der Abwehr nachläßt, weil die über ein oder zwei Fehler nachdenken, die gerade passiert sind.«

Ein Beispiel – nebst Erweiterungen – sei hier noch gegeben, vom 26. Oktober 1996, TSV 1860 München gegen den MSV Duisburg (es war übrigens der Tag der Rückkehr von Olaf Bodden nach einer rätselhaften Krankheit, die ihn jedoch ein Jahr später wieder ans Bett fesselte; bis heute hat er nicht geheilt werden können).

Koch steigt in die Einblendung mit einem seiner umwerfenden Stakkatos ein:

Jetzt Freistoß für Duisburg. Dietmar Hirsch. Fünfundzwanzig Meter vor dem Tor, zum Elfmeterpunkt, Kopfball! An den Pfosten!! An den Pfosten!! Ouuu, da ham die Sechz'ger aber Glück g'hobt! Ein Pfostenkopfball vom Alfred Nijhuis. Ja, gibt's denn das?! Das wär' um ein Haar schon das 0:1 gewesen. Ja, da schau' mer ganz schö' schlampert aus. Und da muß ma' die Ellbogen hochkrempeln, nicht die Ellbogen, sondern die Ärmel. 0:0, noch, Rückruf ins Funkhaus.

Wenige Minuten später Moderator Christoph Deumling: »Was macht denn, Günther Koch, der Werner Lorant heute für einen Eindruck? Sitzt er, oder steht er auf der Tartanbahn?«

Noch sitzt er. Jetzt steht er. Jetzt kommt die Ecke. Vielleicht springt er dann. Zunächst springt der Borimirow! Nachschuß und Toor!! Tor, Tor!! Jetzt zieht er die Jacke aus! Jetzt zeigt er seinen blauen Trainingsanzug! Jetzt schmeißt er die Jacke auf den Boden! Die Sechz'ger! 1:0! 1:0 für die Sechz'ger nach dieser ersten Ecke! Und gut, daß ihr sofort rübergeschaltet habt bei *Heute im Stadion – Fußball pur.* Ich hab's doch gesagt: Jetzt kommt die Ecke. Und jetzt ist das Tooor da zum 1:0! […] Es steht 1:0 für den TSV 1860 München, und was beim Pelé auffällt, der spielt links, rechts, der macht öfters Fußwechsel, nicht daß Sie meinen, der wechselt die Füße, es sind immer dieselben, aber den Ball mal am linken, mal am rechten Fuß, das irritiert natürlich den Gegner, 1:0 für die Sechz'ger.

Nächster Abruf. Deumling: »Die Duisburger ham ja auch zumindest einen sehr auffälligen Spieler, den Bachirou Salou. Was spielt denn der heute für eine Rolle, Günther Koch?«

Der muß jetzt zuschau'n. Jetzt fällt nämlich vielleicht das 2:0. Freistoß für die Sechz'ger. Und jetzt schau' ich genau zu dem Spieler und nicht zum Trainer. Da kommt der Freistoß! Scharf! Und am Dreieck knaaapp vorbei! Raffiniiiiert gemacht! Mi'm linken Fuß von rechts, mit viiieel Schnitt, der Mann, der eigentlich über die linke Seite kommt, jahaaa, der Horst Heldt, mit Außenrist, und zwar in Richtung entferntes Dreieck, und dann zwitschelt der Ball am entfernten Dreieck vorbei. […] Aus dem 2:0 is' nix geworden, und jetzt schau' i, wo der Salou is'. Wo is' 'n der Salou? Haha! Der steht da vorn. Aber immer bei ihm, ganz dicht bei ihm, ist der Marco Walker. Der Salou ist natürlich geschmeidig, is' sehr gefährlich, und um ein Haar hätte er, wie gesagt, bei der einen Kopfballsituation nicht nur den Pfosten des Löwen-Tores, sondern ins Netz getroffen. Da hätte niemand eingreifen und auch niemand sich beschweren können.

Mit Verlaub, Euer Majestät, war das nicht der Nijhuis gewesen?

Um auch den Sechzigern in diesem Buch geringfügige Gerechtigkeit widerfahren zu lassen, sei etwa auf den Zusammenschnitt der Reportagen von den Münchner Derbys Nummer 185 und 186 auf *Wir hören Günther Koch!* hingewiesen (»Wieder die Sechz'ger mit Bodden!! Bodden im Sechzehner! Wird nicht gefoult von Matthäus, bleibt in Ballbesitz. Kommt von rechts nach innen! Bodden wird gefoult!! Strafstoß für Sechzig!!«; später legt – es war am 4. Mai 1997, Günther Koch hatte den Schallplattenverleger Gerhard Strunz und mich noch irgendwie ins ausverkaufte Olympiastadion gelotst – Bodden für Jörg Böhme auf, der mit einem sagenhaften Effetschuß das 3:2 erzielt).

Oder HSV – 60, 25. Oktober 1997: »Cerny von rechts mi'm linken Fuß! Schuß und?! *(Der Ton verzerrt, weil Koch dermaßen brüllt:)* Aaah, Toor!!! Schöner geht's nicht!!! Élber läßt grüßen!! Schöner – geht – das – nicht!!!«

Oder 60 – SC Freiburg, 11. November 1995: »Jeremies am Schiedsrichter vorbei zum Jens Dowe, Jens Dowe schön in die Mitte gespielt, und zwar zu Nowak, Nowak, schieß doch mal endlich! Hau drauf endlich! Schuß! *(Drei Sekunden Kulisse.)* Toor für Sechzig. Es wurde auch höchste Zeit, mein lieber Freund. Linke Täuschung, rechte Täuschung, linke Täuschung – und dann … Na, Sie ham's gehört, im Radio, in der ARD […]. Aber höchste Zeit is' 'wor'n!«

Élber läßt grüßen?

60 – VfB Stuttgart, 28. September 1996:

Der VfB kommt durch Poschner, Flanke nach innen, Élber!! Und Tooor!! Was für ein Tor!! Mein lieber Junge!! Der Élber läuft Richtung Eckfahne, kriegt einen scharfen Schuß, einen Schuß von Poschner, ans Bein, und mit Blickrichtung zum Eckfahnderl macht er mit dem Außenrist des rechten Fußes einen Treffer! Das müssen Sie sich ansehen, egal, auf welchem Sender, und egal, in welcher Zweit- oder Dritt- oder Viertverwertung! Neulich hat er ja hinterm Standbein mi'm rechten Fuß eine Flanke geschlagen, wenn Sie das zu Hause probier'n, da brechen Sie sich das Knie!

In den Bergen von Kassetten, die ich für dieses Buch abgetragen und -gehört habe, bin ich auf weitere Goldadern gestoßen, zum Beispiel 60 – FC St. Pauli, 30. März 2002, Schlußkonferenz: »Tja, 4:2 für die Glücklichen, für die Löwen, die heute weitgehend keine Löwen, sondern ganz schlappe Osterhasen waren. Pacult – genial, der Wechsel. Pacult, Peter Pacult, der Nachfolger von Lorant, er nahm Cerny, er nahm Bierofka raus, er brachte Max, und er machte die [drei] Tore. Er brachte natürlich auch noch Schroth, denn wenn er zwei rausnimmt, muß er ja auch, darf er sogar zwei reintun.«

Oder FC Schalke 04 – 60, 22. März 2003:

Tja, der Michael Hofmann wird sich Gedanken machen, jetzt ein Eigentor!! Geh rein!! Geh rein!! Er is' drin!! Danke, Ball!! Danke! Der Ball – spielt – verrückt! Der Ball rennt ins Tor! Und Rost war aus dem Tor geeilt. Er hätte noch hinterherlaufen können. Den hätt' er noch aufhalten können. Aber er hält ihn nicht auf. Und ein Schalker macht aus etwa sechzehn, siebzehn Metern, außen am Strafraum stehend, einen Rückpaß ins Tor zum 1:1. Die Löwen haben dieses Tor, nicht die Art und Weise, wie es entstanden is', aber dieses Tor zum 1:1 haben sie verdient. Und er muß einem natürlich leid tun, Marco van Hoogdalem. Aber der Spielstand, der ist gerecht.

Oder 60 – HSV, 16. Dezember 2000:

Jetz' is' scho' bißl a müder Fußball. Jetzt ist es also relativ langweilig. Jetzt wartet ma' erst mal ab. Vielleicht wird's dann in der zweiten Spielhälfte etwas besser. Sechzig immer noch spielbestimmend. Macht es schön über die linke, über die rechte Seite, mal Bierofka, mal is' es Häßler. Jetzt is' er wieder vorbei, könnte schön Doppelpaß spiel'n! Jetz' mach die Kiste!! Achtung!! Pfosten!!

Tor! Tor!! Tor! Der Ball is' zu Hause! [...] Das is' er, der Bierofka! Sei' Vatta war scho' a großer Sechz'ger! Das heißt, auch nur fünf Zentimeter größer als er, macht 1,74. Er hat sich durchgesetzt. Und da schaut er relativ belemmert aus, der Mathias Schober. Er kommt von links, wuuunderbares Doppelpaß-spiel mit Agostino! Erst mit rechts an den Pfosten geschaufelt, und dann springt er ihm ans Knie, was machst du mit dem Knie, lieber Hans? Ja, der Hans, der kann's. Und mit dem Knie kommt der Ball, vom Pfosten abgesandt, über die Linie. A Stolperer! Aber a Tor.

(Ebenda auch, kurz vor der Pause, diese famose Kleinigkeit: »Der Ball wird dann wahrscheinlich jetzt nach dem Abstoß in der Luft den Pfiff hör'n.«)

Oder 60 – FC Bayern München, 27. November 1999, das 190. Derby, Konferenz, die 85. Minute:

(Koch unterbricht hineinschreiend Rolf Rainer Gecks in Rostock:) Tor!! Tor für die Sechz'ger!! [...] Und da ist der Doppelpaß am Samstagnachmittag auf der Tribüne, der verbale, zwischen Lorant und Wildmoser, der ist perfekt. Es steht 1:0. Und zwar freut sich der gesperrte Trainer und der Präsident, weil der Riedl Burschi aus achtundzwanzig Meter [sic!] zwanzig volley halbhoch die Kiste macht. Und da schaut der Kahn, und da schau'n die Bayern, da war so gut wie nichts zu halten. Er dreht sich, er guckt, er schaut, läuft voll drauf, und da kommt der Zischerer ins Netz! Sechzig könnte 3:0 führ'n, jetzt führ'n sie immerhin 1:0.

Daraufhin der NDR-Reporter Alexander Bleick in Wolfsburg zu Beginn seiner Einblendung: »Tjaha, wir freu'n uns mit dem Günther Koch! Was ist ein Günther Koch, der ein 0:0 zu schildern hat? Nur 'n halber Günther Koch! So macht's doch richtig Spaß, wenn da was passiert!«

Die Sechziger hätten gegen die Bayern 6:0 führen müssen. Hansi Küpper sagte in einem Rückblick: »Das war kein Sieg, das war ein Ereignis« – der erste Triumph der Blauen über die Roten nach zweiundzwanzig Jahren.

»Ich hasse es, so künstlich objektiv zu sein«, bekennt Koch am 9. Mai 1996 in *Swutsch – Das LeuteJournal* auf N3.

Am 20. Oktober 1993 hatte ein Kollege von der Deutschen Welle, der immer an der ARD-Sportleiterkonferenz teilnahm, ein Fax rumgeschickt:

»Liebe Kolleginnen und Kollegen, da ich ein unverbesserlicher Optimist bin und an die Lernfähigkeit der Menschen glaube, erlaube ich mir vorzuschlagen, den Fußball-Barden Günther Koch bei einem der nächsten Spiele der Landesliga Mitte, etwa am 24.10. TSV Katzwang gegen Quelle Fürth, testen zu lassen, ob er bis zwanzig Minuten nach Spielende einen klassischen, sprich wertenden und die Fakten sachlich darstellenden 1:30-Kommentar zustande bringt. Wenn Herr Koch mal selbst seine diffusen Hervorbringungen kritisch unter die Lupe nimmt, dann läßt sich aus den Wünschen, die Bayern möchten aus der Kathedrale von Norwich vom Himmel den Segen fürs Rückspiel herabflehen, ebensowenig für eine Spielinterpretation herausholen wie die 1-4-3- oder 1-5-2-Zahlenmystik. Fazit: Gebt bitte dem Poeten Günther Koch noch eine Chance zum echten, sachlichen Kommentar.«

Zehn Jahre später, am 19. Januar 2003, sendet *Einblick*, das Medienmagazin des Bayerischen Rundfunks, ein aufwendig gestaltetes, an zahlreichen Orten gedrehtes TV-Porträt über den »fix-flexiblen Mann im Stadion«, über den »Meister«, in dem Franz Beckenbauer zu Protokoll gibt: »Ich kenn' also keinen, der kompetenter ist, der ehrlicher ist, der mitreißender ist. Also, er hat alles. Er ist eigentlich prädestiniert für diesen Beruf.«

Hat Günther Koch den »knackigen und doch wiederum liebevollen Kosenamen« *(Der Ball spricht)* »Cluberer« erfunden, wie immer wieder geschrieben wird?

Nein, sagt Koch in *Der Ball spricht*. 2018 klingt das mir gegenüber wieder etwas anders. Ein Redakteur vom BR habe ihn wegen der »Cluberer«, von denen er in einer Reportage gesprochen hatte, angerufen und gesagt: »Sie arroganter Sprachkünstler, können Sie's nicht mal seinlassen mit Ihren Wortschöpfungen? Was soll denn jetzt das?« Dem habe er erklärt: »Die reden hier halt so: Taxifahrer – Taxerer,

Postbote – Posterer. Ich dachte mir: Club – Cluberer, das ist doch normal.«

Prompt schränkt er ein: »Es kann aber auch sein, daß ich das beim Meisterspieler Heinz Kreißel gehört hab'. Der hat damals montags bei uns noch mitgekickt.« Und sofort die Kehrtwendung – samt neuerlicher Relativierung: »Aber ich bilde mir schon ein: Das war meine Erfindung. Aber ich bin nicht sicher. Is' ja wurscht. Kann man so stehenlassen.«

Nicht stehenlassen kann man, daß ihm, wie von Koch jahrelang behauptet, der Begriff »Cluberer« am Mikrophon erstmals am 12. September 1987 »rausgerutscht« ist, beim 2:2 gegen den HSV, nach einem Eigentor von Ditmar Jakobs in der 42. Minute: »Schwabl ist im Strafraum! Von links müßt' er flanken! Und Eigentor! Eigentooor von Jakobs! 1:0 für Nürnberg! Wenn's die Cluberer nicht schaffen, dann machen's die Hamburger für die Nürnberger!«

Das stellt er selber im Sommer 2020 beim Archivieren seiner Tonbänder fest: »Die ›Cluberer‹ hab' ich schon beim Pokalendspiel 1982 wie selbstverständlich eingeflochten! Also war alles bisher von mir diesbezüglich Gesagte, Geschriebene *falsch*!« Es müsse indes noch mal anders gewesen sein, denn »der Anruf des meckernden Redakteurs kam seinerzeit an einem Montag nach einem Samstag-Club-Heimspiel«.

Das mag so gewesen sein, führt jedoch auf die nächste falsche Fährte. Der früheste Beleg, den ich gefunden habe, stammt nämlich vom 19. Oktober 1980, vom Spiel um den Amateur-Länderpokal zwischen Bayern und Bremen in Amberg: »Heinold überläuft jetzt die Mittellinie in Linksaußenposition, wird nicht angegriffen, der Cluberer, nach innen gelegt für Schorsch Metzger, den ehemaligen Sechz'ger, dreiß'g Meter Torentfernung, schön auf Pflügler von Bayern rüber, jetzt! Meisel! Schuß! Tor! Das war Meisel!!«

Als ich 1996 mit der Idee für eine CD mit ausgewählten Reportagen daherkam – sie stammte, entsinne ich mich recht, von meinem Kumpel Gerd Fischer, er ist also in Haftung zu nehmen für vielerlei, was darauf folgte –, war Günther Koch zunächst äußerst skeptisch, er hielt sie für spinnert: »Ich habe gedacht: Die ganze Arbeit und der Schmarren, was soll denn das? Das ist doch albern, das ist doch vorbei. Ich war völlig dagegen, so, wie ich später auch gegen Gerhard Strunz' Projekt *Günther Koch Revisited – Voll in den Mann* war. Aber es ist teilweise grandios geworden, da zieht's dir die Schuhe aus.

Als es bei uns mit der Zusammenarbeit losging, habe ich schnell gedacht: Nee. Und dann war ich auch mal an einem Punkt, an dem ich nicht mehr wollte. Ich hab' geschrieen: ›Nein, i mog nimmer!‹«

Das kann ich bestätigen. Allerdings hat Günther dem aufs angenehmste langmütigen und akribisch zu Werke gehenden Cutter Helmut Hoffmann und mir während der mühseligen Stunden der Montagearbeit mehrmals den letzten Nerv geraubt. Seine Hibbeligkeit, die von einem Moment auf den anderen in aggressive Besserwisserei umschlug, hätte die Sache beinahe zum Scheitern gebracht. Helmut, ein Gruß und ein nochmaliger großer Dank an dich und dir an dieser Stelle!

Günther Koch kann nicht über acht, neun Stunden hinweg stillsitzen, konzentriert hören, zuhören, an dieser oder jener oder wieder dieser Stelle abwägen (sollen wir den Schnitt nicht doch dort setzen? Wäre der klangliche Kontrast dann nicht noch plastischer?), er kann sich schwerlich auf der Sache geschuldete kleinteilige Vorgänge einlassen, da fehlt diesem Ad-hoc-Sprechmonster der Sinn für die Mühen in der prosaischen Ebene der Komposition. Bei ihm ist alles: ein Wurf – oder nichts.

Er gibt's im nachhinein ja zu, auch das macht seine menschliche Größe aus.

Es war so. Aber es war die Angst vor der Arbeit und vor allem vor den Neidern. Ich hatte das Gefühl: Das könnte zuviel des Guten sein. Ich bin nämlich viel bescheidener, als die Menschen annehmen. Ja, ich wirke so, wie ich daherkomme: He, hoppla, jetzt komm' ich! Das ist mein Temperament, meine angeberisch wirkende Art, die unglaublich angeberisch wirkt. Des is' so, des kann ich net ändern. Und sonst hältst ja auch manches gar net aus.

Aber Fritz Hausmann hat mir mal Fernsehen angeboten: »Herr Koch, es gibt so viele Menschen, die nur Ihretwegen Radio hören. Wollen Sie nicht zum Fernsehen?« Da hab' ich g'sagt: »Nee.« Es gab also schon Momente, in denen ich begriffen habe: nein!

Ein führender Regisseur und Dramaturg von der Oper Dresden, der Autor Manfred Weiß, wollte wenige Jahre später unbedingt, mit großer Unterstützung der Kulturstiftung des DFB und von Nordrhein-Westfalen, einen neunzigminütigen Film über die Reporterlegenden Manfred Breuckmann und Günther Koch drehen. Ich hab' ihn gefragt: »Und wie sähe das aus?« – »Da fahren wir halt nach Barcelona und nach Schalke und nach München.« Sag' ich: »Naa! Das kann ich meiner Frau nicht antun, und das will ich auch nicht. Da flippe ich aus.«

Seine Energie bezieht er vom Rasen, von den Farben und Geräuschen und Klängen im Stadion, aus dem Naturtheater des Jetzt, er ist ein Übersetzer und Gestalter des Hic et nunc, er pinselt die Himmel und die Fahnenmeere, die er sieht, er ist kein Abzirkler und Ausmesser und Bedenker, jedweder Manier der Abstraktion gegenüber fremdelt er.

Günther Koch ist ein Vitalist, dessen Reaktor das unverständliche, das immerzu unverstandene Leben selbst ist, das es gleichwohl oder eben deshalb zu interpretieren gilt. Er verabscheut das (Rundfunk-)Studio, die kühle Abwägung im geschlossenen Raum, die kontingenzauslöschende Sammlung in der Klausur. Er braucht den freien Blick und die Luft zum Atmen, das Fluidum des Geschehenden, um sich unkonzentriert zu konzentrieren. Er ist ein bewegter Bewegender, ein sprudelnder Brunnen, der selber darüber entscheidet, welche Form die Fontäne annimmt und in welche Richtung sie weist. Das kann die falsche sein, und der Löwe rennt einer imaginierten Antilope hinterher, weil er seinem inneren Bild von ihr folgt, getragen von einem Tagtraum.

Die Bedingung der Möglichkeit des Scheiterns einer Schilderung schwingt allezeit mit, da sie mit der Bedingung der Möglichkeit ihres Gelingens zwingend Hand in Hand geht. Das ist der Grund, aus dem die Chance, Glück zu erfahren und zu vermitteln, erwächst: in der im Balanceakt des freien Redens sich zeigenden Lücke zwischen dem Wollen und dem Ungewissen. Der Philosoph Hans-Dieter Bahr hat das auf die Formel gebracht, daß im Wort »Glück« das Wort »Lücke« verborgen sei.

Günther Koch ist ein lebendes Paradoxon, und darin gleicht er den

Jazzmusikern und Rockgitarristen von Bedeutung, die, technisch hochbeschlagen und daher im Besitz aller Mittel der Kontrolle, in den Momenten, in denen sie etwas erschaffen, was nie zuvor gehört wurde, nicht wissen, was sie gerade tun.

Beide CDs waren, wie man zu sagen pflegt, Riesenerfolge, die Pressespiegel daumendick (*Spiegel*: »Symphonie der Tore, Steilpässe und Dribblings«). »Die Präsentation der ersten CD in der [Münchner] Muffathalle war mir auch ein bißchen peinlich, vor allem der damals aufgekommene Begriff ›Kultreporter‹. Ich wußte gar nicht, wie mir geschieht. Es gibt ja auch einen Bericht aus der *SZ* – daß ich ein bißchen zurückhaltend war.« – »Das war vielleicht auch angemessen: daß man's nicht übertreibt. Narzißmus schön und gut, aber man muß in bestimmten Situationen auch die Handbremse ziehen.« – »Ja. Und der Begriff ›Kult‹ tauchte eben tatsächlich im Zusammenhang der Vorstellung von *Wir rufen Günther Koch!* 1997 in der *SZ* erstmals auf: ›Kultreporter Günther Koch‹. Jetzt, ein Vierteljahrhundert Jahre danach, ist es jeder Klodeckel.«

Wenig mehr regt Günther Koch am aktuellen Fußball auf als der sogenannte Videobeweis. Man male sich heute Günther Koch in der Konferenz aus: »Tor! Tor! Tor! Tooor in Nürnberg! Halt, nein, Moment, liebe Hörer, liebe Hörerinnen! Ich sehe gerade: Der Schiedsrichter macht eine Geste! Eine Geste mit dem ausgestreckten Arm! Und das kann nur heißen: Wir warten jetzt erst einmal darauf, was der Keller in Köln sagt, ich sage nicht: der Jens Keller in Köln, des wär' a billiger Scherz, aber wir warten jetzt erst einmal, wir müssen warten, wir müssen darauf warten, was die nächsten vermutlich vier Minuten bringen werden, wir warten darauf, was die Damen und Herren in Köln, im Kölner Keller, in der Domstadt mit dem Segen des Paaapstes entscheiden werden, und ich muß die Zeit bis dahin ja rumbringen, liebe Hörerinnen und Hörer, und ich weiß gar nicht, was ich Ihnen derweil schildern soll, der Schriri telephoniert mit Köln, ja, das sehe ich, und die Spieler stehen etwas ratlos herum auf dem grünen Rasen und treten von einem Bein auf das andere, und der Schiedsrichter, der auch nicht weiß, was los ist, ob Tor, ob nicht Tor, der Schiri unterhält sich ganz offenbar mit Köln, er faßt immer wieder an sein Headset, mit der rechten Hand macht er eine Bewegung zum Kopf, das sehe ich, er scheint etwas zu hören, was wir nicht hören, irgend etwas muß er ja hören, und er spricht ja auch, er spricht für mich gewissermaßen ins Leere hinein, und Sie, liebe Hörerinnen und Hörer, müssen sich gedulden, Sie müssen sich gedulden wie der Reporter hier auf seinem Platz, war es Tor?, war es kein Tor?, es war ein Schuß, es war ein Tor, aber ob es ein Tor war, das weiß nur Köln, das weiß nur der Keller in Köln, ein Abseits habe ich nicht gesehen, aber der Keller in Köln, er soll ja unfehlbar sein, und ich schaue ins Rund, das hier ein Achteck ist, und ich weiß nicht, bitte, liebe Regie, sagt mir doch, ob ich zurückgeben soll, ich melde mich dann wieder, wenn in Köln eine Entscheidung oder Fehlentscheidung …«

Die angeblich unbestechliche Technik, das wissen wir aus der Philosophie der Technikgeschichte von Günther Anders und Adorno bis zu Jacques Ellul, war nie wertneutral, in sie, die Technik, sind seit jeher Interessen eingraviert, Machtinteressen.

»Die Videohelfer, beim Club schlafen die immer«, hieß es 2019 auf DAZN. Im selben Jahr platzte es aus Günther Koch in einer Mail heraus: »Neulich in Düsseldorf erfand und instrumentalisierte man erstmals diese kalibrierten Betrugslinien, um uns nach drei Minuten mit Kunstgriffen das Tor zum 0:1 (Ishak) abzuerkennen. Alles LUMPEN!«

Schon 1995, als diese »Digitalisierung«, die die Menschheit errettet, indem sie sie pulverisiert, praktisch noch niemand kannte (und seltsamerweise haben wir trotzdem gelebt und nicht gedarbt in Unwissenheit, Umnachtung, Verblendung), erschien bei Rough Beat Records die Maxi *G. Koch*, eine muntere Ska-Punk-Hommage der Band The Hinks an Günther Koch, an »unseren Traummann […], den Mann von *Heute im Stadion*«, in die Ausschnitte von zwei seiner unsterblichen Reportagen hineingebastelt sind: vom Triumph gegen die Bayern 1989 und vom Untergang des FCN 1994 in Dortmund (siehe im ersten Kapitel dieses Buches).

»Da habe ich diese Sätze gesagt, die immer wieder zitiert werden und die du bitte auch bringst. Die habe ich in diesem kleinen Erlanger Studio in einer Pause einfach vor mich hin gebabbelt. Das ist ganz wichtig. ›Ich glaube, es ist so wie mit einer unglücklichen und hoffnungslosen Liebe. Zwar macht das einen ein bißchen krank, aber wenn Krankheit je angenehm und erträglich war, ja sogar etwas Besonderes hatte, dann ist es die Club-Krankheit.‹ Das meinte ich damals wohl unbewußt. Die Jungs von The Hinks haben diese Sätze dann einfach, ohne mich noch mal zu fragen, auf ihre CD draufgemischt.«

Und die Sätze gehen so: »Ja, man kann krank sein, man kann gesund sein. Man kann gesund sein und sich krank fühlen. Man kann krank sein und sich gesund fühlen. Genau so is' des, wenn man Club-Fan ist. Man ist krank und doch gesund, man ist gesund und doch Club-Fan und damit krank.«

»Eine neue Stufe der Heldenverehrung« (SWR-Fernsehen: *Nachtkultur*) erklimmt – ohne sein Zutun – Günther Koch 2001 mit der Veröffentlichung der »absolut empfehlenswerten, amüsanten und zeitgeschichtlich hochinteressanten« *(spex)* Doppel-CD *Günther Koch Revisited – Voll in den Mann* (intermedium records). Jetzt ist für ihn, der »aufs popkulturelle Podest gehoben« (Bayern 2: *Kultur aktuell*, 7. März 2001) wird, alles zu spät, die Kulturredakteure in Print, TV und Radio überschlagen sich, und die Gremienhengste in der ARD machen den Deckel zu. Das war zuviel (ich vermute bloß, daß es so gewesen sein könnte). In Abwandlung eines Wortes von Bertolt Brecht: Den im Hellen hört man fürder nicht. Das Spotlight bei Welt- und Europameisterschaften hat auf diejenigen zu fallen, die sich im Apparat hochgedient haben. Wer zu gut ist, den bestraft die Anstalt.

Die bombastische »Ding, dang, dong«-Hymne von den Sparks (»Concerto In Koch Minor«; die Sparks haben das Stück hernach auch live gespielt – siehe »Wunderbar« auf YouTube, schlichtweg bewegend, schlichtweg wunderbar!), neunminütige meditative Dancefloor-Sample-Schichtungen, durchsiebt von Kochs Eruptionen (»Das ist nicht zu fassen! Da könnt' ma' ausflippen!«), der sehr coole und zugleich fickrige Techno-Rap »Günther Koch In A Rub-A-Dub-Style«, die Sprachzerfetzung und -schredderung mit dem durchgedrehten digitalen Wortfleischwolf »Raus aus dem Kopf« von Hans Platzgumer, neumoderner hörspielaffiner, reprisengesättigter Montagen-Loop-Irrwitz von FM Einheit von den Einstürzenden Neubauten (stimmig widersinnig altromantisch »Ein Bilderbuchtor« betitelt), Prosodieakrobatik, Drehregleraleatorik, Verzerrungsexzesse, Klangimplosionen, »Tooor!«-Kadenzen, die nicht enden, die an Peter Handke und Ror Wolf gemahnende, Kochs entkontextualisierte Sätze ins Metaphysische entführende und ihre semantische Tiefe ergründende, kühl lasziv vorgetragene Rezitationscollage »Poesie à la Koch« von Jennifer Minetti (in einem zweiten Track liest sie die Nachschilderung des Phantomtors als das, was sie ist: als fehlerfreie komplexe Prosa von antikischem Gewicht), der himmelschön hinfortstürmende, mit einer brustweitenden Bridge versehene Kracher »Es geht los!« von Michael Sailers Punkband Dead City Radio, die tanzbaren Klangzerlegereien von Funkstörung und Hans Nieswandt, Squadra Ragazzis swingendes Ausgehlied »Gelbe Karte, rote Karte« (in dem Hans-Peter Pull den Refrain beisteuert), Caspar Brötzmanns zittrig-wuchtiges Epos »Hexenkessel«, das sich in einem Grunge-Gitarrengewitter entlädt, die Narcotic Brothers in Trance (»Ich will das nicht mehr«), die frohgemuten Sportfreunde Stiller (»Das ist alles möglich«) – das ergibt ein heterogenes und dennoch kohärentes eineinhalbstündiges Hörbild über den Hörbildner Günther Koch, einen Soundtrack, der dem Soundtracker und »Beatman«, wie ich ihn in meinem Booklet-Text genannt habe, nicht gerecht wird, nein: der ihn auf kaum mehr übertreffliche Weise nobilitiert, der ihn als Kunstanreger auszeichnet, der aus der natürlichen Welt herübergeweht worden ist.

Das Konzept für dieses singuläre akustische Patchwork – von »vocal gymnastics« und einem bis dato unbekannten »Kochism« lobsang die englische Musikpresse – stammte von Gerhard Strunz, realisiert wurde es unter der Ägide von Herbert Kapfer, dem Chef der Hörspielabteilung des Bayerischen Rundfunks, der avanciertesten Redaktion für Radiokunst in Deutschland (Ursendung der Produktion als Serie auf Bayern2Radio von März bis April 2001).

In der Folge reiht sich eine Hörspielproduktion und Theateraufführung mit Günther Koch an die andere, seit den nuller Jahren ist die Kulturalisierung des Fußballs in vollem Lauf (damit hat es seit der endgültigen Entzauberung dieses hypertrophen Sportgeschäfts in jüngerer Zeit glücklicherweise ein Ende), und Koch, nunmehr eine Marke, die sich, geschmeichelt, von der Kunstgewerbeindustrie verwerten läßt, rennt mit. Gefragt wie nie, spielt er auf den Brettern im Grunde mehr oder weniger improvisierend einfach sich selbst: im Nürnberger Schauspielhaus im Singspiel *Sekretärinnen* und in *Die Räuber* (Mai 2006), im Stück *Soko São Paulo* bei der »Spielart« in München (November 2007), in der musikalisch-szenischen Revue *Die Abseitsfalle* auf der Freilichtbühne am Roten Tor in Augsburg (Sommer 2011), wo er einen »Reporter-Rap« aus der Kehle rotzt. »Da fällst du um! Das hat viel Spaß gemacht!« erzählt er der *Abendzeitung*, und ich bin ganz froh, Günther Kochs Reporter-Rap bis heute nicht gehört zu haben, denn mir behagt auch nicht, wenn Metallica mit einem Symphonieorchester auftreten. Schlüssig jedenfalls, daß Günther Koch gegen Ende dieser etwa zehn Jahre dauernden Phase der Vermengung des Fußballs mit allem und jedem Anfang Oktober 2013 die Veranstaltung »Sport trifft Klassik« in der Nürnberger Meistersingerhalle moderiert.

Ich neige dazu, in Fragen der Kunst auf die relative Autonomie und Reinheit der Genres zu achten. Fußball ist Fußball, Dichtung ist Dichtung, was nicht bedeutet, daß sich die Sphären nicht berühren und daß sie nicht interagieren dürfen, aber es möge nicht zu wohlfeilen Überblendungen oder Transfers führen. Das für die Postmoderne wegweisende Diktum des Kulturtheoretikers Leslie Fiedler – »Cross the border – close the gap« – zog halt schon ausnehmend unangenehme Vermanschungen und Beliebigkeiten nach sich.

Es ist daher enervierend genug, Zeitungsüberschriften wie »Viel Theaterblut bei Fritz-Walter-Wetter im Theater« *(Mittelbayerische Zeitung)* und »Schiller stürmt, Regie grätscht« *(FAZ)* zu lesen. Der Schuster bleibe bei seinen Leisten. Wenn ich einen Handwerker beauftrage, meinen Wasserhahn zu reparieren, muß er ihn dann nicht als Werk der erfinderischen Potenz des Menschen besingen, sondern er soll möglichst dafür sorgen, daß das erquickende Naß rasch wieder fließt.

2004 kommentiert Günther Koch in der Studioproduktion »Entscheidung unter Flutlicht« (*SMS – Short Music Stories – Musik für Ein-*

steiger, SWR 2) den ersten Satz von Beethovens Fünfter, nach einer Idee und dem Textbuch von Jochen Hubmacher (nachzuhören auf YouTube). Liveauftritte zum selben Thema folgen, mit dem Beethoven Orchester Bonn auf dem Münsterplatz in Bonn, zur Eröffnung der WM 2006, und 2013 und 2014 mit den Nürnberger Symphonikern.

Ein »amüsantes Spektakel«, urteilte der *General-Anzeiger* und konnte sich die Bemerkung nicht verkneifen, die Feuilletons warteten »nun auf die ersten Musikkritiken von Günter Netzer«. Und 2020 hielt der Moderator Achim Schmitz-Forte in einem langen Gespräch auf WDR 5 Koch zu Recht entgegen: »Das würde man heute als Comedy bezeichnen.« Denn der Witz punktgenau gesetzter Einwürfe des Reporters (»Schon geht's los, da wird gar nicht lange gefackelt! [...] Keine taktischen Spielereien von wegen kontrollierter Offensive«, »Bei dieser Musik, da brennt die Luft!«, »Der Hornist nimmt das Heft in die Hand«, »Heikle Situation für den Beethoven, er muß die Tonart wechseln, dazu gehört viel Fingerspitzengefühl«, »Jetzt verflacht die Musik ein bißchen, da wird Kleinklein gespielt«, »Das zweite Thema kann dem Druck des ersten nicht standhalten«) erschöpft sich so schnell wie der Brüller, der in der Comedy die Komik einer überraschenden Pointe ersetzt.

Günther Koch wirkt als Sportreporter an der Radioproduktion *Orlando furioso* (WDR 2004) mit und als »Idealbesetzung« in ebendieser Rolle (er dramatisiert die Regieanweisungen) an der Seite hochkarätiger Schauspieler (Gisela Trowe, Jens Wawrczeck, Christian Redl u. a.) in der Hörspielfassung von Moritz Rinkes Neuerzählung der Nibelungensage (*Die Nibelungen*, NDR 2003): »Meine Damen und Herren, wir werden hier gerade Zeugen eines unfaßbaren Schauspiels! Vor uns tut sich grade ein Feuerkreis auf! Und darin kann man, wenn ma' ganz genau hinschaut, eine schlaaafende Frau auf einem blauuuen Tuch erkennen! Und diesem Feuerkreis nähert sich jetzt ein Mann! Die Frau erhebt sich!!« – »Unfaßbar! Jetzt küßt Kriemhild Siegfried auf den Mund!« – »Hagen hat doch tatsächlich sein Schwert gezogen und mit einem Streich Etzels Sohn enthauptet!« Das kann man als »zeitgenössisches Format« *(Frankfurter Rundschau)* bezeichnen – oder als dem Geist der Sportifizierung der Welt geschuldete Anbiederung an das allgegenwärtige populäre Spiel.

Eine Ausnahme unter all diesen Aktivitäten ist die Sprachoper *Heimspiel – Für Karl Valentin und ein Fußballstadion* von Andreas Ammer (Text und Regie) und Sebastian Hess (Komposition), die mit Sepp Bierbichler als Valentin und Günther Koch, dem »promovierten Valentin-Experten« *(Süddeutsche Zeitung)*, als Stadionsprecher, Erzähler und manches mehr im Rahmen der Münchner Opern-Festspiele an einem von zwei geplanten Abenden im Juli 2004 im Stadion an der Grünwalder Straße aufgeführt wird, vor achthundert Notenständern auf dem Rasen, Großleinwand und Spruchbändern (»Adolf Kunstwadl«, »Semmelnknödeln«), mit aufwendiger Lichttechnik und einem kleinen Musikerensemble – ein avanciertes und mal melancholisches, mal überdrehtes Durcheinander von Originaltexten, Sprechtheater, Einspielern und Soundeffekten, in dem es ums Scheitern, um Vergeblichkeit, um Vereinsamung, um verblaßte Fußballmythen geht. Das war – nach der Huldigung *Voll in den Mann* – immerhin ein genuin künstlerisches Experiment, und Günther Koch ging als Einpeitscher mit einer ungeheuerlichen Kraftentfaltung rhetorisch in die vollen.

Vor der WM 2006, als der Markt mit Büchern und CDs zum Thema Fußball geflutet wird, liest Koch zusammen mit Jan Josef Liefers die Listen- und Kuriositätensammlung *Fußball Unser* ein – verzichtbar wie ein weiteres Magerjoghurt im bereits zusammenbrechenden Kühlregal. Seine zur gleichen Zeit aus dem Stegreif geschöpften Miniaturen für die herrlich formenreich-anarchistische, die Genres der Groteske und des Nonsens pflegende Kürzesthörstück- und -hörspielreihe *Wurfsendung* im Deutschlandradio Kultur sind jedoch wieder umwerfend – Parodien auf den schwergewichtig-lachhaften Fußballdiskurs und zugleich sprachliche und stimmliche Kapriolen übers Abseits, übers Tor (mit einem tenorverdächtigen Torschrei), über das Dreieck, das Spielfeld, den Beinschuß, den Fummler, den Kracher.

Ziemlich genau seit dem Erscheinen der zweiten CD *(Wir hören Günther Koch!)* wird Koch in etlichen Redaktionen des Bayerischen Rundfunks als Galionsfigur ge- und behandelt. Ab dem 16. Mai 1998 läuft exakt zehn Jahre lang seine samstägliche Vormittags-Livekolumne

»Wir rufen Günther Koch!« auf Bayern 3, in den nuller Jahren wirbt ein Fernsehwerbespot von B 5 mit dem Aushängeschild.

Dito 1998 wirbt ihn die BBC an. Bis 2020, bis zu einem Kommentar zum Wechsel von Timo Werner zu Chelsea, bleibt er den Briten treu.

In der nördlichen Abteilung des BR-Fernsehens, in einer Reportage in der *Frankenschau* vom 11. September 1988 über die Rückkehr der Cluberer nach dem gloriosen Spiel in Rom, wird Günther Koch weit früher auf Händen getragen: »Sport bedeutet dem Sechsundvierzigjährigen alles. Günther Koch – der Nachfolger des legendären Oskar Klose.« Und Fritz Hausmann sagt in diesem Film: »Günther Koch, das ist, wenn ich es einmal so ausdrücken darf, auf der Palette der Radiosportreporter eine ganz besondere, ausgefallene Farbe – ein Mann, der begeistern kann, der Emotionen erweckt, der mitreißt, einer, der sich in keine Schublade einordnen läßt. Man mag ihn, oder man mag ihn nicht.«

BR-Hörfunkdirektor Thomas Gruber dreizehn Jahre später in einem Gratulationsbrief zum sechzigsten Geburtstag: »Seit über fünfundzwanzig Jahren herrscht Ihre Stimme über die Spiele unserer bayerischen Fußballvereine. *Ran* hin, Premiere her: Die Hörfunkschaltkonferenz am Samstagnachmittag ist für Kenner der eigentliche Höhepunkt des Spieltags. Daß in unserer bilderbestimmten Welt die Fußballhörfunkreportage nach wie vor so viele Anhänger hat, ist vor allem Ihr Verdienst. Ihre Reportagen, die zu Recht als Kunstform bezeichnet werden, vermitteln jene Authentizität, wie sie nur dem Hörfunk innewohnt.«

Man kann auch mit Klaus Schamberger mutmaßen: »Vielleicht wäre das Frankenstadion ausverkauft, mindestens aber die Meistersingerhalle – würde Günther Koch morgen seinen sechzigsten Geburtstag einigermaßen öffentlich daheim in Nürnberg feiern. In ganz Deutschland hat sein Fanklub die Millionengrenze längst überschritten.« (*Abendzeitung*, 21. November 2011)

Günther Kochs Äußerungen zum Club lassen sich stapeln. Der Club »ist spannender als alles andere. […] Du kannst ihn nie verstehen, du mußt ihn fühlen.« (BR24-Sport: *Webshow zum Club-Pokaltriumph 2007 – Verlängerung*, 2. Mai 2020) »Die Leidenschaft und die Leidensfähigkeit sind bei keinem Publikum in Deutschland so groß wie gerade in Franken. [...] Es gibt keine Alternative. Es gibt nur den Club. [...] Jedes Spiel ist ein Endspiel. [...] Ich kann mich über den Club ärgern, ich kann mich über den Club aufregen, ich liebe ihn trotzdem. Ich kann mich über den Club freuen, und wenn der Club gewinnt, dann dreh' ich durch.« (Deutsche Welle, 2005) »Im Grunde ging es immer entweder um den Aufstieg oder um den Kampf gegen den Abstieg. Ich kann mich an genau vier Heimspiele erinnern, bei denen es in Nürnberg für den Club nicht um alles oder nichts ging.« *(Der Ball spricht)* »Den Club versteht kein Mensch.« – »Das Phänomen 1. FC Nürnberg läßt sich nicht erklären.« (Obdachlosenmagazin *Straßenkreuzer*, 1994) »Den Club, den trägt man immer in sich, der ist kein Verein, sondern ein Lebensgefühl. Der Club bestimmt in Nürnberg alles – der ist wichtiger als das Wetter.« Man bleibe dem Verein sogar in den finstersten Zeiten treu, »weil der Club authentisch ist. Wenn ich ein gemütlicher Genießer bin, dann kann ich den Bayern zuschauen. Der Club ist viel mehr wie das Leben. Es geht immer rauf und runter, und das macht ihn so sympathisch.« *(Süddeutsche Zeitung)* »Mia san nicht mia, sondern die Cluberer.« (*11 Freunde*, 2013) »Der Club ist unbegreiflich – nicht zu erklären und nicht totzukriegen. Der Club gibt mehr, bringt aber weniger. Der Club ist so schön und so aufregend und so anstrengend wie das Leben. Der Club ist nicht in Worte zu fassen und vor allem nix für Schwächlinge.« – »Der Club ist der größte unbestellte Fußballacker in ganz Deutschland.« – »Der Club [...] ist für mich in allen Belangen der bewegendste, aber auch beweglichste Fußballverein Deutschlands. Man weiß nie, was als nächstes passiert.« – »Wer kickt und tickt so einmalig wie der Club? Keiner! Wer spielt je nach Laune in der dritten, zweiten, ersten Liga oder gar in Europa – so wie der Club? Erst recht keiner. Wer ärgert sich und seine Fans so oft wie der Club? Schon gleich gar keiner. [...] Erfolge? Beim Club? Wozu? ›Wir sind der Club! Das reicht!‹« (*tz*, 3. August 2010)

Es ist eine geradezu somatische Liaison (»Lieben und leiden« betitelt Koch seinen Beitrag über sein Leben mit dem Club in der *Süddeut-*

schen Zeitung vom 26. April 2018), und deshalb ist Günther Koch die »Stimme, die wohl wie keine zweite nach dem Club klingt« (*Süddeutsche Zeitung*, 7. Juli 2020). »Günther Koch gehört zum FCN wie die Drei ins Weggla«, heißt es in einem Veranstaltungshinweis in den *Nürnberger Nachrichten* vom 23. April 2018. Er ist das »FCN-Gedächtnis«, schreibt *Bild* am 4. Mai 2020 zum hundertzwanzigjährigen Vereinsjubiläum. Und freilich ist er, das fehlte noch, »Frankens Spezialität Nummer drei nach Bratwurst und Lebkuchen« *(glüxmagazin)*. Kurzum: »Günther Koch und der Club – eine Schicksalsgemeinschaft.« (BR-Fernsehen: *Rundschau*, 9. März 2003)

Oder: »Ich persönlich muß sagen, daß das Club-Gefühl ohne einen Günther Koch praktisch undenkbar wäre.« (Mail eines Fanklubvorsitzenden aus dem April 2003) »Mehr FCN als bei Ihnen hat, glaube ich, gerade so einmal das Wappen des Vereins.« (Mail eines Anhängers aus dem Juli 2020)

»Er ist eine Nürnberger Legende, obwohl er nie für den Club gespielt hat« (*Bild*, 21. März 2020), und das hat selbstverständlich, um abermals schockweise Eulen nach Athen zu schleppen, mit seinen unvergeßlichen Reportagen geringfügig etwas zu tun.

> FCN – Borussia Mönchengladbach, 19. September 1987:
> Und ich höre grade, wir machen aus unserer Zweierkonferenz, aus dem Spiel Bayern – Bremen, Spielstand 1:0, Nürnberg – Gladbach, Spielstand 2:0, machen wir a Dreierkonferenz, und wir werden in wenigen Sekunden, wenn Eckstein das 3:0 gemacht hat ...!! Toooooaar!! Eckstein macht das 3:0! Solo an zwei Gladbachern vorbei! Und jetzt hör'n Sie mal den Jubel! Lilo, dreh auf! *(Er läßt die Stadionkulisse sagenhafte elf Sekunden lang stehen.)* Sie wollen wissen, wer Lilo ist? Das ist unsere Technikerin hier am Ü-Wagen. 3:0. Eckstein der Torschütze.

Nein, hingebungsvoller und zugleich kecker geht es nicht. Das Glück, das hier aufs neue mit den Ohren zu greifen ist, ist das Glück des mitspielenden Reporters, der sich in den Ball hineinversetzt. Günther Kochs Frau sagt, am glücklichsten sei er immer dann gewesen, wenn er

Fußball spielen konnte oder wenn er bei Fußballspielen als Reporter gewissermaßen mitspielte, mitspielte mit der Stimme und mit der Stimmung. Das könnte ein Hinweis auf die existentielle Dimension des Fußballs sein, auf die körperliche Vergewisserung darüber, daß der Mensch ein lebendiges und als solches ein ästhetisches Wesen ist, das in der leiblich-sprachlichen Entäußerung sein In-der-Welt-Sein *spürt.*

»Der Club ist so bieder wie seine Lieder«, drückt Günther Koch seine tiefe Zuneigung gegenüber dieser fußballhistorischen Merkwürdigkeit aus dem Zabo aus.

Im Hinterkopf dürfte er zumal den Schunkelsong »Ich bin a Glubberer« von Maximilian Kerner aus dem Jahr 1994 haben: »Ich bin a Glubberer, / Und ich wers immer bleim, / Ogmalt hab ich schwarz und rot mei Fensterscheibn. / Mei Nachbarn sochn, ich köra in a Therapie, / Und an jeds Münchner Auto bruns ma ar weng hi.«

»Die Club-Fans haben mich überzeugt, diese darbenden, leidenden Fans, die an diesem Verein so sehr hängen. Das ist schon beeindruckend. Und das hatte sicher auch mit meiner Liebe zu meinem Job als Radioreporter zu tun. Wahrscheinlich wäre ich Buxtehude-Fan geworden, hätte ich dort gearbeitet.«

1967, in seinem dritten Jahr in Nürnberg, geht Günther Koch am 31. Mai zum erstenmal ins hiesige Stadion, um die Bayern zu sehen: »Endspiel der Pokalsieger gegen Glasgow Rangers mit dem 1:0-Siegtor von Bulle Roth in der Nachspielzeit direkt vor meinem Block und einem an der Hand mit Ledermanschette spielenden Gerd Müller.«

Zu der nämlichen Zeit wettet er mit dem Hausmeister seiner Schule in Langwasser, Kurt Ihlenfeld, um hundert Mark (ein Batzen Geld!), daß der Club, damals erstmals abstiegsgefährdet, in der folgenden Saison nie und nimmer Meister werde. Wie das 1968 unter Trainer Max Merkel, der 1966 den TSV 1860 München zum Titel geführt hatte, ausging, ist bekannt.

Am 2. Dezember 1967 steht Koch mit seinem Freund Herbert Riehl-Heyse, dem »unerreichten *SZ*-Journalisten«, zum zweiten Mal im Städtischen Stadion, im 4er-Block, bei der in die Annalen eingegangenen 3:7-Klatsche, die der FCN mit Rolli Wabra im Tor und Leupold, Popp, Strehl, Brungs, Luggi Müller u.a. dem FC Bayern um Maier, Beckenbauer, Ohlhauser und Müller verpaßte. »Was war ich wütend auf den Club! Die haben die Rothosen richtig runtergemacht! Ich hab' mir gesagt: In dieses Stadion gehe ich nie mehr wieder! Und dann war zehn Jahre lang auch die Politik wichtiger als der Fußball.«

Elf Jahre später, am 2. Juni 1978, radelt er zum Städtischen Stadion, um das Hinspiel um den Aufstieg in die Bundesliga gegen Rot-Weiss Essen zu übertragen – »mein erster großer Auftrag [den ihm Heribert Lechner zugeschanzt hatte]. Ich war damals erst ein Jahr auf Sendung. Und richtig regelmäßig seit einem halben Jahr.« *(Der Ball spricht)*

Fritz Hausmann ruft ihn in der 79. Minute von Argentinien aus, wo die WM stattfindet, und Koch setzt ein:

> Sie können gar nicht besser kommen. Sie kommen genau in der richtigen Sekunde. Und raten Sie mal, was hier los ist. Es ist klar. Es ist ein Tor erzielt worden. Es ist klar, für wen dieses Tor erzielt wurde. Aber es ist erst das erste. 1:0 steht es in dieser Minute, da noch etwa dreizehn Minuten zu spielen sind, hier im Städtischen Stadion in Nürnberg. 55.000 Zuschauer wachen auf. Sie haben beinahe bereits geschlummert und geschlafen. Es kam der Ball hoch in den Strafraum, und zum erstenmal war Walitza mit dem Kopf zur Stelle, so daß er vollstrecken konnte. Es war ein Heber, und Torhüter Heinz Blasey stand, wenn ich das richtig gesehen habe, einen bis zwei Meter vor der Linie und konnte im Rückwärtsflug den Ball nicht mehr erreichen, schon wieder die Clube … Ohooo! Foulspiel. Oh, die Mannen von der Hafenstraße, sie wissen, sie müssen jetzt …

Wenn ich mich nicht verhört habe, wollte Günther Koch »Cluberer« sagen, wurde aber sozusagen vom Geschehen unterbrochen. Das wäre dann der nächste und ein noch früherer Beleg – oder immerhin Halbbeleg – in dieser schwergewichtigen Frage.

Bald ist Günther Koch »als Reporter und bekennender Fan eines Vereins nahezu ein Prototyp« (Arnd Zeigler), und er bekleidet, »bis ins Mark treuer Club-Fan« (*Süddeutsche Zeitung*, Oktober 1988), das informelle Amt eines Seelsorgers, eines Trösters und Hoffnungsspenders.

Der »Homer des 1. FCN« (Hubert Ivo) rührt mit seinen gänzlich neuartigen Reportagen viele Menschen an, und das rührt wiederum ihn. Im Interview mit der *Süddeutschen Zeitung* vom 7. Juli 2020 schaut er zurück: »Das wurde mein Herzensverein, ob ich wollte oder nicht. Ich habe mich anfangs immer noch gewehrt, aber man konnte ja gar nichts machen, die Leute waren so herzlich. Ich bin mit dem Rad durch die Kleingartenanlage neben dem Stadion gefahren, da haben die Leute gesagt: ›Danke für die schöne Ansage‹ – das ist fränkisch für Reportage. Und die Blumen und der Kuchen im Stadion, da wurde man so vertraut mit den Nürnbergern und dem Verein, ich war machtlos.« Noch heute freut er sich unverstellt über die »vielen lieben kleinen Anerkennungsgeschenke damals, wie Zigarren und Gedichte von Frau Elisabeth Knoll aus der Südstadt oder Briefe, Gartenerde und Kompost von Dieter Meier aus Gräfenberg und so weiter und so weiter«.

Das halbe Buch hier könnten wir mit Elogen, Oden, Hymnen füllen. Wir bedienen uns der Ästhetik der Werbung und begnügen uns mit einer Zitat-Performance:

»Fußball-Muezzin« *(Landshuter Zeitung)* / »Wort- und Intonationskünstler« *(de Bug)* / »Feuerwerk an Worten« *(Kölner Stadt-Anzeiger)* / »unnachahmliche, selten atemlose Rhythmik« (Spiegel Online) / »Rasenpoet« *(stern)* / »einer, der sich allen Kategorien entzieht« *(FAZ)* / »Godfather der Radiofußballreportage« *(Rock Hard)* / »Filigranformulierer« *(Traunsteiner Wochenblatt)* / »Wenn der Nürnberger Günther Koch aus dem Stadion anfeuert, jubelt, leidet, wird der Sport zum großen Drama und der grüne Rasen zur Bühne opernhaften Ausmaßes« *(Abendzeitung)* / »Vermuten darf man, daß er das kann und ist, was der Kollege Hansch immer nur angetäuscht hat: einer, der das Spiel nicht bloß liebt, sondern versteht – und die gesprochene Sprache beherrscht. Kein Zoten- und Quotenhanswurst ist er, dafür ein witziger, phantasiebegabter, innovativer Bursche« *(taz)* / »Günther Koch ist kein herkömmlicher Reporter, schon gar nicht ein Berichterstatter, am allerwenigsten ein Talking Head, Günther Koch ist ein Radiokünstler.

Er liebt die Sprache, mit ihr kann er gestalten wie kein zweiter« *(Der Tödliche Paß)* / »der König der Fußballkonferenzschaltung: Starreporter Günther Koch« (radiobremen: *3 nach 9*, Anmoderation von Amelie Fried) / »glühender Bildschöpfer« *(Tagesspiegel)* / »ungebremst, ungeheuer, unkontrolliert mitunter« *(Die Welt)* / »Günther Koch ist wie ein U-Bahn-Triebwagen. [...] Koch ist hinreißend mitreißend. Und das Tempo, mit welchem der Ball gedroschen wird, vermag keiner so umzusetzen wie er in seiner Übertragung« *(Süddeutsche Zeitung)* / »Günther Koch ist Leben, ein Wortgewitter, bei dem gelassene Naturen den Kopf einziehen« *(Bote vom Untermain)* / »Koch-Reportagen sind Sternstunden des Hörfunks« *(Lippische Landes-Zeitung)* / »der beste Fußballreporter seit Adam und Eva« (*Übersteiger*, St.-Pauli-Fanzine) / »Meister der Kicker-Kadenzen« *(Spiegel)* / »Sprach-Samba«, »Kunstform«, »Popstar« *(Süddeutsche Zeitung)* / »Begeisternd ist er, feinfühlig, aufrecht, authentisch, leidenschaftlich« *(Saarbrücker Zeitung)* / »Wir lieben den BR-Mann, weil er die Spieler wieder zum Leben erweckt« *(Münchner Merkur)* / »Bei Günther Kochs Reportagen möchte man [...] Buchstabe sein« *(Stuttgarter Zeitung)* / »unvergleichlicher Fußballfreestyle« *(Neue Szene Augsburg)* / »der beste Radioreporter, den Franken je hatte« *(plärrer)* / »Hörfunkikone« *(Spiegel)* / »der Erfinder der hörbar gemachten stummen Wut. [...] Fußballikone, Rundfunkguru« *(Abendzeitung)* / »Niemand kann so bezaubernd, so faszinierend, so einfühlsam und im anderen Moment so begeisternd und temperamentvoll die Situationen auf dem Rasen über den Äther bringen und schildern. Günther Koch ist einmalig« *(AutoRacing)* / er lasse »sein gesamtes komplexes Ich« einfließen, er sei »hemmungsloser Populist und subtiler Lyriker zugleich«, »losgelöst vom verlogenen Berufsethos, das auf Objektivität verpflichten will«, »er zelebriert den Augenblick und gebietet doch über ein Referenzsystem aus vielen Jahrzehnten Fußballkultur«, er sei der »Pavarotti der Stadionchöre« *(taz)* / »Bilderbuchtor-Rapper und Aperçu-Jongleur« *(musikexpress)* / »kaum zu bändigende Improvisations-Rasen-Poetry« (schallplattenmann.de) / »Evangelist, Blaskapelle und Stadionsprecher« *(Süddeutsche Zeitung)* / »Günther Koch ist der Papst. Eigentlich ist er ja Gott« *(Die Welt)* / »Unerreicht seine Kunst, den Fluß eines Spiels mit dem

Fluß seiner Sprache abzubilden« (Christian Eichler) / »Er ist so legendär wie das Wembley-Tor und Maradonas ›Hand Gottes‹, seine Fußballreportagen sind so filigran wie die Ballführung von Zinedine Zidane« *(TV 47)* / »das Kaliber eines Koch oder Hemingway« *(BJVreport).*

Hemingway? Des is' fei scho' Stuß.

Der schwarze Samstag vom 29. Mai 1999 hätte im Grunde ein eigenes Kapitel praktisch in Buchlänge verdient. Jeder, der halbwegs fußballaffin ist und den ich auf diesen Tag angesprochen habe, weiß bis ins letzte Detail, wo er gewesen ist, was er gemacht hat, welche Gefühle ihn überwältigt haben. Es ist wie mit dem 11. September, auch wenn dem einen oder anderen der Vergleich unstatthaft erscheinen mag. (Mein Vater bekam die Tragödie auf dem Pier 66 im Hafen von New York mit, einer seiner Freunde, der am Kurzwellenradio hing, wäre im Wortsinne fast zusammengebrochen.)

Über die Hintergründe des unmöglichsten Abstiegs in der Geschichte des Fußballs, des »dümmsten Abstiegs aller Zeiten« (Markus Othmer in einem Jahresrückblick im BR-Fernsehen), wurde sehr oft und sehr viel geschrieben, ich setze sie hier als bekannt voraus. Statt dessen kommen zwei der zahlreichen Zeitzeugen, die ich befragt habe, zu Wort.

Zunächst Marco Gottwalts, viele Jahre Mitglied des Eintracht-Frankfurt-Fanklubs EFC Kommando Anton Hübler:

Du warst am schwarzen Samstag im Waldstadion. Für euch war es ein goldener Samstag.

Ich kann mich ans Spiel sehr gut erinnern. Es hatte am 30. Spieltag ja so ausgesehen, daß die Eintracht abgestiegen war, weil sie das Heimspiel gegen den HSV nicht gewonnen hatte. Aber dann haben wir die nächsten drei Spiele gewonnen, insbesondere am 33. Spieltag auf Schalke, wo wir nach einem 0:2 zur Halbzeit noch 3:2 gewonnen haben. Und so gab es am letzten Spieltag natürlich die Option, durch einen Sieg tatsächlich noch drinzubleiben, wenn die anderen Spiele mitziehen.

Es waren ja noch fünf Mannschaften im Trubel drin. Es war die Eintracht, es war Freiburg, es war Nürnberg, es war Stuttgart, und es war Rostock. Und je nachdem, wie die Spiele ausgehen würden, konnte man zumindest noch hoffen, daß man drinbliebe. Deshalb war die Stimmung eigentlich gar nicht so schlecht.

Und dann ist das Unwahrscheinlichste eingetreten, was hätte eintreten können: daß die Nürnberger, die vor dem Anpfiff auf Platz 12 standen, absteigen.

Das war etwas, was niemand geglaubt hatte. Man glaubte eher, daß Rostock absteigt. Wir als Frankfurter dachten: Rostock verliert in Bochum, und dann sind wir drüber.

Wir haben allerdings im Laufe des Spiels überhaupt nicht mitbekommen, daß Rostock plötzlich in Bochum führte! Deswegen waren wir uns auch schon beim 3:1 und beim 4:1 so sicher, daß wir drinbleiben – bis uns nach dem Spiel irgend jemand erklärte: »Nee, nee, das war gar nicht so. Dieses 5:1 haben wir gebraucht, weil Rostock zwischenzeitlich mal in Bochum gewonnen hatte.« Wir waren völlig baff.

Interessant. Detlev Claussen erzählte mir, er habe im Stadion Radio gehört, und das hätten sehr, sehr viele getan, und als die Nürnberger doch das 1:2 geschossen hatten und klar war, daß die Eintracht noch ein Tor brauchte, habe sich das in Windeseile im ganzen Stadion verbreitet. Nun sagst du, ihr hättet überhaupt nichts mitgekriegt.

Und um uns rum gab es niemanden, der ein Radio dabeihatte. Ab und zu brüllten mal Leute irgendwas, aber bis zu uns drang nicht vor, was in Nürnberg oder sonstwo passierte. Wir waren auch viel zu aufgeregt, um tatsächlich was davon wahrzunehmen.

Wir dachten beim 3:1 und beim 4:1 alle: Das reicht. Daß das 5:1 das eine Tor war, das uns letztlich in der Liga hielt, das war uns in unserer Gruppe von zehn, fünfzehn Leuten überhaupt nicht klar.

Was hältst du denn von den emsig zirkulierenden Verschwörungstheorien, daß das Spiel verschoben worden war?

Dergleichen habe ich natürlich verschiedentlich gehört – schon mehrfach nach dem Spiel, aber auch Wochen, Monate, Jahre später. Ich halte es überhaupt nicht für unmöglich, daß es Schiebungen gibt und daß man gerade so ein Spiel verschieben kann. Ich würde um Gottes willen nicht behaupten, daß ich das nicht für möglich hielte. Nur: Ich halte insgesamt die Theorie für doch eher schwach. Einerseits gibt es aus meiner Sicht keinen Beweis dafür, zumindest ist mir keiner zu Ohren gekommen. Es gibt weder einen Zeugen- noch einen Urkundenbeweis. Und somit muß man sich – andererseits – über Indizien an diese Theorie heranbewegen. Und was das betrifft, gibt es meines Erachtens weit mehr Indizien dafür, daß es nicht so war, als dafür, daß es so war. Denn folgendes ist ja nun mal klar: Diese Theorie kommt aus der Sphäre des 1. FC Nürnberg und richtet sich gegen die Eintracht. Warum, das ist auch klar: weil die Eintracht die bestmögliche oder die knappestmögliche Rettung der Bundesligageschichte zu Lasten Nürnbergs hingekriegt hat. Nürnberg sagt: Das Spiel Frankfurt – Lautern war in irgendeiner Weise manipuliert. Allerdings ist es ja so, daß dieser knappestmögliche Ausgang nur in Kombination mit den Ergebnissen der anderen Spiele zu sehen ist. Das heißt, alle Mannschaften, die in Abstiegsnot waren, haben ihre Spiele gewonnen – außer Nürnberg. Nur Nürnberg hat verloren, und zwar im direkten Vergleich mit Freiburg, die ja auch noch gefährdet waren. Insofern könnte man natürlich auch sagen: Warum soll ausgerechnet dieses Eintracht-Spiel manipuliert gewesen sein? Alle anderen könnten ja auch manipuliert gewesen sein. Warum soll nicht das Rostock-Spiel in Bochum manipuliert gewesen sein? Warum soll nicht das Stuttgart-Spiel gegen Bremen manipuliert gewesen sein? Und warum soll nicht auch das Spiel Nürnberg gegen Freiburg manipuliert gewesen sein? Die einzige Variante ist die, daß Nürnberg an diesem letzten Spieltag genau das Spiel, das sie hätten gewinnen müssen, nicht gewonnen hat. Alle anderen, die in Not waren, haben gewonnen.

Insbesondere frage ich mich auch – wie gesagt, ich halte nichts für unmöglich –: Wer hätte wann wem sagen müssen: »Komm, wir verschieben das jetzt in irgendeine Richtung«? Zumal vor dem Hintergrund, daß ja gerade Kaiserslautern die einzige Mannschaft an diesem letzten Spieltag war, die tatsächlich auch noch was zu verlieren hatte, nämlich den Champions-League-Platz. Warum sollte sich ausgerechnet Kaiserslautern von Frankfurt schmieren lassen, mit einem Betrag, der sich nicht mit einem Verlust hätte aufwiegen lassen, den Kaiserslautern dadurch erleidet, daß sie nicht an der Champions League teilnehmen?

Unterm Strich würde ich sagen, daß viel mehr Indizien dafür sprechen, daß gerade das Spiel Frankfurt – Kaiserslautern nicht geschmiert war, als daß Indizien für eine Schiebung sprechen. Du kennst mich, ich neige nicht dazu, irgend etwas schönzureden, aber ich habe keine Situation gesehen, die nennenswert manipulativ zugunsten der Eintracht gewesen beziehungsweise gepfiffen worden wäre. Und das 5:1 fiel ja nun auch innerhalb der regulären Spielzeit!

Der Günther sagt in der berühmten Konferenz, man wisse ja, wer wo wie gespielt habe und wer wann und wie und wo verloren habe. Er hegt bis heute den Verdacht, daß es da nicht mit rechten Dingen zugegangen sein könnte.
Mit welchen nicht rechten Dingen soll es in diesem Moment zugegangen sein? Wie hätte das in dieser Situation, in dieser wahnsinnigen Aufgeregtheit stattfinden sollen? Und der Verlauf des Spiels war ja auch einer, den wir aus vielen anderen Spielen kennen. Die Eintracht ging in das Spiel sehr ambitioniert, sehr stark. In der ersten Halbzeit hat Lautern den Frankfurter Druck relativ weit vom Tor weggehalten, das funktionierte. Und in der zweiten Halbzeit war es so, daß sich Chen Yang, unser Heinz Schenk aus Peking, wie wir ihn nannten, auf der rechten Seite mörderhart durchtankte und am Ende das Ding kurz oben so in den Winkel hämmerte, daß der Torwart von Kaiserslautern aber nicht mal »Papp!« sagen konnte.
Und dann begab es sich ja so, daß Lautern auch noch den Ausgleich machte, mit einem Elfmeter. Da war die Stimmung erst mal wieder extrem müde. Und dann fiel so ein dummes Zufallstor von Sobotzik zum 2:1, und dann war es so, wie es manchmal halt in Stadien ist: Dann macht es bum! Und dann geht die eine Mannschaft steil, und die andere weiß mal kurz nicht, wo sie ist. Und dann fielen zwei Mördertore, die normalerweise nicht fallen würden. Der Gebhardt holt ein Volleyding aus der Luft und hämmert das in den Winkel! So ein Tor kannst du nicht provozieren! Und dann ein Mörderspielzug über den weißen Brasilianer Ansgar Brinkmann, mit Bernd Schneider zum 4:1! Das war ein sensationelles Tor! So ein Tor schießt du nur, wenn du einen extremen Lauf hast. Und danach wußte Kaiserslautern mehr oder weniger, daß sie rausgefallen sind und nur Fünfter werden. Und dann fällt halt auch noch so ein Tor wie das von Fjørtoft – ob man das nun Übersteiger nennt oder Überstolperer oder Überläufer. Auf jeden Fall hat er irgendwie den Torwart stehengelassen und das Ding reingehauen.
Für den objektiven Betrachter war das ein Spielverlauf, wie er unter glücklichen Umständen hin und wieder vorkommt. Und am Ende muß der objektive Betrachter sagen: Nürnberg ist abgestiegen, weil sie im letzten entscheidenden Spiel einfach keine Leistung abgeliefert haben. Die waren einfach katastrophal schlecht und hatten zum Schluß noch das übliche Pech, daß der Golz das Ding nicht reinläßt.
Aber noch mal: Das ist nur im Zusammenhang mit den anderen Spielen zu se-

hen. Wie kann es sein, daß Stuttgart so locker gewinnt? Und wie kann es sein, daß Rostock ein Spiel, das sie eigentlich schon verloren haben, doch noch gewinnt? Da ist auch Potential drin!

Als zweiter Thomas Blattner – er ist »durch und durch Cluberer« und wohnt »auf heiligem Boden, im Zabo«, ging mit Marc Oechler, dem »Ö«, in die Schule und besitzt 1.600 Club-Schals, alle Stadionzeitschriften seit 1992 und viele Devotionalien mehr:

Sie waren am 29. Mai 1999 im Stadion. Sie hatten vorher vom Präsidenten Michael A. Roth ein Schreiben bekommen. Was stand denn drin?
Das Schreiben kam vom Fanshop, unterschrieben hatte es der Herr Roth. »Liebe Cluberer, es geht weiter. Wir haben unsere erste Saison in der Bundesliga mit Erfolg hinter uns gebracht – das Ergebnis von harter Arbeit und Ihrer Unterstützung.« Das kam im Mai '99. Das genaue Datum steht nicht drauf, aber das Schreiben kam definitiv vor dem 29.5.
Haben Sie sich gewundert, wie der Verein ein solches Schreiben rausgeben konnte, obwohl klar war, daß der Club noch absteigen kann?
Ja. Wir sind vor dem Spiel sogar in der Fansprechstunde gesessen und haben den Herrn Roth darauf angesprochen, wie überheblich es ist, so ein Schreiben schon jetzt rauszuschicken, obwohl es rechnerisch nicht unmöglich ist, noch abzusteigen. Das hat er dann sehr schnell abgetan, an den Wortlaut kann ich mich nicht mehr erinnern. Ich kann mich nur an diesen furchtbaren Tag erinnern. Ich gehe seit '74 ins Stadion. Und das war ein furchtbarer Tag.
Haben Sie im Stadion mitbekommen, daß das den Bach runtergeht? Hatten Sie ein Radio dabei?
Nein. Aber es war so ein ungutes Gefühl. Dieses 1:2, das lag uns schon im Dings … Und erst, als das Spiel zu Ende war, hat man langsam mitgekriegt, daß in Frankfurt noch gespielt wird und daß das ganz komisch ausgeht.
Die Spieler haben ja auch nichts mitgekriegt.
Nee. Freiburgs Torwart Richard Golz hat mal gesagt, wenn er das gewußt hätte, hätte er den Ball vom Baumann reingelassen. Und ich behaupte heute noch: Dann hätte Frankfurt aber 6:1 gewonnen, und Freiburg wäre wegen des Torverhältnisses abgestiegen.

Bei allen Verdachtsmomenten, daß das Spiel in Frankfurt verschoben gewesen sein könnte, ich formuliere es bewußt etwas vorsichtig …
Also, es kam mir schon so vor. Was mich halt nach wie vor wundert: Kaiserslautern hat mit dieser Niederlage die Teilnahme an der Champions-League-Qualifikation verspielt. So, wie der Lauterer Torwart Reinke da an den einen Ball rangeht, wo er den Kopf wegtut, wo der Ball neben seinem Kopf einschlägt … Der wenn den Kopf bloß da läßt, wo er ist, kriegt er ihn zwar in die Fresse, aber das Ding geht nicht rein. Es hat einen ganz komischen Nachgeschmack, dieses komische Frankfurt-Spiel. Man kann es nicht nachweisen, aber für mich ist es so, weil so viele Tore erst sehr spät fielen.
Das ist unbestritten. Aber ich würde auch gern auf das Bochum-Spiel zu sprechen kommen, denn da gewinnt gleichfalls plötzlich Hansa Rostock in den letzten Minuten mit 3:2, nachdem sie 1:2 zurückgelegen hatten. Darüber denkt man zu selten nach. Auch da könnte was gemacht worden sein.
Ja. Aber an das Spiel denke ich gar nicht. So oder so, wenn du vor den letzten drei Spielen neun Punkte Vorsprung und das beste Torverhältnis von den Mannschaften da hinten hast und trotzdem absteigst, dann ist das natürlich übel.
Die hätten in Bochum und in Frankfurt nach allen Regeln der Kunst verschieben können, der Club hätte nur unentschieden spielen müssen.
Ein Spiel, ein Unentschieden, und das Thema wäre komplett vom Tisch gewesen! Ich sag's noch mal: Hätten wir gegen Freiburg unentschieden gespielt, hätte meiner Meinung nach Frankfurt noch ein Tor geschossen, und es wäre 6:1 ausgegangen.

Nun, Eintracht Frankfurt gewann »verdächtig hoch – und punktgenau – mit 5:1«, heißt es in der *Club-Chronik*, möglicherweise bringen tiefergehende Forschungen irgendwann Licht ins Dunkel.

Es waren auf Grund der surrealen Konstellationswechsel, der irren Hin- und Herrechnerei und der unbegreiflichen Dramatik gewiß die im doppelten Wortsinne umwerfendsten zwanzig Schlußminuten der deutschen Radiogeschichte. Die wahnwitzigste aller Konferenzen ist, stark komprimiert auf neun Minuten, auf YouTube nachzuhören, verschriftlicht wurde die komplette zweite Hälfte für das Buch *Tooor … in Deutschland!*, und sämtliche Einblendungen von oder mit ihm hat

Günther Koch in *Der Ball spricht* dokumentiert (und mit Kommentaren versehen).

Christian Eichler schreibt in seinem Wälzer *90 oder: Die ganze Geschichte des Fußballs in neunzig Spielen* (München 2017): »Mit dem letzten Ton der unvergeßlichen Schaltkonferenz endeten die dramaturgisch dichtesten drei Tage des deutschen Klubfußballs.« (Wir erinnern uns, 26. Mai, Barcelona …)

Die Reporter Manni Breuckmann (in Bochum), Dirk Schmitt (in Frankfurt) und Günther Koch wurden mit dem ARD-Preis Viktoria und im Folgejahr mit dem Herbert-Zimmermann-Preis geehrt. Selten waren Auszeichnungen so gerechtfertigt.

Ja, »Radio, Radio, Radio, das schnellste Medium der Welt!« sagt Koch um die 75. Minute herum – aber ins kollektive Gedächtnis eingegraben haben sich Kochs High-speed-Spielschilderungen und seine Mahnungen und Warnungen (schon in der ersten Hälfte und unmittelbar nach Wiederanpfiff), seine »Kassandrarufe« (Eichler) und seine mal noch mühsam gezügelten, mal unkontrollierten, *so* im Rundfunk vorher nie gehörten Wut- und Verzweiflungsausbrüche:

> Freiburg führt mit 1:0! Allmächt! (15.59 Uhr) – Ein Punkt wäre überlebenswichtig für die Herren des 1. Fußball-Clubs Nürnberg. […] Das kann ganz, ganz bitter enden. (16.04 Uhr) – Der Club in der Abwehr orientierungslos. Leichtfertig verspielt er möglicherweise den Klassenerhalt. (16.13 Uhr, es steht 0:2) – Das könnte die schlimmste Stunde des Club werden, aber der hat diesbezüglich reichlich Erfahrung. (16.32 Uhr) – Möglicherweise gehen sie wieder am letzten Spieltag unter, wenn Frankfurt noch zwei Treffer erzielen sollte. (16.36 Uhr) – *(Entrüstet:)* In der Pause schlürfte man Sekt, und man offerierte Eisbombe. Hat man keine Ahnung, daß der Club möglicherweise wieder in den Abgrund stürzt!? […] Der Club ohne Saft, ohne Kraft! Und im Moment sieht es nicht so aus, als ob er überhaupt begriffe, worum es hier geht! Es geht möglicherweise abermals in den Keller! In den tiefen, tiefen Keller. Aber noch scheint die Sonne über dem Frankenstadion. Doch die ersten graublau-dunklen Wolken zieh'n sich schon zusammen hier über dem weiten Rund am Großen Dutzendteich. (16.42 Uhr) – Harmlos, gelähmt, unsicher, nervös, mit wackligen Knien, der FC Wackelknie, der FC Nürnberg, die Cluberer. Ja, was ist denn?!! Wo

denn?!! Da muß man doch kämpfen, wenn es gegen den Abstieg geht!! (16.46 Uhr) – Wo bleibt denn der Charakter, liebe Jungs, liebe Cluberer?!! Kämpfen! Nix da! [...] Also, das ist die Hölle! Das ist absolut unglaublich! (16.54 Uhr; Trainer Friedel Rausch hatte angeordnet, daß die Zwischenstände von den anderen Plätzen in den letzten zwanzig Minuten nicht mehr auf der Anzeigetafel eingeblendet werden.) – Nichts zu sehen von den Cluberer [sic!]!! Wo bleibt eure Ehre?!! Was habt ihr eurem treuen Publikum zu bieten?!! [...] Die Pfiffe sind die korrekte Quittung für das lasche Angehen der Nürnberger! (17.04 Uhr) – Nur noch zehn Zentimeter, bestenfalls, steht der Club vorm Abgrund! (17.09 Uhr) – Im Moment, das ist 17 Uhr und 11, ist der Club nach '79, nach '84, nach '94 und nach '99 fast abgestiegen! [...] Der Club taumelt!! Der Club hängt am Abgrund!! (17.11. Uhr) – *(Zunächst aus dem Hintergrund, mit sich überschlagender, irgendwohin wegkippender Stimme:)* Tor in Nürnberg!!!! Tor!!!! Tor!!!! Tor in Nürnberg!!!! Ich pack' das nicht!!!! Ich halt' das nicht mehr aus!!!! Ich will das nicht mehr seh'n!!!! Aber sie ham ein Tor gemacht!! Ich glaub' es nicht, aber der Ball ist drin!! Ich weiß nicht, wie!! Kopfball von Nikl!! Die Leute ham's gehört, daß Frankfurt vorne liegt, daß Rostock vorne liegt! Jetzt liegt der Ball im Netz!! Nur noch 1:2!! Ich halt' das nicht mehr aus! Nein, es tut mir leid! (17.13 Uhr) – Hallo, hier ist Nürnberg! Wir melden uns vom Abgrund! Nürnberg 1:2! So, wie Bayern wegen des linken Torpfostens in Nou Camp in Barcelona verloren hat, steigt der Club ab [...] wegen des linken Torpfostens vor der Nordkurve! Nikl drosch den Ball an den Pfosten! Er war nicht zu erreichen! Torhüter Golz flog durch die Luft! Der Ball klatscht vom Pfosten zurück und ging nicht ins Tor, sondern vor die, die Füße von Frank Baumann! Frank Baumann bringt dann aus sechs Metern den Ball nicht im Tor unter! [...] Ade, liebe Freunde! Es ist nicht zu fassen, was der Club seinen Fans, was er seinen Anhängern und was er seinem treuen Publikum zumutet, die noch gar nicht mal ahnen, was in Frankfurt bei der Mannschaft von Otto Rehhagel, die mit einem sensationellen Ergebnis am letzten Spieltag aufwartet, alles bietet! Der Club verliert mit 1:2, und – er – hat wenig Haltung bewiesen! Erst in der Schlußminute, in den Schlußminuten hat er gekämpft! Liebe Cluberer, es tut mir leid: Das – mußte – nicht – sein!! Das – mußte nicht sein!! (17.17 Uhr)

Manni Breuckmann ist als nächster dran, und er sagt als erstes: »Und,

Günther, du tust mir auch leid. Erlaube mir dieses persönliche Wort an der Stelle.« Einen solchen Moment ehrlicher Einfühlsamkeit unter Kollegen hat es wohl zuvor im Radio auch noch nicht gegeben.

Nachdem Günther Koch am 29. Mai des Jahres 1999 abgekabelt war und das Stadion verlassen hatte, setzte er sich in sein Auto auf dem für ihn reservierten Parkplatz und heulte.

Man muß eben bloß lange genug suchen. Kurz vor dem Abschluß dieses Buchs findet Günther Koch in seinem dezent sortierten Archiv drei Blätter, Kopien aus einer Veröffentlichung in der Reihe *Fränkische Forschungen – Arbeiten zur Sprachgeographie und zur Volkskunde, besonders der Rhein- und Ostfränkischen Gebiete.*

Es ist die Schrift *Die Sportsprache von Nürnberg und Fürth – Eine volkssprachliche Untersuchung* von Olga Eckardt, 1937 erschienen im Verlag von Palm & Enke in Erlangen.

Auf Seite 49 steht der Eintrag, versehen mit der Bemerkung »nur in der gesprochenen Sportsprache gebraucht«: »Cluberer (Clubärä): Mitglieder des 1. F. C. N.«

DIE LIEBE ZUM GIMPEL

Elfter Juli 2020. »Der Club am Abgrund, wieder einmal«, zitierte die ZDF-Reporterin Claudia Neumann, die einem sonst mehr als neunzig Minuten lang wegen ihrer hemmungslos zermalmten Formulierungen erneut den letzten Nerv raubte, Günther Koch, und nach Fabian Schleuseners Tor zum – aus der Sicht des Club – 1:3 erwies sie ihm noch einmal die Reverenz: »Das ist nicht zu fassen!«

Es wäre – am Elften des Monats – der elfte Abstieg gewesen, und es wäre – diesmal – das Ende des Vereins gewesen. Ein junger FCN-Fan, der im Bistro neben mir saß, meinte vor dem Treffer in der 96. Minute (*kicker*: ein »Mix aus Verzweiflung, Wille und Zufall, von der Entstehung bis zum Abschluß«) angesichts des unbeschreiblich unbeholfenen, demütigenden Auftritts seiner Mannschaft in der zweiten Hälfte in einer Mischung aus tiefer Ermattung und an sich selbst erstickender Wut: »Alle entlassen. Alles weg.« Und ich mußte ständig an Günther Kochs Worte vom Mai 1996 denken, als Joe-Max Moore einen Elfmeter verschoß und damit der Abstieg in die dritte Liga besiegelt war:

> Ach, wär' das schön, wenn das jetzt einen Elfmeter gäbe, den der Club auch verwandeln kann. Und zwar im Strafraum Handspiel von der Nummero 6 bei einem Schuß von Wiesinger. Es gibt Strafstoß. Also, liebe Freunde, er is' ja noch nicht verlor'n. *(Kurze Pause.)* Ach Gott. Also, Strafstoß wenige Minuten vor dem Ende. Joe-Max Moore, der Ami, mit einer hervorragenden Partie, bei Handspiel, und zwar Handspiel von Holger Behnert, und Sie sind mit dabei, drücken Sie die Daumen, dem Traditionsverein, dem 1. FC Nürnberg, vielleicht kann er's ja noch umbiegen. [...] Sieben Mi-, sechs Minuten vor dem Ende, Joe-Max Moore gegen Maik Wilde. Wenn er den nicht reinbringt, is' alles vorbei. Sie wer'n's hör'n. Ich bleib' ganz ruhig, jetzt kommt der Schuß – – *(Entsetz-*

tes Aufschreien der Fans. Die Kulisse bleibt drei Sekunden stehen.) Es ist nicht zu fassen. Zwei Meter über das Tor. Das ist das Ende. Liebe Freunde. Rückruf ins Funkhaus.

Am 13. Juli 2020 hätte man die *Nürnberger Nachrichten* in *1. FC Nürnberg* umbenennen müssen. Titel, Seite zwei, Seite drei, Sportteil – Club, Club, Club. Überschriften: »In letzter Sekunde«, »51 Jahre Drama«, »90. + 6« und so weiter. In der Tat: In seiner einhundertzwanzigjährigen Geschichte hatte der Ruhmreiche zum erstenmal Glück gehabt, ein unermeßliches Glück, das in Worte zu fassen derart schwerfiel, daß zwei Tage danach um so mehr derselben über die Zeitungsseiten geschüttet wurden.

Der 1. FC Nürnberg wird wie vermutlich kein anderer Fußballverein hierzulande mit mythenbildenden Momenten und Geschehnissen assoziiert, und er tat auch in der jüngsten Vergangenheit alles dafür, diese hochgradig konnotierte, bedeutungsreiche Geschichte fortzuspinnen. Denn im Hinspiel der Relegation 2020 traf Fabian Nürnberger zum erstenmal für den Club – und zwar gleich doppelt, und einen Ball setzte er noch dazu an den Pfosten –, im Rückspiel netzte Schleusener zum erstenmal ein, der zu allem Überfluß – über den Umweg dreier Ausleihen – vom SC Freiburg gekommen war, dem immerzu siegreichen Widersacher in zwei (oder drei) Abstiegskämpfen (1994, 1999, eingeschränkt 2014, man denke an die Fehde zwischen Christian Streich und Gertjan Verbeek). Zwei Fabians (in Erich Kästners Roman *Fabian* ist der Protagonist ein profunder Pessimist) und zwei bis dato – mehr oder weniger – Ausfälle beziehungsweise Ergänzungsspieler retteten Nürnberg also den Arsch. So was vermerkt der Cluberer in seinem inneren Buch der unendlichen Merkwürdigkeiten, Wendungen und Kuriositäten, die die Historie dieses Vereins umranken oder gar bestimmen.

Schleusener, schrieben die *Nürnberger Nachrichten*, habe »das schönste Tor aller Zeiten« geschossen und Jan Kristiansens Siegtreffer zum 3:2 im DFB-Pokalfinale vom 26. Mai 2007 auf Rang zwei verdrängt.

Es wird ja ständig von den Fans als vom Herz des Fußballs gesprochen. Auf glubbforum.de machten sie sich Luft: »Dreck! So was erleiden zu müssen ist unwürdig!« – »Wenn jetzt nicht sofort – SOFORT – das Aufräumen beginnt, drehe ich durch!« – »Absolut entsetzlich, wie diese Mannschaft in der zweiten Halbzeit die Zukunft des FCN aufs Spiel gesetzt, ja geradezu weggeworfen hat.« – »Eine Sekunde vor der Vereinsauflösung. Eine Sekunde!« – »Die beschissenste Negativspirale der Bundesligahistorie.« – »Clubesk in Reinform.« – »Surreal.« – »Ich kann und will nicht mehr. So eine Scheiße!!« – »›Was tut dieser Verein seinen Anhängern an?‹ Günther Koch im Mai 1999. [...] Für mich war das zuviel. Es is' was kaputtgegangen, massiv kaputtgegangen. [...] Man ist gezwungen, Distanz aufzubauen, des is' ja irre sonst.« – »Was eine beschissene Haßliebe.«

Gleichwohl, »die Liebe zum Club« (Hans Böller) war nach diesem »schrecklichen Fußballjahr« (Fadi Keblawi), nach dieser Angst- und Ärgersaison voller Fiaskos und Havarien, nach dieser »desaströsen Saison« (Thomas Grethlein), nach dieser »Horrorsaison« (BR), nach dieser »Scheißsaison« (Michael Wiesinger; »so eine Saison darf es einfach nie mehr geben«) bei nicht wenigen erkaltet. Auf glubbforum.de dominierten Ausdrücke wie »ausmisten«, »erbärmlich«, »peinlich«, »Versager«, »Penner«, »Deppenhaufen«, »Antifußballertruppe«, »Scheißhaustruppe« und so weiter. Ein herausgegriffenes Fazit darf verallgemeinert werden: »Alles in allem das kränkste und gefühlszerfickendste Erlebnis, das ich mit diesem Verein erlebte.«

Bezeichnenderweise machten die Redakteure der *Nürnberger Nachrichten* am Montag danach einmal mehr einen großen Bogen um den Namen Günther Koch. Nicht, daß sie verpflichtet wären, Koch zu erwähnen, wir leben ja (noch) in einem (halbwegs) freien Land. Aber seit ich an diesem Buch sitze und deshalb die *Nürnberger Nachrichten* recht intensiv studiere, fällt mir dieses stur durchgehaltene Schema auf, als beschmutzten die unbeugsamen Hüter der Wahrheit ihr Berufsethos, nähmen sie Kochs Namen in den Mund oder schrieben ihn gar in einen ihrer Artikel hinein.

Hätte man am 11. Juli 2020 einen Wunsch freigehabt, es wäre der Wunsch gewesen, daß Günther Koch das Spiel fürs Radio übertragen hätte. Und wer an den Konnex FCN und Abgrund denkt (und das hatten Hans Böller und seine *NN*-Kollegen in allen möglichen Varianten explizit getan), kommt um Koch nicht herum.

Sebastian Fischer von der *Süddeutschen Zeitung* sah das genauso und begann seine Reportage, seinen ausführlichen Spielbericht (»Einmal kein Depp«) wie folgt: »Die Stimme, die man wie keine zweite mit dem 1. FC Nürnberg verbindet, war auch diesmal zu hören. ›Hier ist Nürnberg, wir melden uns vom Abgrund‹, hat Günther Koch als Radioreporter gesagt, als er 1999 den fünften von neun Abstiegen aus der Bundesliga kommentierte, und man sollte sich an die Bilder von damals noch einmal erinnern, um die Bilder vom Samstag zu verstehen. Frank Baumann, inzwischen abgrunderprobter Manager von Werder Bremen, damals Nürnberger Defensivspieler, hatte am letzten Spieltag in der vorletzten Minute gegen den SC Freiburg noch die Chance zum Tor, das den Abstieg verhindert hätte. Doch aus kürzester Distanz brachte er den Ball nicht im Tor unter. Der Club hat kein Glück, das ist spätestens seitdem für die Menschen, die mit ihm leiden, eine scheinbar unumstößliche Wahrheit.«

Wie hieß es ein paar Minuten nach dem Abpfiff in den Foren? »Ich habe in meinem ganzen Fußballeben so etwas noch nicht erlebt!!! Vierzig Jahre (außer DFB-Pokal) nur Rückschläge, um sich dieses TOR für HEUTE aufzuheben!!!« – »1999 andersrum. Leck mich am Arsch. Ich kann nicht mehr.« – »Wie Titanic, nur ohne Untergang.« – »Was ein Bayern-Dusel.« – »Der glückliche Depp.« (glubbforum.de) – »The Frankendusel is born.« (transfermarkt.tv)

Sebastian Fischer fuhr einfühlsam fort: »Koch, 78, gehört seit 2011 zum Nürnberger Aufsichtsrat, und deshalb hörte man seine Stimme auch am Samstag […]. Man hörte sie jedenfalls in der Nähe der Nürnberger Bank, auf der Tribüne im Unterrang darüber saßen die Funktionäre. Und als sie im Jubel über ein schwer begreifbares Spiel allesamt die Fassung verloren, sagte Koch: ›Danke, Ball.‹ Als hätte der Fußball höchstpersönlich beschlossen, Nürnberg diesmal zu verzeihen.«

»›Das war lebensnotwendig, wir wären tot gewesen‹, atmete Aufsichtsrat und Kultreporter Günther Koch auf«, stand im *kicker*. *Bild* zitierte ihn: »Ich will so etwas nie mehr erleben. Ich muß mir jetzt echt

Sorgen machen um mein Herz und den Verein. Dieses Tor war lebenswichtig.«

Ich wußte ziemlich sicher, wie Günther an diesem Abend in Ingolstadt zumute war. »Fußball als existentielle Erfahrung« notierte ich mir vor dem Bistro. Nach dem Abpfiff wartete ich eine gute halbe Stunde, bis ich ihn anrief. Am Telephon eine erstickende Stimme. Günther weinte zum Herzzerreißen, würgte »Laß mich in Ruhe« heraus und legte auf.

Am nächsten Tag erzählte er mir: »Ich hab' schon alles erlebt, dachte ich. Nach den drei Toren war ich lethargisch. Ich hatte mit dem FCN und mit dem Fußball abgeschlossen. Ich hab' an andere Dinge gedacht, an meine Frau, an meine Kinder. Und dann fiel das Tor. Barcelona '99 war ein Dreck dagegen. Und dann war ich am Ende und hab' geheult wie ein kleines Kind, zum erstenmal in meinem Leben *im* Stadion. Und meine Aufsichtsratskollegen Thomas Grethlein und Stefan Müller und Johannes Bisping haben sich liebevoll um mich gekümmert.«

Im Frühjahr 2018 sitzen wir im Garten in Nürnberg-Langwasser. Ich spreche den Skandal rund um den Schiedsrichter Robert Hoyzer an, in dessen Zuge 2005 ein ungeheuerlicher Wettbetrug offengelegt worden war, zu dem sich Günther Koch in allen möglichen Fernsehsendungen geäußert hatte:

Mich hat nichts überrascht. Auch heutzutage, wenn Skandale aufgedeckt werden, ist es so, daß eine andere Form von Überraschung bei mir das Entsetzen überwiegt. Ich rechne mit solchen Geschichten. Es überrascht mich, daß sie publik gemacht werden, weil ich zu wissen glaube, daß die Hälfte verschwiegen wird. Ich frage mich immer: Warum kommt ausgerechnet das an die Öffentlichkeit, wer hat daran ein Interesse? Wer hat da geplaudert oder gezahlt? Als der Club-Schatzmeister Ingo Böbel 1993 ins Gefängnis mußte, hat nur die *Sport Bild* Vermutungen darüber angestellt, daß er womöglich Schweigegeld kriegt und dafür ins Gefängnis geht, weil er so dumm war und die schwarze Kasse angelegt und geführt hat. Und wer war Präsident?

Schmelzer. Du hast vorhin während der Führung durchs FCN-Museum gesagt, daß es mit verschobenen Spielen, Korruption, miesen Deals im Profifußball seit der Jahrtausendwende noch schlimmer geworden sei. Ist das eine Vermutung, oder hast du dafür Belege?

Ich habe Augen im Kopf. Ich hab' auch in der Schule gemerkt, wenn ein Schüler Probleme hat oder gelogen hat, und wenn auf dem Fußballplatz gelogen wird, sehe ich das. Beweisen kann ich gar nix.

Du hast gesagt: Man kann aus bestimmten Positionen nicht am Tor vorbeischießen.

Man kann immer, aber das ist auch nicht jedem gegeben.

Du siehst an solchen Situationen: Da stimmt was nicht. Nehmen wir Frank Baumann.

Der hat nicht absichtlich schlecht geschossen. Dafür lege ich meine Hand ins Feuer. Der war von der Situation überfordert und wollte das Tor machen. Nein, nein. Aber es gibt Leute, die sehr gekonnt am Tor vorbeischießen können. Es ist aber auch in der untersten Liga so. Jeder meiner Leser oder Hörer möge sich bitte mal in seinem Bezirk die Ergebnisse in der untersten Liga am letzten Spieltag ansehen: 0:12, 0:8, 4:0, 7:0. Da geht es um Frauen, um Bier und um Essen. Es ist so. Es ist so! Vor allem bei Nachbarschaftsduellen. Es weiß keiner, was wirklich gespielt wird. Die Bundesliga, die zweite Liga, aber auch die Bezirksklasse und die C-Klasse beginnen erst an den letzten vier Spieltagen. Davor wird dafür gesorgt, daß es spannend bleibt. Das ist: Geschäft. Und damit sind alle einverstanden. Das Geschäft beherrscht alles.

Mein ehemaliger Schüler Christian Klug, ganz wichtig!, hat lauter Einserexamina gemacht und ist in Spardorf bei Erlangen begeisterter Lehrer und Leiter einer Radiogruppe. Und – Achtung! – ich hab' gegenüber 90elf, als ich dort eingestiegen bin, zur Bedingung gemacht, daß sie den und Martin Funk von der *Bild*-Zeitung einstellen. Die wurden auch alle eingestellt und sind gute Reporter.

Christian Klug ist führend bei uns im Fanradio. Er ist da der Beste und immer dran, aber er ist vor allem bei Amazon.de. Amazon.de, das sind die Nachfolger von Sport1-Radio [sport1.fm hatte 2013 90elf die Rechte abgeluchst und bis 2017 gesendet], und da ist die halbe 90elf-Mannschaft drin. Und da hat der, hör zu!, vor drei Tagen [am 12. Mai 2018] das Spiel Wolfsburg gegen Köln aus dem Stadion in Wolfsburg übertragen, den Abstiegsknüller, bei dem ja zwei Kölner bestochen waren von VW – Jojić und der Meré. Ich kann's nicht beweisen. Die haben im *kicker* die Noten 5 und 5,5 bekommen. Auch Terodde hat aus aussichtsreichster Position drübergeköpft – des wär' dir gar nicht gelungen, da drüberzuköpfen –, so daß der Kommentator im Fernsehen sagte: »Die macht er sonst blind.« Die waren bestochen, sonst hätte Köln gewonnen [Wolfsburg gewann 4:1]. Und nach dem Spiel, Jürgen, sagt der Torhüter Horn, und das kann man nachweisen, in der ARD-*Sportschau* im Interview: »Einige unserer Spieler haben heute Arbeitsverweigerung betrieben. Und wenn nicht alle mitmachen, kann man nicht gewinnen.«

Parallel dazu: Betrug und Schiebung und was halt alles nicht sauber läuft. Es ist mehr als merkwürdig. VW hat halt mehr Autos und mehr Macht. Die Kölner kriegen jetzt zwei, drei Autos hingestellt, einfach so zur Probe, kostet nix, mit denen können sie zehn Jahre fahren, fragt keiner. Sag' ich einfach so. Und die Wolfsburger sind plötzlich gelaufen, wie sie noch nie gelaufen sind. Sonderprämie 50.000. Gut, das sind 600.000. Juckt aber doch VW nicht, wenn sie dafür auf dem Relegationsplatz bleiben.

Du weißt: Vor drei Jahren war der KSC so gut wie sicher in der Bundesliga, gegen den HSV, und dann haben die in der Nachspielzeit dem HSV einen Freistoß aus Mittelstürmerposition gegeben [eine Fehlentscheidung nach einem angeblichen Handspiel eines Spielers vom KSC]. Jetzt kann man natürlich sagen: »Ja, den muß man erst mal verwandeln!« Aber jeder wußte, die haben einen. In jeder Mannschaft sind ein oder zwei drin, die aus günstiger Freistoßposition den Ball ins Dreieck heben, das können die halt. Und das hat der Díaz gemacht, und damit war Hamburg in der Verlängerung.

Soviel zum vergangenen Wochenende [zum letzten Bundesligaspieltag der Saison 2017/18]. Und wenn der Torhüter Horn von Köln es wagt, so was über seine eigenen Kollegen zu sagen, ungestraft und ohne hinterher verprügelt zu werden, dann ... Ich hab' mir die Noten rausgesucht, es war ein Serbe, und es war ein Spanier. Ah. Aaah. Jetzt müßten wir verfolgen, wo die beiden nächstes Jahr spielen! Und das werd' ich tun – ob die wechseln. [Meré blieb in Köln; Jojić, der noch einen Vertrag bis 2019 hatte, wechselte tatsächlich am 10. Juli 2018 zu Istanbul Başakşehir.]

Dann fällt mir natürlich unweigerlich die 2001er Meisterschaft der Bayern ein. Das war dann doch auch Beschiß.

Es war eindeutig Beschiß. Das ist kein Rückpaß zum Torhüter gewesen, ja? Dieser indirekte Freistoß war, wie soll ich sagen, an den Haaren herbeigezogen. Merk, ne? Schiedsrichter Merk. Und der hat uns in Wattenscheid '91 [am 15. Juni] den Klassenerhalt gerettet. Denn er hätte das Spiel abbrechen können, weil Jörg Dittwar nackt war – zwei, drei andere Spieler waren's auch, in der 90. oder 88. Minute, bei 1:0-Führung in Wattenscheid – und die Club-Fans schon alle am Spielfeldrand standen. Das Spiel hätte abgebrochen werden können, und dann wär's verloren gewesen, und wir wären abgestiegen. Er hat ganz ruhig reagiert, bis die alle weg waren, und hat das dann zu Ende gebracht.

Ja, der gibt da aan indirekten Freistoß. Das ist übrigens 2001 die Reportage, in der ich Sechzig vorwerfe, daß sie betrügen. Und diese Schieber haben betrogen! Ihr Präsident Karl-Heinz Wildmoser hatte während der Saison gesagt, München brauche keine drei Vereine in der Bundesliga. Die wollten, daß Unterhaching absteigt, die parallel auf Schalke zweimal in Führung gegangen sind. Die ham den Martin Max draußen gelassen, ihren besten Stürmer, und ham für Cottbus das 0:1 aufgelegt, und das seh' ich. Und am Schluß hab' ich ... Aber das hat sich versendet, denn von 2001 haben die Leute nur noch diesen Schluß im Kopf, wo ich dann Manni Breuckmann rufe: »Manni, wie geht's dir?«

Was sich da versendet hat, ist aber unbedingt der Überlieferung wert. In dem Band *Tooor ... in Deutschland!* sind Kochs Wutausbrüche dokumentiert:

Das ist, mit Verlaub gesagt, eine sportliche Unverschämtheit, was die angeblichen Löwen hier in den ersten fünfundvierzig Minuten gegen Cottbus geliefert haben. Votava wild, als Knievirtuose mit dem Ball tändelnd, fünf Meter vor dem Tor, Miriută schnappt sich den Ball, Rückpaß auf Labak. 1:0 für Cottbus. Ich würde den Löwen den Urlaub verkürzen. Sie sollten Platzpflegearbeit in Unterhaching tun, wenn sie jetzt nicht besser loslegen. – Was sind das für saftlose, für lasche Löwen, die ihren Namen in keiner Weise verdienen. – Weiß-blauer Himmel hier in München über dem Olympiastadion, aber noch dominiert dort unten auf dem grünen Rasen die tapfer kämpfende Mannschaft in Rot von FC Energie Cottbus gegen die Weiß-Blauen, die bisher nach wie vor zuwenig bieten. Und es geht für Sportler ... *(Zwischenruf von Alexander Bleick.)* ... eigentlich immer um alles. Ein Tor? *(Kurze Einblendung mit Bleick.)* Ja, ich wollte sagen: Für Sportler, für Fußballer geht es eigentlich immer um alles. Das an die Adresse von Sechzig. – *(Manni Breuckmann hat in der Einblendung zuvor über Olaf Thon geredet.)* Apropos Olaf Thon, ich versuche den richtigen Ton zu treffen, aber was Sechzig hier macht, ist schlichtweg eine Unverschämtheit. Das Publikum ist entsetzt, es pfeift. Nicht damit sie mich mißverstehen – ich gönne Cottbus ... *(Zwischenruf von Breuckmann.)* ... die bravourös spielen, die Führung. – Sechzig steht, Sechzig schläft. Das ist kein Fußball, liebe Freunde. Alle Achtung an die Adresse vom FC Energie Cottbus, ein aufgeregter, engagierter Trainer Eduard Geyer, der im Trainingsanzug auf und ab läuft. Und Werner Lorant? Im Anzug, im Ausgehanzug, Feiertagsstimmung. Weshalb? Wozu? Warum? Bitte, meine Herren, da muß mehr kommen. [...] 0:1, Sechzig tut so, als ob sie Fußball spielen wollen. Für mich ist das Alibifußball.

Zurück in unser Gespräch:

Apropos: *Sport Bild* schrieb am Mittwoch drauf: »Abstiegs-Skandal – Spiel mit Absicht verloren?« Aber jetzt kommt etwas ganz Eigenartiges, da geb' ich zu, da bin ich selber der Meinung, daß ich spinn'. Als der Freistoß ausgeführt wird, hab' ich den Eindruck, daß Hamburg nicht alles tut, um den abzuwehren. Ich hab' den Eindruck, daß irgendeiner hochspringt und den Ball mit reinläßt. Aber da geb' ich zu, da spinn' ich sogar. Aber als der ausgeführt werden soll und ich in München im Olympiastadion des aufm Kopfhörer hab', ich war ja in der Konferenz, hab' ich zu meinen Nachbarn gesagt: »Jetzt gibt's Freistoß für Bayern, und der wird reingehen.« Das war mir klar! Wie auch immer. Das – war – mir – klar, daß der reingeht. Und da macht der Torhüter Schober von Hamburg – keine – gute – Figur. [Mathias Schober war übrigens 2000 von Schalke an den HSV ausgeliehen worden.]

Wollte man ein Motiv in Günther Kochs Leben besonders hervorheben, es wäre sein Abscheu gegenüber Lumpereien und Betrügereien jeglicher Art, gegenüber dem falschen Schein, gegenüber allem, was sich unter dem Begriff der Verstellung oder der Lüge subsumieren läßt.

Du glaubst gar nicht, wie viel gelogen wird und betrogen wird und mit Halbwahrheiten gearbeitet wird. Und ich bin im CVJM und in meiner Familie und überhaupt anders erzogen worden. Auch wir in der Familie, wir sagen uns immer die Wahrheit. Und ich hasse es, wenn Leute so rumschleimen oder so Theater spielen – und es nicht können. Ich gehe ins Theater, da wird Theater gespielt, und die können das auch. Aber andere ... Oft hört man es schon an der Stimme, ob sie ehrlich sind oder schleimende Nichtskönner.

Aber in deiner Argumentation steckt ein Widerspruch. Einerseits sagst du, es ist alles ein Machtspiel, es ist ein großes Spiel. Und andererseits beharrst du darauf, man müsse ehrlich sein und müsse den Dingen so ins Auge blicken, wie sie wirklich sind. Das paßt nicht zusammen. In diesem Widerspruch bewegst du dich permanent, oder?

Ja, aber das ist das Spiel.

Sich in diesem Widerspruch zu bewegen?

Ja. Ja.

Und das auszuhalten.

Auszuhalten. Und mitzumachen. Teilweise auch zu lügen oder den Mund zu halten. Aber nur teilweise! Zu fünf oder zehn Prozent. Es gibt Dinge, bei denen man vorsichtig sein muß. Aber ja, das ist das Spiel! Und in dem muß es eben Gegenspieler geben. Und der Gegenspieler bin ich. Aber es gibt noch mehr. Die machen es mit Musik oder mit ...

Bist du gern Außenseiter?

(Denkt lange nach.) Das ...

Oder Außenseiter mit Einfluß, sagen wir es so.

Gefährlicher Außenseiter, ja. Also, mit dem Haufen, mit der Mehrheit würd' ich mich gar nicht wohl fühlen. Das gebe ich zu. Ich war schon immer dagegen, weil ich keine Autoritäten anerkenne – oder nur ganz wenige. Und der Ball ist eine, so komisch das klingt. Weil den keiner manipulieren kann. Weil der macht, was er will. Und das weiß ich. Und die Kirche ist keine. Nur Jesus, Gott und die Natur sind Autoritäten.

Das wollte ich gerade fragen. Gott würdest du als Autorität anerkennen?

Ja, ja, ja, ja, natürlich. Und auch die Menschen, die an etwas glauben. Es ist mir zunächst egal, woran sie glauben. Aber die diese innere Erzählung in sich haben – oder eine andere Art innerer Erzählung: die Vögel oder die Technik oder die Blumen oder ... Das verehre ich. Und das macht mich glücklich. Und ich trage in mir vielleicht – da spintisiere ich jetzt mal rum – diesen Glauben, daß man kämpfen muß. Und dankbar sein muß, daß man kämpfen kann. Und immer die Leute wachrütteln muß: Ist das wirklich so? Kann das nicht auch anders sein? Da kämpfe ich dann halt, obwohl ich weiß, daß ich oft keine Chance habe – oder nur eine geringe.

Und was du gestern im Auto zu mir gesagt hast mit dem Verlierer – die Verlierer, das sind die eigentlichen Großen oder Helden –, das …

Ich glaube, das menschliche Maß kann man eher im Verlieren ermessen, nicht im Triumph. Ich glaube, daß der Triumph blöd macht. Siegen macht dumm – genauer: permanentes Siegen, permanentes Triumphieren.

Ich war als Leichtathlet immer glücklich, wenn ich kurz vor dem Ziel noch zwei Mann überholt habe und zweiter oder erster wurde. Und ich war unglücklich, wenn ich bei den Deutschen Meisterschaften Eichenkreuz kurz vor Schluß schon als zweiter einzulaufen glaubte, und es kamen noch zwei, die ich nicht gehört hatte. Ich will schon auch ab und zu gewinnen. Immer nur verlieren ist schlecht. Aber lieber ehrlich verlieren als korrupt gewinnen.

Zwei Jahre später, am 27. Juni 2020, erneut am letzten Spieltag der Saison, hatte Günther Koch abermals allen Grund, in Rage zu geraten. Nach dem Abpfiff der neun Begegnungen rief er mich an, schimpfte wie ein schlechterzogener Papagei und sprach wiederholt von Schiebung. Daß er damit nicht unbedingt allein war, belegte der kleine Pressespiegel, der ein paar Tage danach im Briefkasten lag, zumindest andeutungsweise.

Es gibt ein schönes Interview mit dir, das du 1994 dem Obdachlosenmagazin Straßenkreuzer *gegeben hast. Da hast du über Sportjournalisten gesagt, sie seien »teils total vertrottelte, rücksichtslose Leute«. Das ist mal ein Pfund. Erläutere das mal, und vielleicht kannst du ein bißchen was zum seither ja noch viel stärker ausgeprägten System eines potentiell korrupten Sportjournalismus sagen.*

Nach zehn, fünfzehn Jahren, auch bereits mit europaweiten Einsätzen und immer mit dem genauen Blick von außen, denn ich geriet am Wochenende ja jedesmal völlig frisch und unvorbelastet in die Szenerie der Sportjournalisten hinein, hatte ich mir ein Bild gemacht. Nach den Spielen hab' ich mir diese Kollegen und Leute bei den Pressekonferenzen natürlich besonders genau angeguckt – was sie trinken, ob sie rauchen, wieviel sie rauchen, auch was sie vorm Spiel machen, was sie nach dem Spiel machen. Ich hatte schon als Jugendleiter und als Lehrer und immer auch als Reporter einen guten Blick

für die Körperhaltung. Ich kann dir heute noch, wenn jemand ein Zimmer betritt, sagen: Oh! Oder: Ohaa.
Ich habe allein auf Grund der Beobachtungen – wie sie ihre Fragen formuliert oder ihre Artikel geschrieben haben, die oft gar nix mit dem zu tun hatten, was vorher passiert war, wie sie auch tendenziös *für* gewisse Spieler und *gegen* gewisse Spieler geschrieben haben, was ich in den *Zabo-Nachrichten* mal am Beispiel Helmer und Matthäus und den beiden *kicker*- und *Bild*-Journalisten detailliert aufgeführt habe, was mir natürlich abermals keine Freunde eingebracht hat – gesehen, daß das ganz arme Schweine sind, die sich ausgesprochen wichtig vorkommen, weil sie in der Nähe der Stars sind, aber nicht glücklich sein können. Die wenigsten können glücklich sein.
Wie meinst du das?
Glücklich ist jemand, der beim Wurstverkauf, beim Teigansetzen, als Müllfahrer oder als Kinderarzt oder Lehrer oder Straßenkehrer – hab' ich erlebt: glückliche Straßenkehrer – oder eben Reporter mit sich und seiner Welt zufrieden ist. Das merke ich. Und unter den Sportjournalisten ist etwa die Hälfte unglücklich.
Warum?
Weil sie ausgebeutet werden, heute noch stärker als früher. Weil sie nicht gegen den Strom schreiben dürfen, es sei denn, sie sind bombensicher angestellt und wirklich großartig. Aber da gibt's auch verschiedene gegenteilige Beispiele. Sogar der fabelhafte Oskar Beck [von der *Stuttgarter Zeitung*] ist dann an seine Grenzen gestoßen und wurde vom DFB nicht mehr für Länderspiele akkreditiert. Und einer der wenigen, der ihm seine Solidarität ausgesprochen hat, war der Günther Koch. Der war richtig geplättet, als ich ihn angerufen und unterstützt habe.
Oskar Beck ist ein großer Schreiber. Es gibt brillante Schreiber. Ich könnte das nie, das ist mir klar. Und, ja, ich will keine Namen nennen, ich hab' eben Menschen gesehen, die sehr abhängig vom Alkohol waren und auch abhängig von der Meinung anderer, und des geht gar net! Du darfst als Journalist oder in welchem Beruf auch immer nicht von der Meinung anderer abhängig sein. Du mußt, ich zitiere da Neil Postman, eine Erzählung in dir haben. Wenn du die hast, dann ist gut. Dann kannst du alles machen, und dann überzeugst du jeden. Wir müssen Götter in uns haben. Wer keine Begeisterung hat, wer keinen Gott in sich trägt, von dem er glaubt, daß es wert ist, sich für ihn zu engagieren, der erreicht nichts.

Das Gegenteil der Begeisterung ist die Indolenz. Gegenüber der *Süddeutschen Zeitung* gesteht Koch 2001: »Ich bin ein naiver Idealist, ein Träumer. Ich rege mich über Sachen auf, da regt sich ansonsten niemand drüber auf: über die weitverbreitete Lustlosigkeit, Gleichgültigkeit und Unehrlichkeit. Vor allem regt es mich auf, wenn jemand seinen Beruf nicht ernst nimmt.«

Im Mai 2019, im Gespräch mit Spiegel Online, sagt Koch weit vor den ein Jahr später zur Gewohnheit werdenden Geisterspielen: »Der Fußball geht vor die Hunde, und der Fan wird sich irgendwann abwenden – da bin ich mir sicher.« Unabhängig davon könnte auch Günther Kochs einstige Domäne, die Radiofußballreportage, in absehbarer Zeit vor dem Aus stehen. »Da ist eine ganz gefährliche Zangenbewegung im Gange für die Konferenzschaltung«, erklärt Manni Breuckmann. »Einmal die Terminierung: Die Fernsehgewaltigen hätten ja am liebsten für jedes Spiel ihre eigene Anstoßzeit. Und zweitens: Wenn irgendwann die effektive Spielzeit kommt, dann kannst du auch keine Konferenz machen, weil dann zehn Minuten liegen zwischen dem Schluß des einen und dem Abpfiff des anderen Spiels. Ich weiß nicht, ob das noch lange gutgeht.«

Ende der Neunziger und vier, fünf Jahre lang nach der Jahrhundertwende, das war die letzte Heroenzeit der Fußballradioreporter.

Ich befürchte …

Ich weiß, das darfst du nicht sagen, sonst giltst du wieder als Geck. Aber so war es. Ihr wart in aller Munde, in den Zeitungen erschienen große Artikel über »die Wiedergeburt der Radioreportage« …

Ja. Also, mir war's sogar – und das wird keiner glauben – beinahe peinlich. Also, das war schon … »Poet am Ball« und so weiter, das war unglaublich.

Du hast dich auch ein wenig dagegen gewehrt, die CDs zu machen. Du hast gemerkt, das könnte zuviel werden.

Ja. Und vor allem: Es könnte mir um die Ohren gehauen werden. »Der Angeber, der blöde.« Das wird mir schweigend bis verbittert noch immer mißgönnt. Na ja, und ich hab's neulich auch irgendwo gesagt: Ich bin schon auch gerne mal ein Trommler, geb' ich schon zu. Wobei ich halt davon überzeugt bin, weil ich die Sache, die ich mache, gern mach'.

Das war in der Schule genauso. Meine Schüler waren dann auch alle selbstbewußt, und das ist wichtig. Sie haben auch alle in ihrem Leben was erreicht. Sie wurden zum Beispiel erfolgreiche Schriftsteller, Ärzte, Künstler oder Radiomoderatoren.

Nein, ich hoffe, daß doch irgendwo wieder jemand auftaucht, der sich als Reporter durchsetzt. Es gibt sicher herausragende Leute. Wenn die gut sind, treten die so auf wie Manni Breuckmann und Werner Hansch: Hier, Leute, paßt mal auf, ich mach' das jetzt! Aber, ja, das geht heute ja gar nicht mehr! Heute müssen sie noch viel mehr als schon zu meiner Zeit die Schuhe putzen.

Ich weiß, du möchtest jetzt nicht als zorniger alter Mann dastehen.

Nee, nee. Ich meine, ich stehe gerne als zorniger alter Mann da. Warum nicht? Das ist mir doch egal. Das ist mir völlig egal.

Man konnte dir ja auch nie was.

Nie. Keiner konnte mir was. Ich habe als Lehrer die allerbeste Beurteilung bekommen, mit »hervorragend«. »Hervorragend« ist die Spitzenbeurteilung, die kriegen vielleicht zwei Prozent. Und wenn die einer kriegt, der so unverschämt arrogant auftritt wie ich – na, was willst du denn mehr?

Und dann auch noch für die Radioreportagen … Es kommen immer noch Leute zu mir, die sich bedanken und auf dem Klo in der Autobahnraststätte plötzlich sagen: »Sie sind aber nicht der Günther Koch, gell?« – »Doch.« – »Ja, Sie waren für mich immer der Größte. Ich bin mit Ihnen großgeworden!« Ja, was willst du denn mehr? Sie bedanken sich. Und ich freue mich auch, wenn sich die Leute ärgern. Geb' ich auch zu. *(Lacht.)*

Du bist schon immer noch ein Kind. Manchmal denk' ich mir: Der Günther ist wie ein Dreizehnjähriger, der sich freut, wenn er den Lehrer ärgert.

Ja. Ja. Und das hat wieder was mit dem Ball zu tun. Ich bin verspielt. Ich frag' ab und zu meine Frau, die mich sowieso für verrückt hält: »Kann ich jetzt mal losgehen und irgendwo nachts an den Klingeln läuten?« Das würde ich gerne machen. Es ist so!

Das kann ich mir sehr gut vorstellen. Du bist im Grunde ein Anarchist, ein preußischer Anarchist – sehr streng erzogen und vielleicht deswegen so verspielt und widerborstig.

Ja. Aber ich liebe auch die Harmonie. So ist es ja nicht.

Deshalb die Natur.

Ja, ja. Draußen habe ich jetzt schon wieder mehrere Kleiber gesehen.

Hast du einen Lieblingsvogel?

Ja. Der Dompfaff.

Warum der Dompfaff?

Der Gimpel.

Warum?

Weil mein Klassenleiter, der Florschütz Günter, aus dem Krieg zurückgekommen, gefürchtet in München-Schwabing, mit nur einem Arm und nur einem Bein, immer gesagt hat: »Koch, Sie sind a richtiger Gimpel!« Ich wußte gar nicht, was ein Gimpel ist. Weil ich da wohl schon auffiel als einer, der anders war.

Weil der Gimpel so farbenprächtig ist und …

Ja! Und stolz! Und schön!

Mit so *einer Brust!*

Jawohl! Aber dann natürlich auch der Kleiber und das Rotkehlchen und der Specht und der Buchfink und der Grünfink und der Stieglitz und der Pirol, den ich ganz selten sehe, aber immer wieder höre.

Hier gibt's Pirole?

Ja, ich hab' neulich einen gesehen. Aber höre! *(Vogelgesang.)* Ganz große Kunst, ganz groß. Und auch der Kleine, die Grasmücke oder wie der heißt.

Mönchsgrasmücke.

Mönchsgrasmücke, ja. Wunderbar. Oder auch der Hausrotschwanz.

Einer meiner Lieblingsvögel.

Oder die Schwalben. Ich würde hier ja gerne auch für die Nisthilfen anbauen, aber Insa verbietet es mir. Sonst hätte ich an der Mauer so einen Vorsatz angebracht für die Schwalben. Hat sie gesagt: »Die verscheißen mir alles.« Hat sie ja recht. Aber der Gimpel – geil.

Namenregister